Dr. Q:

La historia de cómo un jornalero migrante se convirtió en neurocirujano

Nov 2013

Para Guadalupe Madrigal

With warm wishes

Con cariño y aprecio de todo corazón

DH

Alfredo Quiñones-Hinojosa
con Mim Eichler Rivas

Dr. Q:
La historia de cómo un jornalero migrante se convirtió en neurocirujano

MADRID BARCELONA
MÉXICO D.F. MONTERREY
BOGOTÁ BUENOS AIRES
LONDRES NUEVA YORK

Colección Viva
Editado por LID Editorial Mexicana
Homero 109, 1405. México DF 11570
Tel. +52 (55) 5255-4883
mexico@lideditorial.com - LIDEDITORIAL.COM

A member of:

Título original: *Becoming Dr. Q: My Journey from Migrant Farm Worker to Brain Surgeon*. University of California Press, Berkeley and Los Angeles, California.

Esta edición fue realizada con motivo del 70 Aniversario del Sistema Tecnológico de Monterrey

ISBN: 9786077610847

Coordinación: Nora Casasús
Traducción: Verónica Gonsenheim C. y Viviana Castilla Pazos
Editora: Cristina Sousa Bravo
Fotografía de portada: Chris Hartlove
Diseño de portada: Estrella Ríos
Fotografía del autor en solapa: Keith Weller
Formación: produccioneditorial.com
Las fotografías de interiores son propiedad del autor
Impresión: SIGAR
Impreso en México / *Printed in Mexico*

Primera edición en México: julio, 2013

«Esta es la historia fascinante de un hombre triunfador quien, usando el poder de la pasión y la perseverancia, venció a la adversidad. Prepárese para reír, llorar y aprender, no solo acerca del cerebro humano y sus capacidades milagrosas sino también sobre el corazón humano».

Venus Williams

Autora de *Come to Win* y campeona de tenis

«Cuando escuché por primera vez la historia de Dr. Q, me pregunté cómo un jornalero inmigrante, sin dinero ni conocimiento del inglés, había logrado superar dificultades y perseguir sus aspiraciones en los niveles más altos del campo de la Medicina. ¡Sorprendente! No solo de este tipo de historias están hechos los cuentos de hadas y las películas de Hollywood, sino que deberían recetarse para sanar el alma».

Chris Gardner

Autor de *The Pursuit of Happyness*

«La vida del Dr. Q es un testimonio sobre el poder de la pobreza cuando motiva a ascender en la escala social, sobre el poder de la valentía para alcanzar altos grados académicos, y sobre el poder del altruismo para retribuir al prójimo a través de tratamientos médicos de primer nivel y la creación de conocimiento, guiando a las nuevas generaciones, y a través de su familia tan única».

Joe L. Martínez Jr.

Profesor de Neurobiología de la Universidad de California en Berkeley

«Sencillamente Dr. Q es un héroe para muchos miembros de la comunidad hispana. Pasó de los campos de California a las más avanzadas salas de operaciones del país. Ganaba 3.35 dólares la hora cultivando tomates y pimientos en el Valle de San Joaquín. Lo que hace única su travesía es que las mismas manos que recogían vegetales en el campo, ahora tocan el cerebro de sus pacientes y salvan vidas. No creo que haya un mejor ejemplo sobre lo que puede lograr un inmigrante con ambición y dedicación en un gran país lleno de oportunidades. Es, sin duda, un verdadero héroe».

Jorge Ramos

Conductor de *Univision News*

«Solía pensar que Supermán era un norteamericano de nombre Clark Kent. Ahora sé que es mexicano-estadounidense de nombre Dr. Q. Lea este libro para saber por qué».

Katrina Firlik,

Médica y autora de *Another Day in the Frontal Lobe: A Brain Surgeon Exposes Life on the Inside*

«Esta es una historia pertinente y conmovedora que tiene que ser contada. Dr. Q es un hombre heroico con una gran entereza, cuya odisea hará que a los eruditos se les complique desacreditar a los inmigrantes procedentes de México y Centroamérica».

Paul R. Linde

Médico y autor de *Danger to Self: On the Front Line with an ER Psychiatrist*

«También cuando era pequeño, Dr. Q tenía grandes sueños. Sin importar los obstáculos, nunca se dio por vencido. He comprobado de primera mano que si no lo soñamos, no lo logramos. Actualmente, siendo ya un hombre, no solo lo ha logrado, sino que está haciendo algo aún más importante, está ayudando a otros a hacer sus sueños realidad. La gente joven de todo el mundo se identificará y se sentirá motivada por la historia de Dr. Q.

¡Este libro es apabullante! ¡Bien hecho, Dr. Q!»

Jason McElwain

Autor de *The Game of My Life*

Cariñosamente, en memoria
de mi hermana Maricela

Índice

Prólogo

El espacio: la frontera final. Estos son los viajes de la nave estelar Enterprise. *Su misión durante los próximos cinco años: explorar nuevos mundos, descubrir la vida y las civilizaciones que existan en el espacio extraterrestre. Debe llegar a donde jamás ha llegado el ser humano.*

Capitán James T. Kirk
Viaje a las estrellas

Alfredo Quiñones-Hinojosa recuerda claramente subirse al techo de su hogar en Palaco y mirar las estrellas. Ahí, recostado junto a su madre y sus hermanos para escapar del calor que los horneaba dentro de su casa, contemplaba la inmensidad del firmamento y su espíritu se llenaba de curiosidad. Arrullado por las miles de preguntas que invadían su mente, acababa por quedarse dormido, soñando con ser astronauta y viajar al espacio, como lo hacía el Capitán Kirk.

Lo que el Dr. Q no sabía —¿cómo podría saberlo?—, es que la aventura que lo esperaba del otro lado, más allá de México, en Estados Unidos, sería comparable con cualquiera a la que la nave *Enterprise* y su tripulación se hubieran enfrentado. Descubriendo desde muy corta edad la oportunidad económica que representaba trabajar en los campos fronterizos estadounidenses —aun como bracero— en comparación con el futuro incierto que le prometía su tierra, tomó la decisión de suspender sus metas juveniles y lanzarse a lo desconocido para conseguir aquello que le permitiera cumplir sus sueños.

Como muy seguido sucede en la vida, los días de jornalero del Dr. Q fueron tan solo el principio de una travesía que lo llevaría a comprender el significado de la audacia, la familia y la fe en uno mismo. Pronto probó ser un empleado responsable y trabajador, pero también se dio cuenta de que, para sus patrones, él no era más que un inmigrante sin voz y sin rostro, cuyo futuro yacía ahí, en las plantaciones, y no en la grandeza de las estrellas.

El Dr. Q siempre supo que estaba destinado a grandes proyectos; lo sentía en su sangre y lo escuchaba en los recuerdos que tenía de su abuelo, quien nunca dudó que su nieto llegaría muy lejos. Alfredo se probó a sí mismo de qué estaba hecho, una vez más, abandonando los campos de cultivo y adentrándose más en el país, ascendiendo lentamente por los escalones laborales y haciéndose de un pequeño patrimonio que compartía, felizmente, con su familia.

Siempre ha llamado la atención de aquellos que cruzan su camino; más que por su apariencia rebelde y el sonido estereofónico de su *pick up* roja, el Dr. Q caminaba con decisión y destacaba en cada una de sus tareas por su mayor esfuerzo y su máxima dedicación. Enfrentando siempre a la adversidad con su característica mirada de determinación, Alfredo se encontró en varias ocasiones con que su origen y su acento levantaban las cejas y provocaban comentarios hirientes; ¿cómo era posible que un mexicano estuviera estudiando en la Escuela de Medicina de Harvard?

La inspiradora travesía del Dr. Q nos demuestra, una y otra vez, que el ser humano no tiene limitaciones. Los obstáculos que nos podemos encontrar a lo largo de nuestro camino, así como el valor para superarlos, definen nuestro rumbo y nuestro carácter. Graduarse de la Escuela de Medicina de Harvard fue otro de los retos que Alfredo superaría triunfalmente, abriendo el camino para las minorías en Estados Unidos y demostrando, una vez más, que la situación de una persona no determina su destino.

A veces no es fácil entender por qué las cosas no salen como las planeamos, o por qué una situación particularmente difícil impide que sigamos nuestro camino. Cuando el Dr. Q mira hacia atrás, comprende que todas aquellas experiencias que lo llevaron desde Baja California, México, a convertirse en un exitoso neurocirujano en los Estados Unidos, no sucedieron en vano. Comenzar desde el peldaño más bajo de la escala laboral le permitió ver sus éxitos con otros ojos, apreciar la importancia del trabajo duro y jamás dar algo por sentado.

Esta historia, contada en primera persona por su protagonista, el Dr. Q, y con ese sentido del humor que lo distingue, permite que los lectores nos vinculemos fácilmente con aquel chicuelo travieso que corría por las calles de Palaco, con ese joven que recorrió Estados Unidos en su *pick up* roja y con el neurocirujano y padre de familia que, lejos de dar por terminada su aventura, reconoce que esta apenas comienza.

La extraordinaria vida de Alfredo Quiñones-Hinojosa nos enseña que las fronteras no existen, que la grandeza del alma humana no se cuenta por las riquezas ni las posesiones, sino por la perseverancia y la humildad, y, sobre todo, por las acciones que nacen de estas.

Tenemos en nuestras manos el más claro testimonio de que la fuerza de voluntad es la herramienta más valiosa que el ser humano posee, pues es la que nos permite cumplir nuestros sueños, vencer cualquier adversidad y, más allá de lo conocido y lo desconocido, alcanzar las estrellas.

Cuando conocí la historia de Alfredo, me llenó de tanta emoción, que decidimos editar este libro en español como testimonio e inspiración para nuestros jóvenes que buscan transformar su vida y darle un sentido de propósito a la misma.

José Antonio Fernández Carbajal
Presidente del Consejo del
Sistema Tecnológico de Monterrey

Prefacio
Buscando *Terra Firma*

—¿Habla el neurocirujano de guardia?

Las apremiantes palabras aceleraron mi corazón al contestar el teléfono de la sala de urgencias del Hospital General de San Francisco, al inicio de la guardia nocturna en junio de 1999.

—Sí, habla el doctor Quiñones-Hinojosa —respondí formalmente. Al instante corregí mi respuesta y compartí el apodo que se me había dado en la escuela de Medicina—. Habla el Dr. Q. ¿En qué puedo ayudarle?

—¡En cualquier momento llegará una ambulancia, lleva un paciente con herida de bala en la cabeza y necesita atención inmediata!

—¡Voy para allá!

Brinqué de donde estaba y corrí por el pasillo del hospital que aún era territorio desconocido para mí debido a que apenas unos días antes me había incorporado a él, recién egresado de la Escuela de Medicina de Harvard, para iniciar un internado y residencia en Neurocirugía en la Universidad de California en San Francisco.

Al ser mi primera noche como interno en Neurocirugía, era lo suficientemente inexperto como para preguntarme si alguien había cometido un error al asignarme una crisis de ese nivel.

¿Herida de bala en la cabeza?

Aunque me habían anticipado las exigencias requeridas para los residentes del Hospital General de San Francisco (HGSF) —el único hospital de Traumatología nivel I en la zona de la Bahía y uno de los más concurridos del país—, la formación académica que recibí no me había preparado lo suficiente para la atmósfera de zona de guerra que se vive en el área de Traumatología. Al bajar apresuradamente las escaleras y dirigirme a la sala de urgencias, el miedo se apoderó de mí.

Alfredo, contrólate, pensé. ¡Pero no encontraba algo que me ayudara a controlarme! Entre más rápido trataba de llegar, se aceleraba mi respiración y mis pasos se sentían aún más lentos. Sentía la cabeza ajena a mi cuerpo, como si flotara en el aire sobre mí. Sudaba excesivamente, mi corazón latía apresurado, me esforzaba por mantener el equilibrio, sabía que estaba a punto de desplomarme justo aquí, en los pasillos de este magnífico edificio e institución.

Afuera del hospital, en esa noche sombría de verano, se escuchaban sirenas de policía y claxonazos de autos, en las calles oscuras resonaban voces distantes. No había música ni orden, solo caos. Un sentimiento de impotencia me invadió al acercarme a la sala de urgencias. ¿A quién trataba de engañar? ¿Por qué no admitir mi miedo, dar media vuelta y salir de prisa en otra dirección? Más preguntas se contraponían a estos pensamientos. ¿Estaba en posición de rendirme? ¡Iba a permitir que el miedo a lo desconocido ganara esta batalla sin siquiera haberla peleado? O ¿estaba dispuesto a aceptar este miedo como un adversario habitual para mí —tal y como lo había hecho la mayor parte de mis 31 años de vida— y luchar aún más duro para encontrar el camino de regreso a tierra firme?

La respuesta era obvia. Me tranquilicé, empujé la puerta de personal que lleva a la sala de urgencias y con pasos agigantados me dirigí al Área I de Traumatología, Sector 2, en donde el equipo terminaba de evaluar al paciente. Al entrar al espacio seccionado donde el paciente se encontraba recostado con los pies hacia mí, vi que se trataba de un joven afroamericano en sus últimos años de adolescencia o apenas entrado en los veinte. Al acercarme un poco más, pude ver que la camilla amarilla debajo de él —la que utilizan los paramédicos para ingresar pacientes gravemente heridos— estaba bañada en sangre y materia gris.

Una ola de nausea y miedo me golpeó fuertemente. La habitación daba vueltas, pero aun así me acerqué para valorar la lesión mientras luchaba contra una sensación de encontrarme atrapado en arenas movedizas. Cuando llegué adonde se encontraba el cuerpo inmóvil sobre la camilla amarilla, me arrodillé lentamente junto a su cabeza y pude ver que faltaba una parte de su cráneo. Observé con más detenimiento y me estremecí ante una imagen impactante e inolvidable: un túnel atravesaba su cabeza y al final de él, una luz brillante resplandecía.

Dios mío, pensé, ¿cómo puede suceder esto? Entonces supe lo que pasaba. ¡La luz provenía del aparato de rayos X que se encontraba sobre el mostrador al otro lado del paciente! La luz al final del túnel no era la metáfora usual para una persona cuya vida está en juego; era la condición real de este paciente, la cual estaba definida por un túnel en su cabeza, a través del cual radiaba una luz blanca originada por algo ajeno a él.

Volví a perder el equilibrio, mis rodillas temblaban. Traté de encontrar el piso para poder estabilizarme, buscaba algo semejante a *terra firma*. Para mi sorpresa, logré encontrar la fuerza necesaria para sostenerme, pero no en el plano físico que se encontraba debajo de mí, sino en el cúmulo de recuerdos que inesperadamente surgieron en mi mente. Hubo un recuerdo que ensombreció a todos los demás; aquel que alguna vez traté de olvidar: la imagen de mí mismo al fondo de un abismo oscuro, luchando contra la muerte, aferrándome a mi propia luz al final del túnel, necesitando un milagro.

Esa imagen impidió mi derrumbe en caída libre; en una oleada de fe recordé los años de mi formación y las lecciones de vida que me habían preparado para enfrentar otras crisis como esta; a los valerosos médicos y asistentes que me sirvieron de inspiración para elegir la carrera de Medicina. La valentía, recordé, no es la ausencia del miedo sino simplemente no darse por vencido, especialmente cuando se enfrenta un temor muy grande. En cuestión de segundos encontré mi rumbo. Mi pasado me guiaba para poder dominar la situación, para dirigir al equipo de Traumatología y luchar por nuestro paciente, cuya vida se escapaba ante nosotros.

Ha pasado más de una década desde mi primera noche de guardia en el Hospital General de San Francisco y sin embargo, frecuentemente recuerdo la experiencia vivida ese día y reflexiono sobre la enseñanza que me dio acerca del poder de la memoria. En ese momento tuve conciencia, la misma que tengo hoy y todos los días, de que aquel paciente era yo mismo sobre la misma camilla amarilla; literal y metafóricamente.

Si no hubiera sido por aquellos que no se derrotaron ante mí, yo no estaría vivo. Es por eso que nunca me doy por vencido ante ningún paciente y peleo la misma batalla que alguna vez salvó mi vida. Es por eso que en todo momento recuerdo lo afortunado que soy de estar aquí. Es por eso que cada vez que me preparo para entrar al quirófano, me tomo unos minutos para recordar otros momentos en los que también me he encontrado en el umbral de la incertidumbre. Mi ritual, mientras me enjabono las manos y tallo vigorosamente mis brazos de arriba a abajo, es usar ese momento para sobrecargarme de la energía que necesito para ayudar al paciente; aprovecho para concentrarme, meditar y apreciar el regalo que es la vida. Para poder dirigirme a la mesa de operaciones con la certeza de que tomaré las mejores decisiones posibles en una situación de vida o muerte, necesito recurrir a la confianza que obtuve al aprender que la capacidad humana puede desafiar milagrosamente hasta las situaciones más adversas.

Sin embargo, como suelo decir a mis estudiantes, ¡la línea entre la confianza y la arrogancia es muy delgada! Cuando camino sobre esa línea en la sala de operaciones, debo colocar mis pies sobre tierra firme, ser consciente de que no tengo el control de todo y de que solo soy un ser humano. Esta fue otra de las lecciones que aprendí aquella noche de junio de 1999, cuando miraba fijamente la luz al final del túnel que atravesaba el cerebro de un paciente que estaba luchando por su vida.

En sus últimas horas, el paciente me recordó la lección universal de que todos los seres humanos estamos más conectados y somos más parecidos de lo que nos atrevemos a reconocer. Sin tomar en cuenta las diferencias lingüísticas, culturales y étnicas, si vemos más allá del color de la piel, nos daremos cuenta que debajo de la estructura ósea del cráneo, todos tenemos un cerebro que es básicamente el mismo que el de cualquier otra persona en el mundo. El órgano más hermoso del cuerpo humano, nuestro cerebro, es el depósito de nuestra identidad individual, de nuestros pensamientos y sentimientos, su materia gris brilla de igual forma en todos. Si desprendemos la duramadre, la suave y aterciopelada cubierta del cerebro, descubriremos que todos tenemos un baúl de tesoros lleno de recuerdos; que todos observamos de manera similar las estrellas por la noche, y que tenemos aspiraciones semejantes a tener «una vida larga y próspera», como dice el dicho de la gran serie Viaje a las Estrellas (*Star Trek)*.

Aquel paciente agonizante —aún recuerdo la absoluta belleza de sus ojos verde esmeralda contrastantes con su piel morena— nunca podrá hablarme sobre su viaje por la vida, pero yo intenté imaginarme cuáles eran sus sueños y esperanzas. Sabía que él, en algún lugar fuera del hospital, tenía familia, amigos y seres queridos que, temiendo lo peor, esperaban noticias suyas.

En aquellos días, no nos referíamos a los pacientes no identificados como *John Doe* o *Jane Doe*; sino que les poníamos como nombre «Trauma» y el apellido de cualquier letra que estuviera disponible. A mi paciente de esa noche le pusimos el nombre «Trauma Zulú». A pesar de que no sabía nada más acerca de él, siempre he sentido una conexión con Trauma Zulú. Su recuerdo me da valor cada vez que recibo una llamada de emergencia; y su historia, que en mayor parte permanecerá desconocida, es una de las razones por las que decidí escribir este libro, como una forma de rendirle tributo a él y a todos mis pacientes, quienes no solo son mis mejores maestros y verdaderos héroes, sino que han dado un propósito a mi historia.

A inicios de 2005 coloqué una rosa sobre la tumba de una de las personas a las que nunca pude agradecer el haberme salvado la vida y ayudado a hallar mi camino hacia *terra firma*. En esa ocasión, me hice la promesa de que cada vez que contara mi historia, le rendiría homenaje a él. Nunca me habría convertido en el Dr. Q sin compañeros de trabajo como él, sin mi familia, amigos, colegas, personal, mentores, estudiantes, pacientes y seres queridos.

Cada uno de ellos está entrelazado en el telar de lo que soy. Y no valdría la pena contar esta historia si no fuera por mi esposa Anna y mis tres hijos, Gabriella, David y Olivia, quienes fueron mi inspiración para compartir con ustedes este viaje de esperanza e imaginación.

Primera Parte
Contemplando las estrellas

Abril 14, 1989. Cerca del puerto de Stockton, California

Al otro lado de lo que parece ser un túnel largo y oscuro, sobre mí se asoma una luz brillante en forma circular. Mi mente se acelera tratando de retroceder y recordar cómo llegué al fondo de este tanque de petróleo, me sofoco en busca de oxígeno, lucho por mantenerme consciente, miro fijamente la lejana luz encima de mí.

Lo primero que me viene a la mente son los hechos. Sé que tengo veintiún años y que soy el primer hijo de Sóstenes y Flavia Quiñones. Sé que diez minutos antes —en otras circunstancias, habría sido la mañana de un viernes cualquiera en el lejano lugar donde laboro como soldador, pintor y chofer para la compañía California Railcar Repair— me encontraba parado en la parte superior de este túnel mirando hacia abajo.

El accidente sucedió sorpresivamente mientras supervisaba cómo removían las pesadas tapas de los enormes tanques presurizados. Junto con Pablo, mi mano derecha, dirigía al equipo responsable de remover las tapas y de operar la maquinaria necesaria para transportarlas al área donde se restaurarían y repararían. Esa misma mañana, como lo haría cualquier otro día, minutos antes de la hora del almuerzo, me acerqué con Pablo detrás de mí a uno de los vagones y subí rápidamente la escalera hasta la cima del tanque que ahí se encontraba. A pesar del peso que llevaba en las botas con puntas de acero

Red Wing y las herramientas dentro de los bolsillos de mi overol, caminé vigorosamente a lo largo del angosto pasillo hasta el punto donde se encontraba la tapa presurizada fuertemente sujeta al enorme tanque, el cual había cargado más de ciento treinta mil litros de gas de petróleo licuado. Aunque el tanque estaría vacío, esperábamos —gracias a la experiencia de haber removido cientos de estas tapas— residuos de humo al momento de abrir las válvulas de seguridad. No usábamos máscaras de protección, así que estábamos acostumbrados al olor que se desprendía, similar al de una fuga de gas en una estufa.

Pablo tenía unos cuarenta y cinco años, caminaba más despacio detrás de mí. Cuando llegó a mi lado, los dos aflojamos metódicamente las válvulas y retiramos una serie de tuercas y cerrojos para finalmente levantar y deslizar la muy pesada tapa que cubría el espacio de cuarenta y cinco centímetros de diámetro. Con su serenidad y mi juventud, formábamos un equipo eficaz. Pablo no era alto, se mantenía en excelente forma, pero cuando se trataba de levantar estas enormes tapas, yo era el fuerte y musculoso. Mi familia bromeaba con que esa fue mi «época de Rambo». Entre mis rutinas de ejercicio y el acondicionamiento físico en el trabajo, me mantenía delgado y en estupenda forma —en una media de 62 kilos—. De hecho, en ocasiones esto me hacía subestimar ciertos desafíos físicos a los que me enfrentaba.

Ese fue el caso aquel día. Después de colocar la tapa a un lado, sostenía con una mano la llave de tuercas y con la otra mano recogía las válvulas, tuercas y cerrojos que acabábamos de retirar —piezas valiosas—, cuando de repente una de las tuercas de metal se fue por el enorme agujero y cayó al fondo del tanque. No me detuve a pensar por qué se había caído, y rápidamente decidí usar una cuerda para bajar a recuperar la pieza. Una solución rápida, pensé.

Pablo miró cómo amarraba la cuerda a un riel que se encontraba junto a nosotros y vio cómo la sostenía, preparándome para meterme en el hueco y bajar los cinco metros y medio de profundidad del tanque.

—No, Freddy —me dijo Pablo preocupado—. Es muy peligroso.

—No hay problema, solo me llevará un segundo.

Sujeté la cuerda y me lancé.

Casi a la mitad del camino, el humo del petróleo me golpeó como un martillo; me sentí aturdido, mareado y con nauseas. Aún no me percataba de que me dirigía a tierra de nadie. Al llegar al fondo levanté la tuerca perdida, me sentí victorioso por una fracción de segundo; comencé a subir por la cuerda cuando advertí que no había oxígeno ahí abajo.

Ahí es donde me encontraba —antes de quedar inconsciente por unos instantes— cuando por primera vez miré hacia arriba y vi la brillante luz blanca al final del túnel.

Aquí es donde me encuentro ahora, consciente otra vez, esforzándome por no volver a perder el sentido, abriendo los ojos para conectarme con aquella luz y con la figura ensombrecida que se encuentra en el centro de ella; ahora puedo distinguir que se trata de la cara de Pablo, viéndome desde arriba. En un instante, veo claramente que moriré si espero a recibir ayuda; la única forma de salir de aquí es subir por la cuerda yo solo. No pierdo el tiempo, tomo la cuerda con ambas manos y haciendo un enorme esfuerzo, escalo apenas treinta centímetros pero me siento como si hubiera levantando un tren de carga descarrilado.

«¡Pablo!» grito lo más fuerte que puedo, no obstante escucho mi voz como un susurro distante, como en una pesadilla. Asustado por lo que pueda significar la pérdida de audición, escalo con más fuerza y velocidad. Pero la falta de oxígeno hace que me sienta como si estuviera debajo del agua: entre más rápido pasan los segundos, más pesado se siente mi cuerpo y más lentamente pasa el tiempo en este pozo que se encuentra en silencio total, un sonido ensordecedor; aterrador e hipnotizante a la vez.

La gravedad me atrae hacia el vacío pero lucho con más fuerza, logro escalar otros treinta centímetros y pongo toda mi concentración en la luz y en la cara de Pablo.

«Help!» (¡Ayuda!), escucho gritar a Pablo como si se encontrara a una gran distancia, pero con urgencia feroz; y grita en inglés, un idioma que apenas conoce, señalando el peligro en el que me encuentro y alentándome para que trepe más rápidamente.

Todo es un caos. Entre más trato de empujarme y de escalar, más pesado se siente mi cuerpo, extremadamente abrumado por mi esfuerzo. El miedo que siento envía señales a mi cerebro: «si me suelto, me muero». Mi sentido común se burla y me dice: «No podrás salir de esta vivo. ¡Nadie puede!».

Pero otra voz dentro de mí me empuja y obliga a mis músculos para que sigan subiendo, y a mis sentidos para que se mantengan alerta.

He llegado hasta la mitad de la cuerda y veo a Pablo con la boca abierta gritando, «Help!».

Aterrorizado, reparo en que no puedo escucharlo. Como un soñador que se mira a sí mismo dentro de un sueño, comprendo que el perder el oído significa el inicio del fin, permanecer en un sueño eterno. No dispuesto a rendirme ante tal posibilidad, sigo adelante, aferrándome implacablemente a la creencia de que puedo lograrlo. Los desafíos que me decían «no vas a poder» y «¿quién te crees que eres?» no me habían detenido antes, así que ¿por qué habrían de detenerme ahora?

Mientras subo, centímetro a centímetro, una mano sobre la otra; me doy cuenta de mi única realidad: si voy a morir en este tanque, no lo haré sin haber peleado, no sin haber dado todo lo que hay en mí.

Sintiéndome cansado como nunca antes en mi vida, lucho contra el deseo irresistible de descansar solo por un momento. Mi mente me engaña, me tranquiliza y me hace sentir una seguridad ficticia que me lleva a pensar que estoy fuera de peligro y que puedo tomarme un descanso. Pero vuelvo a luchar, busco en mis reservas de energía antes inexploradas y trepo como si nadara en un tsunami.

Solo me faltaba poco más de un metro para llegar, y veo a Pablo gritar por tercera vez «help!». Una vez más, puedo verlo vagamente y sigo sin escucharlo, aun cuando me encuentro a poca distancia. Es una señal desastrosa. Si ya no puedo escuchar y estoy a punto de perder la vista, ¿qué sigue? ¿Dejarán de funcionar mis pulmones y mi corazón dejará de latir? ¿He dado todo de mí y no ha sido suficiente? ¿Hasta aquí pude llegar?

En el fondo de mi ser más primitivo, un último recurso, un mecanismo de supervivencia se pone en marcha y me da la energía suficiente para escalar los últimos centímetros de la cuerda. Todo se mueve en cámara lenta, cada movimiento es un esfuerzo titánico. El panorama frente a mí se desacelera y se ve como una película que proyecta imágenes cuadro por cuadro. Imágenes del pasado, del presente y futuro —gente, lugares, sueños y temores— se presentan ante mis ojos y después se desvanecen.

Muy cerca de la cima, miro impasible cómo las últimas imágenes desaparecen; qué irónico es que la historia de mi vida termine aquí, en este momento. Tantas posibilidades que ya no están a la vista. Es una tristeza que todos mis esfuerzos se conviertan en nada. A mis padres se les romperá el corazón, después de tantos sacrificios perderán otro hijo; esta vez, a su primogénito.

Me falta poco menos de un metro por recorrer, con vista borrosa y literalmente al final de la cuerda, palpo la mano de Pablo extendida hacia la mía.

Las tres llamadas de Pablo que resonaron sin que yo me percatara, habían alertado a mi padre, Sóstenes Quiñones Ponce, quien trabajaba como conserje en esta compañía de ferrocarril. Tampoco me había yo percatado que esa misma mañana papá no logró quitarse de la cabeza un mal presentimiento de que algo no estaba bien y que, de algún modo, yo estaba involucrado en ello.

Es por eso que en el instante en que mi padre recibió la llamada de Pablo, supo que yo estaba en peligro y llegó a la velocidad de un rayo. Sin esperarse a saber qué había pasado, papá subió las escaleras rápidamente hasta la cima del tanque en el momento en el que yo estaba tomando la mano de Pablo. Otras personas, ante la conmoción, siguen a mi padre que corre hacia Pablo gritando mi nombre. Uno de mis compañeros de trabajo se arrodilla junto a las vías y pide a Dios que salve mi vida.

Yo no soy consciente de lo que sucede, en lo único que logro concentrarme es en la mano extendida de Pablo. El tiempo se frena, casi se paraliza y las fracciones de segundo parecen eones dirigiéndose al final, la vida relajándose hasta el último latido. Cuando estoy a punto de tomar la mano de mi compañero, siento la presencia de mis abuelos, ya difuntos, esperándome como siempre para darme la bienvenida.

Estoy tan aliviado, tan feliz, llamo a la última molécula de energía en mi cuerpo y tomo la mano de Pablo —con la intensidad de la fuerza de diez hombres, después me describiría—. Lo que prosigue es la parte más difícil: aceptar que el único camino en la oscuridad es saber que he hecho todo lo que podía. Me entrego a mi fe, dejo mi vida en manos de otros. Dejo de esforzarme, de resistirme, suelto la cuerda y la mano de Pablo, me entrego a la fuerza de gravedad y pierdo el conocimiento.

Pablo después me contó que cuando tomé su mano, primero pensó que se la iba a estrujar pero después parecía que se la apretaba como despidiéndome. Notó en mi cara una sonrisa «tierna» que nunca olvidaría, como la sonrisa de un niño que acaba de quedarse dormido.

Es en este momento que mi padre corre con poderes sobrehumanos a la cima del tanque, sabía que Pablo no podría sostenerme por mucho tiempo. Está a tres pasos cuando el peso es demasiado y me resbalo de sus manos.

En lo profundo de mi psique, registro una sensación de caída lenta, todo se encuentra encerrado en la oscuridad. Caigo, caigo, caigo...

Al exterior, donde estaba la brillante luz blanca al final del túnel, papá ha dado dos últimos pasos y ha llegado junto a Pablo en el momento en que se escucha el fuerte golpe de mi cuerpo, aparentemente sin vida, desplomándose al fondo del tanque.

Noches estrelladas | 01

Durante los minutos en los que me encuentro tirado al fondo del tanque sin oxígeno, luchando en el campo de guerra entre la vida y la muerte, algo en esta imagen de encontrarme recostado sobre mi espalda, en la oscuridad y mirando fijamente a la luz arriba de mí, me conectó poderosamente con mi infancia. Cuando viajo a través de mi memoria en los caminos angostos que me llevan al recuerdo más lejano, la primera imagen que veo es la de una noche estrellada dándome la bienvenida a casa.

Ahí en las afueras de Palaco, el pequeñísimo pueblo donde crecí, al norte de la península de Baja California en México, pasé muchas de las noches más calurosas del año sobre la azotea de mi pequeña casa. Con frecuencia me recostaba durante horas para estudiar el oscuro e infinito espacio exterior, alumbrado por una luna radiante y por millones de estrellas danzantes, brillantes y centelleantes. Fue ahí, debajo del domo panorámico, que muchas de las preguntas cruciales que me hacía sobre la vida se plantaron por primera vez en mi imaginación —ahí fue donde cultivé mi gran nivel de curiosidad y hambre de aventuras—. Debajo de las estrellas, también pude encontrar alivio al peso causado por las inquietudes cotidianas y por las preocupaciones que surgían cuando la tristeza o el infortunio me aquejaban.

Esa era la naturaleza de mi recuerdo más vivo y remoto, que aconteció cuando tenía tres años. Fue un trauma relacionado con uno de mis hermanos, mi hermanita Maricela, a quien siempre recordaría por sus enormes y risueños ojos de color café y por su cara sonriente y regordeta. Inesperadamente, una mañana cuando regresé a casa después de jugar, Maricela no se encontraba por ningún lado.

En ese tiempo vivíamos en dos cuartos que se encontraban en la parte trasera de la gasolinera de mi padre. Cuando entré a la cocina esa mañana, sentí en el ambiente una terrible tristeza. Era un día sombrío, húmedo y excepcionalmente frío. Se habían colocado en la cocina unas sillas amarillas de vinil —desconocidas para mí—, en donde Flavia, mi madre, estaba sentada. Mamá, una mujer bonita y pequeña, usualmente alegre, sollozaba mientras arrullaba y amamantaba a Rosa, la gemela de Maricela de cinco meses de edad. A su lado se encontraba mi hermano de dos años, Gabriel. Miraba a su alrededor con ojos grandes y atentos, recargado sobre mi madre llorosa, se chupaba en silencio el pulgar. Delante de las sillas amarillas había una diminuta caja rectangular de madera —un ataúd, después supe—, cubierta con una cobija de colores hecha a mano. Familiares y vecinos desfilaban en la habitación, muchos de ellos llorando suavemente.

Cuando le pregunté a mi tía por qué mamá estaba tan triste, me explicó que aquel era el funeral de mi hermanita Maricela.

> —¿Dónde está Maricela? —susurré incapaz de vincular a mi regordeta hermanita con el ataúd.

> —Maricela está en el cielo —dijo mi madre solemnemente, limpiando sus lágrimas.

¿Por qué todos estaban tan tristes? Después de todo, me habían dicho que el cielo era un lugar maravilloso en el que la gente puede estar con los ángeles. ¿No deberíamos sentirnos contentos de que se había ido a un lindo lugar?

Años después entendí el trágico incidente de la muerte de Maricela —diarrea aguda y deshidratación, una condición común y curable si se tienen disponibles los recursos médicos apropiados—. Al principio, no la llevaron al hospital porque vivíamos en medio de la nada, sin servicios cercanos. La dificultad para recibir atención médica iba en función de la relativa pobreza en esta zona rural fuera de Palaco, un pequeño pueblo de aproximadamente quinientas familias a treinta millas de Mexicali —la ciudad fronteriza dividida por una barda, a la que se conoce como Calexico en los Estados Unidos—. En nuestro pueblo y sus alrededores no había médicos particulares que hicieran visitas a domicilio, y tampoco contábamos con clínicas cercanas. Muchas de las necesidades médicas que se presentaban cotidianamente se atendían en las boticas alojadas en las farmacias locales. Cuando aparecieron los primeros síntomas de Maricela, mi madre la llevó a la botica y el farmacéutico le dio medicina para calmar los problemas estomacales de la bebé y el dolor que posteriormente se diagnosticó como colitis.

Esa tarde, mi padre regresó de trabajar y Maricela reía cuando él la cargaba en sus brazos. Papá interpretó sus sonrisas como una señal de que la medicina estaba funcionando. Pero en medio de la noche, cuando sus gritos empeoraron a causa de lo que claramente era un terrible dolor, mis padres corrieron a llevar a Maricela a casa de mi abuela, Nana María, la madre de mi papá, una curandera que se especializaba como partera y yerbera. A lo largo de los años, mi abuela había traído al mundo a cientos de bebés y era reconocida por su habilidad para saber si algún caso requería de atención especial. Nana supo enseguida que Maricela tenía que ser llevada de inmediato al Seguro Social —el hospital público— que estaba a una hora de camino. Mis padres comprendieron la gravedad de la situación y corrieron a llevarla.

Uno de los médicos de guardia del hospital conocía a mi abuela, la escuchó y admitió a mi hermanita inmediatamente, asegurando a mis padres que para la mañana siguiente habría mejorado. La esperanza resurgió para después sufrir la angustia de ver que las convulsiones de Maricela empeoraban en los dos días siguientes y al final, la perdieron. A pesar de que hicieron todo lo que pudieron, sus esfuerzos no fueron suficientes para combatir la colitis que rápidamente alcanzó un estado crítico, ni tampoco lograron compensar el hecho de que el pequeño y limitado hospital no tenía la medicina indicada u otro tratamiento que podría haberla salvado. Desgraciadamente, en países en vías de desarrollo como el nuestro, la diarrea y la deshidratación resultante siguen siendo una de las causas principales de muerte en niños pequeños. Sé que mis padres continuamente se preguntaron ¿por qué? y esta pregunta permaneció en mi casa por años.

Mi padre y madre no eran ajenos a las pérdidas. Mi padre era uno de once hijos, y antes de que él naciera, uno de sus hermanos murió a la edad de diez años. Esta muerte dejó en su hogar una sombra imborrable. Mamá quedó prácticamente huérfana a los seis años, cuando su querida madre murió dando a luz, dejándola a ella a cargo de sus hermanos pequeños. Esclavizada ante los abusos de sus tías paternas, trataba de mantener a la familia unida mientras su padre, mi abuelo Jesús, luchaba por encontrar su camino después de la muerte de su esposa.

Aunque mis padres nunca hablaron abiertamente de su sufrimiento, estaba presente en nuestras vidas, era como una corriente oculta de tristeza que afectaba de manera distinta a cada uno de nosotros. Supongo que la muerte de mi hermana tuvo que ver con el sentido de responsabilidad que adquirí como hermano mayor de cinco niños, y con las pesadillas recurrentes en las que me veía en medio de un desastre —de un incendio, una inundación o una avalancha— y sabía que yo debía salvar a mi madre y hermanos. Una característica común de las historias de estos sueños, era que yo tenía superpoderes: era capaz de caminar sobre fuego sin quemarme o nadar en un *tsunami* sin ahogarme (en realidad no sabía nadar y nunca me sentí tranquilo estando en el agua). La idea de tener superpoderes debió surgir del deseo que sentía en aquellos días de seguir los pasos de Kalimán, un superhéroe de las tiras cómicas mexicanas que era capaz de vencer al mismo tiempo a varios demonios con un solo movimiento: la maniobra de Kalimán, que desafiaba a la gravedad y que yo estaba decidido a dominar. Durante las horas en vela, estaba convencido de que podía lograrlo. Pero en mis pesadillas, para mi consternación, antes de que pudiera poner mis superpoderes en práctica y salvar a mis seres queridos, el sueño terminaba y mi misión fracasaba. Invariablemente, me despertaba llorando, confundido y frustrado.

La muerte de Maricela, mis pesadillas recurrentes y el nivel de responsabilidad que sentí desde muy temprana edad pueden ayudar a explicar por qué mi lucha primordial era comprender y darle sentido a la vida y a la muerte. Estas experiencias probablemente también plantaron en mí la semilla del interés por la Medicina. Entretanto, me reconfortaba la idea de que mi hermana se había ido a un lugar mejor. Alimentaba mi, ya de por sí, activa imaginación y mi curiosidad por conocer sobre el mundo más allá de lo que podía ver y observar todos los días durante mi ir y venir en las afueras de Palaco. Mucho antes de que la Medicina fuera siquiera una remota posibilidad, ¡soñaba con una vida llena de viajes y aventura!

Por otra parte, recuerdo las noches cuando a los seis años, casi siete, contemplaba las estrellas y me sentía listo para ser astronauta. En el otoño de 1974, en una noche calurosa y sofocante, anuncié mis intenciones a mamá, a mi hermano Gabriel de cinco años y a mi hermana Rosa de tres.

Todos rieron. ¡Definitivamente era el soñador de la familia!

En nuestra casa de dos habitaciones, a la que nos habíamos mudado un año antes, hubo muchas noches como aquella en las que el calor asfixiante hacía imposible dormir. Justo al otro lado del canal de la gasolinera, la casa de adobe —construida de ladrillo de cenizas en una parte y de barro en la otra— no contaba con aire acondicionado y era como un horno, ¡cociendo todo lo que había dentro! Cuando el calor era insoportable, como en aquella noche, los cuatro optábamos por subir a la azotea. Primero pusimos cobijas sobre la superficie rasposa cubierta de papel de alquitrán, después nos acomodamos. Rosa se acostó a un lado de mamá y yo al otro lado, entre Gabriel y ella. Nos subimos a la azotea para escapar no solo del calor, sino también de la amenaza siempre presente de temblores que colapsaban casas y ocasionaban deslaves en esta parte de Baja California, donde la Falla de San Andrés desciende desde la costa oeste de los Estados Unidos. Arriba en el techo era más probable que sobrevivieras al evitar que la casa cayera sobre ti —como recientemente había sucedido en esta área en donde murieron cientos de personas—. Pero esas preocupaciones desaparecían cuando estaba debajo de las estrellas, ¡donde todo era seguro, tranquilo y divertido!

Crucé las manos detrás de mi cabeza, me hice una almohada, y con las piernas cruzadas me sentía tranquilo: felizmente concentrado y listo para saborear el espectáculo que se presentaba en el cielo arriba de nosotros y nuestros alrededores.

Por un momento permanecimos callados. Ninguno de nosotros dijo una palabra mientras nuestros sentidos despertaban a la vista, a los sonidos y los aromas de la noche. Podía escuchar el canto de los grillos y el zumbido de otros insectos junto con el croar de los sapos que cantaban con presunción y me hacían recordar a los mariachis que iban de un restaurante a otro en Mexicali.

En aquellos años éramos afortunados de poder cenar en restaurantes de vez en cuando y de ser parte de la clase media baja de nuestro pueblo, saliendo lentamente de la pobreza gracias a las modestas ganancias que mi papá obtenía de la gasolinera. En tanto nuestro estatus era más precario de lo que pensábamos, yo sabía que eran muchos los escalones que había que subir. Estaba consciente también de que no todas las familias tenían la posibilidad de comer carne una vez a la semana como nosotros lo hacíamos, y que la buena fortuna de la cual gozábamos no habría sido posible de no tener una norma de trabajo en la familia. Había aprendido esta lección fundamental desde los cinco años, cuando después de la escuela y los fines de semana iba a trabajar a la gasolinera, en donde ponía gasolina, aprendía a reparar autos y camiones e incluso los manejaba, sacándolos o metiéndolos al taller, apoyándome sobre muchos cojines. Yo no veía raro el que un niño de cinco años pudiera manejar o subir en elevadores hidráulicos para ver debajo de los cofres de los autos y camiones para saber qué partes necesitaban reparase: todo era parte del trabajo.

Mi familia nos enseñó la importancia del trabajo duro de manera directa y con el ejemplo. Mi padre empezaba su día en la gasolinera al amanecer y no cerraba hasta que la noche caía, cuando salía y gastaba en comida y otras necesidades familiares parte del dinero que había ganado durante el día. Es por eso que normalmente no estaba con nosotros arriba en la azotea cuando nos íbamos a dormir ahí. Pero yo sabía que cuando regresara a casa más tarde, probablemente traería algo para ofrecernos de comer a la mañana siguiente; con frecuencia mi favorito: una pieza de pan dulce.

Arriba en la azotea durante esa noche que recuerdo, me imaginaba con mucho placer qué desayuno nos traería, incluso en el momento en que estaba percibiendo el olor de la tierra verde y húmeda de esa noche, podía saborearme todo. Era fresco, presente y vivo como el olor de una sandía recién cortada, madura y lista para comerse. Conocía muy bien esos aromas gracias al reciente trabajo en los campos de algodón de Palaco. A pesar de que en ese momento nuestros esfuerzos para ganar dinero no eran necesarios, mis padres creían que podríamos utilizar de otra forma lo que aprendiéramos en los campos. Papá también quería enseñarme que el trabajo en la gasolinera era mucho mejor que estar parado bajo el sol abrasador, recogiendo algodón con las manos ensangrentadas.

No tenía caso quejarse del trabajo en el campo, así que aproveché al máximo la situación para observar cómo se llevaba a cabo todo el proceso, al caminar por las hileras recogiendo los mullidos pedazos de algodón, poniéndolos en grandes costales de cáñamo y luego viendo cómo se llenaban estos costales y se pesaban para que nos pagaran por kilo. No había por qué avergonzarse de trabajar en el campo. Esta era una oportunidad. Además, me sentía orgulloso de lo que podía lograr con mis propias manos. La moraleja de la historia tenía dos vertientes: primero, cada paso dentro de toda la operación contaba —todo trabajo tenía lógica—; segundo, sin importar qué tan pequeño y mullido se sintiera un pedazo de algodón, si seguíamos adelante, todos esos pedazos mullidos se acumularían y llegarían a tener un peso real: tanto como veinte o treinta kilos que ¡valían su peso en pesos!

Ese era el valor de un trabajo riguroso y honesto: tener el orgullo de hacerlo bien, como una forma de compensación y algunas veces como oportunidad para avanzar en el mundo. Así logré comprar la bicicleta de segunda mano que tanto deseaba. Gabriel —mucho más obediente que yo y que también tenía más sentido común— no se impresionó cuando llevé la bicicleta a casa.

—¿Cómo vas a poder andar en ella? —se rio señalando que no tenía pedales ni frenos.

Para mostrarle lo contrario, aprendí a montarla de lado y básicamente dejarme llevar adonde la bicicleta quisiera llevarme.

Sin embargo, Gabriel se sintió considerablemente más entusiasmado cuando los dos encontramos un televisor RCA en blanco y negro en una tienda de segunda mano y convencimos a nuestro padre para que lo comprara, aunque él tuvo el cuidado de hacernos ver que solo teníamos una línea eléctrica y que se necesitaba para el refrigerador y los dos focos que alumbraban nuestra casa. Despreocupados, nos las arreglamos para hacer un contacto que nos ofrecía la corriente que necesitábamos. Una vez que remplazamos el iconoscopio, como por arte de magia apareció una imagen, emocionándonos por lo menos durante las pocas horas que la televisión mexicana transmitía los dos canales disponibles.

Como la imagen televisiva era muy granulada, cubríamos las ventanas con cobertores para oscurecer los cuartos. Con temperaturas hasta de 49 grados centígrados, el aislamiento solo hacía que el interior se asemejara aún más a un horno. ¡Pero no nos importaba! La televisión era un lujo que no solo nos conectaba al resto del planeta, sino también a las posibilidades fantásticas de viajar en el espacio a nuevos mundos extraños. Nos enganchamos con las retransmisiones de la tarde de Viaje a las Estrellas, seguíamos cada movimiento del Dr. Spock y del Capitán Kirk cuando exploraban las galaxias, enfrentaban peligros, peleaban batallas, evitaban asteroides y se aventuraban en reinos desconocidos.

Pero había un enorme problema. Después de haber sido tan hábiles y usar nuestro ingenio para arreglar el aparato de televisión, pocas veces lo podía ver porque tenía que trabajar en la gasolinera después de que mi papá nos recogía de la escuela al mediodía. Tristemente esto significaba que podía ver Viaje a las Estrellas de vez en cuando. Recuerdo sentirme desesperado por ver un episodio que se transmitiría a las cuatro treinta un jueves por la tarde. Cuando mi papá me recogió de la escuela y le pregunté que si podía hacer una excepción ese día, firmemente me respondió: «No, Alfredo, tienes que trabajar», y no insistí.

Me sentí deshecho pero no lloré. En lugar de eso, cuando llegamos a la gasolinera brinqué decidido fuera del auto y me puse a trabajar en mis deberes con un propósito mayor, esperaba olvidarme de todo lo que tuviera que ver con el episodio de Viaje a las Estrellas que yo estaba condenado a no ver. Para el momento que dieron las cuatro y media, prácticamente había logrado olvidarme del episodio, entonces papá me llama, señala hacia la casa y me dice, «está bien, puedes ir», y antes de que agregara «y puedes ver tu programa» yo ya había salido tan rápido como mis pequeñas piernas me lo permitían.

Cuando volé a la puerta, Gabriel me dijo que solo me había perdido los créditos iniciales, y los dos pudimos ver con sorpresa cómo el *USS Enterprise* viajaba hacia lo desconocido.

El episodio era todo lo que yo esperaba y ¡mucho más! Y en esa noche calurosa de otoño de 1974, sobre la azotea con Gabriel, mamá y Rosa, sabía que algún día podría aterrizar en un planeta hostil, tal y como lo hizo Capitán Kirk durante aquel episodio, y podría usar mis habilidades diplomáticas para mantener la paz. Lleno de energía de los sonidos del viento en las faldas del cerro al norte de nosotros, me complací con el evento principal que venía en camino: la estrella «real» del espectáculo. Me fascinaban las estrellas veloces: aquellas que podrían ser las más pequeñas pero parecía que estaban en una misión especial, moviéndose poderosamente con un propósito. ¡Sorprendente! Para futuro astronauta, en mi ser de seis años, millones de historias y posibilidades se presentaban en la pizarra gigante sobre nosotros.

En segundo grado empecé a tener noción de la Geografía. Había escuchado que Palaco —que eran las siglas de *Pacific Land Company*— había sido fundado por una compañía estadounidense que había venido alrededor de 1930 a cultivar las tierras en el valle. También sabía que éramos un satélite como muchas otras aldeas alrededor de Mexicali, y que había muchas otras ciudades más grandes lejos de nosotros en el enorme país de México, de donde era ciudadano. Nos habían enseñado sobre países y continentes, y sus diferencias geográficas. Aunque pocos años antes creía que la tierra era plana y que si llegaba al final de ella me caería de la orilla, en ese momento ya entendía, gracias a la escuela y a Viaje a las Estrellas, que la tierra era redonda y que estaba ubicada como una estrella en el universo. Aparte de esa información básica, solo tenía preguntas: ¿Qué había más allá de las estrellas? ¿Qué había entre las estrellas y la negrura que las separaba? ¿Quién las creó? Mi mente no podía concebir dónde empezaba esta extensión y dónde terminaba o cómo se podía medir en relación a mí, un pequeño ser en esta vasta imagen.

La única otra persona que al parecer estaba considerando estos misterios era mi abuelo paterno, Tata Juan. De hecho, él ayudó a plantar las semillas de estas grandes preguntas en mi mente, motivándome a ir más lejos. «Si disparas alto y apuntas a una estrella, puede ser que le des», me decía.

Una vez, cuando tenía unos cinco años, tomé su consejo literalmente. Subí a la azotea con mi resortera y un montón de piedras e hice exactamente lo que me había recomendado: disparé al cielo con toda la fuerza que podía reunir. No logré darle a las estrellas. Lo que sí logré fue darle accidentalmente a una ventana y meterme en un gran lío con mi mamá y mis tías. Aunque no alcancé ninguna estrella esa noche, estaba convencido de que algún día lo haría.

* * *

Según los cuentos familiares, desde el momento de mi nacimiento, el 2 de enero de 1968, todos tuvieron que mantenerse alerta. Primero, la señal de un extraño golpe en mi cabeza causó preocupación, curiosamente, se creía que probablemente había nacido con un tumor cerebral. Hoy sé que tenía cefalohematoma, nada serio. Pero en ese tiempo, la familia se preguntaba cómo había hecho para sobrevivir con una protuberancia del tamaño de un puño en mi cabeza —compuesta de vasos sanguíneos reventados—, que parecía como una pequeña segunda cabeza tratando de salir a través de la piel.

Aliviados cuando supieron que la protuberancia desaparecería por sí sola, los miembros de mi familia desviaron su atención hacia mi naturaleza hiperactiva, preocupándose de que me fuera a hacer daño. Antes de que pudiera caminar bien, mis padres estaban sorprendidos de lo rápido que hacía mis primeros pininos. Para mi primer año de vida, había aprendido a hablar expresivamente y poco después yo solo aprendí a amarrarme las agujetas de los zapatos. Y entonces empezaron los verdaderos problemas. Se necesitaba de la familia entera para ir a buscarme cuando realizaba mis actos de desaparición, como la vez que tenía aproximadamente tres años y todos temían que me hubiera caído dentro de la represa. Finalmente me encontraron vendiendo el pequeño camarón que había descubierto en los agujeros de riego en el campo. Todos mis tíos pensaban que estas travesuras eran muy graciosas, pero mis tías estaban en desacuerdo. Pronto me etiquetaron como un pequeño pícaro que necesitaba disciplina. Mis padres hacían lo mejor que podían pero servía de muy poco. Nana María pronosticó que si no me ponían ciertos límites, yo sería un peligro para mí mismo. Entonces la labor recayó en Tata Juan, quien me tomó bajo su ala y se convirtió en mi primer mentor verdadero.

Alto y delgaducho, con facciones cinceladas y el pico de un águila como nariz, Tata era una figura imponente para todos nosotros. Un hombre autodidacta que nunca fue a la escuela y no obstante aprendió a leer y escribir música cuando comenzó por sí solo a tocar múltiples instrumentos. Tata también logró hacer unas cuantas inversiones inteligentes durante los años que trabajó afanosamente en agricultura (así solíamos describir el trabajo en el campo), y a lo largo de su vida se manejaba con tal porte majestuoso que pudo ser confundido con un aristócrata. Un caballero, siempre con su sombrero —una señal de dignidad, yo creía— y nunca dejó de quitárselo en presencia de las damas.

«¿Cómo se encuentran hoy, mis señoras?» decía con gran cortesía, quitándose su sombrero y haciendo una reverencia cada vez que pasaba frente a un grupo de mujeres de cualquier edad. Aunque no tuviera sombrero, yo imitaba esta pose cuando niño. Disfrutaba de la reacción que provocaba cada vez que hacía una reverencia y decía en mi más correcta pronunciación de cinco años, «¿Cómo se encuentran hoy, mis señoras?» La pose funcionó tan bien, que ¡la he hecho desde entonces!

Los recuerdos más dulces que tengo de mi abuelo son los de nuestros viajes a una cabaña en las Montañas de la Rumorosa, en la Península de Baja California. Todo lo relacionado con esa región, desde las cumbres rocosas y gigantes de las montañas hasta las cuevas misteriosas con pinturas rupestres hechas por manos humanas ancestrales, me llenó de asombro. Tata desafiaba su propia edad y corría como gacela a lo largo de las veredas que llevaban a las montañas. Algunas veces lo hacía dentro del bosque a propósito, y yo tenía que pensar rápidamente y seguirlo dentro de los matorrales. Hubo veces en que desaparecía y poco antes de que yo entrara en pánico, Tata reaparecía y juntos continuábamos caminando en la empinada montaña lejos del camino principal.

En una ocasión explicó con palabras la lección de nuestras caminatas. Puso su mano sobre mi hombro mientras subíamos y dijo: «Alfredo, cuando puedas elegir, no vayas donde te lleva el camino. Ve adonde no hay camino y deja huella». No sé si Tata había escuchado la cita similar de Ralph Waldo Emerson. No me sorprendería que lo hubiera hecho.

Tata Juan finalmente descansaba cuando alcanzábamos la cumbre rocosa. Luego observaba con deleite cómo yo seguía corriendo alocadamente, gritando desde el fondo de mis pulmones, «¡Tataaaaa! ¡Tataaaaa!» encantado por el eco que se escuchaba por la ladera.

Aunque mis padres nunca dijeron nada, debieron de haberse sentido aliviados cada vez que los dos regresábamos de las excursiones sanos y salvos. Sé que se sentían complacidos de que fuéramos tan unidos. Pero no todos compartían sus sentimientos. Una de las hermanas de mi padre siempre se quejaba de que de los cincuenta y dos nietos, muchos de ellos más grandes que yo, Tata pasaba más tiempo conmigo que con nadie más. Papá probablemente insinuaba que era de gran ayuda tener a alguien en la familia que ¡pudiera controlarme!

Mi madre frecuentemente pedía a Tata que actuara como intermediario cuando tenía que explicarme por qué tenía que aceptar las consecuencias de haber desobedecido las reglas. Discutía por el castigo, así fuera sentarme en el rincón o dejar de ver televisión, le decía a mamá que era muy estricta. No importaba cuáles hubieran sido mis faltas —si no había realizado mis tareas o me había peleado—, Tata me pedía que le dijera la historia completa y después emitía un juicio. Eso fue lo que pasó cuando mi madre estaba enojada conmigo por jugar en las vías del tren detrás de nuestra casa. Por coincidencia, estas vías pertenecían a la línea que llevaba trenes de cargamento o tanques del norte de California. Los vagones de tren que pasaban por mi patio trasero eran los mismos tanques que algún día yo limpiaría y repararía y que pondrían mi vida en peligro al hacerlo.

De niño, solía ofrecerme como voluntario para ayudar a los guardias e ingenieros de cambio porque no podían moverse tan rápidamente como yo. Mi trabajo era esperar a un lado de las vías hasta el último minuto para identificar si la locomotora necesitaba cambiar de vía y, de ser así, brincar sobre estas al tiempo que les hacía señales a los guardias e ingenieros de jalar las palancas apropiadas en el momento correcto. En mi opinión, esto era educativo para mí y un entrenamiento excelente en mi búsqueda por ser astronauta o superhéroe como Kalimán. Mi madre no estaba de acuerdo.

Ese día, Tata me pidió que explicara un incidente particular y que le dijera por qué mi trabajo ayudando a los guardias de cambios requería que yo me subiera a un tanque que solo había parado temporalmente, lo que me obligó a brincar cuando arrancó de repente. Después de que me escuchó defenderme, junto con otros detalles, habló lenta y seriamente: «Tu madre está en lo correcto, Alfredo. Podrías haberte matado. Estás dando un mal ejemplo a otros niños. Creo que debes reflexionar en esto mientras te sientas en el rincón». Había repetido lo que mi madre había dicho, ¡casi palabra por palabra! Pero cuando las palabras venían de él, estaba completamente de acuerdo. El castigo ya no era excesivo. De hecho, pensaba que era un honor enfrentar las consecuencias cuando él me lo pedía.

Una de las razones por la cual respetaba a Tata era su habilidad para vencer los obstáculos a los que se había enfrentado durante su vida. Cuando vivía en Sonora, donde nació en 1907, su padre fue asesinado por una banda de pistoleros: pandillas sin escrúpulos que robaban y aterrorizaban el campo durante la Revolución Mexicana. Su madre perdió la razón después de ello, haciendo la vida de mi abuelo más difícil al tener que criarse él solo.

Nana María también había vencido muchas adversidades. A pesar de que no estaba tan apegado a ella como lo estaba a Tata, sentía un enorme respeto por su labor de curandera y pilar de la comunidad. A través de su trabajo me enseñó la lección más importante que aprendería sobre tratamientos y cuidados de pacientes: en todo momento, lo primero debe ser su vida y bienestar. Nana tenía el don de conectarse con ellos de forma inmediata y delicada, viendo a sus ojos, estudiando los síntomas más pequeños, poniendo las manos sobre sus hombros para reanimarlos y para transmitirles su energía curativa. Nadie murió bajo su cuidado porque era tan dedicada que si sentía la menor preocupación de que alguien requería más de lo que ella pudiera ofrecer, referiría a su paciente a un hospital o a algún lugar en donde le pudieran proveer los servicios necesarios. Nana María nunca cobró un peso por sus servicios. Su recompensa era poder enseñarles a las mujeres cómo cuidar su salud reproductiva y a sus bebés y, como partera, consideraba un honor el salvar vidas y extender su mano a una nueva que se incorporaba al mundo. Eso representaba una existencia rica en recompensas. Disponible en la mañana, tarde o noche, se mantenía despierta y alerta durante largos periodos de labor y partos complicados, de pie y trabajando durante las frías noches en las pequeñas casas de adobe de nuestra zona o en las sofocantes noches de calor cuando todos los demás habían corrido a sus azoteas en busca de alivio.

Después de un parto muy largo, cuando yo tenía alrededor de seis años, en una calurosa mañana de verano, mientras jugaba afuera de la casa de mis abuelos, vi a Nana María en su porche. Nana se veía sorpresivamente fresca y renovada después de no haber dormido durante la noche, trabajando como partera; solo estaba descansando sus piernas y pies. Cojeaba al caminar, y mi padre decía que era por una deformidad o por alguna enfermedad como polio, que había causado que uno de sus pies fuera mucho más pequeño que el otro. Mi abuela nunca se quejó, incluso durante los días en que Tata y ella trabajaban en el campo. Sin embargo, Nana sí creía que muchos de nosotros dábamos por sentada la maravillosa habilidad que se nos había dado a través del poder de nuestros dos pies. Y nunca se frenó para admirar el hermoso modo de andar de alguien o para expresar su melancólico deseo de tener dos pies normales o incluso de poder bailar como otros lo hacían. Probablemente el saberse diferente la hacía más compasiva con quienes sentían dolor o estaban luchando por sobrevivir. Pero esa mañana, mientras jugaba con mi primo César, un experto lanzando rocas, quien me enseñaba a mejorar mi técnica, noté algo mágico en Nana María. En lugar de parecer cansada, estaba sonriendo y hablando con Tata, como vigorizada. El que tuviera tanta energía después de haber pasado tanto tiempo sin comer o dormir era increíble, y lograr sentirse así al estar al cuidado de otros era un acto muy noble.

En ese preciso instante, una joven pareja caminaba por la calle hacia la casa de mis abuelos. La joven cargaba un bebé recién nacido debajo de una cobija y su esposo mecía entre sus brazos un pollo vivo. Me sorprendió la gratitud en las caras de los jóvenes papás al ofrecerle el pollo a mi abuela, el regalo más valioso que pudieron encontrar para agradecerle. Nana María fue amable, y les aseguró que este detalle sería apreciado en su humilde hogar. Sin embargo, probablemente el regalo que ella más valoraba era la oportunidad de mirar debajo de la cobija para poder ver al pequeño bebé lleno de salud, sabiendo que ella había hecho su trabajo y lo había hecho bien.

La historia tuvo un giro que por otra razón hace que destaque en mi memoria. Después de que la joven pareja partió y Nana entró a la casa, decidí practicar mi nueva destreza. La primera roca salió de mis manos a una velocidad excelente. Pero mi puntería era terrible y rompí una ventana de la casa de mis abuelos. ¡En la torre! Pero no me di por vencido y lancé la siguiente roca, esta vez evitando darle a la casa, pero no tuve el cuidado suficiente como para evitar darle a la cabeza de César. Le provoqué una cortada que sangraba excesivamente, y sus gritos hicieron que llegaran corriendo mis abuelos.

Nana hizo notar que debía ser más consciente de mis acciones. Tata estaba muy disgustado. Por supuesto yo me sentí muy mal por mi primo y por la ventana. Pero, sobre todo, no quería que mis abuelos estuvieran enojados conmigo. Aunque realmente no lo estaban, solo preocupados. Mi abuela habló con mis padres, después lo supe, y les dijo que solo llegaría muy lejos si se me ponían límites apropiados. Tata Juan advirtió a papá, «Alfredo es extraordinariamente inteligente. Pero debes cuidarlo o se perderá muchas oportunidades». Mis padres estuvieron completamente de acuerdo. Su solución, en lugar de ser extremadamente críticos, fue asegurarse de que con educación y la disciplina del salón de clases, me calmara. La necesidad de que mis hermanos y yo fuéramos a la escuela, trabajáramos duro, hiciéramos la tarea y aprovecháramos al máximo nuestra educación, era lo más importante para mis padres porque ninguno de ellos había terminado de estudiar.

Antes de que mi abuela materna muriera, le había enseñado a mi madre a leer y escribir. De hecho, uno de los pocos recuerdos que tenía de aquellos tiempos era ver la cariñosa sonrisa de aprobación de mi abuela mientras leían juntas. Pero después de quedar huérfana y convertirse en la sirvienta de mis tías, mi mamá no tuvo otra opción que aprender por ella misma. Considerando estas limitantes, mamá hizo un buen trabajo y logró aprender lo básico para calificar a un programa de enfermería, su sueño. Tristemente, su padre, mi abuelo Jesús, se rehusó a ayudarle a pagar la escuela de enfermería. Pero mamá continuó estudiando por sí sola, desarrolló destrezas que después utilizó cuando empezó un negocio; compraba objetos usados que arreglaba y después vendía.

Mi padre tenía trece años cuando su familia se mudó cerca de una escuela para que él asistiera por primera vez. Pero como era el más grande de la clase, ya con vello facial, se sentía como un gigante moreno sentado junto al resto. Aunque asimiló lo suficiente como para después él mismo aprender a leer y escribir, solo duró tres meses y desertó. Nadie se sintió tan decepcionado como él mismo. Tiempo más tarde, cuando se lamentaba por no haber logrado todo lo que quería en la vida, papá nos decía, «Si quieren crecer y ser como yo, no vayan a la escuela».

Después de que mis padres se casaran en 1967, consideraron continuar su educación de alguna forma, pero con bebés que alimentar y una gasolinera que dirigir, nunca tuvieron tiempo. Mi papá había tomado el negocio en sus veintitantos, cuando Tata Juan le dijo, «Sóstenes, he estado pensando en comprar la gasolinera García que está a la venta. ¿Te gustaría ser mi socio?». Luego, como regalo de bodas, Tata se llevó a mi padre aparte y le anunció, «La gasolinera siempre ha sido tuya, hijo. Sabía que la necesitarías cuando empezaras tu propia familia».

Papá lo único que quería era que su padre se sintiera orgulloso de él. Probarse a sí mismo que era digno de respeto. Pero esa tarea resultó ser más difícil de lo esperado. Para satisfacer las expectativas de Tata, mi padre se dedicó a hacer del negocio un éxito monumental. Transformó la gasolinera ordinaria en una compañía colorida y atractiva. Gracias a su afición por los colores vivos, la pintó de amarillo mostaza fluorescente con detalles verde limón brillante. ¡No podía pasar desapercibida!

Mi padre me legó su amor por el color. Pero su herencia más importante fue su frase frecuentemente repetida, la cual me decía, ya fuera con una sonrisa o con lágrimas en los ojos: «Cada hombre es arquitecto de su propio destino».

* * *

Tata Juan tenía la convicción de que el encanto y el carisma podían llevar a una persona muy lejos, y que si le agregabas trabajo duro, honestidad y un buen corazón, podrías llegar «muy lejos y de regreso». También creía que con pequeños esfuerzos, se podían lograr grandes resultados. Para probarlo, me dio mi primera canica y me explicó: «Si la usas bien, con el tiempo tendrás más canicas que las que puedas contar». Cuánta razón tenía Tata. Pronto me convertí en el rey de las canicas; organizaba torneos que me las arreglaba para dirigir mientras trabajaba en la gasolinera. De este modo empezó mi entrenamiento para poder realizar varias cosas al mismo tiempo —una habilidad indispensable para el futuro médico clínico, cirujano y científico que había en mí—. Pronto, un sinnúmero de frascos llenos de canicas de cada color se alineaban en los rincones y espacios de nuestra pequeña casa.

Pero a los seis años mi ambición por ganar todas las canicas —una racha competitiva que después me traería problemas—, se volteó en mi contra cuando me sedujo para jugar contra un niño de nueve años. Mientras él me dejaba ganar, su compinche se escabulló dentro de la gasolinera y ¡se robó cincuenta pesos! Enfrentándome ante tal deshonestidad a sangre fría, debía vengarme. Pero como lo había intentado antes con niños más grandes y me habían apaleado, concluí que era momento de formar un séquito, una tradición duradera. Mi equipo estaba formado por bravucones antiguos que ahora eran mis amigos. Ellos tenían la fuerza; y yo tenía el cerebro.

Sin embargo, no me mantenía fuera de la pelea. Después de todo, seguía en entrenamiento para ser Kalimán, seguro de que podría perfeccionar la maniobra que usaba para pelear contra varios adversarios al mismo tiempo. Estudiaba la tira cómica cuidadosamente, analizaba los componentes de la maniobra y entendía que para lograr dominarla necesitaría personificar la agilidad de la pantera de ojos verdes de Kalimán al brincar metro y medio en el aire al momento de que extendía mis brazos y piernas. Mi objetivo era dejar fuera de combate a cuatro adversarios: dos al pegarles con mis puños y los otros dos al patearlos. Con velocidad de rayo, no solo lograría desarmarlos, sino que después aterrizaría sobre mis pies, una vez más, como una pantera. Había decidido que también era importante que mis ojos brillaran desafiantes, igual que los ojos de Kalimán, que se transformaban en un tono de verde más intenso cada vez que peleaba con demonios.

Le expliqué a Gabriel y a tres de mis primos: «Voy a practicar la maniobra de Kalimán y necesito su ayuda. Hagan exactamente lo que les digo y no van a salir muy lastimados».

Al verlos angustiados, les recordé el problema que estábamos teniendo con los bravucones locales que vagaban por el área disparando pistolas de aire hacia nosotros. Teníamos que practicar la maniobra con anticipación para estar listos en caso de ataque.

Todos nos pusimos en posición, nos preparamos para los golpes que vendrían. Me concentré, respiré profundamente, doblé mis rodillas y brinqué al aire, elevándome sesenta centímetros a lo sumo. Al mismo tiempo, extendí mis brazos y piernas para simultáneamente golpear y patear, pero en lugar de eso, no logré atinarle a ninguno de mis objetivos y caí de frente sobre la tierra, sacándome el aire. ¡Eso era morder el polvo! Cuando me volteé, los cuatro se me quedaron viendo con horror y sintiendo pena por mí, al haber fallado tan miserablemente. Después, todos rieron estrepitosamente.

¿Mi conclusión? ¡Era claro que la tira cómica de Kalimán había exagerado sus poderes! A partir de ahí, cuando los chicos duros nos molestaban, busqué otra forma de desarmar a los bravucones.

Sorprendentemente, aunque era un supuesto pícaro, logré sobrevivir la infancia con una sola visita al doctor. En esa ocasión, el dolor y la infección del bíceps se hicieron tan agudos que tuve que confesar que me había caído sobre una de las baquetas que yo mismo había fabricado para hacer juego con los tambores que había juntado. La punta de madera de la baqueta, filosa como una flecha, había perforado mi brazo y se había roto dentro de mi bíceps derecho. Me impactó la forma en la que el doctor examinó la herida infectada y cómo, cual si fuera un mago, extrajo el pedazo de madera de mi bíceps y me dio la medicina correcta para que mejorara. ¡Magia!

Aunque pasó por mi mente que ser doctor sería una noble empresa, mi verdadero modelo a seguir era el tan querido por México, Benito Pablo Juárez García. Conocí su historia después de que empecé el preescolar, cuando mi maestra supo que yo ya leía y me eligió para recitar un poema sobre él ante cientos de estudiantes. Esta fue la primera vez que hablaba en público y ¡estaba aterrorizado! Tuve que pararme en una silla, bajaron el micrófono y lo pusieron de lado para que lo alcanzara. Desde mi lugar, podía ver una cita de Benito Juárez arriba de mí, grabada en la pared de piedra: «Entre los individuos como entre las naciones, el respeto al derecho ajeno es la paz». Esto me puso en marcha y, en cuanto empecé a hablar, olvidé a la multitud y puse mi pasión en rendirle homenaje a Juárez: un joven pobre de origen indígena que se convirtió en presidente de México. Personificaba un heroísmo auténtico, luchando en nombre de la gente común y corriente.

Desde el principio, como esperaban mis padres, la escuela me dio estructura con límites definidos en donde yo podía destacar. En casa podía romper las reglas con mis experimentos y exploraciones, dando rienda suelta a mi curiosidad. La escuela era otro tipo de diversión, con retos y estímulos. Ahí aprendí a quedarme quieto y concentrarme; así me convertí en el estudiante más obediente y disciplinado.

A mi padre le encantaba contar sobre el día en que me recogió del preescolar y mi maestra le dijo: «Creo que Alfredo está listo para ir a la primaria. Vaya a ver a mi hermana y a ver qué le dice».

Por suerte su hermana, la señorita Jáuregui, mi maestra de primero y segundo año, no solo decidió que estaba listo para la primaria sino que me protegió al inicio de mi experiencia académica. Tenía fe en que podría llegar lejos con mi educación y en el mundo. Pronto me convertí en su consentido, una costumbre que se quedó en mí y que algunas veces era un honor y otras una invitación para que otros niños me pegaran en el patio o después de la escuela. Ser más joven y más pequeño que el resto de los estudiantes de mi grado era bastante malo y, encima de eso, era de otro pueblo, un campesino a los ojos de los citadinos que vivían en Palaco. Si no hubiera sido por mi mejor amigo, mi compinche Niki, un chico conocedor de la vida de la calle, habría tenido verdaderos problemas. Los que serían mis atacantes pronto se dieron cuenta de que si se metían conmigo, tendrían que meterse con él o con alguno de los otros chicos malos de los que me había hecho amigo. Pero a pesar de mis defensores, yo seguía pensando que era el más débil y me identificaba con otros a los que también molestaban, especialmente con aquellos que no podían defenderse.

Un día hubo un caso que me molestó particularmente, cuando un niño pequeño de mi clase de segundo grado, también llamado Alfredo, levantó la mano para pedir permiso de ir al baño. La maestra le pidió que se esperara hasta que terminara la clase. Desafortunadamente, no pudo aguantarse y se hizo popó en los pantalones. Alfredo se mortificó. Me sentí mal por él y también me mortifiqué cuando el resto de los niños empezaron a molestarlo y a burlarse de él. En cuanto salimos al patio, decidí molestar a esos niños sobre sus defectos, les lancé comentarios mordaces que me salían muy fácilmente. El defender su causa no iba a resolver nada para el otro Alfredo, pero por lo menos lo haría sentir mejor.

Tampoco olvidaría nunca a una niña del barrio que había nacido con paladar hendido, que la desfiguraba y hacía parecer que tenía dos caras —como un pequeño monstruo, decían algunos—. Varios miembros de su familia, que eran muy pobres, cobraban admisión a otros para ir a verla detenidamente, incluso para carcajearse ante sus deformidades, burlándose de ella. No había forma de que pudiera permitir tal crueldad, aun cuando eso significaría pelearme con niños que eran más grandes que yo. La mayoría de las veces no gané esas peleas, pero esperaba que de alguna manera la niña supiera que alguien la defendía.

* * *

Algunos de los recuerdos más felices de mi infancia existen, no como una historia sino como imágenes sueltas de memorias, aromas y sabores. Por ejemplo, recuerdo vívidamente despertar con el olor de los tamales que hacía mi mamá las mañanas de Navidad. Este recuerdo me inunda de calidez y satisfacción junto con la felicidad que sentí una Navidad en particular cuando recibí un regalo sorpresa. Era una pista de carreras que mi mamá había renovado después de haberla comprado durante una de sus excursiones al otro lado de la frontera. En aquellos días, era posible obtener una identificación oficial que permitía a ciudadanos mexicanos viajar a Estados Unidos como turistas para comprar o visitar amigos y parientes. Mi emprendedora madre iba de compras al otro lado de la frontera, a Calexico, usualmente con mi padre; y después de recorrer ventas de garaje y seleccionar artículos abandonados, regresaba y los reparaba para luego venderlos. Yo sabía que la pista de carreras se habría vendido por una buena cantidad. Pero en lugar de eso, decidió que yo sería el afortunado beneficiario. Así como recuerdo mi propia dicha al recibir el regalo, aún puedo ver la sonrisa de mi madre al ver mi fascinación.

También tengo recuerdos felices del tiempo que pasaba con mi padre y con mi hermano Gabriel, en particular de nuestros viajes habituales al Mar de Cortés. A pesar de que papá viajaba allá para poner un puesto y vender artículos remodelados —frecuentemente los cambiaba por comida—, para mí estas excitantes expediciones se sentían como vacaciones. El viaje a San Felipe requería que viajáramos hacia el sur a través del desierto. Nuestro trayecto de tres horas, no lo recorríamos en cualquier automóvil; era en el camión de remolque, único en su tipo, y era de mi padre: pintado y construido a la medida por él mismo.

Para poder visualizar el tono de verde que mi padre utilizó para pintar ese camión, pueden imaginarse un verde perico neón. Un verde feo. El siempre colorido Sóstenes Quiñones, por supuesto, no estaría de acuerdo. Estaba igualmente orgulloso de las rayas multicolores en espiral que le había pintado al remolque: veinte colores, siguiendo el modelo del poste de una peluquería. ¡Una verdadera obra de arte! Si el exterior era excesivo, el interior también era ridículo. Los resortes se salían de los asientos y dejaban adoloridos de la espalda a todos los pasajeros. Al parecer el piso fue una ocurrencia nueva que dejó grietas sobre el motor. La palanca de velocidades y la perilla sobre ella se zafaban si los cambios se hacían con mucha fuerza, causando que el camión se deslizara sobre la calle mientras el conductor sostenía una palanca sin perilla y trataba de arreglar el eje atascado. Además, el camión no podía ir a más de cincuenta kilómetros por hora. El trayecto era siempre un suceso, una aventura fantástica e inolvidable.

El camino estaba lleno de bajadas serpenteantes sobre crestas y curvas, así que lo único que veíamos era el desierto cuando íbamos al lado de una montaña y nos acercábamos al pueblo de San Felipe. Pero había un punto en el que nos elevábamos y teníamos una vista panorámica espectacular del Mar de Cortés. Con el sol de la mañana, el tono de azul era puro y profundo, incomparable, como un océano de zafiros brillantes y ondulados.

Se sentía como si fuéramos a caer directamente al mar. Me encantaba la posición ventajosa que teníamos en la cima de la montaña porque me permitía ver el horizonte debajo de nosotros y no al nivel del mar. Parecía que se abría a posibilidades infinitas en el mundo que estaba más allá, de alguna forma acercándome a las estrellas. Cada vez que íbamos al Mar de Cortés, anticipaba la vista, emocionándome más con cada kilómetro que avanzábamos. Y la imagen se quedaba conmigo mucho después de que la excursión terminara, simbolizaba esperanza en mi futuro y encendía en mí el espíritu de navegación que aplicaba tanto para el mar como para el espacio exterior.

Uno de los viajes más memorables fue en 1977, cuando la caída en la economía mexicana empezaba a causar conmoción a lo largo del país, antes de convertirse en un terremoto que provocó la catastrófica devaluación del peso. En este viaje, tan pronto papá estacionó el camión, nos mandó a Gabriel y a mí a jugar por nuestra cuenta por varias horas. En un fin de semana como ese, normalmente estábamos trabajando en la gasolinera, así que esto sí eran vacaciones para nosotros. Pasamos casi toda la mañana construyendo un elaborado castillo de arena —una fortaleza digna de un rey—, hasta que fue hora de recorrer la playa para buscar pequeñas rocas brillosas y conchas que decretamos que eran oro y perlas.

¡Después fue hora del festín! Mi padre había intercambiado algunas mercancías por tanto pescado fresco, que hubo suficiente para cenar antes de empezar el viaje de regreso a casa. Abrió los pescados, les quitó los huesos antes de rellenarlos con verduras y especias; después los cocinó envueltos en papel aluminio en una fogata que él mismo había hecho en la playa. El olor del pescado cocido cuando mi padre desprendió el papel era tan embriagante por aromático, que casi podía saborearlo con mi nariz. El lente de mi memoria capturó cada instante: las rojas brasas de la madera que calentaban el paquete de papel aluminio, el seductor desprendimiento del aluminio y el vapor que liberaban los pescados recién atrapados, que esperaban ser comidos. Un festín para recordar, saboreado una y otra vez, y siempre apreciado.

Cuando regresamos del Mar de Cortés, en los tiempos de mayor escasez que invadió nuestras vidas, yo me rehusaba a que se me robara la infancia y constantemente buscaba formas creativas de aferrarme a la magia de la vida. La oportunidad perfecta para desafiar los días más oscuros era cada vez que llovía y se formaba un lago afuera, que inundaba la parte baja de nuestra casa, donde ya todo estaba convertido en lodo. Para mi madre esta era una pesadilla casera: un suplicio desordenado, salado, pegajoso y desagradable que le llevaría semanas limpiar, después de que las lluvias acabaran y no camináramos con dificultad con el agua hasta las rodillas. Pero para mí era nuestro propio Mar de Cortés, ¡dentro de nuestra casa! Por un maravilloso golpe de suerte, mi padre había comprado el resto de un viejo barco pesquero, básicamente una tabla con lados de madera que él insistía en guardar en el patio. Obviamente, ¡era un barco pirata rogándonos que lo usáramos!

Ojalá hubieran visto las caras de sorpresa de los adultos cuando organicé un concurso para determinar quién podría dirigir el viejo barco en las aguas que llenaban la parte baja de nuestro patio delantero. Por supuesto no esperé a que se formara el mar. En el minuto que empezó a llover, ¡era hora de fiesta! Gabriel y yo reunimos a nuestros primos más pequeños, yo les asignaba roles y empezaban los juegos.

No nos importaba qué tan hambrientos, mojados o pegajosos de lodo estuviéramos. Nos estábamos divirtiendo y no costaba un peso. ¡Podíamos crear magia con el superpoder de nuestros hermosos cerebros! ¿Cuánto aprendí de nuestros viajes al Mar de Cortés y de mi propia investigación en el laboratorio de la infancia sobre cómo usar los recursos mentales para resistir las pruebas venideras? Todo.

Un lugar lejano |02

La desgracia se filtró en mi familia, al principio muy lentamente, de forma casi imperceptible. Después, hacia finales de 1977, cuando tenía nueve años e iba en quinto de primaria, parecía que los tiempos difíciles habían llegado abruptamente a nuestra casa, como un cambio de clima drástico. A pesar de que el lente de mi memoria está empañado, recuerdo el momento en el que comprendí que los días más seguros y sencillos habían quedado atrás y que nos dirigíamos a tierras inciertas.

El momento en que me di cuenta fue cuando encontré a mi padre atrás de nuestra casa, solo, llorando desesperadamente. Algo estaba muy mal. Mi primera reacción fue preguntarle a papá por qué lloraba. Pero estaba demasiado impresionado como para preguntar. Ahí estaba él, la cabeza de nuestra familia, el hombre fuerte, testarudo, de gran inteligencia a pesar de no haber ido a la escuela, trabajador, honesto y con un corazón noble, el hombre colorido, apasionado, más grande que la vida misma, el hombre que era mi héroe, ahora lloraba inconsolable.

Durante algún tiempo había habido indicios de que el negocio de la gasolinera estaba empeorando, pero no fue hasta que lo encontré llorando que comprendí la magnitud de la crisis. Sin que me lo dijeran con exactitud, supe que el peor escenario para nuestra familia —perder la gasolinera, nuestra fuente primaria de supervivencia y el medio para poner comida sobre nuestra mesa—, había ocurrido. La gasolinera era la identidad de nuestra familia, no solo donde había trabajado desde que tenía cinco años, sino el negocio que nos daba importancia dentro de nuestra comunidad. Incluso a los nueve años, entendía por qué esta pérdida era un golpe para la autoestima de mi papá; en gran medida porque su padre, Tata Juan, lo había elegido para ser su socio y después se lo había dado como un regalo para asegurar el bienestar de nuestro futuro.

Durante el año siguiente comprendí mejor las circunstancias que nos llevaron a esta difícil situación. Un factor fue la baja en la economía de México, que continuaría por varios años y se convertiría en una depresión económica extendida por todo el país. Anteriormente habíamos trabajado firmemente para ser parte de una clase media baja. Pero sin la gasolinera, caímos tan debajo de ese peldaño que tendríamos que luchar para cubrir nuestras necesidades básicas, incluyendo el dinero necesario para alimentar a una familia en crecimiento.

Este descenso fue un impacto para nuestro sistema —al igual que lo fue para muchos en el país—, el cual había disfrutado de una prosperidad relativa y mejoras desde la década de 1930, cuando compañías americanas y otros inversionistas extranjeros llegaron a México para desarrollar áreas rurales y lugares como Palaco. La afluencia de inversión extranjera creó empleos y ayudó a sacar a muchas familias de la pobreza. Pero, en muchos casos, cuando las compañías se iban (o eran obligadas a hacerlo porque las leyes mexicanas se modificaban para limitar los negocios extranjeros), de igual forma se iban los empleos y la seguridad familiar. La clase media se hundió a niveles más bajos, y los pobres pasaron a una pobreza extrema.

El otro factor que contribuyó a la pérdida de la gasolinera salió a la luz después de que mi padre tuvo que venderla sin ninguna ganancia. Para poder hacerlo, primero tenía que entregársela a su hermano, mi tío Jesús, a nombre de quien el gobierno había emitido originalmente el permiso de PEMEX (Petróleos Mexicanos), y a quien inteligentemente se lo habían renovado a lo largo de los años —a crédito suyo—, dado que había ya muy pocos permisos disponibles de ese tipo. Cuando el tío Jesús trató de entregar la gasolinera a una nueva administración, un informe de la propiedad reveló un hecho alarmante. Durante todos estos años, sin el conocimiento de papá, había habido agujeros en los tanques y su contenido se vaciaba constantemente en el subsuelo. Así que mucha de la gasolina de los tanques subterráneos se había vaciado. La primera reacción de todo mundo fue dar gracias a Dios de que nunca cayó un cerillo encendido o hubo una explosión mecánica que hubiera provocado un enorme incendio que seguramente nos habría tragado a todos. Durante los años en los que vivimos en el departamento detrás de la gasolinera, no estuvimos conscientes de que un evento tan terrible y de tal magnitud —del tipo que era común en nuestra área— pudo haber ocurrido y terminar con nuestras vidas.

¿Por qué nos llevó tanto tiempo darnos cuenta de que estábamos pagando más por la gasolina que lo que estábamos vendiendo en las bombas? Era obvio que las ganancias se estaban literalmente fugando por el suelo debajo de nuestros pies.

Papá pudo haber tenido distracciones que no le permitieron notar que nos estábamos hundiendo. Era joven e inexperto, no había tenido la oportunidad de explorar el mundo antes de sentar cabeza; pasó del matrimonio a los veinte años a ser padre de seis niños en diez años. Mi padre pudo haber estado luchando contra una depresión, la cual era más evidente conforme nuestro estado financiero empeoraba y conforme el alcohol era un medio de escape más frecuente, una forma de automedicación.

Cuando miro hacia atrás, trato de comprender por lo que pasó mi padre, y verdaderamente creo que estaba destinado a cosas más grandes, como mi abuelo lo había previsto. Pero papá no estaba parado sobre suelo sólido cuando de forma repentina la desgracia le dio la vuelta, es por eso que le fue mucho más difícil encontrar su camino a *terra firma*. Perder la gasolinera también representó un declive en nuestra posición dentro de la familia Quiñones y la comunidad; aunque nuestras tías y tíos, al igual que mis abuelos paternos, mantenían una política de negación sobre los problemas por los que estábamos pasando. Aun a pesar de nuestros intentos por mantener las apariencias, seguramente sabían de nuestros apuros.

Pero dentro de nuestro hogar no podíamos ignorar la realidad. Es difícil vivir en negación cuando tu estómago está vacío. Hay una escena que está tatuada en mi memoria: mi madre parada en la estufa haciendo tortillas, solo harina, agua y un toque de aceite para alimentarnos a nosotros los niños: yo de diez años, Gabriel de casi nueve, Rosa de siete, Jorge de aproximadamente cuatro y la bebé Jaqueline que no tenía ni seis meses y dormía la siesta. Ahí estábamos sentados en la mesa, con las manos cruzadas, esperando en silencio para compartir las tortillas cuando salieran del sartén. Décadas después, aún puedo evocar el olor que nos decía lo delicioso que cada bocado iba a saber.

Al recordar el sonido, cercano al silencio, en la cocina; aún puedo escuchar la música de las tortillas chisporroteando en el aceite. El sonido más esperanzador del mundo en aquellos días. Al día de hoy, la mera mención de la palabra «hambre» evoca esa imagen en mi mente.

Esa era la cena, tortillas de harina con salsa hecha en casa. Se habían ido los días en que comíamos carne una vez a la semana. Se habían fugado las noches imaginándome que mi padre estaba en algún lugar comprando pan o algo sustancioso para el desayuno. Se habían esfumado las mañanas de Navidad en las que despertábamos oliendo los tamales de mi madre. Ahora, mientras me recuesto en la azotea, en lugar de mirar hacia el cielo y soñar con viajar más allá de las estrellas, sueño con deseos más prácticos: una pieza de pan dulce y con volver a tener frijoles y papas sobre nuestra mesa.

De vez en cuando, soñaba con cosas que me habría gustado hacer o tener, que no fueran comida o que no estuvieran relacionadas con la familia, como la vez que me concentré en tener unos lentes de sol marca Ray-Ban. En esos días, eran esenciales para vivir ¡la vida loca!

Extrañamente, fue en el periodo más oscuro que las pesadillas que me habían acosado durante casi toda mi infancia de repente cesaron. Ahora eran amenazas reales a nuestra seguridad las que ocupaban mis pensamientos. Pero en lugar de sentirme indefenso, mientras me sentaba arriba en la azotea por la noche, me envalentonaba pensando en formas de ayudar. Sin duda, los problemas reales se podían resolver con soluciones reales.

Estaba convencido, como le dije a mamá, que las muchas horas que pasaba en la iglesia como acólito y en confesión, podían ser mejor aprovechadas si trabajaba para ayudar a la familia. Además, sentarme en la iglesia era aburrido y la capacidad de atención no era una de mis cualidades. Mi madre lo pensó por un momento y después me dijo lo que había decidido: «Alfredo, sigue así hasta el día de tu Primera Comunión, después de eso, tú podrás decidir si ir a la iglesia o no».

Tenía solo dos condiciones: primero, cada año debía mantenerme alerta y ser un buen niño durante Pascua; y segundo, antes de tomar la comunión, debía entrar arrodillado a la iglesia y confesar mis pecados mientras me arrastraba al altar.

Era una decisión difícil. Pascua era para mí una celebración oscura y sombría. Los rituales eran extraños para mí, a diferencia de los rituales de mi celebración favorita, Día de Muertos, cuando comíamos dulces, bailábamos y nos disfrazábamos de calacas ofreciendo nuestro respeto a la muerte pero burlándonos de su irrevocabilidad. Si estos detalles significaban tanto para mi mamá y solo tenía que ir a la iglesia un día al año, no era un acuerdo tan malo. El verdadero reto sería confesar, en público, mis fechorías.

Y a los diez años, eso hice. Durante el largo trayecto, mientras me arrastraba arrodillado subiendo los escalones y a lo largo del pasillo sobre el duro y frío piso de mármol, pedí perdón no solo por las fechorías del pasado, sino también por las del futuro. Mis pecados no eran genéricos o abstractos; no eran extremos pero tampoco eran insignificantes. Incluían los pequeños experimentos pirotécnicos que había hecho en el campo junto con mi equipo de investigación, cuando formamos géiseres de grandes flamas. Como había admitido ante nuestro sacerdote en confesión previa, también tenía el hábito de no decir la verdad, y nada más que la verdad, cuando me interrogaban los mayores. Aunque no mentía abiertamente, había encontrado la manera de evitar decir la verdad al no decir nada, como la vez que tenía siete u ocho años y mi papá me cuestionó si había alardeado acerca de un asunto en particular frente a los niños más grandes en el patio de la escuela.

En lugar de preguntarme si era verdad que había presumido que corría tan rápido que podía levantarles el vestido a las niñas sin que ellas se dieran cuenta, mi padre me pregunto, «¿Te estás portando bien en la escuela?».

Me sentí indignado. «¡Por supuesto!». Esto era verdad si se refería a mi conducta dentro del salón de clase, era un ángel. Afuera en el patio, un pequeño diablo se apoderaba de mí.

—Dime la verdad, Alfredo, ¿intentaste mirar debajo de los vestidos de las niñas?

—¿Qué? —pongo cara de disgusto y sorpresa. Muy convincente, pensé yo—. ¿Quién dijo que hice eso?

—No importa. Te estoy preguntando si lo hiciste o no. Dime.

—Y yo digo que es una acusación terrible, y quienquiera que la haya hecho ¡no sabía de qué estaba hablando!

Podíamos pasarnos horas así. En tanto no me atraparan en el acto, pensaba, no podían condenarme. Pero en el fondo sabía que la acción contaba como pecado de omisión y pronto se lo confesé a un sacerdote. El padre parecía más molesto porque había visto debajo de los vestidos de las niñas que por haber mentido. Claramente no estaba viviendo al nivel moral de la Iglesia ni mostraba el carácter para honrar a mi familia y los valores de mis padres.

Mientras me arrastraba sobre las rodillas desde afuera de la iglesia, expresé verdadero remordimiento por ese episodio. Y había más. Además de tener una lengua afilada y en ocasiones atacar con comentarios sarcásticos, me conocían por decir uno o dos chistes rojos. O tres.

Por estos pecados y más, pedí perdón durante todo el trayecto al altar. Aunque no tenía por qué sentirme responsable por la pérdida de la gasolinera, por si acaso, suplicaba perdón si algo que yo hubiera hecho o dejado de hacer había contribuido a nuestra desgracia. Algo más importante, también pedía que se me diera la responsabilidad y la fuerza para ayudar a aliviar los problemas, junto con el entendimiento para que lo que nos estaba pasando tuviera sentido.

De esta manera terminó mi relación con la religión formal. A partir de entonces, aunque iba de vez en cuando a la iglesia, yo comulgaba con Dios cuando y donde yo quisiera: en la noche debajo de las estrellas o en el camino a la escuela, a casa o a los distintos empleos. Hubo veces en las que cuando hablaba de uno a uno con Dios, terminaba en cuestionamientos acalorados: ¿Por qué había tanto sufrimiento? ¿Cómo un ser supremo y misericordioso permitía que existieran la pobreza, la enfermedad, la injusticia y la desgracia? Y ¿qué había hecho mi pequeña hermana Maricela para que se la llevaran de este mundo? Las explicaciones eran un poco vagas, pero la fe en que algún día entendería estos misterios no lo era.

Mientras tanto, mi fuente de inspiración para lidiar con nuestras dificultades terrenales era mi madre. Sin miedo ni quejas, mamá se hizo a la idea de que iba a mantener a su familia unida, a pesar de la ya afectada relación entre mis padres y de los retos diarios que no se remediaban fácilmente.

Siendo ya ingeniosa, Flavia expandió sus habilidades. Además de comprar y encontrar objetos usados para renovarlos y venderlos, empezó una pequeña tienda de objetos de segunda mano en un mercado fuera de Palaco. Cuarenta millas al sur de la frontera entre Mexicali del lado mexicano y Calexico del lado de Estados Unidos, su tienda atraía clientes locales y turistas que se atrevían a entrar al país, pero sin ir muy lejos. Cuando mamá ya había hecho un pequeño capital, compró una vieja máquina de coser y empezó a hacer trabajo a destajo en casa por las noches para una compañía de disfraces; cosiendo, entre otras cosas, ¡vestidos sexys para las prostitutas del burdel local!

En el barrio se corrió la noticia de este singular trabajo, y no me gustaba cuando las bromas empezaban. Al chico que se burló de mí un día, le fue muy mal.

—¿Qué se siente ser el hijo de una mujer que hace ropa para prostitutas?

Poniendo en acción mi lengua afilada, le respondí:

—¿Qué se siente ser el hijo de la mujer a quien le están haciendo la ropa?

Después de recibir una fuerte golpiza por ese comentario, decidí pelear menos y encontrar mejores maneras de aprovechar mi extrovertida personalidad. Con ayuda de mi tío Abel, uno de los hermanos de mi madre —y dinero intercambiado por las canicas que había acumulado durante años—, entré al negocio de los *hot dogs*. ¿Quién se resistiría a un niño con una gran voz, parado sobre un banco, tratando de vender *hot dogs*? Nadie, ¡eso pensé! Desafortunadamente, pocos podían pagar mi mercancía. Entonces empecé a vender elotes asados, pero como la economía nacional empeoró, no me fue mejor.

Me sentí desesperado. Cuando el panorama se volvió realmente desolador, el hermano más grande de mi mamá, tío José, empezó a hacer repartos periódicos de mercancía de los Estados Unidos, donde trabajaba y vivía la mitad del tiempo; nos traía productos alimenticios y en ocasiones dinero, lo que indicaba que podríamos comer por los siguientes meses. La imagen de su camión *pick up* acercándose a nosotros, echando polvo en la calle —cargado con bolsas de cáñamo llenas de frijol, arroz y papas— era como presenciar la llegada de la caballería de las viejas películas del oeste. ¡Justo a tiempo!

Ignoraba el alcance de la generosidad del tío José, él mismo tenía pocos recursos; pero sí sabía que le importábamos lo suficiente como para ayudarnos. Curiosamente, nadie le dijo al tío José lo mal que se habían puesto las cosas para nosotros. De alguna forma él lo supuso.

Nadie más se dio cuenta, incluyendo al hermano de mi madre, Fausto, quien venía de los Estados Unidos a visitarnos cada Navidad, trayendo con él a mis primos, Fausto Jr. y Óscar. El tío Fausto se había ido a California como trabajador migrante en la década de 1950, usando pasaportes temporales ofrecidos por el Programa Bracero. Gracias a su tenacidad y habilidad, encontró trabajo permanente como capataz en un enorme rancho en el pueblo de Mendota, en el Valle de San Joaquín, en donde criaba a sus dos hijos como padre divorciado.

Siendo un hombre sincero, y de haberse dado cuenta, el tío Fausto habría dicho algo sobre nuestras deterioradas circunstancias. En vez de eso, mi madre tuvo que sacar el tema y preguntarle sobre la posibilidad de ir a los Estados Unidos durante el verano para trabajar como migrantes. Cuando mamá primero lo habló con mi padre, no protestó; aunque me imagino que no estaba feliz con la idea de tener que ir al otro lado de la frontera, a Estados Unidos, a recoger algodón y tomates. Pero como no tenía una mejor idea, mi madre decidió hablar con el tío Fausto durante su visita anual en Navidad.

Esta decisión se tomó después de meses de tensión en nuestra casa. Nadie nos decía una palabra sobre esto a nosotros, los niños, pero la cara de mi madre cuando papá llegaba a casa en medio de la noche lo decía todo. Mi padre nunca le puso una mano encima a mamá, pero tenía una voz fuerte y cuando los dos empezaban a discutir, el sonido de la infelicidad llenaba nuestra casa, causaba que yo no pudiera respirar y mucho menos que fuera capaz de parar la discusión. Un día, cuando Gabriel y yo estábamos en el trasfondo durante un acalorado intercambio de palabras, Rosa quedó atrapada en el fuego cruzado. Se paró en medio de mis padres, llorando y rogándoles que dejaran de gritarse, sin efecto alguno.

Mamá sabía que no podríamos seguir como estábamos, pero cuando habló con el tío Fausto, el tono de su voz era despreocupado, al momento de recordarle que todos contábamos con los documentos necesarios para ir y regresar a través de la frontera como turistas, así que no necesitaríamos documentación nueva o especial. El plan, sugirió mi madre, era que ella y mi padre trabajarían, y nosotros, los niños, disfrutaríamos de unas vacaciones de verano.

«Voy a ver qué puedo hacer», respondió el tío Fausto encogiéndose de hombros.

No pasó mucho tiempo hasta que supimos que todo estaba listo para el verano y que una vez que termináramos la escuela, iríamos a Mendota por dos meses. ¡Viaje por carretera!

No podía esperar. Mi aventura estadounidense estaba por comenzar.

* * *

Mendota, California, se anuncia a sí misma como la capital del melón, una distinción que me hizo sentir en casa dado que yo venía del país del melón. Pero algo más le dio familiaridad al viaje, y literalmente lo ligué a mi patio trasero. Mendota fue fundada por la Southern Pacific Railroad a finales de 1800 como una estación de desvío de trenes y como área de almacenaje para reparar y guardar los vagones. La mayoría de los productos agrícolas de California se descargaban y transbordaban ahí. ¿Cuáles eran las probabilidades? Las vías que pasaban por Mendota, originadas en el Puerto de Stockton (después trabajaría ahí) donde los barcos atracaban para descargar su cargamento a los vagones a la orilla del agua. Después de Mendota, el destino del cargamento podía ser desviado hacia el este o hacia el oeste, o los trenes podrían continuar al sur hasta el final de la línea, sí, ¡Palaco!

No había conectado ninguna de las señales en 1979, cuando tenía once años. Pero sentía que ese verano tenía un cierto sabor a destino. Era mi primera experiencia en los Estados Unidos, y Mendota fue para mí lo más cercano al paraíso: un Jardín del Edén a unas cuarenta millas al oeste de Fresno, en medio del fértil Valle de San Joaquín, que se extiende varios kilómetros de Stockton hacia el sur en medio del estado, casi hasta Bakersfield.

Cerca de un cuarto del producto cultivado en Estados Unidos viene de California, y la mayoría de él se cultiva en el Valle de San Joaquín. Tan pronto llegamos al rancho en el que el tío Fausto era capataz, me deleité con la libertad de nuestras primeras vacaciones de verdad. ¡Y podíamos comer gratis! Hasta donde mis ojos alcanzaban a ver, había sembradío tras sembradío, con abundantes cultivos y productos de toda variedad. Todo a mi alrededor eran colinas ondulantes, cañadas, canales de irrigación y sinuosos caminos de tierra, rogando ser explorados. Además, mis primos Fausto y Óscar siempre estaban listos para unirse a mí y a mis hermanos en la diversión.

Cada mañana, después de que los adultos salían al campo, nuestro objetivo del día era saber cómo llegar a un lugar mágico llamado *Faraway* (Un lugar lejano). ¡Solo sabrías que ya habías llegado cuando lo hicieras! Si necesitaba descansar de nuestras aventuras, pasaba el rato en el taller en donde se le daba servicio a los tractores y al material de la granja; ofrecía mis conocimientos de mecánica y mis habilidades manejando vehículos grandes. También empecé un negocio de limpiar los cuartos de los trabajadores en los campamentos cercanos. Como mis tarifas eran más bajas que las de la competencia, tenía mucha demanda.

Desafortunadamente, el rival, un chico de quince años, vino por mí junto con su banda. Uno de ellos me amenazó y me torció tanto el brazo que ya no pude seguir limpiando cuartos. Claramente, había llegado el momento de aprender algunas maniobras reales de Kalimán para usarlas como autodefensa.

Por tal motivo, cuando volvimos a México lo primero que pensé fue en tomar clases de boxeo en un gimnasio de Mexicali. Pero después de despedirme del paraíso *Faraway*-Mendota, nuestra familia se vio más apretada que nunca, y acepté que tendría que crear mi propio programa de automejora. Así que se me ocurrió un plan audaz de convertir el exterior en una pista de obstáculos para el régimen de entrenamiento que yo mismo diseñé. ¡Oh sí! Camino a casa o al trabajo, competiría en contra de mi marca anterior, forzándome a ir más rápido cada día, a veces inventando movimientos atléticos como brincar riachuelos, saltar las rejas... cualquier cosa para exprimir otra onza de energía.

Así era el enfoque de Kalimán. De acuerdo con la historia del héroe de las tiras cómicas, su ADN no era superhumano, simplemente había llevado sus habilidades humanas a niveles óptimos, entrenándose para ser tan fuerte como cincuenta hombres, para levitar y practicar telepatía y percepción extrasensorial, y para pelear contra el mal y la injusticia sin acabar con ninguna vida. Exceptuando el uso ocasional de sus dardos sedantes, que paralizaban temporalmente a los malhechores, y una daga que usaba solo como herramienta, no necesitaba de armas para vencer a un adversario. Kalimán arriesgaría su propia vida para evitar causar la muerte de otro ser humano. Vestido todo de blanco excepto por la letra «K» incrustada en su turbante, también era científico, frecuentemente decía datos interesantes sobre la naturaleza y el cosmos mientras abrazaba el conocimiento con filosofías como: «Aquel que domina la mente domina todo».

Afortunadamente, la escuela aún me proveía con un espacio positivo para trabajar en el dominio de la mente, aunque ser el estudiante más joven y el consentido de la maestra me traía problemas. Estas preocupaciones se intensificaron cuando cambié de escuela y ya no tenía mi círculo de protectores. Peor aún, había algunos chicos verdaderamente aterrorizantes. Uno de ellos, Mauricio, una montaña de músculo, daba vueltas hacia atrás y se propulsaba de las paredes como un acróbata de circo; el piso temblaba cuando el caminaba. La única persona que no le temía era su secuaz, conocido como El Gallo porque cantaba como uno cada vez que triunfaba sobre alguien que había cometido el error de tener un altercado con él. El Gallo era uno de los chicos más altos de trece años que yo jamás haya visto, con brazos largos y correosos, diseñados para dar puñetazos y ganchos de abajo hacia arriba. De entre todos los niños que estaba determinado a evitar como parte de mi supervivencia, estos dos encabezaban la lista. ¿Adivinen qué? Para mi suerte, Mauricio estaba en mi clase de Ciencias Naturales, sentado justo detrás de mí, espiando sobre mi hombro para copiarme en los exámenes.

Solo veía una solución, ofrecerle a él y su camarada mis servicios de tutoría. Acordamos una cuota, junto con la promesa de que me darían protección contra cualquiera de los bravucones más grandes. Como les expliqué, estarían en mi nómina.

Las sesiones de tutoría no transformaron a mis pupilos como lo esperaba. Su comprensión de lo fundamental mejoró, pero pronto concluí que el camino más oportuno (y fructífero) era dejarlos que copiaran mis respuestas en los exámenes. Por supuesto sabía que esta solución estaba mal y no fingí lo contrario. Pero como nota positiva, la escuela observó una baja en alborotos.

Las tutorías y el trabajo en un restaurante contribuían al bienestar de la familia sin atrasarme en mis estudios. Sin embargo,
pronto empecé a lamentar no poder aspirar a una vida social
fuera de la escuela. A la edad de catorce había experimentado
el coqueteo con chicas en el salón, pero no había tenido el
dinero o el tiempo para explorar romances. No tenía citas, ni
bailes, ni paseos por la acera tomados de la mano. ¿Sentía lás-
tima por mí? No, no me lo podía permitir. Pero trabajar cada
hora fuera de la escuela, día a día, definitivamente me estaba
cansando.

Finalmente le confesé estos sentimientos a mi madre, traté
de explicarle por milésima vez, por qué a la edad de catorce
creía que había llegado el momento de volver a Mendota durante el verano, yo solo. Si trabajaba ahí durante dos meses,
podría ayudar a la familia mucho más que si me quedaba en
México. Además, lograría ahorrar para que no tuviera que trabajar tiempo completo durante el año escolar.

Esto también me permitiría avanzar más rápidamente para
completar la Escuela Normal para maestros. Mamá y papá estuvieron de acuerdo en que ser educador era una excelente
opción para mí: no solo era una profesión respetable, sino que
también me facilitaría comenzar a ganar dinero más pronto
que si estudiaba para ser abogado o doctor. Y, lo mejor de
todo, si era profesor, podría continuar mi educación para esas
otras profesiones, si lo deseaba.

Aunque no tenía permiso de trabajo para lograr mis planes de
verano, podría solucionar eso con los pasaportes para ir y venir
de un lado a otro de la frontera. Nada que me dijeran me podría convencer de que esta estrategia de supervivencia no era
buena idea; era la única idea. Mamá finalmente cedió y fue a
la caseta de teléfono a llamar al tío Fausto.

«Definitivamente no», fue su firme respuesta cuando le preguntó si yo podía regresar a Mendota y trabajar en el campo
durante el verano. Sin embargo, rápidamente agregó que estaría encantado de recibirme para pasar unas vacaciones.

Agradecido con su oferta, estaba determinado a hacerlo cambiar de parecer. Durante todo el viaje a California central, mientras iba sentado en el asiento de copiloto del auto que manejaba un pariente que se dirigía hacia allá, medité sobre cómo convencer a tío Fausto de darme la oportunidad de probarme a mí mismo. Cuando finalmente me dejaron frente a la casa de mi tío, me paré ahí con mis pocas pertenencias debajo del brazo y reuní fuerzas; no estaba seguro de si algo de lo que dijera podría hacerlo vacilar. Con 46 kilos, mucho más delgado que la última vez que mis parientes de Mendota me habían visto, pude notar que tío Fausto y mis primos se impresionaron cuando salieron a darme la bienvenida. Las primeras palabras de tío Fausto fueron: «¿Tienes hambre?».

Antes de que pudiera responder, un camión de helados que tocaba música alegre de organillero venía por la calle con una multitud de niños bailando y siguiéndolo. Tío Fausto señaló hacia el camión y preguntó, «¿Quieres un helado?». Agradeciéndole profundamente, tuve el placer de probar mi primer sorbete color arcoíris. Disfrutando su delicioso y cremoso sabor, me sentí en el paraíso; y fue solo un bocado comparado con la sustanciosa cena que tío Fausto sirvió esa noche. Me di cuenta de que fácilmente podría olvidarme de trabajar y solo disfrutar de la buena vida por los siguientes dos meses. Pero antes de que ese pensamiento cruzara mi mente, apareció la imagen de mi familia en México, sentada alrededor de la mesa cada noche y subsistiendo con una escasa dieta.

Esa noche empecé mi campaña con tío Fausto, explicándole las ventajas que yo podría representar en el campo. Una vez más, se negó enérgicamente. Pero después de mucho ir y venir, dijo:

—Está bien, dame cinco buenas razones por las que yo deba darte un trabajo.

No recuerdo las cuatro primeras, pero claramente recuerdo la última. Miré a tío Fausto a los ojos y le dije:

—Porque lo necesitamos en casa.

Me estudió cuidadosamente sin decir nada. Finalmente, movió su cabeza:

—Está bien —dijo— si estás listo a las cinco de la mañana, te pongo a trabajar.

La siguiente mañana, esperé afuera del camión de tío Fausto quince minutos antes, ansioso por probarme a mí mismo. No recibí ningún trato especial. Me dejaron junto con un equipo, en su mayoría hombres, y empecé en la parte más baja de la escalera del trabajador migrante, recogiendo hierba. Al final de mis dos meses había subido varios peldaños, pasé de recoger hierba en los campos de algodón y tomate a recoger y transportar la cosecha, trabajar con máquinas clasificadoras y contadoras y, finalmente, a ocupar uno de los deseados puestos de chofer de tractor.

Durante los descansos, me mantenía aparte, sacaba un libro que había llevado para mantenerme al día en mis estudios y alimentar mi mente para poder concentrarme en los desafíos físicos laborales y no sentirme abrumado por trabajos pesados o tareas difíciles. Estaba orgulloso de que podía trabajar más que cualquier otro, no por la diferencia de habilidades sino probablemente por la urgencia que me movió: el firme propósito que venía del conocimiento de que cada centavo ganado pondría comida sobre la mesa para mis padres y hermanos y nos permitiría mejorar el statu quo de nuestra familia.

Cuando socializaba en las noches con mis primos y mi tío, el tema de mayor interés era el box. Y fue en este contexto que me dieron el sobrenombre «Doc», probablemente como un indicio de lo que vendría. Pero no había ninguna relación con la Medicina, por lo menos no por muchos años.

En la cultura mexicana, a la gente frecuentemente se le da más de un sobrenombre; podemos tener varios que se relacionan unos con otros. Durante mi primera visita a Mendota con mi familia, la mayoría de mis sobrenombres eran versiones americanizadas de Alfredo, desde Freddy hasta Alfred, Fred y Fredo. A los catorce, cuando conocí a Rocky, el clásico desvalido, me cayó una oleada de sobrenombres. Primero fue el cariñoso «Ferdie» con el que mi tío me bautizó en honor a Dr. Ferdie Pacheco, el famoso médico boxístico quien había sido el querido médico personal de Muhammad Ali, y quien fungía como su *cornerman* durante las peleas. Después él y mis primos empezaron a llamarme Dr. Pacheco, que después se convirtió en «Doctor» y en última instancia en solo «Doc».

Cuando todos en el campo escucharon que mi familia me decía Doc o Dr. Pacheco, pensaron que el sobrenombre explicaba el porqué leía tanto y era tan intenso y meticuloso en todo lo que hacía, como si cada tarea fuese un asunto de vida o muerte. ¡Algunos pensaron que realmente era doctor!

En retrospectiva, sé que parte de mi intensidad derivaba del enojo que sentía de que la situación de mi familia no hubiera mejorado. Parte de mi irritación iba dirigida, sin duda, a mi padre, porque mucho había recaído sobre los hombros de mi madre. Él se culpaba por la pérdida de la gasolinera pero, después de cinco años, yo creía que ya era tiempo de que siguiera adelante. Sin embargo, continuaba atrapado. Aún más intenso que el enojo, era la lucha que libraba contra el creciente sentimiento de desesperanza. La única forma que conocía para combatirlo era trabajar hasta la médula y exprimir cada centavo de cada segundo. Después de dos meses con este régimen extremo, me rehusaba a gastar cualquier ganancia y había adelgazado hasta pesar 41 kilos. Mi habitual cara redonda lucía ojerosa, con mejillas hundidas, y tuve que hacerle tres hoyos a mi cinturón para sostener los pantalones.

Tío Fausto frecuentemente me señalaba que necesitaba ropa nueva. Finalmente me anunció que, me gustara o no, íbamos a ir de compras el último domingo en Mendota. «A ver, Dr. Pacheco», dijo mientras mis primos y yo entrábamos a una tienda para caballeros y niños que vendía una colección de marcas populares, «cómprate un nuevo guardarropa».

Me quedé parado ahí, congelado, sin querer ver la ropa o, peor, sin querer gastar un céntimo de lo que había ganado. Pero, ¿cómo podía desobedecer a mi tío cuya generosidad me había permitido prosperar?

Al ver mi parálisis, tío Fausto encogió los hombros y procedió a elegir dos pares de pantalones de mezclilla y dos camisas de mi talla, que sabía que me gustarían; después se dirigió a la caja. Parecía que no me estaba escuchando cuando le discutí que tales artículos los podría conseguir más baratos en México.

—Doc —dijo—, dame tu cartera.

—No —me rehusé.

—Freddy, dame tu cartera.

Cedí, saqué el dinero, poco más de cincuenta dólares, y pagué por la ropa que tanto necesitaba y que secretamente quería.

Tío Fausto me enseñó una lección importante durante ese día de compras. Quería que yo supiera que cuidarme no era egoísta y que el compartir el fruto de mi trabajo con otros era algo admirable, pero que el trabajo arduo también debe dar algunas recompensas personales. Para darle una última nota al mensaje, al día siguiente, cuando él y mis primos me llevaron a la estación Greyhound, justo antes de que me subiera al autobús, tío Fausto me sorprendió regalándome su *Walkman*, junto con cintas de rock and roll estadounidense. Me había visto revisando el precio de reproductores de cintas en la tienda y sabía cuánto deseaba uno. Fue uno de los regalos más generosos que recibí.

Uno de los pocos rivales que tuvo aquel regalo llegó al día siguiente, a mi regreso a casa. Cuando me bajé del autobús en Mexicali, mamá se soltó a llorar en el momento que me vio —cuarenta y dos kilos de piel y huesos—. Pero le dije que tenía algo para ella que la haría sentir mejor. Cuando llegamos a casa, estando los dos solos en la cocina, busqué en mi bota derecha debajo del calcetín, y saqué un rollo de billetes que había protegido con cada molécula de mi energía en el trayecto de regreso a México. Aproximadamente cincuenta dólares menos de mil dólares. La sorpresa y alivio que brilló en la cara de mi madre cuando le di el dinero —suficiente para alimentarnos un año y guardar para el futuro— fue la recompensa personal más grande que pude haber recibido.

* * *

Hacía casi un año que había regresado de Mendota cuando la familia de mi madre finalmente me convenció de comprarme un par de guantes de box usados, para que pudiera realizar mi sueño de entrenar en el gimnasio de Mexicali. Para entonces había recuperado el peso que había perdido, y al poco tiempo estaba entrenando en peso ligero de 59 kilogramos. Parte de mi motivación, lo confieso, era que estaba cansado de recibir golpizas, de ser presa fácil y tener que rodearme de chicos más grandes para mi protección. Una parte de mí también saboreaba la idea de lograr venganza contra un vándalo en particular, quien me había avergonzado muchos años antes. Después, para mi vergüenza, usé mis habilidades boxísticas fuera del ring para retarlo en la calle y golpearlo con fuerza, algo indebido y que permanecería en mi conciencia por años. Tiempo más tarde aprendería la verdad sobre la filosofía de Kalimán: «La venganza es un pobre consuelo».

Pero cuando estaba golpeando el saco de arena, todo lo que sabía era que la vida nos estaba venciendo y que tenía que encontrar nuevas formas de responder. El tiempo que me dediqué al boxeo me enseñó que podía lograr más que hacer fintas defensivas ante un desafío; mi entrenamiento me ayudó a defenderme o a ser el agresor cuando era necesario. Las primeras dos de tres peleas en el ring —las cuales gané— me confirmaron esta conclusión. Pero en la tercera y última, en la que enfrenté a un oponente físicamente opresivo, quien me llevó a probar mi propia sangre, no estaba tan seguro. Especialmente cuando me tiró sobre mis rodillas, justo antes de que sonara la campana en el último *round*. Aún tenía una elección: darme por vencido o pararme y terminar la pelea, incluso derrotado. Al escoger la última opción, aprendí una lección esencial: no es la derrota a lo que debo temer; más importante que si gané o perdí es cómo había respondido al ser derribado y desequilibrado.

A pesar de que esta era mi última pelea oficial, el box me había dado lo que necesitaba en ese momento: una oportunidad para contratacar. También descubrí que, además de los descansos en la esquina que me permitían reponerme durante las peleas, había nuevas formas de recargar mis baterías en otras búsquedas. ¡Me abrió los ojos! Pero aún estaba demasiado enojado, como si tuviera la necesidad de encontrar un culpable de los infortunios acontecidos por tanto tiempo. En lugar de llevar mi pelea al *ring*, empecé a guardar mi enojo y rebelión para las fuerzas, instituciones y autoridades que controlaban mi vida. En ese momento, la mayor injusticia que me comía por dentro era la bifurcación continua de las clases sociales en mi país, que devaluaban a las personas en el estrato económico más bajo; como si únicamente aquellos en la cima, con relaciones en la política, riqueza y medios, fueran dignos de respeto y oportunidades. Parte de mi lucha era no permitir que esos valores me atraparan.

Mis abuelos siempre nos proporcionaron una luz que nos guiaba sobre cómo responder productivamente ante la adversidad. Ahora estaban en edad avanzada y ambos luchaban contra enfermedades graves. Aunque teóricamente sabía que no estarían ahí para siempre, Tata Juan y Nana María siempre habían sido más grandes que la vida, por lo que no podía ni imaginarme que su existencia fuera arrancada de este mundo.

Pero un día, como cualquier otro, uno de mis primos llegó a la oficina del director de la escuela para pedir que me dejaran salir de clase, explicando que mi abuelo, quien padecía cáncer metastásico de pulmón, se estaba muriendo y había pedido verme. Corrimos a casa de mis abuelos, y entré apresuradamente al cuarto de Tata; creí que era demasiado tarde. Parecía que estaba mirando al espacio, que ya se había ido en espíritu. Cuando me acerqué, vi que tenía los ojos cerrados.

—Tata —le dije suavemente al oído, inclinándome más cerca, con una mano sobre su hombro y la otra sobre la piel curtida de su mejilla—. Soy yo, Alfredo.

—Oh, sí —respondió esforzándose—, Alfredo.

Mis lágrimas comenzaron a caer sin que pudiera hacer nada para detenerlas. En los últimos meses, con el cáncer matándolo lenta y dolorosamente, lo había visitado muy seguido pero no había conseguido hacerlo hablar mucho. Aunque había visto cómo la enfermedad lo había ido consumiendo, no estaba listo para decirle adiós.

En aquella habitación silenciosa, el sonido de su respiración y el tic tac de un pequeño reloj que estaba cerca de su cama se quedaron grabados en mi memoria. En ese momento, mi abuelo abrió los ojos y preguntó suavemente:

—¿Recuerdas cuando fuimos a las Montañas de la Rumorosa?

—Sí, lo recuerdo. Siempre.

—Yo también. Me gritabas «¡Tataaaaa! ¡Tataaaaa!».

—Lo recuerdo.

—¿Sabes? —dijo, justo antes de cerrar los ojos y regalarme una última sonrisa—. De verdad disfruté aquellos días.

El mensaje de Tata al morir me aseguraba que no debía tener miedo de escalar montañas, sin importar cuan altas fueran, y que incluso podía disfrutarlo. No me estaba diciendo cómo hacerlo, pero quería que supiera que podía seguir llamándolo cada vez que me sintiera perdido.

Cuando Nana María murió dos años más tarde, también sentí su presencia, aunque su mensaje fue que me cuidara y que tuviera precaución con los obstáculos. Espero que me haya perdonado el no haber podido estar más cerca de ella cuando estaba muriendo. Después de toda una vida como curandera, ayudando a traer al mundo cientos de vidas, Nana se fue a la tumba sabiendo que ninguna persona había muerto bajo sus cuidados, pero me sorprendió enterarme por mi padre que le temía a la muerte, especialmente a la soledad de no saber qué había más allá.

Mi padre también me contó que, a pesar de su miedo, cuando llegó la hora, estaba lista. Nana descubrió lo que muchos de nosotros solo descubriremos hasta que estemos ahí: que no importa cuánto hayas desafiado a las posibilidades, a todos nos llega el momento en que no queda más opción que rendirse. ¿Qué hay que hacer hasta entonces? ¡Hay que darlo todo!

* * *

Por diversos motivos, la Navidad de 1985 estuvo llena de acontecimientos. A la edad de diecisiete años, casi dieciocho, estaba muy cerca de convertirme en uno de los estudiantes más jóvenes en graduarse de la Escuela Normal, lo que sería un trampolín para mi futuro. Con excelentes calificaciones y recomendaciones de mis maestros, en cuanto me graduara esperaría a que se me asignara alguna plaza en México para comenzar con mi travesía como profesor de escuela primaria.

En aquel tiempo también tenía una maravillosa novia; una hermosa y brillante joven de una buena y respetable familia. Nuestro noviazgo tenía poco tiempo, pero los dos tomábamos tan en serio nuestro futuro, que era una relación bastante formal.

Después de muchas dificultades, confiaba en que estaban por llegar tiempos mejores, tal como se lo dije a mi primo Fausto y a su amigo Ronnie cuando llegaron en la camioneta de mi primo desde Mendota, para las fiestas navideñas. Mi esperanza, les expliqué, era obtener mi primer empleo como maestro, idealmente en alguna de las grandes ciudades cercanas a mi hogar. El gobierno algunas veces mandaba a los nuevos profesores que no tenían contactos a ciertos lugares en donde no se ganaba mucho dinero, y en donde no había muchas opciones para obtener un nivel de educación más alto. Pero debido a mi excelente historial académico, estaba seguro de que obtendría un buen trabajo... o al menos eso esperaba.

Con el mejor de los ánimos, decidimos ir a Mexicali a visitar a algunos de mis amigos para las fiestas. Con la camioneta de Fausto, teníamos ruedas y podíamos llegar con mucho estilo; lo que para mí era un plus, tomando en cuenta que para llegar hasta ahí, normalmente tenía que tomar el autobús y después caminar casi cinco kilómetros bajo un frío o calor extremos.

Teníamos tantas ganas de viajar, que poco después de que llegamos a Mexicali, Fausto y Ronnie sugirieron que continuáramos la fiesta en Calexico, California. Pequeño problema, yo no llevaba mi pasaporte. Como no pensaba cruzar la frontera, lo había dejado en casa. Fausto se ofreció a llevarnos por él, pero no vi la necesidad de manejar dos horas solamente para recoger un pedazo de papel. Para cuando lo recogiéramos, las fiestas habrían terminado. «No te preocupes —le dije a Fausto—, no lo necesitaré. Es muy raro que nos detengan para pedirlo».

Nos acercamos a la garita en el cruce fronterizo. El agente, en un aparente ánimo de fiesta, comenzó a agitar las manos cuando algo captó su atención y nos hizo señas para que nos detuviéramos. El agente americano se paró del lado del conductor y, en inglés, le preguntó a Fausto adónde iba. Fausto, sin ningún acento, le explicó que era de Fresno, pero que había ido a visitar a su familia para Navidad y que cruzaría la frontera para ir a una fiesta.

El agente asintió. Luego le preguntó a Ronnie:

—¿De dónde eres?

—Fresno —respondió Ronnie.

El agente le creyó. Esperando que no hiciera más preguntas, pretendí estar mirando fijamente algo fuera de la ventana, en el cielo. Y entonces, el agente dijo:

—¡Tú! ¿De dónde eres?

—Fresno —respondí imitando el tono y la pronunciación de Ronnie. Mi conocimiento del inglés en aquel entonces era muy cercano a cero.

—¿Y cuánto tiempo has vivido en Fresno, hijo? —preguntó el agente fronterizo.

—Fresno —asentí y sonreí sin tener idea de lo que me había preguntado.

Claro que el oficial pidió nuestros papeles y por supuesto que yo no tenía ninguno. En segundos, un grupo de agentes había rodeado la camioneta. Después de mucho discutir, dejaron ir a Fausto y a Ronnie, pero a mí me detuvieron. A eso siguió un interrogatorio de dos horas enteras, en las que insistentemente les repetí que solo había olvidado mi pasaporte y que no pretendía cometer ningún crimen ni hacer daño alguno. Sin embargo, sabía que no podía darles mi nombre porque suspenderían mi pasaporte para siempre. Tampoco podía decirles a qué me dedicaba o de dónde era, pero tampoco podía mentir.

El agente fronterizo que nos había detenido, y que hablaba español, quería sangre. Pudo ver que no llevaba nada conmigo, que solo usaba unos shorts, una playera y chanclas. Comenzó a amenazarme usando a mis seres queridos, a pesar de que obviamente no sabía quiénes eran. Sin llegar a ningún lado, me encerró en una helada habitación, que fue lo más cercano que estuve de una celda. Acomodado en posición fetal, en un intento por calentarme, lloré hasta quedarme dormido, seguro de que había arruinado mi vida.

Antes del amanecer, otro agente abrió la puerta y me encontró en el piso. Era un hombre compasivo y estaba claramente molesto con los otros agentes por haberme detenido en esas condiciones, por tanto tiempo y sin agua ni comida. Se disculpó, me dio dinero para desayunar y me dejó ir. Lección aprendida. Claramente, me había fallado el sentido común. La idea de no tener plan alguno en caso de que nos detuvieran ya era lo suficientemente mala, pero haber pensado que engañaría al agente que se acercó al auto, fue cruzar la delgada línea entre la confianza y la arrogancia. Lleno de remordimiento, decidí que nunca más viajaría sin mi pasaporte.

Después de aquella terrible experiencia, ya no estaba tan seguro de querer volver a viajar. Pero ciertas circunstancias extenuantes me hicieron cambiar de opinión. Para mi sorpresa, en cuanto me gradué de la Normal comprendí que, debido a la situación política de México, mi historial académico no me había ayudado a obtener la plaza que deseaba. En lugar de eso, estaba a punto de empezar a trabajar en una zona rural muy lejana. Los mejores trabajos, en ciudades que estaban cerca de las universidades, fueron para aquellos estudiantes que provenían de familias acomodadas o que tenían contactos políticos. ¿Cómo era posible que todo fuera tan descaradamente fraudulento? ¿Y el mérito?, ¿Y el talento y el trabajo duro? ¿Qué había de la justicia y la equidad?

Sin darme cuenta, estaba aplicando lo que había aprendido del sueño americano en mis dos visitas al Valle de San Joaquín, la primera a los once años y la segunda a los catorce. Quise creer que podía viajar muy lejos dentro de mi propio país y tener aventuras, oportunidades y éxitos a lo largo del camino. Quería creer que podía ser como mi héroe, Benito Juárez, y llegar de la nada y hacer importantes contribuciones a México. Pero sobre todo quería creer que la gente pobre y políticamente ignorada no éramos impotentes.

Durante una década en la que los problemas económicos aumentaron la pobreza y el sufrimiento; la clase media que alguna vez había existido, desapareció. Descubrí que la promesa que me había mantenido en pie —que la gente como yo, que venía desde abajo, podía cambiar sus propias circunstancias— era solo un cuento de hadas.

De pronto, me cuestioné acerca de mi futuro. ¿Realmente quería ser maestro de primaria? ¿Realmente era un excelente estudiante o más bien lo que había que aprender había sido muy fácil? Al revivir los recientes años de mi aprendizaje, me di cuenta de que en algún momento mi carrera me había apasionado; pero ahora, como nunca, estaba resentido contra el sistema que me había llenado de promesas que no podía cumplir.

¿Sería acaso que había decidido convertirme en profesor porque era lo más práctico, porque alguien más lo había hecho antes y me había puesto en el mismo camino? ¿Acaso había renunciado a todos los sueños que habían hecho crecer mi espíritu de lucha desde niño? Para ese momento todo parecía más complicado que antes y, algunas veces, sin esperanza.

En ciertos momentos, incluso me llegué a preguntar si valía la pena vivir, si alguien me extrañaría si muriera. Sí, tenía una familia que me amaba y una novia que pensaba que yo tenía algo que ofrecerle, pero quizá estaban equivocados; quizá todos estarían mejor sin mí.

No hubo nadie que me explicara que probablemente estaba pasando por una depresión, o que mi desilusión era normal a mi edad. No hubo nadie que me dijera que aquel periodo de oscuridad me ayudaría años más adelante, permitiéndome ser empático con mis pacientes y comprender su lucha.

Una sola imagen me impidió perder toda esperanza: el recuerdo de la cara feliz de mi madre cuando volví de Mendota y le entregué todo lo que había ganado. El dinero que había obtenido con esfuerzo, comprobaba que la gente como yo no era inútil ni impotente. Debo admitir que valió la pena. También tomé fuerzas de un sueño que tuve en aquellos tiempos de desesperación. En dicho sueño, un desconocido de aspecto sombrío me aseguraba que venían mejores tiempos y que podía ser el arquitecto de mi propio destino, aunque debía dejar todo lo que me era familiar para lograrlo. Le pregunté al extraño cómo sabría que estaba en el camino correcto. Me dijo que en el punto exacto, aparecería una mujer que me acompañaría; tendría el cabello rubio y los ojos verdes.

El sueño me dio algunos otros detalles, sin embargo, aferrándome a la imagen de la cara de mi madre cuando había vuelto de trabajar en los campos la última vez, decidí continuar con mi plan de convertirme en profesor, pero haría algunos ajustes. Si volvía temporalmente a Mendota, podría ganar lo suficiente como para comprar un auto y ahorrar un poco para complementar mi bajo sueldo al volver a México, e iniciar mi trabajo de servicio social.

El tío Fausto accedió nuevamente a darme trabajo en el rancho, en donde disfrutaba de mi estatus como el Dr. Pacheco. En poco tiempo ahorré setecientos dólares y esta vez logré comprarme un viejo Thunderbird en una tienda local de autos usados.

Mi sueño de arreglar el interior de mi auto como si fuera una atracción de Las Vegas —con fotos de estrellas de cine, un par de dados, algunas imágenes religiosas y un estéreo para casete para escuchar rock pesado que en aquel entonces tanto me gustaba— tendría que esperar. Pero mientras tanto, el viejo

Thunderbird viajaría mucho más lejos de lo que probablemente habrían imaginado quienes lo fabricaron.

* * *

Hacia finales de 1986, cerca de mi cumpleaños diecinueve, sentí que mi vida se encontraba en una encrucijada. Mientras luchaba con la idea de irme de México una temporada y me negaba a soltar la idea de conseguir un trabajo como maestro, aunque me pagara un salario bajo, en el fondo sabía que solo era cuestión de tiempo para que migrara al norte.

Pensé en mi novia, claro, en las posibilidades de construir una vida juntos pero, ¿qué podía ofrecerle? Después recordé todas mis noches en la azotea, mirando aquellas pequeñas estrellas fugaces: todas yendo hacia un lugar emocionante, más allá de los límites de mi imaginación. Ahí estaba mi respuesta, tan cierta como que los planetas fijos ahora flotaban en el cielo nocturno.

Nuevamente, la oportunidad de seguir trabajando en el rancho en Mendota era mi pensamiento principal. La idea era volver ahí durante un par de años y regresar a casa periódicamente, como el tío José, con dinero y ayuda para la familia. Esperaba pronto alcanzar el nivel del tío Fausto, lo que me permitiría ahorrar suficiente dinero para volver a México y estudiar en la universidad. No necesitaría contactos políticos porque yo mismo buscaría mis propios medios.

Con ese plan en mente, y a pesar de que no había tomado una decisión final ni le había contado mi proyecto a nadie más que a Gabriel, ambos decidimos ir a Mendota por unas semanas antes de Navidad para ganar algo de dinero para las vacaciones. Regresaríamos con Fausto y Óscar justo antes del Año Nuevo para disfrutar de las festividades locales. Después de eso, llevaría a mis primos de regreso, los dejaría (ya que Óscar estaba terminando la preparatoria y Fausto estudiaba el primer año en Fresno State), volvería a casa y me quedaría por lo menos hasta el siguiente verano.

Fieles al plan, trabajamos en Mendota durante las vacaciones y hasta unos cuántos días antes de Año Nuevo. Pasé por mis primos y los cuatro nos metimos en el Thunderbird para llevar a cabo aquel viaje, ahora familiar, a través de California central rumbo a San Diego y después hacia el este hasta Calexico para cruzar la frontera y llegar a casa. Tras mi terrible experiencia anterior, me aseguré de llevar mi pasaporte conmigo a cualquier lugar que fuera, así que no me preocupaba cruzar la frontera, incluso si nos detenían. Además, pensé, el rayo nunca pega dos veces en el mismo lugar.

¡No tan rápido!

No nos detuvieron ese día, pero en Año Nuevo, estando de regreso en México, los tres decidimos cruzar nuevamente la frontera de Calexico, en donde un par de agentes fronterizos nos detuvieron y nos pidieron los pasaportes. Les mostramos nuestros documentos y todo fue bien hasta que el agente preguntó cuándo había sido la última vez que había entrado o salido del país y adónde había ido. «Fresno —dije— *Travel. Visit family*» (Viaje. Visitar familia).

Fausto y Óscar esperaron en el auto mientras Gabriel y yo fuimos escoltados hasta una habitación en donde nos sometieron a un interrogatorio de dos horas. Los agentes no tenían nada de qué culparnos. Finalmente, preguntaron si alguna vez habíamos trabajado en Estados Unidos durante nuestros viajes y visitas a la familia. «¿Qué?», exclamé indignado, como si su pregunta hubiera sido la cosa más loca que hubiera escuchado en mi vida. Todo ese tiempo había estado trabajando únicamente con mi visa de turista, evidentemente de manera ilegal. Ahora sudaba a chorros, pero logré parecer calmado. Cuando estaban a punto de dejarnos ir, uno de los agentes dijo, «Bien, déjame ver una vez más tu identificación». En lugar de dejarme sacar el papel para mostrárselo, me arrebató la cartera, en donde inmediatamente encontró recibos de pago bastante recientes a mi nombre y emitidos en Estados Unidos. También había un recibo a nombre de Gabriel. Ahora sí estábamos oficialmente en problemas, no solo por trabajar sin permiso, sino también por haber mentido sobre ello.

Y fue así como el rayo pegó dos veces en el mismo lugar y mi pasaporte y el de Gabriel fueron confiscados. Cuando salimos, Fausto y Óscar esperaban en el Thunderbird. Me coloqué detrás del volante y seguí las instrucciones del agente que nos indicaba cómo volver hacia el sur, rumbo a México.

Por si acaso seguía dudando entre quedarme en casa o pasar un largo periodo en Estados Unidos, ese incidente marcó mi destino. Por supuesto, no tenía pasaporte ni ningún otro medio legal para cruzar nuevamente la frontera, pero ese detalle técnico no me detendría para ejecutar un nuevo plan. No hubo tiempo de despedirme, no hubo tiempo de explicarme a mí mismo ni de disculparme con mis amigos y mi novia. Había buscado en mi corazón y había visto la sabiduría de mis abuelos, quienes parecían estarme enviando el mismo mensaje: ¡Vete! Había llegado el momento de dejar mi casa, mi familia y todo lo que conocía en el mundo.

No había necesidad de tener miedo ni de pensar que no podría hacerlo. Todo lo que necesitaba llevar conmigo eran las últimas enseñanzas de Tata Juan y Nana María, y todo lo que había tenido la suerte de aprender en dieciocho años de vida. Eso y los sesenta y cinco dólares que tenía a mi nombre.

Mientras planeaba la estrategia que llevaría a cabo, propiciamente, en el Año Nuevo de 1987 pasé las horas antes del amanecer sentado afuera, en la oscuridad, sin que hubiera una sola estrella en el cielo. Mi pensamiento voló de nuevo hacia mis viajes a las montañas con Tata Juan, a cómo llegamos a la ciudad de Rumorosa, cruzando los escarpados bordes de las sierras. Recordé lo peligroso que había sido el camino y el hecho de que muchos autos habían caído por los acantilados cuando había mal clima y en otros varios percances. Y aunque mi abuelo no había elegido la ruta más segura, había optado por la que nos ofrecía mejores paradas a lo largo del camino. Aunque Tata estaba tan ansioso como yo por llegar a la cabaña, no estuvo de acuerdo conmigo en que el camino más corto y directo era el mejor entre dos puntos. Quería mostrarme lo que me perdería si me enfocaba solo en mi destino.

Las situaciones de desesperación —como en la que me encontré en la víspera de mi cumpleaños diecinueve— necesitan resoluciones desesperadas. Habiendo tomado mi decisión, no podía permitir que ningún remordimiento o duda me detuvieran. No mires atrás, me dije. Tenía que ir hacia adelante para encontrar mi destino, cruzar el cerco fronterizo para ver hasta dónde me llevaba el camino que había del otro lado. Tenía que actuar con valentía, decisión y de manera inmediata; tenía que llegar hasta la cima y brincar.

La maniobra de Kalimán |03

¿Cómo lo hice? Incluso hoy no estoy seguro de cómo logré brincar el cerco para empezar una nueva vida en California. Desde aquel día y a través de los años, siempre digo que me impulsó una combinación de audacia e inocencia. ¿Qué otra cosa me habría llevado a desafiar las leyes de la gravedad y arriesgarme a una lesión, al encarcelamiento e, incluso, a la muerte al cruzar la frontera?

Sin cierto grado de ignorancia sobre todas las cosas que podrían haber salido mal, habría sido mucho más difícil evitar los malos pensamientos. Si hubiera sido más realista y analizado los obstáculos a profundidad, quizá nunca lo habría hecho. Pero aquel Año Nuevo de 1987 no estaba totalmente cegado ante el riesgo que tomaba. Cuando vi el sol salir por los campos de mi casa, posiblemente por última vez, estaba completamente consciente de que la estrategia que había ideado durante la noche podría fallar. Pero si algo me había enseñado la vida, era a no temerle al fracaso.

Lo que me daba más miedo era no tratar de alcanzar ese mundo que estaba tan fuera de mi alcance. Mi temor era no intentarlo, no poner todo mi esfuerzo en ello. Y no porque me faltaran audacia o experiencia, sino porque sabía que tenía cosas muy valiosas que ofrecer: mi pasión (terquedad Quiñones) y mi energía sin límites, incluso aunque en aquel entonces no sabía cómo enfocarlas en algo significativo.

Estos recursos también entraron en juego al acercarme a la frontera sin papeles. Ciertamente, la desesperación le añadió combustible al fuego, pero el científico en mí ya había comenzado a trabajar. Recordando las palabras de Tata Juan, me di cuenta de que para construirme un futuro prometedor, tenía que alejarme del camino conocido.

Y anticipando el consejo del gran científico Santiago Ramón y Cajal, cuyos textos influyeron mucho en mi carrera, sabía instintivamente que debía pensar con claridad, planear mi estrategia cuidadosamente y nunca rendirme. Por supuesto que, habiendo hecho a un lado mis libros de la escuela para prepararme para un trabajo de tiempo completo en el plano más bajo de la agricultura, me habría reído mucho si alguien me hubiera dicho que más tarde me convertiría en un científico; más aún, en un neurocientífico.

No es que mi plan fuera perfecto. Como cualquier persona con mentalidad científica me habría dicho, los avances más consistentes son resultado de un proceso de ensayo y error, de repetición y adaptación, de saltos imaginativos y —a pesar de que se supone que esto no debemos admitirlo en el mundo científico— de buena suerte.

De hecho, no había nada muy científico en mi decisión de desafiar la sabiduría convencional de que la forma más segura de cruzar sin ser atrapado por la patrulla fronteriza, era haciendo un hoyo bajo la valla o cavando un túnel. De acuerdo con la tradición, si no es que los hechos, las personas que intentaban brincar el cerco, como yo planeaba hacerlo, y después se atoraban en el alambre de púas, eran los que sufrían peores lesiones, y algunos incluso morían.

Aunque en aquellos tiempos no predominaban los vigilantes armados, la mayoría de las historias acerca de muertos a tiros en la frontera involucraba a aquellos que habían tratado de brincar el cerco, más que a aquellos que habían intentado cruzar por debajo.

Quizá fue el desvalido que vivía en mí, aquel chico que estaba acostumbrado a los retos y que siempre quería hacer las cosas de una manera diferente, quien decidió tomar la ruta peligrosa, y, siendo un rebelde por naturaleza, no encontraba ningún atractivo en ir por el camino fácil; o al menos eso traté de explicarles a Gabriel, Fausto y Óscar en la noche del primero de enero, cuando el sol comenzaba a meterse durante nuestro viaje hacia Mexicali.

—¡Doc, estás loco! —se burló mi primo Óscar desde el asiento trasero de mi Thunderbird, sentado al lado de Gabriel—. Nadie brinca el cerco.

Lo que quiso pero no necesitó decir, era que nadie brincaba el cerco en medio de Calexico. De hecho, muchas personas buscaban tramos remotos para poder escalar; pero intentar hacerlo en medio del pueblo, era una locura. Desde el asiento del copiloto miré a Fausto, quien se encontraba detrás del volante. En su amable e inteligente modo, dijo:

—Bueno, creo que en este caso estamos usando la palabra «brincar» como un eufemismo, ¿cierto Freddy?

—Exacto.

Después expliqué que mi movimiento, de hecho, sería más una escalada al estilo Spiderman por el cerco de dieciocho pies, seguida por un salto sobre el alambre superior de púas y un brinco hacia tierras extranjeras, culminando en un descenso en vuelo, como una pantera con muelle de aterrizaje, que me recordaba la maniobra de Kalimán que nunca había podido dominar.

Aunque Óscar y Gabriel expresaron sus dudas ante mi extravagante plan, todos estábamos muy emocionados por la empresa. Debido al riesgo que implicaba desafiar a la gravedad en esta parte del cruce, el resto del plan parecía más próspero y tenía menos riesgos potenciales. En eso insistí mientras le explicaba a Fausto que debía estacionar el auto a unas cuadras de el cerco fronterizo en donde intentaría hacer «la maniobra».

Luego, Fausto conduciría tres millas hacia el oeste para llegar a la garita en donde los autos pasaban de México a Estados Unidos y, desde ahí, cruzaría las calles de Calexico hasta alcanzar nuestro punto de encuentro detrás de la casa de uno de nuestros parientes. Mi intención, en cuanto aterrizara del otro lado del cerco, era correr en dirección totalmente opuesta al Thunderbird, matar algo de tiempo para poder esconderme de cualquier agente fronterizo y, finalmente, volver al mismo sitio.

Desde ahí, después de que pudiéramos entrar al pueblo y tomar carretera, la trama se complicaría al tener que implementar algunas medidas para evitar los puntos de control de inmigración, que en realidad representaban el obstáculo más grande para los que cruzaban la frontera.

Hoy en día, con tantos cambios en la tecnología, con muchos más puntos de control a lo largo de los canales de transportación, y con medidas más estrictas en la frontera entre Estados Unidos y México, mi plan no funcionaría por varias razones. Los problemas de inmigración se han vuelto más complicados, y hay mucho trabajo por hacer para llegar a una reforma imparcial con todo lo que implica.

Sin embargo, en algunos aspectos las cosas no han cambiado tanto; más bien se han intensificado, incluyendo las extremas diferencias económicas tanto en países en vías de desarrollo como en países desarrollados. Para los pobres, para los que no tienen poder, el hambre y la búsqueda de una oportunidad son suficientes para obligarlos a arriesgar todo, incluso su vida, para cruzar la frontera. Mientras tanto, el resentimiento anti-inmigrante también ha crecido, principalmente en contra de los pobres trabajadores indocumentados que ofrecen mano de obra barata.

Yo aprendería más tarde que los países desarrollados siempre dan la bienvenida a los Einstein de este mundo, aquellos individuos cuyo talento ya es reconocido y se considera valioso.

Esta bienvenida generalmente no se hace extensiva para las personas pobres y sin estudios que buscan entrar al país. Pero la verdad, sustentada por los hechos históricos y la importancia de la contribución de los inmigrantes a la distinción de Estados Unidos en el mundo, es que el ciudadano más emprendedor, innovador y motivado, es aquel al que se le ha dado una oportunidad y quiere pagar su deuda.

Por supuesto que mientras me preparaba para cruzar la frontera, yo no estaba al tanto de estas complejidades. Para mí, el cerco era la línea divisoria entre la opresión y la oportunidad de lucha; entre el estancamiento y la esperanza. Era así de simple. Lo que es más, en aquel entonces Estados Unidos tenía una demanda sin precedentes de mano de obra de confianza, decente, capaz de trabajar muy duro. Lo que me indicaba que me necesitaban. Para ese momento, mi misión debía iniciar.

Exactamente a las 8:30 p.m., era tiempo de actuar o morir. Me acerqué al remoto tramo del cerco froterizo, a dos cuadras de los límites con la ciudad de Mexicali. Mientras me deslizaba hasta el lugar, me agaché al lado de un arbusto entre dos torres de luz, me sentí aliviado al ver que no hacía mucha sombra. Sin embargo, sabía que cuando me acercara a la valla sería totalmente visible para cualquiera que estuviera en los alrededores. En esta área no había detectores de movimiento; pero aun así, cualquier movimiento en falso, cualquier falla de un músculo, podría llevarme al fracaso.

Detrás de mí, escondidos tras de un árbol en la oscuridad, estaban Gabriel y Óscar, viendo mi intento de hacer historia: de hacer algo que ninguno de nosotros habría considerado o visto antes. Desde su punto de vista, supuse que la luz les permitiría verme no solo escalar la valla, sino también ver el punto en donde Fausto me recogería en Calexico.

Intentando animarme, me imaginé que su reto estaría en ahogar sus gritos cuando vieran el Thunderbird acelerar y evitar hacer cualquier otro ruido o movimiento que pudiera atraer la atención de la policía mexicana que patrullaba la frontera de nuestro lado.

A las 8:31 p.m., aproveché mi momento, llené mis pulmones de aire, y sabiendo que mi hermano y mi primo más chico me observaban, reuní cada pedazo de valor y talento que tenía para el espectáculo, para impulsarme hacia arriba de la valla y hacer todas las maniobras de Kalimán.

Aunque Óscar y Gabriel me estaban animando a brincar el cerco de manera segura y sin problemas, sabía que estarían igual de emocionados si me veían morder el polvo. Ay, ustedes, hombres de poca fe, pensé mientras caía en la cuenta de que realmente iba a hacerlo. En un instante, comprendí para qué me habían preparado todos mis años de entrenamiento en agilidad.

Salté por el aire y volé por encima de los rollos de alambre de púas en tres saltos, colocando mi cuerpo a una distancia perfecta de la valla, descendiendo con la gracia de un pájaro en aquella noche de invierno. Cuando aterricé magistralmente sobre mis pies, estaba totalmente eufórico. Sí, sí, sí. ¡Lo había logrado! el águila había aterrizado. Había logrado hacer la maniobra con un pequeño fallo. Basándome en mis cálculos científicos, había decidido que necesitaba tres minutos para llegar de un lado de la frontera al otro antes de correr hacia las calles de Calexico. Pero mis cálculos eran erróneos por treinta segundos.

De la nada, unos faros aparecieron en la oscuridad, cegándome momentáneamente en medio de los chillidos de los frenos de la patrulla fronteriza que había llegado al lugar, y del polvo que se levantó mientras dos agentes abrían las puertas y aparecían uno a cada lado de mí. ¡Tanto para eso! Humillado, me sentí como un total perdedor. Solo podía imaginarme a mi hermano y a mi primo revolcándose en el suelo, riendo incontrolablemente. A pesar de mi pensamiento audaz, científico y visionario, los fuegos artificiales se habían apagado.

¿Y ahora qué? Malhumorado, me preparé para ser tratado no solo como una amenaza, sino como un incompetente para serlo. Para mi sorpresa, los agentes eran un dúo bastante afable. De hecho, en los anales de la aplicación de la ley, mi captura fue rutinaria y benigna. Fui conducido a la garita en la parte trasera de una Ford Bronco estilo militar, en donde me llevaron a un cuarto y me registraron.

Cuando los agentes me lo pidieron, les di un nombre inventado, a sabiendas de que no insistirían en el tema. Solo era un muchacho flacucho con cara de derrota, que parecía tener dieciséis años, y que ni siquiera tenía vello facial. No tenían nada que ganar al echarme en cara mi derrota. Sin ser explícitos, los agentes se mostraron simpáticos, como si supieran el tipo de retos que me habían llevado a arriesgar mi vida para cruzar la frontera sin papeles. Pero todos tienen un trabajo que hacer, y ellos hicieron lo que siempre hacían: me mandaron de regreso a México por la puerta trasera, para llegar a casa caminando.

Memorablemente, fue justo ahí, mientras recorría las tres millas hacia mi fallido intento por cruzar la frontera —en donde había visto por última vez a Gabriel y al primo Óscar— que hice un verdadero acto de conciencia. Estaba devastado. ¿Cómo era posible que el camino del último recurso solo condujera a un callejón sin salida? Pero después me pregunté si no era solo mi ego el que estaba herido. En mi mente, volví a ponerme sobre el ring y decidí ser mi propio *cornerman*, para convocar al Dr. Ferdie Pacheco y al Ali que vivían en mí. Por supuesto, estaba noqueado. Sí, mi tiempo se había acabado. Pero ¿qué iba a hacer? ¿Me iba a derrumbar y a ponerme a llorar? Por supuesto que no. Lo volvería a intentar y nuevamente pondría todo de mí, esta vez con un plan revisado y cálculos nuevos.

Muy animado, corrí hacia el cruce, deseoso por compartir mi nuevo enfoque con mi hermano y mi primo. Asumí que habían observado toda la debacle y que seguramente estarían ansiosos por echarme en cara mi error. Pero ninguno de los dos tenía idea de lo que había pasado después de que me vieron volar en la oscuridad. Meses después me enteraría de que, mientras me registraban, Gabriel y Óscar habían estado a punto de serlo también gracias a dos policías mexicanos que los detuvieron únicamente porque les parecieron sospechosos al estar escondidos detrás de un árbol sin razón aparente y siendo jóvenes e inocentes, uno de ellos (el primo Óscar) bien vestido con ropa comprada en Estados Unidos.

Debido a que nunca antes habían estado en problemas, pensaron que las cosas no podían ponerse peor cuando los oficiales los subieron a una patrulla. Pero después de manejar durante varios minutos, el policía que iba en el asiento del copiloto volteó hacia atrás y se dio cuenta de que había una botella de cerveza casi vacía a los pies de Óscar. El policía que iba al volante volteó indignado con su compañero, «Acabamos de meter a estos chicos al coche, ¿y ya están bebiendo?». Con eso fue suficiente para que Gabriel y Óscar fueran llevados a la estación y metidos en una celda. En ese momento buscaron en sus bolsillos. Gabriel solamente llevaba consigo unos cuantos dólares, pero Óscar terminó pagando una cantidad exorbitante, como cien dólares ganados con esfuerzo.

Ellos seguían en medio de aquel drama cuando yo volví al lugar en el que había intentado mi maniobra de brincar el cerco una hora antes. No estaba seguro de qué debía hacer después. Todo lo que sabía era que era afortunado porque tenía una opción: o tirar la toalla y rendirme o, como había aprendido del box, volverme a levantar e intentarlo nuevamente. Esta decisión fue una prueba crucial para mi temple, y me enseñó una lección que me ha acompañado desde entonces, que los éxitos más grandes vienen después de múltiples fallas; la clave es intentarlo una y otra vez sin perder el entusiasmo y el enfoque.

Teniendo la opción, decidí volver a intentarlo, la misma estrategia pero mejorada. Para lograrlo, pasé la siguiente hora abrazado al piso junto a la valla, detrás de unos arbustos, estudiando los movimientos de la patrulla fronteriza. En lugar de darme una ventana de tres minutos, necesitaría condensar mis movimientos en dos minutos y treinta segundos. En mi primer intento, me había movido muy rápido y los agentes me habían ubicado con el espejo retrovisor de su auto.

Algunos habrían pensado que era una tontería repetir el mismo movimiento, desde el mismo punto que me había llevado a ser atrapado la primera vez. Para mí, tenía todo el sentido del mundo. Los agentes fronterizos no estarían esperando que yo regresara en menos de dos horas e intentara hacer lo mismo que me había llevado al fracaso, ¿quién estaría así de loco, cierto? Seguramente estaban pensando que el rayo no pegaría dos veces en el mismo lugar, ¡pero yo estaba mejor informado!

Así que nuevamente trepé hasta la parte superior de la valla en cuestión de segundos y volé sobre ella hacia el otro lado. Esta vez, mi vuelo fue mucho menos elegante, ya que estuve a punto de quedarme atorado en el alambrado, cayendo de boca y sobre un terreno mucho menos acolchonado.

Pero incluso antes de haberme plantado bien sobre la tierra, ya estaba corriendo tan rápido que mis pies cortaban el aire con el movimiento de mis piernas, llevándome como el viento. Con el corazón saliéndoseme del pecho, por poco y vuelvo a tropezar. En lugar de eso me moví a toda velocidad por los callejones, cruzando más muros, pasando bajo los tendederos llenos de ropa, cruzando los campos, provocando a una jauría de perros que ladraban a coro mientras me perseguían por la ciudad.

Finalmente, llegué al vecindario en donde se suponía que me encontraría con Fausto. Mágicamente, cuando doblé la última esquina, lo vi ahí, esperando en la oscuridad, dentro de mi Thunderbird. Se acercó lentamente, se inclinó para abrirme la puerta y yo me subí al coche cuando aún estaba en movimiento. Mientras recuperaba el aliento, chocamos las manos sin que ninguno de los dos dijera nada y mientras él conducía, alejándonos de la frontera, moviéndonos por Calexico hasta mezclarnos con todos los autos de los juerguistas locales que seguían festejando el Año Nuevo de la noche anterior. Luego giró hacia el oeste y rodeó hasta que llegamos a la carretera que lleva a San Diego y que, afortunadamente, no tenía puntos de control del servicio de inmigración.

Ahora venía la segunda parte de la estrategia, que requería que Fausto me dejara en el aeropuerto de San Diego. Aquí era en donde la trama se complicaba aún más y en donde el resultado dependería menos de la ciencia que de la suerte. Había escuchado que algunas personas pagaban hasta seiscientos dólares para que los coyotes les orquestaran e implementaran un plan, pero con solo sesenta y cinco dólares, no tenía más opción que crear mi propia versión.

Sin saber qué esperar, era un manojo de nervios. Desde el momento en que mi pasaporte había sido confiscado, vivía con una constante descarga de adrenalina, durmiendo máximo cuatro horas aquí y allá. Para esas alturas, ya debía estar agotado. ¡Por supuesto que no! Mi corazón latió más rápidamente mientras Fausto y yo revisábamos la logística del siguiente paso. Para evadir la revisión de Indio, necesitábamos separarnos en San Diego y volver a reunirnos en Los Ángeles, probablemente muy temprano al amanecer. En aquellos días previos al 9/11, la seguridad en los aeropuertos y los requisitos de mostrar tu identificación no eran tan estrictos para vuelos nacionales como lo eran para vuelos transcontinentales e internacionales.

Mi apuesta —que era bastante alta— era que podría comprar un boleto de avión y abordar un corto vuelo con dirección a Los Ángeles (intentando evitar los puntos de revisión en la ruta de Fausto) sin tener que mostrar mi identificación. Por supuesto que esta no era una idea original, y los vendedores de boletos seguramente estaban a la caza de personas como yo. Así que camino al aeropuerto, Fausto me ayudó a memorizar y a ensayar respuestas para ciertas preguntas que podrían hacerme. Siendo un buen imitador, escuché su pronunciación de las frases clave: «*A ticket to Los Angeles, please*» (un boleto para Los Ángeles, por favor), y después las repetí, practicando mi mejor acento Americano.

Fue hasta que Fausto me dejó en medio de la noche en el aeropuerto de San Diego y desapareció en la oscuridad, que realmente sentí miedo. Estando en la fila para comprar el boleto, comencé a entrar en pánico, temeroso de que de pronto aparecieran los agentes y me rodearan. A pesar de que estaba vestido con unos elegantes pantalones de American Bugle Boy y con una playera Polo de Le Tigre, dudé que mi atuendo pudiera engañar a alguien.

Cuando llegó mi turno, caminé hasta la mujer que estaba detrás del mostrador de la aerolínea, preocupado de que el corazón se me fuera a salir del pecho. Evoqué cada recuerdo que encontré acerca de mi dominio del miedo en el pasado: manejar un auto por primera vez a los cinco años, superar el pánico escénico en mi primer evento de oratoria, convertir a los amenazantes muchachos de la escuela en mis guardaespaldas. Estos pensamientos calmaron mis nervios y dije de la manera más encantadora que pude, manteniendo la calma:

—*A ticket to LA, please* (Un boleto a LA, por favor).

—*For the next flight, Sir?* (¿Para el siguiente vuelo, señor?).

—*Yes, thank you.* (Sí, gracias) —estuve a punto de añadir «*my lady*» (mi señora), como lo habría hecho Tata Juan.

El boleto costaba sesenta y tres dólares y cambio. Pagué por él y asentí graciosamente, tomando con cuidado el dólar y las monedas y viendo alrededor para decidir dónde ir después. Sin una mejor opción, decidí seguir a la multitud madrugadora y afortunadamente terminé en la sala de espera. El vuelo fue sorprendente, surrealista y me encogió el estómago. En ningún momento me pidieron mi identificación ni fui cuestionado por alguna autoridad. Aun así, no exhalé sino hasta que aterrizamos en Los Ángeles y salí por la puerta.

Pero ahora el plan había perdido todo control científico. Debido a que Fausto no sabía qué vuelo ni qué aerolínea tomaría, me había dicho que haría todo lo posible por recogerme en cuanto desembarcara. Si no lo veía al bajarme del avión, el plan era esperarlo cerca de la planta baja de la entrada de la terminal, junto al carrusel de equipaje —claro que no sabíamos que el aeropuerto tenía múltiples terminales—. Así que no me alarmé cuando no lo vi al salir del avión, incluso cuando pasaron algunas horas y él no había llegado a la terminal a la que había llegado yo. Aunque a decir verdad estaba un poco preocupado, pensé que quizá había conducido de regreso a Mexicali para recoger a Óscar y que eventualmente aparecería. Mientras los dos últimos días habían pasado volando, ahora las horas se hacían lentas.

Por supuesto que yo quería dar la vuelta al ruedo alrededor del Aeropuerto de Los Ángeles, pero hasta que no estuviéramos en camino al Valle de San Joaquín, no me podía relajar. Además, estaba muerto de hambre, después de haber gastado el único dólar y medio que me quedaba en una hamburguesa con queso que compré en el primer lugar que encontré, Burger King.

Para distraerme de mi preocupación sobre dónde estaría Fausto, decidí explorar el aeropuerto y pasar el resto del día escuchando la fantástica mezcla de conversaciones, idiomas y dialectos. En cierto momento, débil por el hambre, fui a sentarme a la zona de comida rápida, esperando encontrar algunas sobras. Unas mesas más adelante, vi a una pareja con dos niños levantarse para tomar su vuelo, dejando sus charolas sobre la mesa. Con la agilidad de una gacela, me acerqué y discretamente me di un festín con la comida que habría ido a dar a la basura.

La comida revivió mi energía y mi espíritu, pero para la tarde estaba frenético, listo para perder toda esperanza de que Fausto y yo nos volviéramos a encontrar. La idea de que tendría que continuar yo solo, de pronto se hizo real. Cierto, no conocía a nadie en Los Ángeles, no tenía dinero y prácticamente no hablaba nada de inglés. Pero si mi camino me había llevado hasta ahí, seguiría hasta la ciudad. Alguien reconocería a un duro trabajador y me darían empleo limpiando pisos o poniendo gasolina.

Justo cuando me había resignado a aquel destino, cuando me paré en las escaleras de una de las terminales, muy lejos de la que había llegado, para salir a caminar por la fría noche, ahí estaba Fausto ¡subiendo por la escalera del otro lado! ¡Increíble! ¿Cuáles eran las probabilidades? Pudimos haber dado vueltas por el aeropuerto durante días, sin encontrarnos, ¡pero ahí estaba! Nunca olvidaré el momento en el que vi su cara y su sonrisa cálida. Nos subimos a mi Thunderbird y salimos del estacionamiento hacia el frío aire de la noche en Los Ángeles, California. Antes de que pudiera ver la ciudad, dimos vuelta y entramos al *freeway*, siguiendo las señales hacia el norte. Una vez que cruzamos los límites de la ciudad, me permití ulular y gritar y agradecerles a todos los santos del cielo por el milagro de esta oportunidad. Si mi memoria no me falla, el día en que todo esto pasó fue el 2 de enero de 1987, mi cumpleaños número diecinueve.

Lecciones aprendidas en los campos | 04

Normalmente el invierno es la temporada más agotadora para el trabajador migrante. Aprendí esta dura verdad poco después de mi regreso al Valle de San Joaquín, junto con otra serie de nuevos descubrimientos acerca del camino que había elegido. Además del frío y lluvioso clima que me había recibido, me enfrenté al hecho de que el ciclo de trabajo anual era muy diferente a los cortos periodos que yo había trabajado antes en el rancho. Los jornaleros de temporada van de finca en finca y de cultivo en cultivo, dependiendo de la temporada de crecimiento, por lo que cualquier idea previa que yo tuviera acerca de lo que podía esperar para los próximos meses, en ese momento se volvió irrelevante.

Debido a que las temporadas acababan de cambiar, no había trabajo recogiendo las cosechas en las que había participado la última vez. Esta fue mi señal para cambiarme de trabajo y de patrón.

Cuando fui a hablar con los capataces de las fincas cercanas, resultó que la mayoría de los puestos de trabajo ya estaban cubiertos. Les impresionó que pudiera arreglar máquinas y que pudiera conducir cualquier cosa con ruedas, pero estos puestos de supervisión generalmente eran obtenidos después de largos periodos de ascender por la escalera.

Me di cuenta de que no importaba adónde llegara; no importaba en qué temporada o a qué cosecha, tenía que acostumbrarme a empezar de cero cada vez que cambiara de trabajo.

Y con cada cambio conocería a un nuevo jefe que a su vez le reportaría a un nuevo dueño, así como también tendría que buscar mi lugar en un grupo diferente de compañeros de trabajo. El único elemento familiar —aunque la cosecha fuera de algodón, tomate, maíz, coliflor, brócoli, uvas o melones, que yo había ayudado a cultivar en los últimos dieciocho meses— era que uno o dos de los trabajadores me recordaban como Doc.

Afortunadamente para mí, aquel invierno, cuando llevaba solo dos días viviendo con el tío Fausto, fui contratado en uno de los ranchos más grandes. Las siguientes semanas viví en mi auto, básicamente sin casa, hasta que pude ahorrar lo suficiente para orgullosamente pagar 300 dólares por un pequeño remolque que podría estacionar en cualquier finca en la que fuera contratado, no tan lejos de donde otros jornaleros migrantes se hospedaban en las temporadas más altas.

En la primera o segunda noche de haberme mudado al *camper*, descubrí que tenía varias goteras que prácticamente no podían repararse. Esto coincidió con mi descubrimiento de que el frío de invierno de Mendota era mucho más agresivo que el de Baja. Claramente, no estaba preparado para la humedad que me helaba los huesos en aquellas frías noches y mañanas, especialmente cuando intentaba adaptarme a un régimen de trabajo mucho más intenso que al que estaba acostumbrado.

Pero no pensaba darme por vencido, por lo que decidí que enfrentaría e incluso celebraría las dificultades y las vería como un aprendizaje. ¿Quién? ¿Yo? ¿Preocuparme por el clima y aceptar que me sentía más solo que nunca? Jamás. Y para probármelo a mí mismo, decidí amar a mi remolque con todo y fugas, más allá de sus defectos —sin mencionar su espantoso color azul con franjas verdes—. Yo seguía siendo el hijo de mi padre. Si el clima era frío y el trabajo duro, que así fuera. Me parecía que se me estaba poniendo a prueba —física y mentalmente— y que si podía salir airoso de esto, nada podría detenerme. Si algo amenazaba mi confianza, podría vivir con ello.

Si podía luchar sacando algún aprendizaje de los problemas y no haciendo un gran drama, saldría fortalecido. Así fue como decidí ver a mi remolque con goteras, no como una desventaja para «el pobre de mí». ¡Sino como un palacio!

Después supe que uno de los trabajos más humildes y difíciles a los que tiene que enfrentarse cualquier jornalero, es la exigencia estacional de mover los canales de riego. ¿No lo adivinan? Ese fue mi trabajo de invierno, la primera prueba a la que fui sometido, justo a tiempo para hacerme poner los pies sobre la tierra. Para muchos, esa prueba de fuego no era más que optar por tomar el trabajo que nadie más quería hacer. Pero para mí, esto habría sido derrotista.

En lugar de eso, tenía que encontrar la manera de tomarlo con calma y sobresalir en mi trabajo. ¿Mi inspiración? Bruce Springsteen, el campeón de la clase trabajadora, cuyo éxito *Born in the USA* ya era un himno para mí, aunque yo no hubiera nacido ahí. Para demostrar mi individualismo, compré un vehículo todoterreno, una motocicleta Honda 175 (roja, mi nuevo color favorito), un modelo de tres ruedas que era poco común y que me permitía manejar lo mismo en el campo que en las calles.

Mover las líneas de riego era peor de lo que había escuchado. La tarea consistía en trasladar secciones que medían veinte metros de longitud, desde una línea en una hilera de plantaciones de algodón a otra, levantándolas primero por uno de los extremos y luego por el otro y cambiándolas poco a poco. La consistencia de la tierra era terrible, entre lodo y arena movediza. Cualquiera que usara botas o zapatos se hundía rápidamente hasta las rodillas y quedaba atorado. Yo podía moverme el doble de rápido estando descalzo, pero aun así me hundía en el lodo hasta las rodillas y se me hicieron pedazos los pies, que acabaron congelados y cubiertos de sangre.

Así que esa era mi vida: básicamente pasaba todo el día, todos los días, en el frío. ¡Brutal! El desgaste físico incluía cansancio, malestar y mucho dolor; pero el verdadero reto estaba en la prueba mental, la necesidad de enfrentar mi miedo a la incomodidad, mi temor a que las horas transcurrieran muy lentamente, mi resistencia a la monotonía y al trabajo servil, mi inseguridad ante el hecho de que otros me hicieran menos solo porque trabajaba en la tierra, y mi propia y enloquecedora impaciencia por terminar el trabajo.

Al principio, sobreviví soñando despierto con mi plan maestro de desarrollo, que implicaba hacer mucho dinero lo más pronto posible y volver a mi tierra, triunfante —nunca más como el hijo de una familia pobre, o un maestro que no podía darse el lujo de realizar el trabajo para el que había sido capacitado—, sino un hombre con estatus, dinero y opciones. Sin embargo, esta fantasía comenzó a agotarse rápidamente.

Había recibido algunos pagos. Con mi salario de 3.75 dólares la hora —que en realidad era 50¢ más alto que el salario mínimo de aquel entonces— comencé a darme cuenta de que necesitaría mucho más de un año para ahorrar la cantidad que había imaginado. Así que me recordé a mí mismo que no pensaba trabajar ahí para siempre; mi trabajo en estas granjas de California era únicamente el primer paso para ahorrar lo suficiente, volver a casa y poder ir a la universidad.

Vendrían otros pasos; pero ver el panorama completo era tan importante como aprender a vivir en el presente y dejar de visualizar un panorama pequeño: intensificar mi concentración en cualquier tarea que pudiera realizar. No imaginé que el aprender a blandir la espada de ese enfoque intenso y puro, me serviría tanto en el futuro. Pasé de mover canales de riego y recoger tomates, a luchar contra el cáncer cerebral.

Aprendí que con el enfoque viene la paciencia, una virtud que nunca tuve en grandes cantidades. Irónicamente, fue mi paciencia lo que me permitió ascender rápidamente en cada uno de los empleos que obtuve. La paciencia, tan necesaria para atender los cultivos como para dirigir una investigación ganadora de un premio Nobel, también nutre la alegría y la pasión por la vida. Sin alegría, por supuesto, solo nos queda la monotonía e incluso la desesperanza. Más adelante, la pasión me dio fuerzas para dar lo mejor de mí, sin importar cuan servil o pequeño fuera el trabajo.

Algunos creerán que estoy loco por encontrar pasión en el trabajo del campo, pero aprendí a amar esta labor como un tesoro que descubrí en el Valle de San Joaquín; un tesoro que me hizo rico para siempre y que también me hizo sentir como el «macho alfa» que deseaba ser. Esta época en los campos fue mi tiempo en el sol, mi oportunidad para crecer, y no iba a dejar que ni el crudo y frío invierno ni las líneas de riego o los remolques con goteras, me detuvieran.

Y crecí. Antes de que la temporada terminara, había logrado pasar de mover canales de riego a manejar uno de los más grandes, rudos y complicados equipos de maquinaria agrícola de los tiempos. Fabricado por Caterpillar, parecía un dragón de la era espacial y prácticamente podía volar, siendo capaz de arar el suelo en franjas anchas, siempre y cuando el conductor pudiera maniobrarla con la máxima precisión.

Me encantaba manejar el dragón, sentado en la cabina con mi café y mi desayuno, viendo el vapor que salía de los termos calientes y de mi aliento escapar por el aire frío, mientras huía de una manada de *Willy Coyotes* que estaban decididos a meterse a la cabina y llevarse mi comida.

Cuando la temporada de invierno finalmente terminó, en marzo, me reincorporé al equipo que trabajaba para el tío Fausto. Ahí, en aquel rancho de diez mil hectáreas, propiedad de una familia que lo había fundado durante la Gran Depresión, decidí conocer más acerca de la historia de esta familia griega y descubrí que el abuelo del dueño había llegado a Ellis Island y migrado al oeste, comenzando como un trabajador de temporada en una granja y logrando escalar hasta que tuvo el dinero suficiente para comenzar su propia granja aquí, en el corazón de California central. Fue maravilloso imaginar las etapas de crecimiento de aquellas primeras cosechas y visualizar los cultivos floreciendo a través de los años para que futuras generaciones de su familia pudieran beneficiarse de su sueño.

¿En dónde más si no en Estados Unidos podría contarse una historia de tal éxito?

¿Qué me iba a detener para tarde o temprano tener un rancho propio? ¡Nada!

Nada, excepto que cada vez que alcanzaba el nivel máximo en un empleo, la pizarra se limpiaba tan pronto como me mudaba a uno nuevo y tenía que empezar de cero. Afortunadamente, escalé rápido, algunas veces en una labor diaria y otras en tan solo una semana, hasta que finalmente me convertía en la cabeza del equipo. Este progreso fue un recordatorio de que, aunque la paciencia es una virtud, yo siempre he preferido ir hacia adelante, como aquellas estrellas fugaces que amaba ver por las noches.

Pero aunque me moviera rápida o lentamente, tuve muchos momentos de duda. Hubo un incidente que me tomó por sorpresa un día durante mi hora de comida, cuando decidí conversar en español con el chico que trabajaba detrás del mostrador de aquella pequeña tienda en medio de la nada. Hasta ese momento había invertido en mi primer diccionario español-inglés (el cual guardaba en el bolsillo del pantalón, siempre listo para usarse), e incluso había comenzado a escribir un diario en el que trataba de plasmar mis pensamientos en mi muy pobre inglés. La mayoría de las veces ordenaba mi comida en inglés y veía cierta reacción en el adolescente que trabajaba ahí, quien era claramente mexicano-estadounidense, probablemente de una primera generación.

Aquel día, en mi naturalmente sociable estilo, le dije algo en español acerca del hermoso día de primavera y terminé con un «*Have a pleasant afternoon, brother*» (Que tengas una buena tarde, hermano).

Sin decir nada, el chico me miró con repugnancia. No, su mirada fue de desdén; incluso de burla. En ese instante me sentí tan devastado como cuando tenía seis años y los chicos mayores que jugaban canicas conmigo habían robado el dinero de la caja registradora de la gasolinera.

Cuando analicé nuestro encuentro en aquella tienda, me di cuenta de que la pena del adolescente al haber compartido nuestra etnicidad tenía que ver menos conmigo que con la vergüenza que sentía, quizá, por sus padres, quienes probablemente eran trabajadores migrantes. Lo entendí; pero su reacción plantó en mí una semilla de inseguridad, por primera vez, ante mi acento y ante el hecho de ser mexicano.

En poco tiempo, esa pequeña situación había echado raíces aunque yo no quisiera. Poco después, estando en el campo, y mientras ayudaba a uno de los muchachos de mi equipo, el hijo de uno de los dueños pasó cerca y miró hacia donde yo estaba, pero no mostró signo alguno que indicara que había registrado la presencia de otro ser humano. Así era como veía a los trabajadores. ¿Acaso éramos invisibles? ¿No se daba cuenta de que estábamos ahí trabajando lo mejor posible para obtener la cosecha de su familia, aumentar sus ganancias y enriquecerlo a él también? Ante sus ojos no éramos individuos con nombres o identidades; éramos nulos e incluso no teníamos cara.

Quise darle el beneficio de la duda, pero otro encuentro hizo que aquello fuera más complicado. Nuestros caminos se cruzaron una vez más cuando se me dio la oportunidad de tener un segundo empleo en las noches y fines de semana, limpiando la casa del rancho que pertenecía a la familia de este joven. Más adelante visitaría mansiones más opulentas; pero en aquel tiempo, cuando llegué a la casa y me paré afuera, me pareció que aquel gigantesco hogar podría haber aparecido en *Lifestyles* o en *Rich and Famous*.

Nervioso y emocionado, toqué el timbre. Cuando nadie vino a abrir intenté tocar la puerta. Nada. Finalmente, volví a tocar el timbre y aquel mismo adolescente me abrió, evidentemente molesto. Sin decir nada, me señaló los artículos de limpieza y la parte principal de la casa y me dejó valiéndome por mí mismo. Concluí que los trabajadores migrantes eran percibidos no únicamente como personas sin cara, sino como personas sin voz.

Más tarde pude recordar estos encuentros y reconocer las tempranas lecciones que me dieron acerca de la necesidad de compasión y cuidados que tienen aquellos pacientes que, muchas veces, son tratados como personas sin cara ni voz en escenarios institucionales e incluso familiares. El trato que se les da a los trabajadores migrantes permaneció conmigo como un recordatorio para agradecer las contribuciones de todos los que trabajan en el hospital, clínica o laboratorio —desde camilleros, conserjes, enfermeras y técnicos, hasta los médicos y el personal administrativo—. Estas experiencias de haber sido marginado, hicieron que pudiera ver a la gente no solo a través de la lente de su trabajo o de su diagnóstico, sino como personas totalmente vivas y valiosos seres humanos.

Un día, la falta de acceso a la atención para trabajadores migrantes golpeó muy cerca de casa, durante una especialmente calurosa tarde de verano en la que se me pidió ir urgentemente al maizal: «¡Trae al Doc., dile que se apure, su tío Mario se desmayó!». ¡Todos sabían que yo no era doctor, pero dado que el tío Mario era hermano de mi padre y había venido de Ensenada a trabajar en la temporada alta, yo era la persona obvia a llamar.

No me fue complicado determinar que el desmayo de mi tío había sido provocado por la deshidratación. Con agua y pastillas de sal estaría bien. Aun así, pensé que era importante que lo revisara un médico de verdad. Cuando hablé con la tercera persona a cargo del área de trabajo, Asunción —«Chon», como nosotros lo llamábamos—, me miró como si estuviera loco. ¿Servicios médicos para trabajadores migrantes?

Este incidente no se trataba únicamente de mi tío. Por supuesto que no había sufrido un ataque al corazón, pero una vez más, ¿qué teníamos? No teníamos ni acceso a los servicios ni abogados. Dios mío, recuerdo haber pensado, estamos totalmente desprotegidos aquí, completamente vulnerables, somos menos que nada. Al parecer el tío Mario experimentó la misma sensación porque poco después de aquel desmayo, empacó su maleta y volvió a Ensenada.

Aisladamente, estos incidentes no alteraron mi deseo por hacer algo bueno por mí. Seguía pensando que había llegado a la tierra de las oportunidades, pero estaba comenzando a entender que sin el beneficio de la educación, el trabajo duro no sería suficiente para avanzar. Esta lección se hizo mucho más clara cada vez que veía al primo Fausto, quien prosperaba en la Universidad de Fresno State. Él atribuía su éxito a la hermosa joven que había conocido y con la que estaba próximo a casarse. A través de su influencia, se había conectado con Dios y con la fe de forma que estos lo guiarían de ahora en adelante.

Fausto, debo añadir, siempre parecía estar conectado espiritualmente. De un espíritu tenaz e infinitamente generoso, siempre veía por los demás.

> —¿Sabes? —me dijo Fausto cuando llevaba seis meses en mi travesía como jornalero migrante—, deberías tomar algunas clases en Fresno State. ¡Sería bueno para tu vida social!

> —Me encantaría —le dije—, pero no sé si tenga tiempo para ello —además, no había sido aprobada mi solicitud para el permiso de trabajo, el cual era necesario para asistir a la universidad.

La buena noticia era que a raíz de la legislación de amnistía de 1986, aprobada por el presidente Ronald Reagan, el estado de California reformó sus políticas hacia los jornaleros migrantes. Si podías comprobar que habías trabajado en los

Estados Unidos cierto número de días durante el año anterior, calificabas para un permiso de trabajo. Entonces podías solicitar una *Green Card* temporal y, finalmente, obtener una permanente. Así que una vez que tuviera mi permiso de trabajo, mi plan era inscribirme en la escuela nocturna, cualquier cosa que fuera necesaria para mejorar mi inglés. Mientras tanto, tendría que arreglármelas con mi diccionario de bolsillo.

Gracias a los cambios hechos en las leyes que rigen el trabajo de los migrantes, para el verano, más miembros de mi familia pudieron reunirse conmigo en el Valle de San Joaquín. Mi hermana Rosa fue de las primeras en llegar junto con su esposo, Ramón Ramírez. En espera de su primera hija, tenían la esperanza de que Ramón pudiera obtener un trabajo en el mismo rancho en el que yo trabajaba. Afortunadamente fue contratado de inmediato y nos volvimos vecinos, ya que estacionaron su espacioso (o al menos así lo veía yo en aquel entonces) y bien aislado remolque cerca del mío.

A pesar de que Ramón había sido mi amigo, no me dio gusto saber que él y mi hermana iban a casarse. Ella tenía 16 años, era incluso más joven que nuestros padres cuando se casaron. Pero en cuanto comencé a conocer mejor a Ramón, comprendí que mi hermana no había podido haber elegido mejor esposo, su verdadera alma gemela. Incluso antes de aquel fatídico día, en un futuro no muy lejano, en el que Ramón salvaría mi vida, yo ya tenía otras razones para apreciar la grandeza de su corazón y su determinación.

Poco después de que se instalaron en el rancho, llegó la siguiente oleada de familiares —incluidos mis padres y mis hermanos menores, Jorge de trece años y Jaqueline de nueve—. Gabriel había decidido quedarse en México hasta terminar la carrera técnica que había comenzado. Admiré su decisión, sabiendo lo difícil que era para él quedarse solo; especialmente porque, para ahorrarnos la renta, había tenido que mudarse a casa de nuestros abuelos, que ahora era una funeraria. ¡Con historias de fantasmas!

Desde el momento en que atravesé el campo enlodado sobre mi motocicleta de tres ruedas para ir a saludar a mis padres, supe que mamá no estaba lista para enfrentar los cambios que yo había sufrido desde que nos habíamos separado. Pero no dijo nada más que lo feliz que estaba de verme. Años más tarde, mamá admitió la angustia que sintió ese día. «Ver tu cara sucia de lodo y saberte trabajando en los campos —dijo—, me entristeció. Habías estudiado para ser profesor. Te habías graduado tres años antes que todos. Habías cambiado y no era así como yo esperaba verte». Más tarde, aquella noche, le dijo al tío Fausto más o menos lo mismo:

—¿Qué quieres decir? —le preguntó mi tío.

—La suciedad en su cara, completamente quemado por el sol, usando pantalones cubiertos de lodo. Pero sé que esto es solo temporal.

—Flavia —respondió mi tío—, tu hijo tiene futuro aquí en el campo. Así es como lucirá siempre.

Sus palabras estremecieron tanto a mi madre que decidió no contarme nada, pero aquella declaración de que yo no continuaría mi camino hacia una profesión fuera del campo la entristeció tanto, que más tarde confesaría: «Todas mis esperanzas comenzaron a morir».

Papá también debe haber tenido sentimientos encontrados cuando volvió a verme en el rancho. Se sentía un poco orgulloso de saber que ascendía rápidamente, pero debía aceptar que me encontraba lejos del mundo de los libros y el aprendizaje que deseaba para mí. Por otro lado, yo no estaba tomando ninguna acción para hacer las cosas que él quería. Probablemente seguía enojado porque no había hecho nada para cambiar las circunstancias familiares cuando los problemas económicos nos habían derrumbado. Creo que este coraje, muchas veces, me llevó a probar que era posible volver a levantarse después de haberse caído, que a veces un hombre tiene que hacer lo que tiene que hacer. Pero sin importar qué, yo adoraba a mi padre y me entristecía saber que parecía haber perdido su fuego interno para perseguir su destino.

Mamá y papá pronto dejaron el rancho. Habían decidido ir más al norte a buscar empleo en la zona más industrial cerca de Stockton, en la parte norte del Valle de San Joaquín. Se dieron cuenta de que ahí las escuelas serían mejores para Jorge y Jaqueline. Poco tiempo después, Rosa y su familia decidieron también irse a Stockton. Cuando trataron de convencerme de irme con ellos, me negué; les expliqué que tenía varios planes en puerta en Mendota, ¡incluyendo mi propia empresa de camiones!

Pensando expansivamente, empecé a soñar con mi nueva empresa. Comenzaría con algo pequeño, después aumentaría mi flotilla y a la larga contrataría a todos mis familiares, actuales y futuros. ¡Llamaría la empresa algo así como Camiones Q y pondría el nombre en todos mis camiones con el logo de un brillante cometa amarillo sobre un fondo negro!

En sociedad con mi primo Héctor —quien decía ser mecánico—, le di un pago inicial al tío Fausto para comprarle un viejo camión y me fui a trabajar. Después de haber invertido el poco dinero que había ahorrado, estaba seguro de que mis habilidades para producir y acarrear estarían muy por encima de las de la competencia. Mientras trabajaba con Héctor reparando el camión y su motor, me di cuenta de que no solo amaba la sensación de tener grasa en mis manos, sino que disfrutaba utilizar mis manos y mi cerebro al mismo tiempo. A pesar de no estar tomando el camino de la educación, estaba muy lejos de estar perdido. Tal y como Tata Juan me había animado a hacerlo, estaba explorando otros caminos en busca de satisfacción, felicidad, retos y aventura.

Todo lo relacionado con mi negocio funcionó de maravilla, exceptuando los extraños ruidos que el camión hacía. «No es nada, ¡No te preocupes!», Héctor me aseguró. Así que no me preocupé, hasta el día en que manejando por la carretera 99 con un camión lleno de brócoli, vi una llanta pasar frente a mí. ¿Quién en su sano juicio habría perdido una llanta en medio de una carretera tan transitada? La respuesta llegó rápidamente. Tras un sonido metálico y un golpe, me derrapé por una zanja mientras veía brócoli volar por todo el camino.

—¿Qué clase de mecánico eres? —le pregunté a Héctor cuando lo vi.

—¿Uno no muy bueno? —se encogió de hombros tímidamente.

Había sido demasiado para el negocio de camiones. Con mis ahorros disminuidos, volví al rancho de la familia griega para la temporada otoño-invierno. Nuevamente tuve que empezar desde cero, desyerbar y recoger algodón. Pero antes de que el invierno terminara, había llegado a la cumbre y manejaba el gran dragón de Caterpillar, los enormes tractores, la imponente recolectora de algodón y el recolector de tomates, que parecía de la era espacial y hecho para un astronauta; nuevamente arando los campos y echando carreras con los coyotes.

Para cuando llegó la temporada de primavera, mi cartera café de pana otra vez se había llenado de cheques sin cobrar, mis papeles del permiso de trabajo estaban en orden y nuevamente había sido ascendido a la altura del tercero en mando. Nada mal. Ese era más o menos el contexto cuando un día tuve una conversación con mi primo Óscar, que me cambiaría la vida.

Siendo un guapo muchacho con una fuerte y cuadrada quijada, Óscar más tarde buscaría una educación y se convertiría en profesor. Pero en aquel tiempo estaba enfocado en ascender por la escalera del éxito en el rancho y en complementar sus ingresos transportando melones con su propio camión. Óscar no parecía tener el mismo gusto por la aventura ni el sentido del humor que su hermano mayor y yo compartíamos.

Óscar era tan brillante, tenaz y trabajador como el resto de la familia Hinojosa, pero tendía a ser excesivamente honesto cuando algo le parecía demasiado ambicioso. En mi caso, su pesimismo fue instantáneo cuando mencioné mi reciente decisión de inscribirme en la escuela nocturna y mejorar mi inglés. Quizá no se había dado cuenta de cuán grande era mi inseguridad ante mi marcado acento y lenguaje limitado, pero debió haber sabido que sin más preparación, nunca tendría otra opción que seguir luchando en un nivel realmente bajo. Sin embargo, parecía estar personalmente ofendido con mis planes.

Nada disminuiría la importancia de la educación que había obtenido en los campos. La experiencia había sido una bendición, y había aprendido de los mejores: esos héroes cotidianos que labran la tierra y recogen la cosecha. Como jornalero de todo el año, había conocido la emoción de recoger un tomate de una enredadera que yo mismo había plantado. Pero a los veinte años, no podía aceptar que había llegado a la cima que un jornalero podía alcanzar. Con educación, me imaginé obteniendo un trabajo administrativo en una de las grandes empresas de comida, ¿por qué no? Después, tras haber ganado una buena cantidad de dinero, regresaría a México con más opciones para tener, ser y hacer lo que quisiera. El primer paso para hacer este hermoso sueño realidad era aprender más inglés.

Al principio Óscar no dijo nada. Pero después comenzó a reírse, como si la risa fuera la única respuesta razonable a mi aparente absurdo «¡No te engañes! —dijo finalmente—, ¿escuela para aprender inglés? ¡Por favor!». Al principio no reaccioné e intenté no darle importancia a su comentario. Óscar había pasado tiempos difíciles enfrentándose al divorcio de sus padres cuando aún era muy joven. De pronto pensé que él no sabía lo que era vivir en la pobreza y no tener acceso a las oportunidades y a la educación que Estados Unidos ofrecía, incluyendo la libertad de perseguir y creer en el sueño americano. Así que ignoré su risa y no dije nada.

En ese momento, Óscar se puso serio «Mira —dijo—, tú no necesitas un diccionario ni clases nocturnas. ¿Por qué pierdes tu tiempo? En año y medio has logrado lo que a Chon le tomó once años hacer. ¡Ya estás en la punta de la cadena alimenticia!». Aun sin decir palabra, sentí un hormigueo de ansiedad, primero en el estómago y luego recorriendo todo mi cuerpo. Óscar continuó, «Aquí es donde debes estar, Freddy. ¡Dentro de poco vas a ser el capataz!».

Mi corazón latía como un tambor en mis oídos y no lograba recuperar el aliento. Ya entiendo. Por supuesto que entendí. Estaba intentando bajarme de las nubes, protegerme para que no me llenara de ideas grandes y evitarme una decepción. Pero al hacerlo, estaba matando los sueños de aquel niño que alguna vez se había parado en la azotea de su casa con una resortera, para pegarle a una estrella.

—Mira dónde estás —dijo nuevamente con admiración—. Tú perteneces a este lugar. Siempre estarás en los campos. Nunca te irás. Pasarás el resto de tus días en los campos.

Al escuchar esa terrible declaración, sentí como si Óscar me hubiera cortado y tomado mi corazón en sus manos para apretarlo con todas sus fuerza. Incluso en mi memoria, puedo revivir la reacción física que tuve en ese momento; mi corazón se rompió ante el peso, el poder y la certeza de su sombría predicción. Quizá tenía razón. Si me quedaba ahí, congelado, en *shock* y herido, jamás dejaría los campos y pensar de otra forma, era engañarme.

Solo había una cosa que hacer. Le hice señas a Chon para avisarle que tomaría un descanso y luego, sintiendo el peso del mundo sobre mis hombros, me subí a mi moto de tres ruedas y volé por el lodoso campo de tomate por última vez, rugiendo por el camino de tierra hasta el teléfono de monedas más cercano. Muy en el fondo, estaba grabado en mi ADN que cuando se trataba de enfrentar dificultades, únicamente había dos opciones: alterarlas o hacer ajustes para enfrentarlas. A la larga, habría tomado la decisión correcta, pero el drama del momento había disminuido y para cuando levanté el teléfono, me di cuenta de que las personas que habían creído en mí posiblemente estarían decepcionadas.

Con la cola entre las patas, llamé a mis padres que en ese momento vivían con otros parientes en Stockton. Sin dudarlo accedieron a ir a recogerme. En dos días había hecho los arreglos necesarios para dejar mi *camper* atrás y para dejar guardada mi motocicleta hasta que pudiera volver por ella. Durante esas cuarenta y ocho horas tuve tiempo de repensar mi decisión, especialmente cuando no tenía idea de qué futuro me esperaba. Estaba dejando la seguridad de un trabajo decente como jornalero migrante, por lo desconocido. La imagen de este nuevo futuro no se veía clara, era como si hubiera abierto la puerta de una habitación oscura y no pudiera encontrar el interruptor de la luz.

Mientras esperaba a que mis padres y hermanos menores dieran vuelta a la curva para recogerme, pude sentir cómo mi bravuconería previa desaparecía. Desde el momento en que vi a mi padre detrás del volante de su último «desastre automovilístico» —un flemático Gremlin que había comprado recientemente, principalmente porque le gustaba el color; un horrible amarillo mostaza—, comencé a sonreír. En ese momento, el Gremlin amarillo mostaza era el paisaje más hermoso del mundo.

Pusimos algunas de mis pertenencias en la cajuela y partimos hacia un viaje inolvidable. Mientras nos alejábamos de Mendota y observaba las polvosas vías del tren que me habían llevado hasta ahí desde las faldas de Palaco, México, y que ahora nos conducían hacia el norte, me maravilló pensar en el audaz e inocente chico de diecinueve años que había llegado hasta ahí hace, lo que parecía, una eternidad. Ahora estaba empezando de nuevo. En ningún momento escuché una crítica, ni siquiera una pregunta sobre lo que había ocurrido ni sobre sueños y esperanzas desvanecidos. De hecho, el ambiente en el auto era —me atrevo a decir— ¡de celebración! De pronto alguien hizo una broma y le siguieron una serie de divertidas historias y anécdotas. En poco tiempo estábamos riendo tanto que la risa nos doblaba y teníamos lágrimas en los ojos. Después comenzamos a cantar.

Teníamos que lidiar con los problemas del Gremlin. Para evitar que se sobrecalentara, papá tuvo que orillarse y poner agua en el radiador cada treinta minutos y cada vez también tenía que ponerle aceite, por si acaso. Viajando a no más de cincuenta millas por hora, nos divertimos tanto que no nos importaron las cinco horas que nos tomó hacer un viaje que normalmente tomaría dos.

Cuando entramos por las arenosas calles de Stockton, mientras observaba las indicaciones para llegar a nuestra nueva dirección, recordé aquellos viajes que solíamos hacer al Mar de Cortés y cómo los recordaría incluso mucho tiempo después de haber vuelto a casa. De la misma forma, este maravilloso viaje se quedaría en mi corazón durante mucho tiempo, permitiéndome cruzar la frontera de todo lo que había pasado, hacia todo lo que estaba por venir.

* * *

Mi inscripción en las clases nocturnas de la Universidad San Joaquin Delta College abrió un periodo de gran crecimiento y aprendizaje para mí. La siguiente orden del día era asegurar un empleo. Aunque mi nuevo trabajo podía ser visto como una caída hasta la parte inferior de la cadena alimenticia, cuando fui contratado para palear azufre en el puerto, me di cuenta de que aquel movimiento era solo una prueba más, no una sentencia permanente.

Comparado con mis deberes en el puerto, ¡mover líneas de riego había sido un juego de niños! El olor del sulfuro —que cobraba vida dentro de mis fosas nasales y cubría mi ropa, mi piel y mi cabello— no es un recuerdo que se olvida fácilmente. El olor comúnmente se compara con el de huevos podridos, aguas residuales no tratadas o el peor caso de flatulencia. No es casualidad que las descripciones del infierno incluyan el castigo del fuego y el azufre, también conocido como sulfuro.

Pero ir y venir de este trabajo en el infierno era alegría pura, gracias a algunas compras significativas que pude hacer. Después de ahorrar más de siete mil dólares, finalmente pude comprar dos cosas con las que siempre había soñado: unos lentes de sol marca Ray-Ban, y en segundo lugar, una mini camioneta roja de la Nissan, completamente nueva. El primer vehículo del que fui primer dueño.

Durante los siguientes meses me convertí en uno de los mejores clientes de la tienda de auto-partes Pep Boys, invertí mis ganancias de palear azufre en equipar mi camioneta austera hasta convertirla en mi visión de la más novedosa atracción americana. Con múltiples bocinas para mi auto estéreo y un sistema que me permitía conducir en sincronía con la música, ¡yo era «el» hombre! Para mostrar mi lado internacional, le colgué unos dados de peluche en el parabrisas y puse un muñeco en la ventana trasera: un rayado, naranja y sonriente gato Garfield.

Cada vez que estacionaba la camioneta en el trabajo o en la universidad, ocupaba dos lugares para evitar que alguien la rayara o abollara. Con el cabello largo y un par de aretes de americano nativo en cada oreja, escuchando canciones que iban desde Guns N' Roses hasta James Brown, fui objeto de muchas miradas; al igual que cuando cruzaba el campus con mis pesadas botas de trabajo y un overol manchado, cargando una pila de libros como si fueran un bebé. La mayor parte del tiempo no fui consciente del efecto que estaba provocando; pero un día, cuando un amigo me encontró mientras bajaba de la camioneta, me dijo, «Vato, nada de esto cuadra. ¿Pero, Garfield? Quiero decir, ¿cuál es tu historia?».

Mi historia durante dos años había sido que volvería a México después de haberla hecho en grande. Pero en realidad podía sentir una tentadora atracción por considerar la posibilidad de echar raíces ahí. El mero pensamiento me asustó cuando me enfrenté a la dura realidad, ninguno de mis planes anteriores había tenido éxito. Todo este tiempo había postergado mi regreso a casa debido a las expectativas que se habían puesto sobre mí, y a la idea de que otros me verían como un fracasado si no tenía dinero o algún logro importante que mostrar de mi estancia en Estados Unidos.

Me di cuenta de que la única forma de derrotar al pasado y al miedo era volver a México de visita y ver cómo me sentía. ¿Por qué no? De pronto, en medio de una tarde de viernes en el puerto, con otras cuatro horas de trabajo por delante, ¡decidí que iba a hacerlo! Después del trabajo me bañaría, me cambiaría, me subiría a la camioneta y manejaría toda la noche y parte de la mañana —con mis documentos en orden— ¡y llegaría a Mexicali con mi música y mi mini camioneta a todo volumen! Después cruzaría hasta Palaco y conduciría hasta los suburbios, pasaría la vieja gasolinera y llegaría a la casa de mis abuelos para sorprender a Gabriel. ¿Por qué no lo había pensado antes? ¡Un viaje por carretera!

El cansancio llegó rápidamente cuando manejaba, pero mientras las horas y las millas pasaban, me fui acostumbrando. La noche estaba memorablemente negra, la lluvia amenazaba con caer y las nubes tapaban a las estrellas. Entre más me alejaba de mi familia en California, más me preocupaba pensar que únicamente teníamos una tenue seguridad. El futuro seguía viéndose tan poco claro como cuando había cruzado la frontera por primera vez. ¿Por qué la vida seguía siendo tan dura?

Justo antes del amanecer sentí un alivio extraño de esta carga. El cambio era sutil, pero le di la bienvenida tanto como al paisaje de ondulados campos de cultivo que aparecían a lo largo del valle cuando giré al este, con la salida del sol aventando rayos de luz dorada, iluminando lugares aquí y allá.

Al salir el sol me sentí renovado y relajado, con la fuerte convicción de que todo era posible. Y justo en aquel momento sublime, mientras mi imaginación corría salvaje con grandes ambiciones para el futuro, visualicé una camioneta de la VW en mi espejo retrovisor. Estando, para ese momento, tan familiarizado con la cultura americana —o al menos eso creía yo—, moví la cabeza, suponiendo de que vería a unos hippies, vestigios de aquella cultura que había reinado en años anteriores. En lugar de eso, cuando la VW pasó a mi lado, vi las caras de dos personas, un hombre y una mujer, mirándome desde la ventana trasera. Después, cuando observé más detenidamente, me di cuenta de que aquellos círculos pálidos en la ventana no eran rostros ¡Eran traseros desnudos! ¿Qué? ¿Por qué alguien haría una cosa así?

No fue sino hasta mucho después, viendo una película de Eddie Murphy, que me enteré de esta popular broma americana llamada *mooning*. Claramente tenía mucho más que aprender acerca de la cultura americana. Al final, yo seguía siendo un chico de campo que venía de Baja California. Pero después de haber estado treinta y seis horas de regreso en mi tierra natal, me sentía menos conectado que nunca con el lugar en donde crecí. La primera señal que me indicó que no estaba volviendo a casa como un héroe, fue cuando me detuve a comer algo en Mexicali y regresé a mi *pick up* para descubrir que la ventana lateral estaba rota y ¡mi Garfield había desaparecido!

Fue maravilloso volver a ver a Gabriel y enterarme de que pronto podría reunirse con el resto de la familia en Stockton. También me asombró ver lo fácil que era recuperar las viejas formas para relacionarse con familia y amigos. Parecía que todos eran como habían sido siempre —todos, menos yo—. Cuando me encontré con mi exnovia, no pude evitar sentirme culpable por haberme ido sin avisarle; ella había seguido con su vida y ahora tenía una nueva y feliz relación. Años más tarde me confesaría que había entendido mi partida, que sabía que iba a algún lugar especial, «A un lugar con el que ninguno de nosotros había soñado».

En mi camino de regreso a California del norte, sentí como si mi visita a casa hubiera sido una forma de cerrar con algo.

Necesitaba reconectarme con mis raíces, en la tierra en donde me había criado. Pero mi propia casa ahora parecía pequeña y provinciana; un lugar en donde ya no podría crecer. Nada estaba realmente resuelto. Una cosa, sin embargo, me pareció más clara que nunca: tenía que empujar más allá los límites de mi educación, ampliar mi ámbito de conocimiento.

Así que, como mi primera orden del día al volver a Stockton, saqué el catálogo de clases del *community college* y circulé tres cursos que parecían interesantes. Ninguno de ellos se impartía en las noches, así que tenía que arreglármelas para reacomodar mi horario con un nuevo empleo que me permitiera tomarlas.

Mientras tanto, reanudé la rutina diaria de palear azufre y raspar el sebo de pescado: el depósito de grasa que se acumula en el fondo de los buques petroleros, creando un penetrante olor que posiblemente es peor al olor a huevo podrido de sulfuro. Algo inimaginable. Solía bromear diciendo que nunca debí haber dejado los campos. ¡Aunque lo cierto es que no estaba bromeando!

La prueba más difícil fue soportar los desaires de dos compañeros de trabajo que parecían hacer todo lo posible para hacerme sentir inferior a ellos. Uno en particular no hacía el más mínimo esfuerzo por ocultar su desprecio. A pesar de que era chicano, probablemente miembro de una segunda o tercera generación de mexicano-estadounidenses, al parecer sentía cierto resentimiento por mi trayectoria y mi habilidad para escalar en el negocio de palear azufre. Cada que podía hacía referencias despectivas sobre el hecho de que yo venía del sur de la frontera, etiquetándome como un «mojado», y embelleciendo el término con otros adjetivos como «estúpido», «flojo» o «sucio».

Mientras sus ataques hacían crecer mi inseguridad, yo intentaba entender por qué le desagradaba tanto, especialmente cuando él también tenía ascendencia mexicana. Quizá le causaban conflicto mi cabello largo y mis aretes. Quizá no le gustaba mi sentido del humor o mi broma recurrente de comparar mi delgado cuerpo con el de Rambo —lo que era solo un intento por lograr hacerlos reír a él y a su compañero de burlas—. Dada la historia de conflicto racial que había en el área de Stockton, me pregunté si habían adoptado ese odio por su país de origen en sus casas o en sus vecindarios.

Una de las sorpresas más fuertes para mi familia al llegar a Stockton, fue descubrir que había sido catalogada como una de las ciudades más violentas de Estados Unidos, según los noticieros de televisión. Jóvenes privados de sus derechos, miembros de pandillas con ascendencia de segunda o tercera generación hispana, junto con pandillas afroamericanas y otros grupos recién formados por jóvenes que venían del sureste de Asia, se habían declarado la guerra. Las drogas, las armas y la pobreza habían contribuido a desatar una tasa de criminalidad con la que nos habíamos tropezado sin querer en nuestra búsqueda de un trabajo estable en los alrededores del Puerto de Stockton.

Por qué ninguno de nosotros fue arrastrado a las pandillas o las drogas, no lo sé. Una de las razones probables eran las fuertes bases que mis padres habían inculcado en cada uno y que nos impedían ser atraídos por conductas destructivas. Al mismo tiempo, solo Gabriel y yo buscábamos obtener una educación de mayor nivel. Nuestros hermanos más pequeños —que tenían la edad suficiente para ir a la escuela en Stockton— no valoraban tanto la educación superior; quizá por la atmósfera de caos que invadió las escuelas y las calles.

Ninguno de nosotros era inmune a las amenazas de violencia que había en las calles. Esto se hizo más evidente una mañana de jueves cuando tuve un encuentro cercano con ella mientras me dirigía al trabajo. En mi prisa por hacer una parada en una pequeña tienda para comprar una bolsa de nueces de la India y un refresco (desayuno de campeones en aquellos días), sin darme cuenta me le atravesé a una enorme camioneta blanca con oscuros vidrios polarizados.

122

Sin pensar mucho en aquel encuentro, me estacioné y estaba a punto de bajarme a la tienda cuando vi que la camioneta blanca se estacionó junto a mí y la ventana del conductor bajó hasta mostrar el enorme cañón de una pistola que apuntaba directo entre mis ojos: «¡Te vas a morir!», gritó la persona que me apuntaba. Después escuché el siniestro chasquido cuando jaló el gatillo. Mi corazón se paró. Se detuvo mi respiración. Así como, al parecer también, la parte del cerebro que regula ¡la función intestinal! Sintiéndome tan impotente, no tuve tiempo para sentirme avergonzado. A medida que me preparé para decir adiós a mi vida, mi atacante emitió una dura advertencia: «¡NUNCA en tu vida te me vuelvas a atravesar!». Después de eso, la pistola se desvaneció, la ventana se cerró y la camioneta blanca se alejó del estacionamiento.

Una vez que recuperé el aliento, di gracias a Dios por haberme salvado de nuevo y prometí ser mucho más cuidadoso en las calles de lo que mis experiencias, hasta entonces, me habían preparado para serlo. Después de todo, había crecido en un entorno rural, ni siquiera en un pueblo o en un país tercermundista, y la mayor parte de mi tiempo en Estados Unidos la había pasado en el campo. Vivir en la ciudad requería muchos ajustes. Al principio mis padres, mis hermanos menores y yo, nos habíamos acomodado en una sola habitación con dos camas matrimoniales dentro de un edificio en donde compartíamos el baño con otras diez familias. Después de que Gabriel terminó la universidad con éxito y viajó al norte para reunirse con nosotros, rentamos una pequeña casa en la que cabía la familia completa, incluyendo a Rosa, Ramón y su hermosa bebé, Daisy, mi primera sobrina.

Para mi padre no fue fácil ajustarse a la vida urbana. No tenía problemas para encontrar trabajos manuales a corto plazo, pero aquellos trabajos no estaban construyendo un camino hacia algo mejor. Sin embargo, papá encontró una salida arreglando y pintando nuestra casa rentada, y muy pronto la convirtió en un encantador y colorido hogar ubicado en medio de un contrastante y peligroso barrio. Mi madre siguió siendo el pilar de la familia, muy realista y genuinamente optimista.

A lo largo de los años, aunque mi vida fuera dura, las batallas no eran nada comparadas con las de mamá. Casi nunca se desalentó por los desafíos, fue capaz de encontrar un trabajo seguro y estable en algún tipo de control de calidad en las fábricas. Con una educación que la respaldara, mamá pudo haberse convertido en ejecutiva de cualquiera de esas compañías; pero incluso sin contar con los medios para aquellos ascensos, su consejo era muy buscado, lo mismo por sus compañeros de trabajo que por su familia.

Mi madre era ciertamente mi caja de resonancia, especialmente cuando tuve que enfrentar el racismo de mis dos compañeros de trabajo. Su consejo sobre cómo enfrentar su intolerancia fue tan perspicaz, que más adelante la entrevisté para un trabajo de Antropología para la universidad de Berkeley. Al abordar el tema de los prejuicios culturales, habló de la necesidad que tienen algunas personas de ver a otros por debajo de ellos. «Yo no creo que exista tal cosa como una raza superior y una raza inferior», dijo. «Sin embargo, estoy perfectamente consciente de que la discriminación racial no solo existe en Estados Unidos, sino en todo el mundo».

Mamá admitió que la discriminación siempre sería parte de la vida, debido a ciertas actitudes implícitas que han causado que algunas culturas hagan menos a otras. Sin embargo, vio un camino a seguir para aquellas personas que habían sido tratadas como ciudadanos de clase baja. «Creo que el único medio para ganar respeto es la educación. La única forma de obtener un equilibrio en el sistema es convertirse en líderes del mismo, en lugar de convertirse en seguidores de la injusticia».

Justo cuando estaba a punto de llegar a mi límite en el paleo de sebo de pescado y azufre, supe por mi amigo Gustavo —Gus para los amigos—, quien estaba casado con la prima de mi madre, que había una nueva oportunidad. La suerte quiso que, a menos de cien metros de donde paleábamos sulfuro, hubiera un grupo de soldadores que trabajaban para California Railcar Repair, una compañía que reequipaba los tanques de ferrocarril que transportaban los materiales que llegaban en los buques hasta diferentes destinos industriales.

Gus trabajaba como capataz para la compañía, pero en un lugar distinto. Esta información le abrió la puerta a mi cuñado, Ramón, quién había estudiado para soldador en México. Siendo sumamente bondadoso, trabajador e inteligente, Ramón rápidamente probó ser un elemento valioso con sus habilidades como soldador y su inusual fuerza, a pesar de su cuerpo ligero y delgado que no pesaba más de cincuenta kilos. Poco tiempo después, Gus también les habló bien de mí.

Siendo tan encantador, alto y musculoso, Gustavo pudo haber sido actor de películas de acción si hubiera decidido seguir ese camino. En lugar de eso, se había convertido en un gran soldador al igual que el hombre que lo había criado: su padrastro, Don Mateo, como él cariñosamente lo llamaba. Luego de que Gus convenciera a sus jefes de contratarme como conserje, él y Ramón recibieron el visto bueno para capacitarme como soldador. En ese momento pude recomendar a mi padre para remplazarme como conserje.

Antes de poder dominarlo, tuve un duro despertar sobre los peligros del trabajo y la importancia de poner atención hasta en los detalles más pequeños. En aquella ocasión no me coloqué correctamente el protector de ojos y me quemé las corneas, sufriendo un insoportable dolor que solo podía curarse recostándome en la oscuridad con toallas mojadas sobre los ojos. Con una vez fue suficiente. Cuando volví a trabajar soldando hierro, tuve que aprender a tomar mi distancia de la lava caliente y desecha que estaba forjando: uniendo algunas piezas y separando otras, construyendo una sustancia fundida, jugando con ella, observando el intenso rojo de la flama convertir el metal en líquido, pero haciendo todo esto desde una distancia respetable, lejos del peligro. Tales lecciones sobre el uso cuidadoso de las herramientas y de los dispositivos de protección, se convertirían más tarde en escenarios de cirugía; aunque para ese entonces, yo no sabía que ese sería mi destino.

* * *

Sin embargo, yo había empezado a creer que había un futuro prometedor a la vuelta de la esquina, esperando ser descubierto...

Luego, el 14 de abril de 1989, mi prometedor futuro se vino abajo después de caer al fondo de un tanque de petróleo y de mi fallido intento por salir de él; me quedé ahí, tirado, inconsciente, sin oxígeno, boca abajo, muriendo. Por supuesto que recuerdo aquel momento, no tanto desde mi experiencia directa, pero sí desde las historias que me contaron años después aquellos que estuvieron ahí —historias tan difíciles para ellos de contar, como para mí de escuchar—. Para mi padre, todas sus pesadillas se hicieron realidad en el momento en que vio la cara de Pablo y comprendió que mi compañero de trabajo me había soltado la mano.

Después de escuchar el ruido reverberante en el tanque, los gritos de papá fueron momentáneamente silenciados cuando aparecieron Ramón de un lado y Gus del otro, cargando cuerdas y una escalera plegable. Habían llegado a tiempo para detener a papá y observar que yo había caído y que mis rodillas estaban ligeramente dobladas frente a mí y mi cuerpo en posición fetal. No puedo ni imaginar la frustración desesperada de mi padre, sabiendo que había estado tan cerca de haberme podido salvar.

Se volvió loco y con el sonido de fondo de Don Mateo rezando en voz alta e hincado en la orilla de las vías, mi padre dio un vuelco hacia adelante y trató de entrar al tanque golpeando y luchando contra todos quienes intentaban calmarlo. Entre más trataban de razonar con él, de explicarle que moriría si entraba, papá más trataba de luchar contra sus esfuerzos por detenerlo. Gus le recordó a mi padre que era muy ancho de hombros para poder entrar por la abertura, sin mencionar que era muy viejo y pondría en riesgo el rescate. Pensando en lo que papá pudo haber sentido al escuchar esto, a la misma edad que yo tengo hoy, 43 años, no puedo imaginarme cómo reaccionaría si alguien me dijera que no puedo intentar salvar las vidas de mis hijos.

Gus también quería entrar, pero era aún más ancho para poder lograr meterse por el agujero. Fue Ramón quien dio un paso al frente, insistiendo, «Yo voy a entrar». Viendo a los otros dudar, repitió a gritos: «¡Yo voy a entrar! ¡Freddy se está muriendo ahí adentro!». Gus, sabiendo que podría perdernos a ambos, estuvo de acuerdo en que Ramón, por ser fuerte, delgado y rápido, era el único con posibilidades de lograrlo.

Con velocidad meteórica, Gus aseguró una cuerda al cuerpo de Ramón y dirigió al equipo hasta la punta para estar listos y lanzar la delgada escalera de metal. Ramón bajó por la cuerda tan rápido como pudo. A medio camino los vapores comenzaron a invadirlo —como si un caballo le hubiera pateado el estómago, como él mismo describiría su experiencia más tarde—. Se desvaneció por un momento cuando llegó a mi lado, pero logró despertar para levantarme sobre su espalda, con la cara hacia arriba. Mi boca había comenzado a sacar espuma, tenía la lengua de fuera y la piel se me estaba poniendo morada. Ramón empezaba a perder el conocimiento nuevamente y sabía que debía salir de inmediato si quería sobrevivir. Mientras subía por la delgada escalera de metal que había sido lanzada para él, Gus lo alcanzó con una mano y lo sacó, sujetándolo por la parte de atrás del cuello, como a un pequeño animal. Para este momento, Ramón estaba inconsciente. Sin embargo, en cuanto Gus lo recostó sobre la pasarela superior, Ramón comenzó a golpear el tanque con su puño, cacheteándose para mantenerse despierto y en alerta, ejerciendo la suficiente fuerza como para hacer a los demás a un lado e insistiendo en que tenía que volver a entrar.

Esta vez Ramón bajó más rápidamente, con una cuerda atada a su pecho y otra cuerda para ayudarme a salir. Sabía que habían pasado casi diez minutos desde que me había caído al tanque, y con la falta de oxígeno en el fondo, era posible que yo ya estuviera muerto. También sabía que solo tenía unos cuantos segundos para actuar antes de que él también se desmayara. En esos cuantos segundos, amarró la cuerda cuidadosamente alrededor de mi cuerpo a fin de equilibrar mis extremidades superiores con el peso de mi torso y cabeza cuando me subieran. No sé cómo calculó la física para esta maniobra, solo se me ocurre pensar que ha sido dotado con habilidades de superhéroe, demostrando tener no solo una fuerza, agilidad y coraje excepcionales, sino un nivel de genio.

Milagrosamente, Ramón alcanzó a llegar a la última parte de la cuerda sin desmayarse, pero una vez que comenzó a ascender por segunda vez, todas sus facultades fallaron y nuevamente fue sacado inconsciente. Gus quedó a cargo y comenzó la dura labor de subirme, centímetro por centímetro, sin ningún movimiento brusco que pudiera causar que me desbalanceara y cayera nuevamente. Un solo resbalón, un cálculo mal hecho y habría sido desastroso. Ante esta orquestación de complejas maniobras para salvar mi vida, Gus podría haber sido un neurocirujano, el director de una orquesta de clase mundial o un general movilizando tropas. Él era todo eso, utilizando todas sus habilidades al máximo por mí.

Durante este esfuerzo de vida o muerte, papá, Ramón, Pablo, y muchos otros estaban ahí, ayudando; mientras Don Mateo seguía rezando y otro equipo alistaba el montacargas que me colocaría en el piso para poder subirme en la parte trasera de la Ford Bronco de Gus y llevarme a la clínica industrial vecina, en donde una ambulancia me estaría esperando para llevarme al hospital más cercano. Debido a que nuestro lugar de trabajo estaba en una región remota, los caminos ni siquiera estaban marcados en los mapas de la zona, por lo que intentar explicarle al conductor de una ambulancia en dónde estábamos, hubiera sido inútil. Por lo tanto, este plan fue resultado de la hazaña de pensar rápido e inspiradamente.

Según cuenta la historia, Ramón y papá nunca se separaron de mi lado y comenzaron a ver que daba signos de vida durante el trayecto en ambulancia, hubo un par de momentos en los que intenté hablar, pero estaba muy desorientado como para sonar coherente. Sin embargo, recuerdo que trataba de despertar —como cuando intentas despertar de una pesadilla, pero no puedes—. Tengo algunas imágenes borrosas de haber sido transferido a la ambulancia y asegurado en la camilla. Mi primer recuerdo consciente —estando completamente despierto— es haber abierto los ojos en el hospital sobre una camilla amarilla, con mi padre y Ramón a cada lado de un joven de piel aceituna y nariz grande, que vestía de blanco. Pensé que quizá había muerto y me había ido al cielo, y que este hombre quizás era un ángel.

Pronto me enteré que se trataba del doctor y que estaba en el hospital, por primera vez en mi vida. A salvo, vivo; había logrado volver a verdadera *terra firma:* la tierra de la vida.

Pero no, todavía no estaba fuera de peligro; tenía más nauseas que nunca en mi vida, un terrible sabor de boca y un espantoso olor que no podía quitarme. Mi estómago también estaba en pésimo estado, retorciéndose con una sensación de vacío, enfermo. Además, estaba empezando a ponerme agresivo, intentando desamarrarme de la camilla y levantarme.

—Relájate —me dijo el doctor—. ¿Cómo te llamas?

—¿Relajarme? ¡No puedo respirar!

Mientras contenía la urgencia de vomitar, comencé a calmarme y permití que el joven doctor de la sala de urgencias revisara mi ritmo cardiaco y preparara una cámara de oxígeno.

Siguieron una serie de estudios médicos. Para la sorpresa de todos los involucrados, los resultados no mostraron rastros de falta de oxígeno o trauma físico. Pasaron unas cuantas horas antes de que pudiera formar oraciones coherentes, pero mi padre supo que me pondría bien cuando me di cuenta de que había varias enfermeras muy atractivas y le pregunté al oído, «¿Mi cabello luce bien?». Papá rio aliviado.

No había perdido nada, al contrario; en los días y semanas siguientes llegué a la conclusión de que me sentía más yo mismo que nunca, si eso era posible. Mi contacto con la muerte parecía haber reconectado y recargado mi cerebro, permitiendo que mis instintos y sentidos operaran a un mayor nivel. Sentía como si, en los momentos en que había luchado por mi vida, la adrenalina necesaria para sobrevivir se hubiera elevado a un permanente nivel superior, intensificando mi atención y ayudándome a convertir la energía negativa en resultados más positivos. Misterioso, lo sé, pero es un fenómeno que observo constantemente en mis pacientes y en otras personas que tienen que luchar contra su propia mortalidad.

Mientras tanto, nadie podía entender por qué no me había roto ningún hueso cuando me caí tan inesperadamente al soltarme de la mano de Pablo. ¿Sería solamente porque tenía suerte? Bueno, eso no puede discutirse; pero tomando en cuenta el heroísmo de Ramón, Gus, mi padre y todos los que hicieron algo por salvar mi vida, eso era más que suerte. Sin embargo, debido al trauma y al miedo de que al hablar o siquiera pensar algo acerca de lo sucedido, pudiera producirme negatividad, pasé muchos años sin poder hablar del tema y sin poder agradecerles personalmente.

Papá fue el único que hizo un comentario en referencia al milagro como tal. «Has recibido un don, me dijo en el hospital. Úsalo, Freddy. La vida es corta. Sé bueno con los demás». Quizá haber visto el ejemplo del doctor, siempre a mi lado y ofreciéndome la seguridad que necesitaba, me hizo comprender el verdadero significado de lo que me había mi dicho mi padre, incluso si no había hecho la conexión.

Cuando llegué a casa al otro día, todos pudieron ver inmediatamente que estaba bien, pero necesitaba un momento a solas. Nadie hizo ninguna pregunta cuando entré en nuestra pequeña sala y me quedé ahí sentado, solo y en silencio.

Nos acabábamos de mudar a una casa nueva y todavía no teníamos muebles, así que me senté sobre el piso duro de madera —descalzo y sin camisa, usando solamente un pantalón de mezclilla—, en un estado de tal introspección que aun puedo ver, oler, escuchar y sentir cada detalle de aquella noche: el aire frío, el olor del barniz de madera en el piso, los ruidos de la hora de la cena y las diversas conversaciones en el vecindario, las llantas rozando el asfalto, la mezcla de la música proveniente de los autoestéreos con el bajo prendido. Todo retumbando y ahogando el sonido de mi llanto.

Con veintiún años, aún sin vello facial (aunque estaba decidido a dejarme la barba de chivo en cuanto vi crecer uno o dos vellos en mi barbilla), me solté a llorar. Esta fue la primera vez que lloré tras lo sucedido, y mis lágrimas fueron en parte reconfortantes y en parte de agradecimiento, un trauma postergado tras haber visto a la muerte y haber vuelto a la vida.

Y me quedé ahí sentado, pensando en las palabras de mi padre acerca del don que se me había dado y me sentí abrumado. En aquel momento, decidí nunca más volver a pensar en aquellos minutos que había vivido cerca de la muerte. Quienquiera que hubiera sido antes —intentando probarme a mí mismo por medio de cosas materiales para poder volver a casa como un héroe conquistador—, ya no existía más. Tenía que tomar un camino sin rumbo y ver hacia dónde me llevaba, utilizando niveles de energía sin precedente para reinventarme, para llegar más lejos y con más pasión, para lograr ser quien era y convertirme en quien debía llegar a ser.

Como si me hubiera transformado, ya no me interesaban los sueños de riqueza que antes me habían motivado. Allá afuera había algo mejor y más significativo para mí, y necesitaba buscarlo. Y con esa revelación, me levanté del piso con un nuevo nivel de confianza y fuerza.

Más allá de las conversaciones largamente pospuestas y que ocurrirían mucho tiempo después, el 19 de abril de 1989 escribí en mi diario el único registro del accidente. En aquella breve mención, me di cuenta de que el doctor me había dicho que era muy afortunado; que haber estado al fondo del tanque tanto tiempo como yo, habría matado a la mayoría de las personas. Si hubiera estado ahí abajo dos minutos más, habría muerto.

Esos dos minutos fueron el regalo que cada uno de las personas del equipo de rescate me dio.

Creo que mi padre jugó el papel central, amplificando el sentido de urgencia en los demás. Él me dio la oportunidad de luchar gracias a su amor y devoción y a la velocidad con la que respondió a su propia premonición. Dos minutos. ¡Mi vida!

Segunda Parte
Cosechando

Justo después del Día del Trabajo, 1999. San Francisco, California

Nuevamente veo una luz al final del túnel, esta vez sucede mientras corro hacia la sala de reconocimiento para personal. Una fluorescente luz amarilla sale desde la puerta abierta hasta uno de los oscuros corredores del Hospital General de San Francisco.

De pronto, personal del hospital, vestido en batas de color verde, aparece bajo la luz amarilla al final del pasillo, esperándome con expresiones sombrías.

Por hábito, me pregunto quién será el paciente y por qué el diagnóstico es motivo de preocupación. Y entonces recuerdo: yo soy el paciente.

Rápidamente hago un resumen de los acontecimientos de esta tarde y rezo en silencio: «Por favor, que sea un sueño. ¡Permíteme despertar!». Intentando negociar, incluso estoy dispuesto a permitir que esto sea una pesadilla. Lo que sea con tal de que no sea verdad. No es la primera vez que me pregunto si únicamente he imaginado los eventos de los últimos diez años. Quizá sí morí en el tanque de petróleo y todo lo que ha pasado después solo ha sido un sueño. Quizá la fantasía acaba de empatarse con la realidad y estoy a punto de darme cuenta de que en realidad no estoy vivo. Pero si es real, seguramente voy a morir.

A pesar de que solo han pasado dos meses desde mi primera noche de guardia como interno de Neurocirugía —recién llegado a la línea frontal de batalla de uno de los más concurridos centros de Traumatología nivel I del país—, se siente como si hubiera pasado toda una vida.

Aquella caótica noche en la que se me pidió examinar a un paciente con herida de bala en la cabeza, fue tranquila en comparación con otras.

Mientras sigo caminando por el pasillo hacia el área administrativa del hospital, me recuerdo que el reto de ajustarse a la presión es normal para cualquiera que recién haya salido del ambiente controlado de la escuela de Medicina y ahora esté inmerso en situaciones incontrolables.

Y para mí, el único interno del Departamento de Neurocirugía —comparado con el escuadrón de internos que hay en otros departamentos—, la imprevisibilidad se multiplica unas cuantas veces más. Pero incluso con el rigor que implica la capacitación, las brutales horas y el ambiente de zona de guerra, por nada del mundo estaría en algún otro lugar.

De hecho hoy más temprano, cuando llegué a trabajar después de dormir unas cuantas horas y prepararme para permanecer despierto por un par de días, estaba de muy buen humor, agradecido por estar aprendiendo de los mejores especialistas de mi área y sirviendo en las trincheras con individuos que ahora son como miembros de mi familia. La oportunidad de prepararme en la Universidad de California en San Francisco, es una fuente de inmenso orgullo. Esta institución ha estado a la vanguardia durante mucho tiempo en el desarrollo de respuestas proactivas al trauma, comenzando en la década de 1960, cuando el abuso de las drogas y la violencia en las calles aumentaron junto con la revolución cultural de la época. En la década de 1980, el Hospital General de San Francisco abrió la primera sección destinada a enfermos de SIDA en el país, y se mantuvo como el líder reconocido en el cuidado de pacientes afectados por el VIH y otras complicaciones relacionadas.

Sin embargo, a pesar de mi habitual buen humor de aquella mañana, tenía un extraño presentimiento que intentaba emerger a mi conciencia. Todos parecían estar un poco al borde de su límite, preparándose para un ingreso de pacientes más alto de lo normal y otras emergencias.

Aquel sentimiento sombrío, concluí más tarde, era una premonición parecida a la que había tenido mi padre diez años antes cuando casi muero en el tanque. Para mí, el destello de preocupación era tan ajeno, que lo saqué de mi cabeza y me enfoqué en el trabajo.

Después de todo, sí había una razón para estar en guardia. Como cualquier analista de datos señalaría, y como cualquier experto en cuidado de la salud y aplicación de la ley comprende, hay ciertos días de la semana, del mes y del año que tienden a una incidencia mayor de accidentes y crímenes violentos. Por ejemplo, las llamadas a la línea del 911 aumentan drásticamente antes, durante y después de los días festivos. Una teoría dice que esto se debe a que la gente experimenta niveles más altos de ansiedad y depresión durante estos periodos, lo que puede complicarse con preocupaciones por dinero o el abuso de las drogas y el alcohol.

Estábamos experimentando un periodo así. Las exigencias puestas en cada uno no solo se habían intensificado desde el Día del Trabajo, sino que se habían agravado debido a los problemas económicos que comenzaban a golpear al resto de la nación. Alrededor del área de la Bahía, se rumoraba que el boom de la palabra dot.com —parecido al de la Fiebre del Oro que había puesto a San Francisco en el mapa— estaba a punto de explotar. Todos estos adelantos se traducían en una necesidad de administrar el caos de afuera con orden, cuidado y precisión dentro del hospital.

Estas situaciones no estaban en mi pensamiento consciente cuando me uní al grupo de internos y residentes de Cirugía Ortopédica en una rotación dentro del pabellón para enfermos de SIDA. No era la primera vez que trabajaba entre pacientes VIH positivos, y conocía el riesgo que corrían los trabajadores de salud de adquirir una infección, así como las precauciones que debíamos tomar al realizar ciertos procedimientos básicos.

A finales de la década de 1990, la comunidad médica sabía que algunos pacientes VIH positivos también eran positivos en Hepatitis C, pero tal y como aprendería aquel día, cuando uno de los residentes de mayor nivel y yo aplicamos una serie de pruebas a un paciente con SIDA completamente desarrollado, algunas veces las precauciones no eran suficientes.

Todo pasó tan rápido y al mismo tiempo tan lento, que fue como si pudiera predecir que ocurriría un accidente y no hubiera podido hacer nada para evitarlo.

Comenzó cuando el residente señaló una habitación y me pidió que lo siguiera. En el momento en que entramos a la habitación y nos acercamos al paciente, un terrible olor llenó mis sentidos: el tipo de olor que acompaña a la muerte cuando esta no está presente del todo, pero se filtra despiadadamente por la habitación.

Al entrar vi los ojos temerosos del paciente, completamente abiertos y mirándome fijamente, rodeados por la cavidad ósea que parecía ser su última defensa contra la muerte; y reflejaban la agonía de estar siendo devorado por su enfermedad.

Al principio, solo pude escuchar el roce de su respiración profunda. El sonido fue interrumpido por la voz del residente pidiendo mi ayuda, mientras sostenía una enorme aguja hueca, no la típica hipodérmica, antes de utilizarla para drenar líquidos de la rodilla que yo sabía que incluirían sangre contaminada, y pidiéndome que hiciera presión en el punto de entrada de la aguja. En cuanto me coloqué en posición, la mano del residente perdió control y la aguja, como un demonio poseído, voló por el aire y se clavó profundamente en la piel expuesta de mi mano, cerca de la muñeca. Y ahora, segundos después, ahí estoy yo en estado de shock, bajo la instrucción *de caminar por el oscuro corredor hasta donde se encuentra el personal del hospital, esperándome silenciosamente.*

Sé que cuando cruce el umbral de la sala de auscultación, seré sometido a una serie de pruebas y se me darán cifras severas.

Nada de lo que sigue altera esas expectativas. Describiendo el intensivo triple coctel que tomaré por un mes, los funcionarios del hospital evitan decirme los espeluznantes detalles acerca de los efectos secundarios que podrían tener estos fármacos. En lugar de eso, me dicen que estas medicinas pueden ser muy efectivas en el tratamiento de las primeras etapas del VIH. Para saber si el tratamiento ha tenido éxito o no, habrá que someterme a un año de pruebas regulares. Un año de no saber.

Aturdido y aún en shock, *hago preguntas buscando alguna esperanza, pero las respuestas solo indican que me encuentro en una situación peligrosa y debo prepararme para lo peor.*

Me informan que no solo estoy enfrentando la posibilidad de haber sido contaminado; ya he sido contaminado. La efectividad del coctel triple terapia no ha sido comprobada contra agujas de pacientes que hayan desarrollado SIDA o una hepatitis C altamente contagiosa. El paciente cuya sangre y fragmentos de hueso se encontraban en la aguja que cayó sobre mi piel, tiene ambos.

Pero la noticia más escalofriante es que en la historia del hospital, el único incidente similar al mío terminó en que la persona que había sido pinchada con una aguja sí se infectó, pero no apareció como positivo sino hasta un año después.

«Debes empezar a tomar medicamentos ahora», dice una enfermera, mientras obligo a mis extremidades a moverse.

Un doctor me avisa que puedo volver a la rotación tan pronto como haya realizado alguna llamada personal, en caso de que necesite hacerla.

Caminando de regreso por el corredor, me sostengo de la pared para recuperarme, tratando de no hundirme en el miedo. Siento como si hubiera una bomba de tiempo dentro de mí, y no hay manera de saber si va a explotar o no. Por más que intento no llorar, siento los ojos ardiendo, la respiración entrecortada y un doloroso nudo en mi garganta.

No puedo evitar pensar en el adagio de que el rayo no cae dos veces en el mismo lugar, lo que me indica que aunque haya sobrevivido la primera vez, no lo voy a lograr una segunda.

Recuerdo las historias contadas el Día de Muertos; en particular la moraleja que dice que si engañas a la muerte una vez y envías a sus ejércitos de regreso, esta volverá siendo aún más letal. Aunque no soy un hombre supersticioso, he comenzado a creer que no importa cuánta suerte tengas, lo más probable es que con el tiempo las cosas se volteen contra ti.

La voz burlona del enemigo hace eco de las mismas burlas que hizo acerca de mi probabilidad de sobrevivir cuando estaba en el tanque: «No vas a poder» y «¿Quién te crees que eres?».

No hay ninguna esperanza.

Mientras trato de calmarme y continuar mi camino por el pasillo para hacer las llamadas necesarias, paso cerca de otros residentes y de mis compañeros de trabajo del hospital, quienes me conocen bien, y me doy cuenta que ellos también se han quedado sin palabras. Pero sus expresiones me dicen todo lo que necesito saber: por ahora, soy un hombre condenado a morir.

Cortejando al destino |05

Durante los inciertos días que siguieron a la aguja con SIDA en 1999, pensé en las muchas veces que había tenido que sobreponerme a crisis y retos en mi vida. Diez años antes, en 1989, después de haber sobrevivido a mi caída al tanque y de haber decidido buscar un nuevo camino, me topé con que tenía que brincar otros muros tan grandes como el de la frontera. Nuevamente, una combinación de audacia e ingenuidad me había impulsado hacia adelante, al igual que todo lo que había aprendido durante mis dos memorables años en San Joaquin Delta College.

Trabajando el turno de la tarde en California Railcar Repair, pude asistir a clases al *community college* durante el día. Ahora era el jefe de un equipo especializado dentro de la compañía, ganando la impresionante cantidad de diez dólares la hora.

Mis mañanas eran ejercicios que transcurrían en fracciones de segundo. Llegaba a la biblioteca a las 6:00 a.m., cuando abrían las puertas, y estudiaba hasta que comenzaban las clases, corriendo de un salón a otro, terminando la última clase sin tener tiempo libre. Luego salía corriendo hasta donde estaba mi *pick up* roja y llegaba al trabajo justo a tiempo para el turno de la tarde.

Durante los fines de semana también empecé a correr en eventos de pista y campo de la universidad, no porque necesitara ocuparme más, sino porque necesitaba quemar el exceso de energía que parecía haberse intensificado desde el accidente. Si tenía quince o veinte minutos extra para descansar dentro de este horario, me gustaba hacer una pausa y comer mi *lunch* al aire libre en el patio, sentado en una banca o en el pasto.

Un día, durante mi hora de comida aproximadamente a las 11:30 a.m. bajo un soleado día en California, estando sentado en una repisa de cemento cerca de una fuente y un estanque de peces lleno de brillantes y naranjas Koi rojos, estaba tan perdido en mis propios pensamientos que no me di cuenta que dos hermosas jóvenes caminaban hacia mí. Una de ellas, alta, delgada, de unos dieciocho años, con el cabello largo y rubio y un par de fascinantes ojos verdes que no tardé en descubrir, no me había sido tan indiferente. De hecho, más tarde supe que ya me había visto varias veces por el *campus* y se preguntaba dónde iría con tanta prisa, y supe también que la intrigaba mi estilo: el cabello largo, los aretes, los pantalones de mezclilla salpicados de pintura y las botas de trabajo Red Wing.

¿Cómo era posible que no la hubiera visto antes? Una chica guapísima que irradiaba inteligencia y calidez.

Es cierto, en aquellos tiempos me intimidaban fácilmente las situaciones sociales, inseguro de mi acento y con poco conocimiento cultural. Pero eso no había evitado que saliera con chicas y que tuviera relaciones románticas con ellas. Nada serio, por supuesto, pero finalmente yo era un latino de sangre caliente y no estaba completamente desorientado. Aquel día, sin embargo, no tenía idea, a pesar de que todo a mi alrededor parecía vívido y brillante: el gorgoteo de la fuente y el chapoteo de los Koi en el estanque, el agradable clima primaveral, y la danza de los estudiantes por el patio, muchos reuniéndose en grupos pequeños para conversar, reír, discutir y coquetear. Yo estaba principalmente interesado en mi sándwich. Sin embargo, antes de que pudiera darle una mordida, las dos chicas (que más tarde me enteraría que eran hermanas) se habían invitado a sentarse una a cada lado mío.

Despidiéndome del mínimo atisbo de confianza en mí mismo, me quedé ahí sentado, congelado. Cuando la rubia alta inició la conversación, me sentí demasiado inseguro de mi acento y con un inglés muy limitado como para producir algo más que un sonido gutural «Hi» (Hola) antes de desaparecer. ¡No podía escapar más rápidamente!

Era obvio que las dos chicas me habían confundido con alguien más, así que olvidé aquel encuentro. Pero algunas semanas después, la hechizante joven se me acercó cuando estaba parado en el patio, discutiendo una clase de cálculo con mi compañero Mike. Con un ligero movimiento de cabeza, preguntó:

—Entonces qué, Mike. ¿No me vas a presentar a tu amigo?

—Por supuesto que no —dijo—. ¡No pienso presentarlos!

Por un segundo, creí detectar ciertos celos, pero después pensé que estaba equivocado ¿por qué estaría celoso de mí? Más tarde supe que, efectivamente, ella le gustaba y no quería competencia. Sin embargo, nada de esto pasó por mi dura cabeza; tampoco caí en cuenta de que a ella era yo quien le gustaba.

No importaba con qué frecuencia su camino se cruzara con el mío, yo no ataba cabos, hasta que un día, en la alberca de la escuela —en donde yo me rehabilitaba de una lesión en la ingle que había sufrido en la pista—, al dar un paso hacia dentro del agua, usando un enorme chaleco y moviendo mis brazos vigorosamente, una visión emergió de la alberca, como una Venus naciendo de su concha.

Por un momento, simplemente quedé boquiabierto ante ella, pero después, la visión habló: «Hola». Yo había visto esa sonrisa antes, ¡esos ojos verdes! Pero esperen ¿me estaba hablando a mí? Volteé hacia la izquierda y no había nadie, hacia la derecha y tampoco. Ella asintió como diciendo, sí, te estoy hablando a ti, y nuevamente dijo «¡Hola!».

Murmurando algo que no era español ni inglés y que resultaba ininteligible, incluso para mí, también asentí, salí de la alberca de un salto, di una vuelta cerrada y corrí al vestidor de hombres.

Cuando el latido de mi corazón finalmente disminuyó, me di cuenta de que se trataba de la misma joven asombrosa que se me había acercado en el patio y que le había pedido a Mike que nos presentara. Aunque más tarde supe que era una nadadora competitiva y trabajaba como salvavidas, en ese momento solo podía pensar en el asombroso hecho de que me había saludado, no una, sino dos veces. ¿Qué estaba tratando de decirme?

Pensar que su interés era más que platónico habría sido demasiado. Lo cierto era que se trataba de una clásica belleza americana, quizá de ascendencia escandinava; mientras yo era hispano, nacido en otro país. Pero más allá de eso, su confianza, su seguridad ante quien era y su naturaleza abierta e inquisitiva me convencieron de que ella estaba lejos de mi alcance. Probablemente era tan brillante que yo no podría tener éxito con ella.

Después de este encuentro, comencé a darme cuenta de la frecuencia con que aparecía en la biblioteca justo después de que yo llegaba temprano por la mañana. ¡Vaya! —pensé—, ¡esta chica es muy estudiosa! Finalmente, cuando yo seguía sin entender las pistas, ella más o menos se rindió y decidió: ¡Este hombre no tiene ni idea! Estaba segura de que no estaba interesado.

Pero, como medida preventiva, se me acercó una vez más en el patio y extendió la mano diciendo:

—Hola, creo que no nos han presentado oficialmente. Soy Anna Peterson.

—Alfredo —respondí moviendo la mano—. Mucho gusto —¿muy formal?, y rápidamente añadí—, pero casi todos me dicen Freddy.

—Me gusta Alfredo —insistió, y eso fue todo.

Gracias a Dios por su perseverancia. Si hubiera dejado la presentación oficial en mis manos, me habría tomado mucho más tiempo saber el nombre de la persona que se convertiría en el amor de mi vida y con quien estaba destinado a casarme. Pero pasaron otros dos años antes de que fuera consciente de eso.

Mientras tanto, pudimos desarrollar una amistad sin la presión de ser novios. Anna, me di cuenta rápidamente, era una de las personas más caritativas que había conocido: siempre cuidando a su familia, a sus amigos, incluso a extraños, mostrando constante preocupación por el bienestar de los demás.

Siendo la más joven de tres hermanas, había sido criada principalmente por su madre, que era profesora en una escuela. Después de que sus padres se divorciaron cuando Anna era muy joven, su padre —que tenía un doctorado en Oceanografía y trabajaba para el Servicio Geológico de California— había vuelto a casarse cuando ella tenía ocho años y había tenido otros dos hijos, dándole una media hermana y un medio hermano.

Aunque pude darme cuenta que en su pasado había experiencias dolorosas, Anna no era una persona negativa ni usaba sus problemas como pretexto. Su actitud era la de alguien que al enfrentar esos retos, se había vuelto más fuerte.

Esta fue una conjetura que yo hice, ya que Anna era una persona muy discreta, aunque pude darme cuenta desde el principio que era ferozmente independiente.

Al principio, me impresionó escuchar cómo había comenzado a trabajar desde muy joven. Además de ser salvavidas, Anna había comenzado a dar sus propias clases de natación en la alberca local, ofreciendo becas a aquellos niños que no tenían recursos o que tenían alguna discapacidad. La familia claramente era todo para ella: pude ver cuán apegada era a su hogar y lo cercana que estaba a su mamá y a sus hermanas mayores.

Criada en Manteca, un pequeño pueblo rural al sur de Sacramento, en donde seguía viviendo, Anna soñaba con convertirse en veterinaria, según mencionó durante una de nuestras conversaciones casuales.

Inspirado por su ambición, le pregunté en mi pobre inglés, «*For you love animals?*» (¿Porque tú amas a los animales?).

«Oh, sí», sonrió Anna. Me describió a sus mascotas y me contó de la cantidad de criaturas que había metido a su casa a escondidas o que había adoptado: pájaros, gatos, serpientes, cabras, gansos, perros, caballos, básicamente todas las especies. Siendo práctica, planeaba hacer una carrera de maestra que le permitiera obtener un trabajo y comenzar a ganar dinero más rápidamente. Su objetivo era mudarse de su casa lo más pronto posible.

A pesar de que Anna y yo habíamos crecido en diferentes culturas y países, pude darme cuenta de que teníamos muchos valores en común: la familia, el respeto, la admiración por otros y la capacidad para afrontar grandes retos. Sin embargo, yo seguía siendo muy inseguro para contribuir mucho con una conversación acerca de mí. Así que fue más fácil mantener las cosas a una distancia segura cuando nos encontrábamos: un movimiento de cabeza, un saludo en el aire, una sonrisa y ¡me iba corriendo!

Tiempo después, cuando yo salía con alguien más y vi a Anna con aquel alto jugador de basquetbol con el que salía en aquel entonces, sentí cierto remordimiento; aunque no supe por qué. En aquel entonces no sabía que el amor no solamente puede conquistarlo todo, sino que se mete en nuestra actividad cerebral más primitiva y cuando menos te das cuenta, ya es parte de tu ADN. Algo en un nivel muy profundo ya me estaba indicando que estábamos destinados a estar juntos, pero tendría que pasar más tiempo para que finalmente acusara recibo del mensaje.

Lo que sí trascendió fueron las esenciales influencias de aquellos maestros que estaban menos preocupados por darme respuestas que por retarme a hacer preguntas, impulsándome a desviarme de los caminos trillados del aprendizaje y a explorar otros materiales con el único objetivo de saber qué más había.

En algunos casos, la materia no fue memorable, pero hubo excepciones significativas. Por ejemplo, cuando tuve la oportunidad de estudiar con el profesor Richard Moore, quien impartía la clase de inglés y un curso que cambiaba la vida, al menos para mí, llamado El Cine y la Literatura.

En sus clases regulares de inglés, el profesor Moore enseñaba los fundamentos de la crítica literaria y la composición escrita, dándome la oportunidad de comenzar a escribir coherentemente y de manera significativa en inglés, una habilidad que me sería tan necesaria a lo largo de mi educación y de mi profesión.

A pesar de que insistía en la importancia de las reglas gramaticales y la cuidadosa organización, también insistía en que los textos debían transmitir un fuerte punto de vista soportado con argumentos claros y sustanciosos.

La oportunidad de expresar fuertemente mi propio punto de vista en una página, era una nueva experiencia que me daba cierto poder.

Como mentor, el profesor Moore también se había dado cuenta de que las películas habían jugado un papel importante en la formación de mi concepción del mundo. Amplió aquella conciencia ayudándome a apreciar el poder de todas las películas: clásicas, no clásicas, excelentes, buenas e incluso malas. Con sus lentes, la barba bien recortada, corbata, camisa a cuadros, suéter y chamarra deportiva, parecía más adecuado para dar clases en la *Ivy League* que en el auditorio del *community college* en donde enseñaba El Cine y la Literatura y pasaba películas como *La Strada* de Federico Fellini (protagonizada por mi paisano Anthony Quinn). Como le temía, siempre traté de evitar su escrutinio en aquella clase de doscientos estudiantes. Pero no importaba cuánto tratara de esconderme, hundiéndome en un asiento en las filas de en medio, siempre me encontraba. Quizá su radar siempre daba con mi cabello largo o con mi ropa de trabajo y su olor metálico a tren.

—Entonces, Señor Quiñones —comenzaría el profesor Moore—, ¿qué opina de la decisión de Stanley Kubrick de filmar *Dr. Strangelove* en blanco y negro?

Aun escuchando atentamente, me era difícil leerle los labios y luego traducir mentalmente. «Me gustó mucho —murmuré nerviosamente—. El blanco y negro mostraban contraste». ¡Él se acariciaba la barba y movía la cabeza de una forma que me hacía dudar si había entendido más que yo lo que le había dicho!

Pero fue gracias a aquellos intercambios que me vi presionado para mejorar mis habilidades de habla y debate en clase, refinándolas lo suficiente como para convertirme en capitán de equipo.

Cuando miro hacia atrás, ahora sé que mi aprendizaje del idioma inglés aún tenía un largo camino por andar. De hecho no era bueno debatiendo, pero construía mi poder de persuasión sobre un claro punto de vista y no tenía miedo de tomar una postura firme, mientras utilizaba mis defectos en mi beneficio, ¿cómo? Mi arma secreta era sonreír con mucha confianza mientras hablaba, con la certeza de que mis oponentes no entendían muy bien lo que decía. Los jueces tenían mis argumentos escritos frente a ellos y podían irlos siguiendo, pero mis oponentes no, y no podían responder a ninguno.

Lo sé, fue una forma poco convencional de ganar, pero funcionó. Quizá porque había llegado al *community college* sin conocer a nadie, sin una reputación previa de una escuela anterior o de mi posición económica. No tenía nada que probar a nadie, excepto a mí mismo. El cielo era el límite. El ambiente era tan propicio para crecer y aprender que muchas veces estuve en la lista del decano y me convertí en miembro honorable de la sociedad de alumnos y de su comité de dirección.

Listo para graduarme en la primavera de 1991 —a la madura edad de veintitrés años—, pensé que mis días de escuela habían terminado.

No tan rápido, me informaron en mi penúltimo semestre. Me había perdido una importante información, y me sorprendí cuando uno de mis profesores me preguntó si ya había solicitado el ingreso para alguna universidad. Hasta ese momento, yo no sabía la diferencia entre un título asociado de una universidad *junior* y el título de un programa de cuatro años. Tampoco entendía la diferencia entre instituciones públicas y privadas o entre una universidad estatal y una universidad de alto rango. Todo el tiempo supuse que el *community college* era el principio y fin de la educación superior.

> —En realidad no —dijo mi profesor—. Este es solo el principio.

¿Cómo era posible que yo no supiera eso? ¿Estaba equivocado al pensar que por haber terminado una clase de psicología industrial que me había gustado, la parte académica había terminado y el curso me permitiría tener una carrera prometedora?

Mi profesor amablemente me explicó que esas preguntas podrían respondérmelas en el centro de asesoramiento. De hecho, se mostró sorprendido al saber que yo no había aprovechado antes la ventaja de los asesores.

Aún sin estar seguro, no perdí tiempo e hice una cita con un asesor y consulté a Peter Dye, compañero de clase y uno de mis amigos más cercanos, acerca de sus impresiones. El mismo Peter se mostró sorprendido de que yo no supiera que era posible obtener un mayor grado de educación. Anteriormente ya había hecho referencia al proceso de solicitud de ingreso, pero yo no había entendido de qué hablaba. La lección era un cuento con moraleja para recordarme que en el futuro, no debía tener miedo de hacer preguntas si no entendía de qué estaban hablando los demás.

Por otro lado, Peter reconoció que al ser el primero de mi familia en buscar una educación superior en Estados Unidos, era normal que no estuviera bien informado acerca de cómo funcionaba el sistema. Pero la realidad, continuó, era que si quería entrar a Psicología Industrial, necesitaría al menos otros tres años para completar un título universitario, y luego otros cuantos años para hacer un posgrado y realizar trabajo de campo. ¿Cinco años o más antes de que pudiera tener un sueldo decente? Estaba devastado.

Peter trató de animarme con una palmada en el hombro:

—Freddy, si solicitaras tu ingreso, probablemente serías aceptado en el sistema de la UC. También hay escuelas privadas que pueden ofrecerte becas para minorías.

—¿La Universidad de California? —en treinta segundos había pasado de la depresión a la curiosidad.

—Claro. Berkeley, por ejemplo. La universidad fue catalogada como una de las mejores escuelas a nivel nacional —continuó— y es importante decir que solo acepta a un pequeño porcentaje de los solicitantes. Pero uno nunca sabe...

Peter, estrella del debate en equipo y un alto y competitivo atleta, era versado en el arte de la persuasión y sabía cómo picar mi orgullo con un desafío.

—¿Berkeley, eh? —el puro nombre me sonó familiar.

Mientras reflexionaba acerca de estas noticias, pensé en mi primo Armando, que como un intelectual conductor de una Harley Davidson había alcanzado la mayoría de edad en la década de 1960, en Mexicali. Aunque nunca terminó la universidad, era un ávido lector y estudiante de Historia, y había seguido la revolución cultural de la época, mucha de la cual se había llevado a cabo en UC Berkeley. Según contaba Armando, era un lugar mágico, y gracias a él, ya formaba parte de mí.

UC Berkeley existía solo en un sueño, lejos de mi alcance. Sin embargo, decidí tirar alto, justo como Tata Juan me había dicho. Así que no solo solicité ingreso para Berkeley, sino para otros varios programas de licenciatura en California. William & Mary fue la única universidad fuera del estado que busqué, principalmente porque Peter y su familia decían que tenía un fuerte programa de debate y ofrecían una beca de financiamiento para aquellos alumnos que lo necesitaran.

Cuando recibí una carta de aceptación y una generosa oferta de asistencia financiera por parte de William & Mary, quedé asombrado. ¿Sería que la gente de admisión había cometido un error? No, me aseguró Peter, para nada.

Cuando vi las fotografías de este pintoresco campus, de esta centenaria universidad, quedé encantado. ¿Cómo podía decirles que no? Después decidí investigar un poco para saber exactamente en dónde estaba Virginia. De alguna manera se me había escapado un pequeño detalle: la escuela estaba completamente del otro lado del país y terminaría lejos de todos los que conocía. En aquel momento, la idea de separarme de mi familia por meses era muy desalentadora. En cambio puse todas mis esperanzas en lograr entrar a una de las escuelas de UC.

Mientras esperaba noticias de ellos, me dediqué a buscarme un empleo seguro que me ayudara a pagar la siguiente etapa de mi educación. Mis días trabajando en el ferrocarril como soldador y pintor estaban contados. Considerando que la compañía cobraba a los clientes hasta quinientos dólares la hora por mis servicios, yo debía estar ganando un sueldo mucho más alto y recibiendo prestaciones médicas y más. Pero en lugar de eso, mi sueldo estaba recortado a diez dólares la hora.

En aquel momento, la necesidad de tener prestaciones no era apremiante, ¡y de verdad pensaba que mis jefes me pagaban una fortuna! Después de todo, con ese salario había podido entrar al *community college* y había ayudado a mis padres a comprar una casa.

El problema principal no era que me sintiera insatisfecho arreglando tanques de tren; simplemente era tiempo de un cambio. No se presentó ninguna opción viable hasta que un día Gabriel mencionó despreocupadamente que yo siempre había sido un hombre pobre pero con gustos caros. ¡Cierto! Cada vez que iba al mejor centro comercial de Stockton, me sentía particularmente atraído por una elegante tienda que vendía ropa para hombres, importada y de diseñador, ¿por qué no pedir trabajo ahí? Fui contratado de inmediato, ¡con todo y mi cabello largo!

Con mis horas en la tienda, mis actividades de pista y campo y mis estudios de último semestre en el *community college*, estaba demasiado ocupado como para preocuparme por el estatus de las solicitudes faltantes; al menos eso pretendía.

¡En realidad era un manojo de nervios! Todos los miembros de mi familia habían sudado conmigo a través del proceso, y estábamos encantados cuando llegó la última respuesta de Berkeley: ¡una carta de aceptación! Estático es una palabra muy simple para describir mi reacción. Aunque una parte de mí no podía creer que la carta fuera real, estaba muy emocionado.

Al día siguiente apareció en mi correo un sobre con la dirección y el sello en relieve de la Universidad de Stanford. Cuando la familia se reunió para verme abrir el sobre, me preparé para el rechazo, bromeando con mis padres y hermanos diciendo que estaban exagerando el momento y tratando de calmarnos. Después, leí las primeras líneas, me fui directo al veredicto, tomé una bocanada de aire e inmediatamente doblé la carta y la regresé al sobre. Todos se acercaron y comenzaron a consolarme, suponiendo que había sido rechazado. «¿A quién le importa lo que piensen? —dijo Gabriel, mientras me quitaba el sobre de las manos y lo abría. Cuando vio que la respuesta era un sí, movió la cabeza—. ¡De verdad me engañaste!».

Estaba orgulloso de recibir cartas de aceptación de dos de las mejores universidades, y estaba aún más feliz de que todos en la familia pudieran participar de los honores.

Ahora venía la parte difícil, ¿Stanford o Berkeley? La colegiatura era más alta en Stanford, pero la diferencia no era mucha. Finalmente, la razón por la que quería ir a Berkeley tenía que ver con mi primo Armando, ¡que en realidad nunca había estado ahí! Quizá no era la forma más sabia de elegir, pero como siempre pasaba, una vez que tomaba una decisión no había marcha atrás.

* * *

Aunque Berkeley estaba a solo una hora de Stockton, no podía haber estado menos preparado para el *shock* cultural. Parecía que me había ido a Marte. La primera señal que me indicó que la universidad era diferente al *community college* fue cuando recibí de regreso mi primer examen de la clase de Antropología. Mientras el adjunto del profesor caminaba por los pasillos empatando nombres con exámenes, entregándolos lentamente, me horroricé al ver la calificación en la parte superior de mi examen: ¡una C! Algo estaba mal. Volví a leer el material al derecho y al revés. Mis notas sobre la clase del profesor eran impecables, ¿acaso eran preguntas capciosas? Fuera lo que fuese que hubiera salido mal, mi corazón se desplomó.

Al ver mi sorpresa, el adjunto del profesor me preguntó:

—¿Estudiaste los apuntes *Black Lightning* de la clase?

—¿Perdón?

Descubrí que estos apuntes, hechos por los adjuntos de los profesores con base en lo visto en clase, se vendían en las librerías del campus. Debido a que los adjuntos eran responsables de hacer los exámenes, los estudiantes sabían que estas notas ofrecían pistas de lo que vendría en ellos. Me sentí muy agradecido de haber descubierto esto al inicio, con el tiempo suficiente para hacer un buen trabajo en los siguientes exámenes y para subir mi calificación de la clase.

¡Revelador! En el pasado, había asumido que conseguir el material y clavarme en los libros me llevaría muy lejos y de regreso. En ese momento comprendí que el IQ no solamente está basado en los libros; más bien había que tener una amplia base y mantener la oreja pegada al piso para obtener cualquier conocimiento que pudiera venir de fuentes no esperadas.

La inteligencia producto de los libros podía ser un acierto, pero también lo eran la habilidad de organizar tu tiempo, saber a quién pedir ayuda y ser diestro en cuanto a quién era una fuente confiable. ¡Este era un mundo completamente nuevo!

La experiencia UC Berkeley rara vez daba espacio para aburrirse. Aunque comencé viviendo en un dormitorio dentro del campus —y estaba fascinado con el grupo de hombres y mujeres exóticos que se reunían en la sala de mi *ṣuite* y hablaban con una apantallante sofisticación que iba más allá de mi entendimiento—, me mudé rápidamente a un departamento en Oakland, en donde podía estudiar más fácilmente y compartir gastos con un par de amigos que estaban experimentando el mismo *shock* cultural que yo.

Pudimos comparar opiniones acerca de algunos sucesos y personajes locos dentro del campus, como el Hombre Odio y el Hombre Desnudo. Un hombre que odiaba la igualdad de oportunidades, el Hombre Odio, se paseaba mostrando el dedo medio a todos. De hecho predicaba algo como «Odio es amor». El Hombre Desnudo usaba únicamente sus sandalias y mochila de marca. Muy pronto otros empezaron a seguir su ejemplo. ¡Muchas de estas personas francamente nunca debieron haberse desnudado en público!

No importaba cuántas veces encontrara a estos dos o cualquier otra visión inusual en el campus, nunca pude verlos como algo común. Me recordaban que yo seguía siendo un chico de las afueras de Palaco. De hecho, cuando llegaron las vacaciones de Navidad al final del primer semestre, estaba muy emocionado de pasar las fiestas con mi familia.

Y llegué justo a tiempo para trabajar algunas horas en la tienda de ropa para hombres y aumentar un poco mi decreciente cuenta bancaria.

Un día, mientras cruzaba el centro comercial con rumbo al trabajo, tuve un presentimiento extraño de que algo importante pasaría. No precisamente una premonición, pero algo en esa misma línea. Más tarde, cuando ya llevaba más o menos una hora de mi turno, levanté la mirada y vi un rostro familiar. Ahí estaba Anna Peterson, quien parecía un poco abstraída en sus pensamientos mientras revisaba uno de los estantes. Cuando se dio cuenta de que la estaba mirando, una adorable sonrisa invadió su cara. Ver de nuevo sus ojos verdes me volvió a atrapar. Pero ya que habíamos perdido contacto y éramos prácticamente solo conocidos, no tenía motivo alguno para tener pensamientos románticos.

Mientras platicamos, supe que estaba terminando el *community college* y que había sido aceptada en la Universidad del

Pacífico, en Stockton, en donde pretendía obtener un título de maestra. Cuando preguntó si me gustaba Berkeley, le dije que era genial pero un poco difícil. Ahí quedó nuestra conversación, ella salió de la tienda y, aparentemente, para siempre de mi vida.

No del todo. Más adelante, durante las fiestas y después durante el *spring break*, Anna resultaba estar en el centro comercial y pasó a saludar algunas veces. Después de una de sus visitas, Yamil, el gerente de la tienda, me dijo:

—¡Realmente le gustas a esa chica, Freddy!

—Estás loco, ¿sabes?

—¡No!

Yamil insistió y me recordó que muchas personas le pedían consejo porque era un experto en asuntos del corazón. Como no parecía estarme tomando el pelo, valoré su opinión.

La siguiente vez que Anna fue al centro comercial, la saludé más cálidamente de lo habitual:

—¿Cómo estás hoy, querida?

Después de que hablamos de nuestros planes para después del ciclo escolar, le hice la pregunta:

—¿Te importaría si te envío una carta de vez en cuando mientras estoy en Berkeley?

—Para nada.

Estaba tan feliz de que pudiéramos cortejarnos —aunque fuera a la distancia y por correo—, que casi olvido pedirle su dirección.

Afortunadamente, Yamil llegó rápidamente con una pluma y papel para que Anna pudiera escribirla.

Y con eso inició una hermosa correspondencia. Aquella tarde en la tienda, finalmente comencé a entenderlo todo. Habían pasado casi dos años desde el día en que ella y su hermana se habían acercado a mí cerca del estanque de Kois. Gracias a las estrellas, estaba empezando a ver la luz.

También estaba agradecido con el adjunto de Antropología por haberme dicho acerca de las notas *Black Lightning*. Haber estudiado con ellas me ayudó a prepararme para mis exámenes, permitiéndome no solo mejorar en mis otras clases, sino terminar el año con una calificación de A en esta. Sintiéndome en la cima del mundo con tantas posibilidades en el futuro, me reuní con el profesor adjunto y con un grupo de cinco estudiantes de la clase de Antropología en el Caffe Strada, un popular punto de encuentro ubicado en el centro del campus. Estábamos celebrando el final del curso, ¡y la mejora en mi calificación!

Aunque generalmente evitaba tomar café porque no necesitaba esa energía, ese día decidí ser indulgente. Estar en el Caffe Strada —que tenía el mismo nombre que la película de Fellini que tanto me gustaba— y disfrutar de la compañía de este brillante e interesante grupo era como un cuento de hadas para mí.

Pensando en los sacrificios de mis padres y en el ánimo que otras personas me habían dado, me sentí excepcionalmente afortunado.

Mientras discutíamos acerca de granos de café bien tostados, películas extranjeras y nuestros respectivos antecedentes, no me sorprendió cuando el adjunto dijo que provenía de una educación privada, mientras que el resto de mis compañeros dijo venir de una mezcla de familias privilegiadas y de clase media. Entonces, el adjunto volteó conmigo:

—¿Y tú de dónde eres?

—De México.

—No puedes ser de México —dijo mirándome sorprendido—. Eres demasiado listo para ser de México.

Un silencio incómodo siguió a su comentario. La conversación cambió. No dije nada.

Pero agradecí que el ruido del Caffe Strada hubiera ocultado la reacción visceral que se generó dentro de mí. Todo estaba amplificado debido al efecto de la cafeína en mis venas, pero no podía creer lo que acababa de escuchar.

Como el día aquel en que mi primo predijo que nunca dejaría los campos, sentí como si alguien hubiera abierto mi pecho y hubiera presionado mi corazón hasta convertirlo en nada. Esto se sintió peor. No se trataba solo de mí, sino de mi gente, mi familia, mis ancestros, mi historia completa.

Años más tarde, aún puedo recordar el sentimiento de sofocación, mi corazón golpeando, mi cuerpo entumecido y mis manos empapadas en sudor.

«Eres demasiado listo para ser de México», no fue lo peor que alguien me había dicho, pero trajo a la luz la acumulación de dolorosos comentarios recibidos en el pasado. ¿En qué era esto distinto?

Tal y como un día me sentí agradecido con mi primo por aquella patada que me sacó de los campos, un día pude ver hacia atrás y también me sentí agradecido con el comentario del adjunto, el cual fue mucho más irreflexivo e ignorante que mal intencionado.

Sin embargo, la triste realidad que esas palabras revelaron en aquel momento fue que no contaba con un mecanismo de defensa para minimizar su impacto. Debido a quién las había dicho, sembraron semillas de vergüenza en mí que echaron raíces en mi ser, y rápidamente se convirtieron en malas hierbas e incluso en espinosas, constriñéndome como un tornillo y haciendo que quisiera ocultar mis antecedentes.

Debí haber dicho o hecho algo, y no estoy orgulloso de que el golpe haya acertado por mi debilidad, mi vergüenza ante quién era y de dónde venía.

Tenía mucho que aprender antes de poder luchar contra el enemigo de la inseguridad, pero también utilicé esas palabras para espolearme, para probar que eran erróneas.

Aquel comentario irreflexivo me ayudó a crecer, me quitó algo de ingenuidad y me hizo enfocarme más. Fue un recordatorio de que solo unos cuantos tendrían las oportunidades que yo estaba teniendo. Me debía a mí mismo y a todos aquellos que habían creído en mí, la misión de aprovechar al máximo esas oportunidades, de tomar decisiones acerca de mi destino y después acelerar.

Esa era la tarea que tomaría a partir de aquel día en el Caffe Strada, sentado ahí, hirviendo por dentro, pero sin decir nada.

Ojos verdes | 06

A diferencia de muchos que escuchan el llamado para entrar al mundo de la Medicina —generalmente con aspiraciones que han alimentado desde la infancia y hasta las clases de la universidad—, a mí el sueño me llegó más tarde, como quien redescubre un amor perdido de hace mucho tiempo. La fantasía de convertirme en médico me había rondado a la distancia desde mi juventud, como cualquier otro sueño «lejano», pero en algún punto me había parecido que estaba completamente fuera de mi alcance y lo había dejado ir. O al menos eso pensaba.

Cuando llegué a Berkeley, tuve la libertad de explorar muchas áreas antes de comprometerme solo con una. Con una creciente curiosidad por el campo del Derecho, me emocioné mucho cuando me invitaron a una reunión de estudiantes de leyes, principalmente hispanos, y de jóvenes practicantes de Derecho.

Cuando llegué a la fiesta, resultó que mis expectativas por conocer a jóvenes versiones de mi héroe, César Chávez —luchando por la justicia, corrigiendo a los malos, haciendo subir a los de más abajo, cambiando el sistema—, eran algo exageradas.

Había algo de eso, pero todo parecía indicar que el trayecto tenía muchos más pasos y que era mucho menos emocionante de lo que yo había imaginado. Después de estar veinte minutos en el evento, me di cuenta de que no tenía nada que aportar a la conversación.

Me sentía mucho más cómodo discutiendo sobre matemáticas y ciencia que sobre política y eventos actuales. Quizá mi barba, pelo largo y aretes me habían hecho sentir como un radical de

Berkeley, pero mi pasión revolucionaria estaba más inclinada hacia cambiar el statu quo en el laboratorio o a avocarme a la investigación sobre cómo está constituido el cerebro o por qué solo usamos una pequeña porción de nuestras capacidades mentales innatas.

El comportamiento humano me parecía fascinante, pero los pleitos y el sentar precedentes legales en un caso no era lo mío. Este descubrimiento fue un gran despertar.

Para este momento, algo comenzó a moverse en mi sistema emocional con respecto a lo que realmente quería hacer. Pero pasarían meses antes de que los transmisores neuronales pudieran llevar el mensaje al «comando y control» en mi cabeza.

¿A qué me estaba resistiendo? En mi primer año, a pesar de que no tenía un barómetro para comparar mis calificaciones o promedios con los de los demás; estaba prosperando y siendo «multitarea», como siempre. Dos engranajes me seguían impulsando hacia adelante. Uno era para el soñador y optimista que vivía en mí desde la infancia y que pensaba que viviría para siempre; y el otro era la parte de mí que se había dado cuenta de que podía perder la vida en cualquier momento y que debía trabajar duro en todo, como si cada día fuera el último. Así que cuando no estaba estudiando o en el gimnasio, estaba realizando diferentes trabajos: como asistente de investigación en el laboratorio, como tutor privado, o como profesor adjunto de Física, Química y Cálculo.

Moviéndome a ese ritmo, me había olvidado completamente del sentimiento que había tenido al despertar en el hospital y ver al doctor después de mi accidente en el tanque, y de la promesa que había hecho de dar a los otros lo que ellos me habían dado a mí.

¿Cuál era el problema? Por supuesto, el problema era mi propia inseguridad. Las voces burlonas que me decían «No vas a poder» y «¿Quién te crees que eres?» seguían presentes.

160

Afortunadamente, alguien muy cercano me recordó que debía ignorar a aquellas voces: Anna. Después de meses de cortejarnos por medio del sistema postal de Estados Unidos, finalmente éramos novios oficiales, aunque teníamos una relación a larga distancia.

Ya que nos hubimos conocido íntimamente por medio de cartas escritas con el corazón, finalmente pude invitarla a una primera cita, una película y después un *tour* a la luz de la luna por el campus de Berkeley.

Durante nuestra caminata nocturna, tomé su mano por primera vez y sentí como si fuera la cosa más natural del mundo. Todavía no podía decirle que cuando vivía en México, siendo un adolescente, un día había soñado que una mujer de ojos verdes estaba destinada a ser mi alma gemela. No era que me diera pena contarle aquella historia, pero decírselo en aquel momento solo hubiera acabado con la magia. Aun sin decirlo, creo que ambos sabíamos que a partir de ese momento estaríamos siempre juntos.

Al principio nuestras familias no estaban seguras de que fuéramos el uno para el otro, pero nadie objetó. El único comentario acerca de las diferencias entre nosotros, vino de mamá. Cuando llevé a Anna a casa para que conociera a todos, mi pequeña madre se quedó mirando a mi nueva novia y soltó en español un «¡Dios mío!, volteando a verme dijo, ¿A quién has traído a casa?, ¿a un gigante?». Anna se rio y lo tomó en broma.

Teníamos algunos detractores. Cada vez que salíamos juntos, tomados de la mano mientras esperábamos en la fila del cine en Stockton o conducíamos por vecindarios de gente con dinero, notábamos las miradas condescendientes de las personas.

Mi *pick up* roja, con su estridente sistema de sonido y operación hidráulica, no era de mucha ayuda. En la alberca en donde Anna trabajaba como salvavidas, una compañera de trabajo se burló de ella diciendo que salía con un «mexicano grasiento» y también incluyó las palabras «sucio» y «flojo». Anna no dudó en enfrentar su intolerancia. Generalmente mi papel consistía en asegurarle que no era nada del otro mundo, que estaba acostumbrado a cosas peores, pero sus emociones me demostraron cuánto le importaba, lo que nos acercó aún más.

Y cada vez que hablaba de mis metas profesionales, Anna era mi mejor apoyo: siempre de mi lado, creyendo en mí sin importar lo que decidiera.

¿Qué era lo que debía hacer? El momento de la verdad me golpeó una noche mientras corría por el campus. Los recuerdos cobraron vida, evocando todo lo que había aprendido —sin saberlo en aquel entonces— de la Nana María. No me refería a las técnicas para traer bebés al mundo, o a preparar remedios y a curar a base de hierbas. El único miembro de la familia que había aprendido a hacer eso era la hermana de mi padre, la tía Nela, quien al igual que su madre había nacido siendo curandera y un hermoso ser humano.

Desafortunadamente, yo era muy joven para aprender acerca de aquellas tradiciones medicinales, pero lo que sí aprendí de Nana fue el cuidado al 100% que ponía en sus pacientes. Conocía su don de curandera y todos los días lo agradecía con optimismo, sintiéndose plena al hacer bien a los demás cuando la necesitaban.

Yo aún no sabía si tenía el mismo don para curar, pero sabía que la felicidad que resulta de ayudar a otros era parte de mí, me había sido heredada en el ADN. Y más importante, yo tenía el deseo de ayudar. Mi decisión era clara: ¡Tenía que convertirme en médico!, ¿pero por dónde debía empezar? Desde el momento en que me hice la pregunta, surgieron las respuestas, al igual que una buena orientación. Particularmente, tres mentores me guiaron en la dirección correcta. El primero fue Joe L. Martínez, en aquel entonces profesor del departamento de Psicología de Berkeley y encargado del laboratorio en el que yo trabajaba explorando proyectos de investigación en Neurociencia. Gracias a su recomendación, concursé para la *Ford Baccalaureate Scholarship,* que me permitía costear mis estudios en UC Berkeley mientras realizaba trabajos en el laboratorio, principalmente en el área de Neurobiología.

El doctor Martínez hablaba poco, y cuando lo hacía era con una voz suave y tranquila que solo levantaba cuando quería señalar un punto importante, golpeándome con la velocidad del rayo de su brillantez.

Otras veces escuchaba con atención, mirándome con sus ojos inquisitivos como si estuviera tratando de leerme la mente. El profesor Martínez trataba a sus alumnos y a sus colegas como iguales. Incluso en medio de los combates caninos que pretenden hacer distinciones en el mundo de la ciencia, él creía que todos los choques de ego debían terminar en la puerta del laboratorio, en donde todos poseían un don, sin importar sus antecedentes o su *pedigrí.*

Bajo su guía fui introducido al mundo de los textos y legados de maestros como Santiago Ramón y Cajal, considerado el padre de la Neurociencia (entre otras varias distinciones), Cajal fue clasificado a la altura de Newton y Galileo, con descubrimientos que incluyen su estudio ganador de un premio Nobel y que establecía una doctrina moderna de las neuronas.

Detallando magníficamente la existencia de neuronas individuales, su trabajo sirvió de base para todo aquello que conoceríamos después acerca del entendimiento del sistema nervioso y el cerebro.

Cuando leí el libro *Consejos para el investigador joven,* de Cajal, me enamoré de su sencilla pero completa guía; especialmente del mensaje que hacía eco de las palabras de Tata Juan, que dice que solamente desviándose de una ruta muy transitada, los científicos podrán hacer nuevos descubrimientos.

Cajal también pensaba que cualquiera podía hacer ciencia. Cualquiera podría hacer buena ciencia, escribió, siempre y cuando él o ella trabajen duro y tengan una «intensa motivación y necesidad de tener éxito».

Mientras nos advertía sobre la negligencia, la parcialidad, y el exceso de confianza en la lógica teórica, Cajal trazó una ruta para hacer buena ciencia; enfatizaba tres pasos principales: primero, piensa claramente; segundo, diseña tus experimentos apropiadamente, y tercero, trabaja hasta extenuarte y nunca te des por vencido. Cajal insistía en que los científicos no solo conducen investigaciones, sino que también escriben sobre sus descubrimientos para que otros puedan continuar su trabajo. De esta manera, Santiago Ramón y Cajal me motivó a mejorar mi escritura y a llevar a cabo investigaciones que valiera la pena publicar.

Poco tiempo después de que estudié con el Dr. Martínez, abandonó Berkeley para convertirse en el director del *Cajal Neuroscience Institute* de la Universidad de Texas en San Antonio, uno de los tres institutos de investigación en el mundo que llevan su nombre. Como director de un programa internacionalmente reconocido de Neurociencia y Ética en Woods Hole, Massachusetts, Joe después me incluiría como miembro de la facultad y profesor de este evento anual. Otra puerta se abriría para mí.

Fue gracias al profesor Martínez que decidí, desde un principio, hacer de la investigación un componente importante de mi trabajo, aun cuando traté de ampliar mis intereses. Su influencia hizo que aprendiera a buscar respuestas a los misterios médicos y científicos en los lugares menos probables. También me ayudó a ver que cuando buscamos resolver las preguntas más complicadas y confusas, la clave es pensar de la forma más sencilla; a veces hay que volver a lo básico. Por ejemplo, si queremos curar el cáncer debemos entender cómo se origina y cómo se propaga.

En la ciencia, muchos dirían que el intelecto es lo que separa a los buenos de los grandes. Hay otros que dirían que la diferencia se encuentra en el poder de la imaginación y en la habilidad para ver lo que otros no pueden ver. En una ocasión, Albert Einstein lanzó una definición sobre un buen científico y añadió otra cualidad. Estaba de acuerdo con que el intelecto, la imaginación, la curiosidad, e incluso los accidentes afortunados son todos importantes para el trabajo de un buen científico, pero creía que estos elementos pasaban a segundo plano detrás de un rasgo que distingue al gran científico: el carácter.

Joe Martínez ejemplificaba el carácter sin olvidar quién era y de dónde venía. Siendo miembro de una prominente familia de Nuevo México, Joe podía trazar su linaje hasta la Inquisición española, cuando sus antepasados —al parecer judíos sefaraditas—, fueron expulsados de España y luego huyeron al nuevo mundo en 1507, estableciéndose en lo que se convertiría en México. Estos antepasados, la familia Martínez, estuvieron entre los primeros pobladores de Nuevo México en 1598. Joe abraza la historia centenaria de su familia como parte de su identidad y respeta todas las ramas de la familia humana. El que sea estadounidense es un accidente de la historia: el resultado de que México entregara Nuevo México después de su derrota en la guerra con Estados Unidos en 1848.

Cuando busqué su consejo para ingresar a la escuela de Medicina, el doctor Martínez admitió que prefería verme estudiar un doctorado en investigación. Pero me instó a solicitar ingreso en todas las principales instituciones de la *Ivy League*.[1]

Me intimidaba la idea. Seguramente solo quería prepararme; pero Joe dijo «Alfredo, esto no solo se trata de ti. Dondequiera que llegues, crearás oportunidades para otros. Si recuerdas esto, te sorprenderás de lo lejos que puedes llegar».

Tuve una conversación similar con un estudiante de Medicina de Stanford, Esteban González Burchard, quien resultó, en muchas formas, ser un precursor para mí. Conocí a Esteban por casualidad cuando empecé a hacer llamadas a escuelas de Medicina para preguntar sobre programas de investigación para el verano. Ingenuamente, había simplemente usado el directorio telefónico para llamar sin saber que había que seguir un protocolo mucho más formal. Cuando el personal de admisión de Stanford vio que no sabía lo que estaba haciendo, me sugirieron que hablara con Esteban, quien amablemente tomó mi llamada y muchas, muchas más. Aunque solo era un año mayor que yo, era el estudiante más destacado de su clase y estaba próximo a graduarse y comenzar una carrera estelar que lo llevaría de la Escuela de Medicina de la Universidad de Stanford, a Harvard para su residencia en Medicina interna y, en 2001, a la Universidad de California en San Francisco, pionera en un área especializada en Medicina e investigación pulmonar. Cuando tomó mi llamada por primera vez, poco sabía sobre cómo nuestros caminos iban a cruzarse.

Al principio de nuestras pláticas supe que compartíamos antecedentes similares. La madre de Esteban había nacido en Pomona, California, hija de padres mexicanos inmigrantes. Con gran determinación —incluyendo periodos en los que ella misma trabajó en los campos como jornalera migrante—, a los veinte años aprendió inglés por sí sola y entró a la universidad. Luego de graduarse, empezó a trabajar como maestra para después criar sola a Esteban en un barrio peligroso de San Francisco. Esteban triunfó como estudiante y atleta, además destacó por su cálida y extrovertida personalidad, factores que le dieron ventaja para entrar a la universidad y a la Escuela de Medicina. Esteban me dijo, «La ambición es increíble. Pero todos los que quieren entrar a la escuela de Medicina son ambiciosos. A ti te interesa la investigación y eso es importante, pero no eres el único. Encuentra qué es lo que te distingue de los demás; eso es lo que buscan las escuelas de Medicina».

Esteban me sugirió que contactara a un hombre llamado Hugo Mora, también conocido entre sus mentores como Obi-Wan Kenobi. ¡Ajá! El nombre me era familiar. Cuando empecé a llamar a las universidades buscando programas de investigación para el verano, nadie me daba mucha información, pero invariablemente me decían que el hombre al que tenía que llamar era este sujeto, Hugo Mora.

Como miembro del *Hispanic Center for Excellence*, Hugo supervisó una subvención con fondos federales del *National Institute of Health*. Sus funciones en ese momento consistían en identificar y reclutar candidatos de la minoría para carreras en Salud y Medicina. Todos hablaban de él con tanto respeto que estaba ansioso por conocerlo, aunque no me imaginaba cómo lograría estar a la altura de su reputación.

No había problema. En el instante en que escuché su voz y la música de su acento chicano, profundo y apasionado, reconocí a un convertidor catalítico de la energía y el potencial de otras personas. Hugo sugirió que nos viéramos en un lugar sobre la avenida Bancroft cerca del campus: Caffe Strada.

Cuando Hugo me preguntó, ¿Conoces el lugar?, contesté enfáticamente, ¡Muy bien!

Antes de colgar el teléfono, agregó, y trae tus calificaciones, transcripciones, resultados de exámenes, todo lo que tengas.

Durante las siguientes veinticuatro horas recolecté toda la información que pude, aunque creía que no había mucho en papel que mostrara cuán lejos había llegado. Llegué temprano a nuestra cita y luché contra una ola de incertidumbre. Tal vez me estaba anticipando al pensar que podría ser aceptado en la escuela de Medicina. ¿A quién trataba de engañar? Apenas habían pasado cinco años desde que dejara el campo. Aún no podía llegar muy lejos sin mi diccionario español-inglés. Claramente, estaba fuera de mi alcance y debía prepararme para la decepción.

En el momento en el que Hugo Mora entró al café, todos esos pensamientos se desvanecieron. Si me hubiera dicho que yo era capaz de brincar sobre un rascacielos, le habría creído.

De estatura baja, robusto, con cabello negro lacio, cejas pobladas y fuertes rasgos indígenas, Hugo tenía un aire cordial y dinámico. Me saludó, se sentó y tomó mis papeles. Luego con gran entusiasmo leyó hasta que terminó la última palabra.

Finalmente, levantó la cabeza y dijo, «Vato, con tus calificaciones, estos reconocimientos y lo que has logrado en tres semestres, definitivamente puedes ir a la Escuela de Medicina de Harvard».

¿Qué? Mi primera reacción fue reconocer que Hugo era un hombre muy bueno que me daba una retroalimentación maravillosamente positiva. Pero pensé, ¡este amigo claramente vive la vida loca! Le conté un poco más sobre mí, pensando que no había mucho más allá de mis buenas calificaciones que me distinguiera de otros candidatos. Además, quería quedarme en California, a lo que él sugirió que solicitara en Stanford y en la Universidad de California en Davis o en San Francisco, pero insistió en que considerara seriamente irme a la costa este.

Aunque Hugo entendió que yo no quisiera alejarme de mi familia, me incitó a ir donde pudiera tener un mayor impacto, reafirmando la opinión del Dr. Martínez de que yo podría ser pionero para otros. En efecto, abrir estos nuevos caminos era la razón de vida de Hugo, una que había acogido desde la infancia cuando su familia dejó México. Un pensador y escritor brillante, Hugo tenía la intención de terminar un doctorado, pero antes de obtener el grado, se dio cuenta de que su trabajo como defensor de estudiantes, como yo, era prioritario.

Ese día hablamos de la hermana de Hugo, su querida Magdalena Mora, famosa por el activismo que comenzó en la escuela preparatoria, luchando por los derechos de los inmigrantes y otros asuntos relacionados con las mujeres y el trabajo, y famosa por sus notables escritos sobre temas de interés para la comunidad chicana, los cuales plasmó en un momento en el que había muy pocas voces que contaran nuestras historias. Sorprendentemente, logró todo esto con apenas veintinueve años, una de las razones por las cuales Casa Magdalena Mora, un programa de residencia para estudiantes hispanos en Berkeley, se había establecido en su honor perdurable.

Cuando Hugo hablaba de ella, pude darme cuenta de que la familia aún se entristecía por la pérdida repentina de una mujer vibrante e inspiradora que tenía todo por delante.

—¿Cómo murió? —le pregunté.

—Un tumor cerebral —me respondió—. Cáncer.

Esta fue la primera vez que conocí a alguien que se había enfrentado al cáncer cerebral. Aunque no era consciente entonces de que luchar contra esta enfermedad se convertiría en la causa de mi vida, a menudo pienso que en este momento supe de sus efectos devastadores. Recuerdo el trabajo de Hugo y todo lo que hizo por mí. Incluso en ese entonces pensé que su hermana no debía haber muerto y que era necesario hacer más para mejorar nuestro entendimiento y tratamiento de esta enfermedad insidiosa y mortal.

Pero antes de poder unirme a este esfuerzo, tenía que brincar más obstáculos. Una semana después de nuestra reunión, Hugo me llamó para recordarme que le enviara por fax una solicitud para un programa de verano de investigación en la Universidad Cornell de Nueva York. La fecha límite para entregarla era el día siguiente y la solicitud pedía un ensayo de investigación; el cual no había escrito, sobre todo porque un verano en Cornell parecía una utopía para mí. Cuando titubeé, Hugo impuso su ley: «Escucha vato, nuestra gente no ha tenido oportunidades como esta. ¡Vas a hacer grandes cosas! Tienes la oportunidad de ir a la *Ivy League*, la Universidad de Cornell, para un programa de verano de investigación en la oficina del médico forense. Si quieres tomar la oportunidad, es tuya. Mándame un ensayo brillante mañana temprano».

Esa era una complicación menor. Al día siguiente tenía un examen final que no iba a estar fácil. ¿Qué hacer? ¿Estudiar y mandar a volar la solicitud? O escribir el ensayo, arriesgarme a reprobar el examen y arruinar mi promedio. Hugo Mora llegó a mi departamento sin avisar, otro «ayudante de esquina», y se sentó conmigo hasta que hice las dos cosas.

Me fue bien en el examen, pero tenía que esperar varias semanas para conocer el veredicto de Cornell, durante las cuales hablé de corazón a corazón con Anna sobre las exigencias de la escuela de Medicina y de una carrera como médico. No estábamos oficialmente comprometidos, pero íbamos en esa dirección, y debía saber si ella estaba preparada para escalar una montaña más empinada de lo que originalmente había esperado. Aún no estaba completamente consciente de los retos, sabía lo suficiente como para darme cuenta de que el camino frente a mí requeriría de años de estudio y entrenamiento, más deudas que ganancias al inicio, y muchas horas fuera de casa.

No recuerdo las palabras exactas de Anna, pero sí recuerdo la luz en sus ojos verdes cuando puso sus manos sobre las mías y me contó cómo solía verme correr a través del campus del *community college* y preguntarse, ¿qué pasa con este chico?, ¿adónde se dirige con tanta prisa? Me dijo que la forma en que corría la había convencido de que yo era un hombre con una misión y que se había sentido atraída por mi sentido de propósito.

—Oh —bromeé—, ¿no fueron mis fuertes músculos como los de Rambo?

—Ahora sé adónde vas— Anna rió.

Aún me faltaba un año y medio en Berkeley, y a ella dos años y medio para obtener su título como maestra de Biología. Anteriormente, Anna había hablado sobre asistir a la escuela para docentes por un tiempo y después continuar su educación para perseguir su sueño de ser veterinaria. Aunque el plan aún era una posibilidad, también sabía que debíamos considerar algunos aspectos prácticos para lograr un balance llegado el momento. Por otra parte, si hasta entonces habíamos sido capaces de manejar las separaciones y los retos, creímos que en el futuro no sería muy diferente. Pero poco sospechábamos sobre las muchas otras pruebas que tendríamos que superar.

Una de estas pruebas surgió poco tiempo después durante una excursión de *windsurf* con la hermana de Anna y su amigo. Nunca habíamos ido a nadar juntos, en parte porque yo evitaba cualquier tipo de competencias en el agua, no menos importante, porque yo nunca había aprendido a nadar realmente y ¡Anna era excelente en esta área! Pero *el windsurfing* —con la velocidad del bote y el uso de la fuerza de la parte superior del cuerpo— estaba dentro de mis posibilidades. De hecho, era tan divertido que yo no quería parar; pero después de varias horas, Anna quería tomar un descanso y nadó hasta la orilla.

Después de que partió rápidamente —estaba en su naturaleza como nadadora de largas distancias— pensé que no sería galante el no nadar de regreso con ella y, probablemente con un poco de ayuda de mi ego, decidí regresar también. En poco tiempo casi la alcancé, mi naturaleza competitiva hizo que me presionara mentalmente para compensar mi falta de habilidad para nadar y el hecho de que ya me sentía fatigado. Si no hubiera sido por lo que empezó como un pequeño calambre, tal vez habría llegado a la orilla primero. ¡O por lo menos eso quiero pensar! Pero la pequeña punzada se convirtió en un calambre en todo el cuerpo y de repente me estaba hundiendo en el agua.

—¡Calambre! ¡Me está dando un calambre! —dije lo suficientemente alto para que Anna me escuchara, y como ella era salvavidas, inmediatamente regresó para rescatarme.

Mientras pensaba en cómo este suplicio se convertiría en una historia vergonzosa algún día, el dolor del calambre y el no poder tocar el fondo del lago me hicieron entrar en pánico. No podía respirar, estaba convencido de que moriría y al principio peleé contra el esfuerzo de Anna por rescatarme; pero su voz tranquilizante y su confianza me hicieron relajarme y evitar que los dos nos ahogáramos. Para este momento le habíamos hecho señas a un bote para que nos llevara a la orilla. Cuando llegamos a tierra firme, traté de inyectarle un poco de humor a la situación al decir que solo estaba tratando de probar la destreza de Anna, pero ambos sabíamos que me había salvado la vida.

La balanza pasó del otro lado poco tiempo después, cuando hicimos un viaje memorable a México. Comenzamos en el Mar de Cortés, en donde sabiamente evité nadar mucho. Para mi alegría, el lugar no había perdido su belleza mágica. Después condujimos hasta Mexicali, en donde orgullosamente presenté a Anna con algunos de mis parientes que aún vivían en el área y le mostré los lugares en donde se formaron muchos de mis recuerdos. Para concluir nuestra escapada, nos quedamos una noche en un pequeño lugar en la playa de Rosarito y cenamos tacos en un pequeño puesto. Gran error. Aunque yo tenía un estómago de acero y era inmune a la «revancha de Moctezuma» que afecta a muchos turistas estadounidenses, Anna no contaba con tal inmunidad.

Para la medianoche, el vómito y la diarrea comenzaron. A las 3:00 a.m., cuando Anna no mostró mejoría, sabía que tenía que llevarla al hospital en San Diego, a un par de horas de ahí. A medida que el sol salía, sobre una mañana pacífica y pintoresca del sur de California, el contraste entre el hermoso día y la escena de desesperación cuando llegué al estacionamiento cargando a Anna, no podía haber sido más marcado. Con sus 50 kilos, Anna parecía una muñeca de trapo, deshidratada, apenas respiraba y al mismo tiempo mi respiración también se volvió más forzada cuando la cargaba dentro de la sala de urgencias. Nunca había visto a alguien en un estado tan delicado. La amenaza de perderla era real y aterradora, y me hacía recordar cómo había perdido a mi hermanita por la misma razón, diarrea.

El personal médico trabajó con gran eficiencia pero no podían ponerle el suero para hidratarla, incluso con la ayuda del equipo de anestesistas. Cada minuto que pasaba, mi frustración crecía; sabía que ese tiempo era esencial. Finalmente, sin perder un segundo, una enfermera más experimentada logró ponerle el suero. Gracias a Dios, Anna salió adelante y ambos nos dimos cuenta que esta prueba nos había acercado aún más.

Cuando después le conté a mi familia sobre este tormento, me sorprendió cómo mi padre se molestó porque no llevé a Anna antes al hospital. Su angustia me hizo darme cuenta de que aún se sentía perturbado por la muerte de mi hermanita y por el recuerdo de casi perderme a mí. Su reacción también me hizo ver cuánto apreciaba a su futura nuera.

* * *

Cornell resultó ser nada de lo que yo esperaba de la *Ivy League*. Lejos de estar dentro de las altas torres, todos los que éramos parte del programa de verano pasábamos mucho tiempo con agentes de policía y miembros de la oficina del forense: caminando sobre escenas de muerte, locura y caos, la mayoría de las cuales fueron a consecuencia de violentos suicidios. El propósito de nuestra investigación fue comparar cómo los hombres y las mujeres eligen suicidarse. Lo que encontramos, de manera consistente, fue que mientras las mujeres representaban un porcentaje mayor de suicidios que los hombres, los hombres utilizaban métodos mucho más violentos.

No solo encontré este trabajo fascinante, sino que tuve la fortuna de que el Dr. Bruce Ballard fuera mi mentor. Él dirigía este programa para promover a estudiantes de los grupos de minorías interesados en Medicina. Profesor asociado de Psiquiatría clínica y decano asociado de la escuela de Medicina para asuntos estudiantiles, el Dr. Ballard estaba profundamente comprometido con ese perfil de estudiantes para abrirles puertas de oportunidades, las cuales se habían abierto para él como estudiante afroamericano. Conocí su compromiso de forma directa cuando me senté con él hacia el final de los dos meses en Cornell y me dijo, «Alfredo, antes de que regreses a California, creo que valdría la pena que tomaras el tren a Boston y visitaras la Escuela de Medicina de Harvard». Agregó que mientras estuviera ahí esperaba que pudiera conocer a su mentor, Dr. Alvin F. Poussaint.

Aunque la fama del Dr. Poussaint creció años después, cuando participó como coautor del libro *Come On, People* junto con Bill Cosby, en aquel entonces ya era un ícono; un líder dentro del movimiento de derechos civiles y un reconocido investigador que exploraba una relación entre el racismo violento y las distintas enfermedades mentales. Además de ser profesor de Psiquiatría y decano asociado para asuntos estudiantiles en la Escuela de Medicina de Harvard, el Dr. Poussaint también era director de reclutamiento y asuntos multiculturales.

Le agradecí profundamente al Dr. Ballard su interés en mi futuro, pero le expliqué que no podía hacer el viaje a Boston porque la compra del boleto no estaba «dentro de mi presupuesto».

«No te preocupes. Nosotros nos haremos cargo de tus gastos». Sin más explicaciones hizo los arreglos, sospecho que pagó el boleto con dinero de su bolsillo y me mandó a Boston. Años más tarde, conté esta historia cuando lo presenté al recibir un galardón por sus contribuciones para los avances de los estudiantes en el área de Medicina. Y cuando la organización me honró con un subsidio de 15,000 dólares para utilizarlos en lo que yo eligiera, no pude pensar en una mejor forma de expresar mi gratitud a lo que el Dr. Ballard había hecho por mí y establecí un fondo que pagaría visitas a la Escuela de Medicina Johns Hopkins para estudiantes que no pudieran costear el viaje.

Ese verano cuando llegué a Boston y puse un pie fuera de la estación de trenes, recordé cuando tenía once años y soñaba con ir a *Faraway* (Un lugar lejano). Estaba seguro de que había llegado a ese lugar tan difícil de alcanzar. El haber conocido al Dr. Poussaint fue maravilloso. Bien parecido y vibrante, tenía la habilidad de hacer que una conversación cotidiana sonara como oratoria, y también me hizo sentir en casa al instante. Dado que aún no solicitaba el ingreso para la escuela de Medicina, no había razón para leer algo en sus palabras de despedida «Creo que veremos más de ti, jovencito. Verdaderamente lo espero».

Esa reunión me entusiasmó y fortaleció mi deseo de apuntar lo más alto posible. De regreso en California, le dije todo eso a Mike del *community college* —el chico que no había querido presentarme a Anna años antes—. Tal vez su reacción fue por recelo, pero no pudo ser más desalentador sobre mis planes de ingresar a una escuela de Medicina como Harvard o Stanford. Me dijo que era más que imposible que alguien como yo fuera aceptado. Me encogí de hombros y le dije que esperaría para conocer el resultado del *Medical College Admission Test* o MCAT (los extenuantes exámenes requeridos para entrar a la escuela de Medicina), se rio y me advirtió, «Estás perdiendo el tiempo». Después supe que él también había intentado entrar a la escuela de Medicina y no había aprobado la primera vez.

Por mucho que intenté ignorar su escepticismo, mis dudas volvieron cuando en el otoño de 1993, me senté para llenar las solicitudes de la escuela de Medicina. ¿A quién quería engañar? Justo cuando empezaba a considerar mis posibilidades, sonó el teléfono. Era Hugo Mora, quien sin siquiera decir quién era me preguntó, «¿Necesitas que alguien te lleve a Stanford para el Día de Muertos?».

Hugo no me explicó que el evento en Stanford era una conferencia para estudiantes de minorías interesados en ingresar a Medicina, diseñado para ofrecer información sobre cómo solicitar el ingreso en la escuela de Medicina y obtener ayuda

175

financiera, ni tampoco me explicó que el evento sería un seminario de Anatomía y que diseccionaríamos cadáveres. Cuando escuché Día de Muertos, todo lo que necesitaba era la fecha y la hora y me pondría en camino. La celebración del Día de Muertos me conectaba con mis raíces, con los días en los que nuestros ancestros aztecas celebraban la última cosecha de maíz antes de que llegara el invierno. El ritual fundió esta antigua celebración con la católica del Día de todos los Santos a principios de noviembre. A través de los años, mi relación con esta fiesta tradicional seguía siendo feliz: la música, los desfiles, los disfraces y las máscaras, los altares adornados con flores y artículos especiales pertenecientes a la persona muerta, los cuales aseguran que el alma disfrutará al regresar a visitarnos, ¡y muchos dulces!

El grupo de estudiantes de Stanford que patrocinó la conferencia, hábilmente relacionó las tradiciones culturales con el trabajo de los que estudian Medicina, especialmente durante la demostración de Anatomía y disección. A pesar de que me sentí un poco mareado y debí de haber salido pálido en la foto que Hugo me tomó ese día —este era mi primer encuentro con un cadáver—, me sentí inspirado por la lección de que debemos respetar lo que los muertos pueden enseñarnos y que debemos honrar a aquellas personas que se van de este mundo y dejan sus cuerpos para que podamos ampliar nuestro conocimiento. El evento también me ayudó a darme cuenta de que cuando nos enfrentamos íntimamente con los muertos, como lo hacen los médicos, a veces es sano ponerse la máscara y bailar frente a la muerte, desafiándola y burlándose de ella con pasión y alegría.

Después de la conferencia estaba lo suficientemente motivado como para hacer solicitud en varias de las mejores escuelas de Medicina, y durante los meses que siguieron me sentí eufórico al ser aceptado en casi todas. La única excepción fue en la que pensé que tenía más posibilidad de entrar, la Universidad de California en San Francisco, la escuela de Medicina relacionada con Berkeley. Aunque estaba decepcionado (y desconcertado por haber sido aceptado en Stanford pero no en la Universidad de California en San Francisco), el rechazo encendió un fuego en mí para intentar ir en algún momento en el futuro. Esa oportunidad llegaría cuando pedí ingreso para la residencia varios años después, un obstáculo mucho más alto y complicado.

Aunque seguía cauteloso sobre la Costa Este —argumentando que el ambiente acartonado de la *Ivy League* no era para mí—, no pude negarme cuando Harvard me invitó a visitarlos en abril de 1994. Como mi entrevista oficial había sido en San Francisco, este viaje era mi oportunidad para conocer mejor el programa (y darme cuenta de que era tan culpable como cualquier otra persona de caer en estereotipos).

Momentos antes de partir, el Dr. Joe Martínez me llamó a su oficina y en silencio me entregó un papel amarillo con dos nombres escritos: David Potter y Ed Kravitz. Confundido, vi los nombres en el papel. ¿Quiénes eran estas personas? «Solo conócelos— me dijo; luego en tono irónico añadió—, o te rompo las piernas».

Siguiendo las instrucciones, hice cita un sábado por la mañana para conocer a estas dos leyendas. Para cuando llegué a mi cita con el Dr. David Potter, ya había aprendido lo suficiente sobre él como para sentirme muy intimidado. El antiguo presidente del departamento de Neurobiología de la Escuela de Medicina de Harvard y profesor de tiempo completo, supervisor de valiosas investigaciones de laboratorio, me recibió en el gran vestíbulo y me llevó a su sorprendentemente pequeño y sencillo despacho, haciéndome sentir más relajado. Era un caballero distinguido con cabello y barba blancos y ojos que irradiaban inteligencia y calidez.

El Dr. Potter contaba con antecedentes que yo consideraba un requisito para estar en Harvard. Provenía de una familia inglesa muy adinerada que había llegado a Estados Unidos siglos antes, y esto le permitió recibir una educación privilegiada, incluyendo un tiempo como miembro joven de la facultad en Johns Hopkins. Sin embargo, a pesar de sus antecedentes, aquí era un hombre de una visión increíble que sabía la importancia de la diversidad para el futuro de la Ciencia y la Medicina, y para el futuro de los Estados Unidos y del mundo.

—Dime Alfredo —me preguntó con su forma cálida e invitante—, ¿quieres una taza de café?

¿Es una pregunta capciosa o un test de personalidad? Ninguna negaría su amabilidad, respondí.

—Me encantaría una taza de café.

Entonces procedió a preparar dos tazas en la forma más ceremoniosa que yo haya visto: tomó los granos, el molino, y una prensa europea un poco parecida a un vaso de laboratorio. Después de presionar el café molido, tomó dos tazas y cuidadosamente dividió el café entre ambas.

Después de todo lo que posteriormente aprendería de él, nunca se me olvidó ese detalle. Ni olvidaría su amabilidad cuando cerramos nuestra conversación. «¡Fue un placer conocerte! —dijo—. Gracias por venir. Entiendo que ahora te reunirás con Ed Kravitz, ¿por qué no te llevo con él? Te puedes llevar el café».

David Potter, caminando rápidamente para ser un hombre de más de sesenta años, me llevó hasta la oficina de Ed Kravitz y se despidió de mí. Igual de acogedor, me hizo pasar a su despacho igualmente modesto. Su escritorio tenía pilas de papel, y un gran sofá azul ocupaba casi todo el espacio. Con un gesto radiante y mucha energía, el Dr. Kravitz me invitó a que tomara asiento. En lugar de preguntarme por mis antecedentes o por mis intereses académicos, quería saber sobre mí. Así que, con mi taza de café en la mano, sentado sobre el sofá azul, le conté una versión abreviada de mi recorrido hasta ese momento. Asintió, rió y dejó que sus ojos se llenaran de lágrimas una o dos veces.

Después me contó su historia, muy diferente a la del Dr. Potter. Había sido un niño judío sin recursos que había crecido en el Bronx, sin haber destacado en sus estudios. Con más inteligencia callejera que ninguna otra cosa, no recibió mucha atención por su capacidad intelectual hasta el último año de la universidad, cuando obtuvo un puesto de investigador en el *Memorial Sloan-Kettering Cancer Center* en Nueva York. A través de la ciencia, encontró su pasión y sufrió una transformación al convertirse en el profesor titular más joven de Neurobiología de Harvard, a la edad de treinta y un años. De la nada, había acelerado como un meteoro.

Ese día platicamos un poco sobre la historia de la Neurobiología en Harvard. El departamento, revolucionario es sus días, se fundó en 1966 encabezado por Stephen W. Kuffler. Anteriormente, el estudio del cerebro era atendido como un hijastro pobre, a menudo incorporado a otros departamentos de último momento. Al juntar expertos de distintas disciplinas —anatomistas, fisiólogos, bioquímicos— para darle importancia al estudio del cerebro, el departamento avanzó dramáticamente en el tema. Kuffler incorporó un equipo que, creía, sería pionero junto con él, incluyendo a Potter y Kravitz. Hasta ese momento, Harvard era como un club social que impedía la entrada a judíos, afroamericanos, latinos, asiáticos, y otros inmigrantes; así como a mujeres, con algunas excepciones. Todo eso cambiaría con Ed Kravitz y David Potter. Pero no sin antes luchar.

Dr. Kravitz me contó sobre el día en 1968 cuando Dr. Martin Luther King Jr. fue asesinado y él decidió que la causa de su vida sería reclutar y capacitar a aquellos que habían sido privados de sus derechos. Él y sus colegas se levantaron en contra de la junta de la facultad, lista para luchar hasta el final para proteger el statu quo. No sería fácil despedirlo como profesor titular, pero tenía adversarios que estaban totalmente en contra de abrir el proceso de admisiones. Lleno de pasión para hacer lo que él creía correcto, Dr. Kravitz se presentó ante la junta y les anunció que iba a iniciar un movimiento para reclutar más minorías para la Escuela de Medicina de Harvard. Ese era el momento, les dijo, y podían tratar de detenerlo, pero no a la historia. Y ese fue el comienzo.

Al año siguiente, dieciséis estudiantes afroamericanos fueron admitidos a la Escuela de Medicina de Harvard como parte de la generación 1973. Hasta este momento, más de mil médicos de origen minoritario —hispanos, afroamericanos, y americanos nativos— han obtenido un título de Harvard. En 2010, 21% de los estudiantes que ingresaron a la escuela de Medicina provenía de grupos de minorías. Asimismo, mientras que en 1969 solo doce mujeres se graduaron de la Escuela de Medicina de Harvard, en 1998 el número aumentó dramáticamente y 52% de los estudiantes eran mujeres. El Dr. Kravitz y el Dr. Potter, junto con el Dr. Poussaint cuando llegó en 1969, contribuyeron a estos cambios.

Mi visita a Harvard me dejó una maravillosa impresión de la escuela de Medicina y especialmente de dos mentores listos para tener un increíble impacto sobre mí. Desde el principio el Dr. Potter y el Dr. Kravitz me trataron como familia. Creyeron en mí, nunca dudaron que tendría éxito y me apoyaron en todo momento. Con su ejemplo, cada uno me enseñaría cómo concentrar mi energía en cuestiones importantes.

Años más tarde, después de haber terminado mi residencia y de haberme convertido en miembro de la facultad de Johns Hopkins, en una cena me encontré sentado junto a uno de los titanes de la Medicina: un caballero criado en el sur quien era considerado único entre los neurocientíficos. En Hopkins no se institucionalizó ninguna política para reclutar judíos o miembros de otras minorías, sino hasta después de que en Harvard se rompieran dichas barreras. Miré a la sociedad científica presente en la cena y me di cuenta de que, como persona de color, aun me encontraba dentro de la minoría. Sabía que no estaría ahí de no haber sido por Kravitz y Potter.

Cuando mi compañero de cena me preguntó sobre Harvard, mencionó que conocía a David Potter y comentó, «Nunca lo entendí. Era tan brillante. Pudo haber hecho cualquier cosa. Pudo haber ganado un premio Nobel de haber querido, pero desperdició su carrera con este tema de incluir a la gente de color en la ciencia». Sin molestarse en terminar su comentario, agitó su mano con desdén.

Herido, me sentí mejor poco tiempo después, cuando David Potter fue homenajeado con ovación de pie en un evento de gala al que asistieron tres docenas de científicos de renombre mundial, incluyendo algunos premios Nobel que él había tutelado. Cuán agradecido me sentía en ese momento de alegría de que mis mentores de 1994 se hubieran asegurado de que no rechazara la oportunidad de mi vida.

* * *

Aunque me sentí tentado a ir a Stanford y quedarme cerca de mi familia y de Anna, cerré el trato de ir a Harvard al momento de conocer a Kravitz y Potter. Si aún tenía miedo a lo desconocido o angustia por saber si podría con los desafíos que venían, todo se puso en perspectiva al hacer un viaje a México para asistir al funeral de mi abuelo materno, Jesús. Después de haber sido viudo por décadas, mi abuelo finalmente se volvió a casar con una mujer a la que doblaba la edad, y se convirtió en un hombre nuevo. Durante dos años, él y su esposa viajaron y vivieron la vida plenamente. Finalmente liberó el espíritu aventurero que siempre había vivido dentro de él.

En el camino de regreso a Berkeley después del funeral, me di cuenta de que estaría loco si dejaba pasar la oportunidad de ver el mundo más allá de California. Si no me arriesgaba, jamás sabría lo que me perdería. Mi abuelo había vivido para trabajar y esperó hasta la vejez para divertirse y llevar a cabo sus sueños del pasado. También pensé en mi brillante y atractiva prima —la única persona de mi familia extendida que se graduó de la universidad en México—, una joven con todas las posibilidades a sus pies. Un terrible accidente interrumpió su vida poco después de que me fui a los Estados Unidos, un golpe en la cabeza que le causó muerte instantánea por un derrame cerebral.

Fin del debate: me iría a Harvard; si no lo hacía por mí, lo haría en memoria de mi prima y de mis abuelos Jesús, Tata Juan y Nana María. Y me iría por los hijos que esperaba tener algún día con Anna.

Hugo, Joe y Esteban estaban encantados con mi decisión. Pero después Joe y Hugo plantearon una cuestión que sabían que iba a ser difícil de vender.

Joe Martínez sutilmente me dio la noticia.

—Debes considerar cortarte el pelo.

—¿Mi pelo? —¿mi hermoso y largo pelo que mi novia amaba y que me distinguía de los demás?

—Sí —Joe continuó—. Y la barba de chivo y los aretes. También deshazte de ellos.

Me sentí como Sansón, desconsolado y convencido de que perdería mi fuerza en el momento en que perdiera mi pelo, que las mujeres amaban y los hombres envidiaban. Hugo me llevó a tomar una cerveza y me dijo directamente.

—Alfredo, tu pelo no te define. Lo que haces es lo que te define. Tienes que dejarlo ir.

Argumenté que mi estilo exótico era lo que desarmaba a otros. La gente no esperaba que un tipo con cola de caballo y aretes obtuviera las mejores calificaciones. Era mi elemento sorpresa.

«No, eso es historia, Vato». Quería que viera que la actitud en la Costa Este no era necesariamente la misma que en Berkeley.

La gente podría juzgarme mal o estereotiparme por razones superficiales, así que debía ser lo suficientemente inteligente para no darles armas para hacerlo. Finalmente me convenció al decirme, «Harvard no solo te abrirá puertas a ti, también a otros, y tú nos representarás a todos».

Una vez que accedí, fui en busca de un estilista con precios accesibles que me hiciera un buen corte. Entrevisté candidatos por semanas hasta que finalmente encontré a alguien que me prometió que no me haría ver muy aburrido. En lugar de eso, como Anna señaló, intentó hacerme un estilo *Jerry Curl* Latino.

Fue hasta después de haber empacado, de haberme despedido y de encontrarme en el avión, que decidí que sí me había gustado el corte. Tenía que admitir que habría estado fuera de lugar con mi estilo bohemio. Aun sin mi distintivo cabello, resaltaba entre mis compañeros de Medicina en aquel otoño de 1994 cuando empecé la Escuela de Medicina de Harvard.

Superé gran parte de mi inhibición por ser diferente cuando participé en una versión informal del ritual conocido como «la ceremonia de la bata blanca», durante el cual a cada estudiante se le da una bata blanca que deberá usar hasta el día de su graduación. Cuando me la puse ese día, y vi que tenía bordado sobre el bolsillo «Estudiante de Medicina de Harvard» y del otro lado mi nombre, me sentí como si me estuviera poniendo ¡la capa de Supermán! No, mejor aún, ¡iba a ser doctor!

Después hubo otro ritual, cuando todos los estudiantes de Medicina de primer año (aproximadamente 140) esperábamos a que nos asignaran a una de las cinco sociedades académicas, todas igualmente deseables: *Cannon, Castle, Holmes, Peabody* y *Health Science and Technology* (HST). Como órdenes fraternales de los tiempos heráldicos —o como las distintas casas de Hogwarts en la serie de Harry Potter—, estas sociedades existían para ayudar a cada estudiante de Medicina de Harvard a florecer en su camino, inculcando la mentalidad de equipo de «uno para todos y todos para uno».

La escuela no otorgaba calificaciones, todos los cursos se aprobaban o se reprobaban. No había niveles en la clase. A todos nos evaluaban como la crema y nata, sin distinciones.

No podía reprimir la alegría de saber que sería parte de este ambiente, en donde tendría como mentores a líderes de la Medicina y algún día yo sería mentor de otros. Mientras esperaba a escuchar mi asignación, ¡quería brincar de emoción y dar volteretas! Pero en lugar de eso, me mordí el pulgar y adopté una expresión seria, un hábito que se acentuaría más con los años cada vez que sentía una emoción incontenible. Y después, para que todo fuera perfecto, me asignaron a la sociedad académica *Castle*. ¡Un cuento hecho realidad!

Esa tarde en la cafetería del Vanderbilt Hall, después de mi primera reunión con el grupo de estudio de la sociedad *Castle*, uno de mis compañeros me acompañó a una mesa de estudiantes también de primer año para que empezáramos a conocernos. Todos los demás en la mesa habían nacido en Estados Unidos, la mayoría de ellos eran de la costa este y de antigua riqueza. Énfasis en *antigua* y *riqueza*. Muchos tenían apellidos que databan desde el Mayflower, y unos cuantos descendían de inventores y figuras reconocidas de la academia. Contaron historias sobre haber estado en internados privados, después en colegios de la *Ivy League*, historias sobre vacaciones esquiando en los Alpes o asistiendo a un partido de tenis en Wimbledon. El gran conocimiento que tenían de arte, música, cultura y viajes era sorprendente para mí. Si bien mis estudios en Berkeley me habían introducido a nombres como Picasso y Van Gogh, algunos de mis nuevos colegas ¡tenían pinturas originales de ellos en sus casas!

Y, sin embargo, no me sentía intimidado. Sabía que algunos de ellos pensaban que probablemente había llegado a Harvard a través de un programa de inclusión de minorías y que no estaba al nivel de los demás. Pero como sabía que ese no era el caso, simplemente traté de ser yo mismo, esperando que la gente no se dejara llevar por mi acento, que me conociera y que valorara lo que yo podía aportar a la conversación.

Finalmente, uno de mis compañeros me preguntó: «¿Qué hay de ti Alfredo? ¿Cómo llegaste aquí?»

Me sentí lo suficientemente: cómodo para responder casualmente «me brinqué el cerco».

Todos soltaron una carcajada. Pensaron que estaba bromeando. ¡Qué poco sabían!

Cuando dejaron de reír y yo no continué, probablemente luciendo sorprendido ante su reacción, se dieron cuenta de que no estaba bromeando y que no había entendido la pregunta —la cual no era sobre cómo había llegado a Estados Unidos sino sobre mi trayectoria educativa—. Después dirigieron sus preguntas hacia mis tres años en Berkeley y sobre lo que me había llevado a la Escuela de Medicina de Harvard: el último destino en el planeta que habría imaginado aquella noche, siete años antes, cuando brinqué el cerco no una, sino dos veces.

Empecé a hablar sobre mis días como jornalero pero me sentí inhibido y me detuve.

> —No, por favor, continúa —dijo uno de mis compañeros, un chico guapo de aspecto melancólico, proveniente de la aristocracia del mundo de la academia, hijo de un padre famoso y con un árbol genealógico que se remontaba generaciones e incluía muchos «quién es quién».

> —Sí, continúa —todos estuvieron de acuerdo.

No estaba seguro de si solo estaban siendo amables. Terminé después de unas cuantas anécdotas más, pero me sentí en casa.

Cuando todos se pusieron de pie y se retiraron a dormir o a estudiar para prepararse para el primer día oficial de clases, el chico de aspecto melancólico regresó y caminó conmigo.

—No sabes cómo te envidio —me dijo—. Sé que suena extraño, pero no tienes que estar a la altura de las expectativas. Nadie antes que tú ha puesto precedentes imposibles de alcanzar, sin importar lo que hagas.

—Sí, nunca lo había pensado —dije cuando me di cuenta de que él estaba lleno de dolor.

—La presión es insoportable. Aplastante. Es como si un elefante estuviera parado sobre mi pecho. A veces no puedo hacerle frente.

Sus comentarios me dejaron una profunda huella, y pensé en ellos por mucho tiempo. Había asumido que alguien con sus antecedentes era envidiado. Entonces sentí un nuevo aprecio por mis padres que me habían motivado a través de los años. Cuando llegó el momento de criar a mis propios hijos, reflexioné sobre esa conversación y decidí nunca presionarlos para estar a la altura de las expectativas, sino solo a las de ellos mismos. Pero en ese momento no supe qué decir, puse mi mano sobre su hombro, reconociendo que las dificultades se presentan de distintas formas. Este gesto pareció alegrarlo.

Más tarde, mi amigo pasó por una depresión más drástica e intentó suicidarse. La depresión, después supe, no era extraña entre los estudiantes de Medicina, quienes no solo tienen que lidiar con la presión académica, sino que también están expuestos al dolor y al sufrimiento de otros. Estas presiones eran más intensas para alguien como mi amigo, quien probablemente no había deseado ser doctor.

Esa noche me agradeció por haberlo escuchado. Luego, con una sonrisa, volteó y me dijo:

—Eres muy afortunado ¿lo sabías?

—Sí —le contesté. No podía estar más de acuerdo con él.

De la cosecha a Harvard | 07

Mis primeros meses en la escuela de Medicina me enseñaron la importancia de acercarme de acercarme a su estudio de dos maneras: como velocista y como maratonista. Con una carga de cursos que incluían Anatomía, Fisiología, Inmunología, y Farmacología, mi tiempo se dividía entre ir a clases, mantenerme al día en tareas y exámenes, e ir todos los días a hacer investigaciones en el laboratorio. Me encontraba estudiando los fines de semana o durante noches enteras, o leyendo de pie en el laboratorio, estaba tan atrapado que no fue sino hasta el primer invierno que realmente me di cuenta de dónde me encontraba.

Fue en noviembre de 1994, en una noche helada alrededor de las 2:00 a.m., mientras abandonaba el edificio principal de administración de la escuela de Medicina, que finalmente caí en cuenta de la maravilla de mis circunstancias.

En lugar de salir a la helada noche para llegar al Vanderbilt Hall, como usualmente lo hacía, decidí probar una ruta alterna, un subterráneo que conectaba los dos edificios. Mientras caminaba por el pasillo, mis pies se movían sobre el suelo adornado, trabajado meticulosamente con pequeños azulejos blancos y negros; mis ojos miraban los hermosos armarios de madera de cerezo que habían estado ahí desde casi un siglo, cuando de repente tuve que parar y murmurar «¡Ay Dios mío! Me encuentro aquí en la ¡Escuela de Medicina de Harvard! ¿Cuántos de los más famosos nombres venerados en el mundo de la Medicina han caminado por estos pasillos de cien años de antigüedad? ¡Incontables!».

Para mi formación como médico y científico, este momento durante las horas tempranas de una mañana de invierno, fue crítico. Me hizo pensar en aquellos que habían estado antes que yo —individuos que estaban entre la élite del mundo de la Medicina—; sentí una sensación de respeto y humildad al estar siguiendo sus huellas, caminando en los mismos pasillos donde ellos habían caminado.

Sentí que la historia me escudriñaba; me recordaba la responsabilidad que tenía no solo de honrar la institución, buscar la excelencia y practicar la Medicina al máximo de mi potencial, sino también de comprometerme por completo con los pacientes que pondrían sus vidas y confianza en mis manos.

Desde mi infancia había usado mis manos para todo, desde poner gasolina y arreglar motores de auto hasta para hacer *hot dogs*, y desde boxear hasta recoger tomates. Esa noche miré mis manos, ya no ensangrentadas del trabajo de recoger la cosecha, tenía un nuevo propósito para ellas. Había elegido Medicina después de haber vivido y observado el verdadero sufrimiento, discriminación y desesperanza. Ahora podía usar mis manos para hacerme cargo de las enfermedades más devastadoras y ayudar a los pacientes a curarse. En este momento electrizante, me surgió la idea de convertirme en cirujano: una forma de usar mis manos para ayudar a otros. La historia había abierto la puerta para mí, y yo estaba parado en el umbral; ¡estaba listo!

Esa caminata a lo largo del pasillo del sótano se convirtió en un rito. Cada vez que me sentía acosado por las dudas o distracciones, aprovechaba este recuerdo para filtrar el ruido y concentrarme en lo que importaba. Esta capacidad de concentración se transformó en una de las lecciones más importantes de mi educación en Harvard. A lo largo de este primer año, también reviví pasajes de mi infancia que había olvidado, como si estos recuerdos surgieran para guiarme en la pendiente que empezaba a escalar. En momentos de incertidumbre, sentía la mano de Tata Juan sobre mi hombro, como lo hacía cuando íbamos a las montañas y me sentía atemorizado, extremadamente emocionado, o abrumado por lo alto que habíamos escalado.

* * *

Desde el principio descubrí que Harvard me ofrecía un nivel de competencia y colaboración acorde a mi temperamento. Era un reto mantenerme al nivel de mis compañeros, quienes además de ser brillantes y haber asistido a las mejores instituciones, tenían un conocimiento de la vida que era extraño para mí. Sabían de la historia de los Estados Unidos gracias a sus propios linajes. Muchos descendían de generaciones de médicos y estaban inmersos en el conocimiento sobre la práctica de la Medicina desde tiempos previos al medievo. Algunos incluso habían sido criados entre artefactos de los primeros años de la ciencia: ilustraciones médicas o las primeras versiones de bisturís y estetoscopios.

Por supuesto que estaba intimidado. No fue hasta el segundo año que dejé de usar mi diccionario español-inglés, mi «manta de seguridad». Y no fue hasta el año siguiente que tuve mi primer sueño en inglés. Pero con el tiempo, a lo largo de los cinco años que duró mi formación, incluyendo un año de investigación subsidiada por el *Howard Hughes Medical Institute*, que llevé a cabo durante mi cuarto año en el *Harvard's Massachusetts General Hospital* (conocido entre los lugareños como *Mass General*), me di cuenta de una ventaja que tenía y que me ayudó a equilibrar mis dudas: mi habilidad para concentrarme en lo que importaba y para trabajar tan duro como cualquier otra persona. Una y otra vez, mi nivel de concentración venía de la elección consciente de nunca dar por sentada la oportunidad de oro que se me había otorgado.

Todos mis profesores, especialmente el Dr. Potter y el Dr. Kravitz, notaron mi afán por absorber todo y trataban de alimentar mi entusiasmo y motivación. La puerta del Dr. Potter estaba siempre abierta para mí, así fuera para discutir temas vistos en su clase o para darme consejos junto con una taza de su incomparable café. Durante los dos primeros años en la escuela de Medicina, trabajé en el laboratorio del Dr. Kravitz, en donde él se involucraba en el trabajo como cualquiera de sus estudiantes. Como si fueran padres sustitutos, estos dos mentores también reconocieron mi falta inicial de dirección, veían que era como un niño en una dulcería, a veces corriendo por todos lados. Cada uno me ayudó a aterrizar y a darme la dirección que me influyó para siempre. Un ejemplo es que estaba especialmente interesado en su trabajo para identificar neurotransmisores específicos en el cerebro y para localizar las partes del cerebro que llevan a cabo funciones especiales —que causan distintos tipos de conducta, que ayudan a regular la temperatura y la memoria, o que influyen en conductas agresivas—. Sus contribuciones y trabajo habían logrado avances que salvaban vidas y seguirían haciéndolo en formas que ayudarían a definir mi especialización.

Cada uno a su manera, el Dr. Potter y el Dr. Kravitz me enseñaron el valor de llevar a cabo el método científico con valor implacable. También me mostraron la importancia de seguir una línea clara de investigación hasta su culminación, incluso cuando otros creyeran que era imposible. Hoy en día, cuando me dicen que soy exageradamente ambicioso por buscar una cura para el cáncer cerebral, pienso en David Potter y Ed Kravitz, quienes me enseñaron a filtrar el ruido ocasionado por las bajas esperanzas. Como profesores, Potter y Kravitz eran el epítome del compromiso y la pasión, dentro y fuera de clase.

David Potter me mostró que estaba equivocado al pensar que alguien que venía de la riqueza o que tuviera un «pedigrí» impresionante no se podía identificar con la lucha a la que se enfrentaban las personas comunes y corrientes. Enseñaba sobre el poder de la conexión a través de las fronteras, a través de las diferencias. En el ámbito del cuidado del paciente, esta lección era esencial.

Ed Kravitz era la pasión y la energía en persona. Superviviente de cáncer gastrointestinal, que afortunadamente pudo curarse con una cirugía y una colostomía, comenzaba cada día con un partido de tenis en Harvard Square. Vivía la vida con el mismo rigor que llevaba en su trabajo. Como mentor, hizo mucho por mí personalmente y era un héroe para mostrar que todo lo que valía la pena hacer se podía lograr con esfuerzo y gran perseverancia.

El Dr. Kravitz también me dio un curso intensivo sobre la verdad del dicho que señala que hay una línea fina entre un mentor y un torturador. Una vez estaba emocionado sobre una investigación de laboratorio que realizaba sobre los esteroides que las langostas usan a través de su ciclo de muda, que creíamos que también era relevante en su conducta agresiva; le presenté un resumen para un pequeño artículo científico que quería escribir. Me sentía orgulloso al estar a la cabeza de mis compañeros al buscar una publicación y me había concentrado en mi preparación. O al menos eso pensaba.

Cuando el Dr. Kravitz me devolvió el resumen lleno de líneas rojas, destrozándolo, me quedé atónito.

—No te preocupes, Alfredo —trató de tranquilizarme—. Todavía hay trabajo que hacer. No es un mal comienzo.

Asintiendo estoicamente, traté de no mostrarle que mi estómago se había revuelto por el *shock*.

El Dr. Kravitz me miró con una expresión igualmente estoica. «Puedes sentirte hoy decepcionado porque piensas que has fallado —y antes de que pudiera responder continuó—: Pero si dejas de intentarlo, ¡estarás condenado!». Su tono cambió cuando me dejó saber que sería un asesor dedicado para guiarme con el artículo paso a paso. Pero lo que le había entregado, reiteró, no se acercaba a lo que debía ser. No fue fácil de digerir. Pero perseveré a través de muchos borradores y fui mucho más feliz con el pequeño artículo que escribí, mi primera publicación. Durante el proceso, Ed Kravitz me enseñó que no debía tomar la crítica de forma personal, sino más bien apreciar el valor subyacente, aun cuando la retroalimentación no era lo que quería escuchar. No desbarató mi artículo para disminuir mi confianza, lo hizo para fortalecerla y prepararme para el mundo competitivo de la investigación científica. A partir de entonces, cuando entendí que realmente creía en mí y en mi capacidad para aprender, nuestra relación floreció.

El Dr. Kravitz fue la persona que me apodó «*Lucky* Quiñones» (El suertudo Quiñones), en reconocimiento a un gran avance que logré en su laboratorio al clonar el receptor neurológico de una langosta, un logro que se convirtió en un trabajo que presentamos en una reunión científica. No había florecido tardíamente, como siempre lo había percibido; me sentí afortunado de ser parte de una investigación importante al principio de mis estudios. Al parecer, ¡estaba teniendo una racha de crecimiento!

Ed Kravitz también me animó a aceptar el poder de la irreverencia. Cada vez que había una ocasión especial —fuera cual fuera, él la hacía especial—, espontáneamente organizaba una fiesta para nosotros en el laboratorio y soltaba su receta secreta para hacer las margaritas más mortales del mundo, ¡un tema en el que yo tenía algo de autoridad! Una margarita Kravitz era suficiente para poner la fiesta en ambiente, y en ese momento sabíamos que lo que seguía era el baile de la langosta. A través de sus amplios estudios sobre la agresión de las langostas, Ed Kravitz había concluido que los científicos que trabajan con animales pronto comienzan a verse y a actuar como sus objetos de estudio. Así que éramos invitados por una figura notable de los anales de la Neurociencia, roqueando sobre el piso del laboratorio, con la cara pintada de rojo y ¡haciendo el baile de la langosta!

Estas fiestas eran el momento culminante de mi vida social, inexistente de no ser por ellas. Casi todos los viernes por la noche, cuando mis compañeros salían a un bar o se iban temprano para ver una película, yo estaba en mi asiento habitual de la biblioteca o de pie frente a un microscopio en el laboratorio o de voluntario para hacer rondas con los estudiantes más avanzados. Todos —incluyendo aquellos que eran ahora parte de mi nueva familia extendida— pensaban que este horario que me había auto-impuesto era una locura. Por lo menos al principio. Pero a medida que pasaba el tiempo, se percataron no solo del método en mi locura, sino de la magia y la alegría que la acompañaban. Yo estaba decidido a demostrar que era posible concentrarse como un loco, trabajar más arduamente que nadie, y hacerlo de la forma más divertida. Y estaba atento para reclutar a otros. Antes de que siquiera me diera cuenta de que estaba desarrollando mi «arcoíris» (como le llamaba a la diversa colección de compañeros de Medicina y colaboradores de investigación que se convirtieron en mi equipo de casa), el grupo parecía que se unía naturalmente, una versión actualizada del conjunto de hermanos y primos que organizaba cuando era niño.

En el centro de este grupo se encontraban mis amigos más cercanos, Wells Messersmith y Reuben Gobezie, que habían sido como mi familia desde el momento en que nos conocimos en el Vanderbilt Hall. Pronto nos convertimos en los Tres Amigos. Además de ser dos de las mejores personas que he conocido, Wells y Reuben siempre estaban ahí para cuidarme.

Wells Messersmith era de los suburbios de Washington, D. C., había asistido a la Universidad de Williams antes de ingresar a la escuela de Medicina. Rubio de ojos azules, era un virtuoso del violín y había experimentado un crecimiento tan dramático en los últimos años que tuvo que dejar de tocarlo cuando alcanzó la estatura de un metro noventa y cinco centímetros. En su lugar dirigió su pasión a sus estudios, finalmente concentrándose en el área de cáncer gastrointestinal y desarrollando nuevos tratamientos para el cáncer de estómago y otros tipos de cáncer relacionados.

Cada vez que Wells escuchaba a alguien hacer el más mínimo comentario racista sobre mí o dar a entender que yo había entrado a Harvard a través de un trato especial para minorías, se tomaba el comentario personalmente. Sucedía que Wells tenía un hermano afroamericano. Él nunca enfatizó la palabra «adoptado», aun cuando los Messersmiths habían adoptado al niño a temprana edad. Los dos eran simplemente hermanos.

Y así me hacía sentir Wells cuando decidía desafiar a alguien que hubiera hecho un comentario despectivo. A veces no me decía nada sobre algún incidente, pero yo me enteraba por alguien más lo mucho que se molestaba cuando, por ejemplo, durante las rondas un paciente me confundía con el conserje y me pedía que sacara la basura.

Por lo general lograba tomar estos comentarios con calma. Además, lo único que tenía por todos los que trabajaban en el hospital era respeto —conserjes, camilleros, todos—. En lo que a mí respecta, cada persona era una parte vital del equipo para dar la mejor atención posible al paciente. Wells y Reuben constantemente se sorprendían de mi proceso de reclutamiento. Cada vez que uno de ellos me preguntaba cómo era que conocía a todos, mi respuesta normal era, «Están en la nómina».

Aunque técnicamente no soy alto, bromeaba con que solo parecía bajo cuando estaba parado junto a Wells y Reuben, porque ambos destacaban a mi lado. Con aproximadamente un metro y noventa centímetros, Reuben, quien era afroamericano, era la perfección de apariencia e inteligencia. Los padres de Reuben migraron a los Estados Unidos provenientes de Etiopía, donde su madre había crecido en una familia acomodada y su padre, en un ambiente más humilde. En Estados Unidos, su padre había trabajado para llegar a la escuela de Medicina y se convirtió en un médico exitoso en el área de Los Ángeles. Reuben supo desde temprana edad que seguiría el camino de su padre. Para sus estudios iniciales asistió a Johns Hopkins, y cuando se graduó de la Escuela de Medicina de Harvard permaneció ahí para hacer su residencia en cirugía ortopédica.

Los tres estudiábamos juntos, cocinábamos y comíamos juntos, y bromeábamos incesantemente. Éramos ferozmente competitivos, pero yo me gané el premio en ese tema, como lo demuestra el reto que una vez le propuse a nuestro compañero Renn Crichlow. Canadiense de nacionalidad, parte alemán y parte negro, Renn medía un metro noventa, pesaba 90 kilos y había participado tres veces en las olimpiadas en la disciplina de kayak y había sido campeón mundial. A finales de 1994 se estaba preparando para ausentarse un año para entrenar para los juegos Olímpicos de 1996, pasaba muchas horas en el gimnasio y cada día aumentaba sus rutinas de ejercicio.

Molesté a Renn sobre su régimen de entrenamiento, le decía que dudaba que su rutina fuera más complicada que, digamos, la mía. Como el campeón de la escaladora, estaba convencido que nadie podría igualar mi habilidad en ella y qué mejor forma de probar esta teoría que retando a Renn Crichlow. Pero Renn no estaba interesado en un duelo en la escaladora. Claro que no, pensé, porque como era experto en el kayak, tenía más fuerza en la parte alta de su cuerpo y no había desarrollado tanta fuerza en las piernas. Esperando explotar su debilidad, durante el desayuno le propuse que entrenáramos juntos e hiciéramos su rutina, pensé que una vez que estuviéramos en el gimnasio, no se rehusaría a una competencia en la escaladora. Renn dijo rotundamente:

—No, Alfredo. Vas a bajar mi ritmo.

—¿Yo bajarte el ritmo? Por favor Renn, debes de pasar mucho tiempo flexionando tus músculos durante tu entrenamiento de tres horas.

Renn finalmente accedió, gentilmente me ofreció un peso más ligero para compensar la diferencia de tamaño. Sin embargo, insistí en hacer tantas series y repeticiones como él. Después de una hora de entrenamiento, me di cuenta de que eso era una locura. Tras noventa minutos, estaba sudando como loco. Pero no debía retroceder. Debía hacerlo subir a la escaladora y empujarla al máximo. Una vez ahí, ¡lo haría polvo! Cuando finalmente nos subimos a la escaladora, yo estaba lleno de adrenalina y endorfina, así que subimos los niveles hasta llegar al veinte; donde solo la velocidad digna de Kalimán, que desafiaba la gravedad, podría sostenernos por treinta minutos en la cima.

Renn no se venció ante mi virtuosismo. Pero yo me sentí victorioso de haberle seguido el paso por tres horas. Durante la muy necesaria cena, empecé a tener visiones de grandeza olímpica. Renn reconoció que estaba impresionado y agregó «Siéntete libre de acompañarme a mi entrenamiento de la tarde». No estaba bromeando. Después de la cena, regresaría por ¡el segundo *round* de lo mismo!

Me negué, explicando que estaría en la biblioteca estudiando hasta tarde. O al menos eso pensaba, hasta que cada músculo de mi cuerpo empezó a desmoronarse y tuve que cojear de regreso a mi dormitorio. En un violento ataque de ácido láctico, caí sobre la cama con un dolor insoportable, tan intenso como si alguien me estuviera dando puñetazos en el pecho. Para la noche tuve fiebre alta y estaba delirando. Sostener el peso de mi cuerpo con mis miembros era tan doloroso que tuve que ponerme almohadas debajo de cada brazo y pierna, y balancearme de tal forma que solo mis huesos mantenían mi cuerpo unido. Cómo logré llegar al baño, no lo recuerdo. Solo recuerdo haber orinado sangre.

A la mañana siguiente cuando no me presenté a la hora del desayuno, Wells y Reuben supieron que algo estaba mal y subieron a mi cuarto. Cuando tocaron a la puerta, solo pude responder débilmente desde mi cama ¿sí? Tenía suerte de que mis dos amigos fueran estudiantes de Medicina. En muy poco tiempo, el personal de seguridad entró a mi habitación con Gatorade y una bolsa de suero.

Esta experiencia fue una lección importante para conocer el tipo de competencia antes de salir a luchar. Renn jamás me dijo «te lo dije» y al final pude reírme junto con los demás. ¡Y aún nos seguimos riendo!

Como los Tres Amigos, Wells, Reuben y yo aportábamos distintas habilidades y fortalezas en nuestros estudios. Cuando se acercaban los exámenes o había que entregar trabajos, nos trasnochábamos juntos o compartíamos recursos tanto como fuera posible. Pero hubo una ocasión en la que no pudieron hacer mucho por ayudarme. Recuerdo vívidamente la expresión de preocupación en sus rostros cuando admití que había dejado para el último momento estudiar Química para un examen muy importante. Una vez más la arrogancia había nublado mi juicio y había sobreestimado mis propias fortalezas. Aún no había aprendido por completo la lección Renn Crichlow.

Mi predicamento comenzó cuando supe que el techo en casa de mis padres necesitaba ser reparado urgentemente. Me sentí obligado a ir a ayudarles. La forma en que lo veía era que, claro, estudiar Medicina era difícil; pero tenía un techo sobre mi cabeza. Como mis padres no tenían los recursos para contratar a alguien que hiciera el trabajo de reparación, y mi hermano estaba abrumado tratando de repararlo él solo, decidí tomarme una semana de descanso de la escuela para poder correr a California a darles una mano. Trabajando los dos, pensé que una semana sería tiempo suficiente para completar la reparación y evitar cualquier daño de las terribles lluvias por venir. Mi plan era regresar a Boston una semana antes del final y estudiar como siempre lo hacía, a toda velocidad. No veía ninguna otra opción. Además ¿qué era una semana en el esquema de las cosas?

Por desgracia, la reparación requirió el doble de tiempo que había calculado, y cuando regresé a la escuela de Medicina, a mi pesar, solo tenía un día para absorber todos los temas que se cubrirían en el examen. En esos días no había notas electrónicas ni oportunidades de repasar las clases en cintas u otros medios tecnológicos. Mis recursos eran el programa y la habilidad para poner mi cabeza a estudiar.

Pensando que llevaba un buen avance, fui con Wells y Reuben, quienes me habían ofrecido repasar conmigo, pero después de discutir las secciones que sí me sabía, fue claro para ellos que estaría despierto toda la noche estudiando por mi cuenta.

Wells me advirtió:

—Más vale que consigas la mermelada.

—¿Por qué?

—¡Porque estás frito como un pan!

Para su sorpresa —y mía— a la mañana siguiente, había convertido toda la información en ecuaciones básicas, las coloqué en diagramas usando los colores brillantes de Sóstenes Quiñones en un enorme gráfico.

Wells estaba perplejo mientras miraba mi diagrama con códigos de colores que conectaban reacciones químicas, haciéndolas fáciles de comprender y recordar.

> —¿Te das cuenta que aprendiste lo que el resto de nosotros llevamos estudiando por días, en la décima parte del tiempo? —preguntó.

En ese instante, el pensamiento no convencional me había salvado de mi propia arrogancia. ¡Tuve suerte otra vez! Pero tuve más suerte por el hecho de que Wells y Reuben, mis acérrimos partidarios, valoraron mi enfoque inusual para resolver problemas y ahorrar tiempo. Aunque no todos estaban tan encantados como ellos con mi ingenio.

Un comentario mordaz de un compañero al final del primer año de Medicina me mostró que aún no me sacudía por completo la vergüenza provocada por el comentario del adjunto de Berkeley. Tal vez me veía como amenaza, y desdeñosamente sugirió que todo el tiempo que pasaba en la biblioteca era solo un espectáculo para convencer a los demás que era alguien que realmente no era.

Como todos en el grupo de estudio lo miraron, le pregunté de qué estaba hablando.

> —Vamos Alfredo —dijo con una sonrisa—, tú sabes que la única razón por la que entraste a Harvard fue por cubrir una cuota.

No me sentí tan molesto por el comentario como lo hice por la habilidad con que me llegó. Actué desinteresadamente, me encogí de hombros. Pero en el fondo sí me molestaba.

* * *

—¿Quién eres?

Miré a mi alrededor para ver quién me hablaba mientras caminaba en el pasillo del hospital en esa noche de viernes durante mi segundo año en la escuela de Medicina, y me sorprendí de ver al Dr. Peter Black, el profesor de Harvard y jefe de Neurocirugía en Brighman y en el Hospital de Mujeres. Sabía quién era y lo reconocido que era como neurocirujano —un área que inclusive en ese momento no imaginaba como una opción para mí—. Ser cirujano general era, de por sí, abrumador; pero ser neurocirujano era un reino reservado para los más fuertes, los matadores más ambiciosos. Aparentemente, también era para aquellos provenientes de la riqueza o nacidos dentro del mundo de la Neurocirugía.

Aunque en algún momento me había cruzado con el Dr. Black, nunca habíamos hablado y típicamente no se detenía a conversar con los demás cuando iba camino a la sala de operaciones. Después de que me presenté y me preparaba para continuar mi feliz camino, me preguntó:

—¿Adónde vas?

—¡A una divertida noche de viernes en la biblioteca!

De hecho, había estado tratando de pasar más tiempo en casa los fines de semana; ahora que Anna se había mudado a Boston, vivíamos en un pequeñísimo departamento en el barrio de Fenway Park y habíamos planeado ver algunas películas antiguas en la videocasetera la noche siguiente, así que esta noche tenía previsto trabajar horas extras en el hospital y dedicarle más tiempo a los libros.

Tal vez simplemente estaba en el lugar correcto en el momento adecuado. O tal vez el perspicaz Dr. Black me leyó tan bien que vio a un joven abierto a posibilidades y ansioso por conocer lo que hay detrás de la puerta de la sala de operaciones de Neurocirugía. Es probable que también haya visto a un joven que, aunque seguro de sí en algunas áreas, todavía arrastraba un sentimiento de inseguridad sobre su legitimidad, consciente de su condición de forastero.

Pero el Dr. Black no hizo comentarios sobre tales observaciones. Se limitó a asentir, sonrió e hizo un gesto hacia la sala de operaciones.

> —¿Te gustaría venir y echarle un vistazo a un caso? —como si yo necesitara ser tentado, rápidamente agregó que sería una craneotomía con paciente despierto.

Había solo escuchado y leído sobre los avances de este tipo de cirugía —en donde el paciente se encuentra despierto durante la operación— y me moría por verlo con mis propios ojos. Sabía que cuando los tumores amenazaban áreas críticas del lenguaje, el llevar a cabo una craneotomía con paciente despierto permitía al cirujano evitar tocar esas partes. Con el paciente despierto, el cerebro expuesto sería estimulado con un dispositivo que aplicaría corriente eléctrica. Las respuestas a las preguntas del cirujano aparecerían en un mapa del cerebro del paciente. Cuando un paciente falla al reconocer una fotografía o una palabra durante el proceso, el cirujano puede darse cuenta de que esa era un área importante que no debía ser tocada.

Solo había una respuesta para la invitación del Dr. Black: «¡Sí!». Suponía que se refería a algún momento en el futuro.

Pero no era así, me invitaba a que me pusiera mi bata quirúrgica y que observara la operación ¡en ese momento! Sin esperar tan increíble oferta, me quedé inmóvil, sintiéndome perdido por un momento. Luego, como un caballo de carreras

200

en dirección a la línea de salida, salté a la oportunidad. ¡Literalmente! En minutos, estaba cruzando el umbral del pasado, en donde convertirme en neurocirujano parecía casi imposible, a un nuevo reino que se convertiría en mi pasión. Si bien había estado muy cerca de cirujanos de otras disciplinas y había observado sus operaciones con admiración similar, nada se comparaba con el asombro que sentí al entrar a esta sala de operaciones, más iluminada que cualquier otro escenario quirúrgico que hubiera visto antes.

Inundada de luz, casi etérea —con el paciente despierto, completamente consciente, asegurado a la mesa y rodeado de un equipo de expertos perfectamente organizados que vestían batas esterilizadas de color azul claro—, la sala de operaciones parecía una representación artística del cielo. Era Shangri-la, Xanadu, otro universo.

De pie en el fondo de la sala, vi que el Dr. Black reemplazó al jefe de residentes, quien vestía un uniforme extraño que lo hacía ver como algo entre un astronauta y un soldador: con lentes especiales que tenían la potencia de un microscopio y un reflector en la frente que brillaba sobre el cráneo del paciente que acababa de abrir. El Dr. Black se puso sus lentes y la lámpara para la cabeza que la enfermera del quirófano conectó a la corriente eléctrica. Cada acción, cada movimiento en la sala era una coreografía, como la de un gran ballet. La concentración era suprema, al punto de que los miembros del equipo podían comunicarse sin palabras entre ellos.

Me acerqué para poder mirar los movimientos del Dr. Black pero mi atención se desvió para observar algo que nunca olvidaré haber visto por primera vez: el cerebro humano. Un kilo de este órgano asombroso brillaba en la luz, su color cambiaba de rojo a blanco, de gris a un tono más claro. Suave, tierno, majestuoso, el cerebro latía milagrosamente, bailando al ritmo del corazón del paciente. En ese instante me sacudió el pensamiento de que cada experiencia, cada viaje, cada historia, cada persona que el paciente había conocido, cada recuerdo de su vida estaban guardados en su cerebro. Repentinamente, me di cuenta de lo mucho que había dado por sentado sobre el órgano más hermoso de nuestro cuerpo.

Recordé cómo había vacilado para ir debajo de la piel del cadáver en la conferencia del Día de Muertos, lo inquietante que me había parecido cruzar esa frontera. Ahora, en esta celebración en la sala de operaciones, lo que más deseaba era saber qué parte de este brillante y danzante cerebro controlaba la memoria del paciente. ¿Dónde estaban los centros para el lenguaje? ¿Dónde se controlaba el movimiento? ¿Cuál era el centro de comando para el corazón y los pulmones? Y entonces, mientras el Dr. Black le hacía preguntas a su paciente al tiempo que su instrumento tocaba el cerebro, sostuve el aliento maravillado.

A pesar del carácter sobrenatural de esta primera experiencia, ver una cirugía cerebral, me di cuenta con sorpresa de que me sentía cómodo en ese ambiente; como si perteneciera ahí, como si fuera algo que pudiera y quisiera hacer —de hecho, lo tenía que hacer—. ¿Me tropecé en esta área por accidente o era la mano del destino haciendo su trabajo?

Tiempo después miraba al pasado y me preguntaba qué dirección habría tomado mi carrera de no haber sido por este predestinado encuentro o el trozo de buena fortuna que me abrió la puerta de la sala de operaciones ese viernes por la noche. De alguna manera, siempre estoy fascinado por los interesantes cambios que la vida nos ofrece a cada uno. Sin embargo, también veo que los momentos cruciales que parece que surgen de la nada no nos llegarían si no los buscáramos. Ciertamente, había estado buscando algo y lo encontré esa noche. En el fondo, no en mi mente sino en mi alma, sabía que la Neurocirugía era el camino que toda mi vida había buscado.

Después vino la inevitable fricción entre los sueños y la sabiduría convencional. Los pesimistas fueron explícitos. Algunos me dijeron, «Realmente no sabes lo que implica ser neurocirujano», dando a entender que mis antecedentes del tercer mundo no me habían equipado para asumir esta tarea. Debido a mis antecedentes étnicos, muchos de las altas esferas insistían, «Deberías ser médico general». Me recordaban sobre la escasez de expertos en la salud en los barrios pobres de Estados Unidos, una necesidad que creían que yo querría cubrir por naturaleza. En efecto sabía de esta necesidad y deseaba dar servicio a todas las comunidades, pero también noté sesgo en sus comentarios. Mi reto ahora era desyerbar los comentarios, separar el consejo válido de los juicios estereotipados que no aceptaba. Más que nada, quería asegurarme de que tenía el compromiso de ir lejos, el camino no lo debía elegir a la ligera. Igualmente importante, debía asegurarme de que Anna estaba a bordo conmigo. Si seguía esta ruta, no solo yo me iba a comprometer con ella; una vez que Anna y yo nos casáramos y tuviéramos hijos, iba a comprometer a toda la familia. Un difícil acto de equilibrio seguía y debía saber que Anna sería parte de la pasión por este trabajo como sería parte de los sacrificios.

Durante nuestras muchas conversaciones, Anna solo mostró interés y emoción, y en ningún momento cuestionó si estaba apuntando demasiado lejos ni sugirió que yo había elegido este camino deliberadamente para mantenernos pobres para siempre. De hecho, en el momento en que nos fuimos de Manteca al final del verano antes de mi segundo año en la escuela de Medicina —nos pusimos en camino para cruzar el país en «Pepe la *pick up* roja» (como le decíamos a nuestro auto), sin aire acondicionado y con dinero suficiente solo para gasolina y algunas comidas—, me quedó claro que estábamos juntos en esta aventura.

Después de vivir con su madre y hermanas en Manteca mientras yo estaba en Berkeley y Harvard, Anna tuvo que armarse de valor para irse conmigo a la Costa Este. No solo sufriría un *shock* cultural por vivir en una ciudad grande como Boston, sino que también tenía que arreglárselas sola la mayor parte del tiempo porque yo estaba fuera durante horas. Pero como era su naturaleza, Anna aceptó la experiencia. En poco tiempo consiguió trabajo como maestra de Ciencias en una preparatoria Católica a una hora en las afueras de Boston y aprendió a navegar en el invierno traicionero yendo y viniendo todos los días. Al mismo tiempo, usando magia decorativa y sin dinero, convirtió nuestro humilde departamento en un pequeño y acogedor hogar.

Sin engañar a nadie, no era glamoroso estar en bancarrota y vivir con la tina y la cama compitiendo por espacio. En broma decía que estábamos recreando escenas de la película *Rocky*, cuando él y su novia, Adrian, están atrapados en su casa del tamaño de una caja de zapatos. Sin embargo, supimos que éramos compatibles cuando fuimos capaces de hacer frente a estos desafíos armoniosamente. Nuestro único pequeño desacuerdo fue sobre mascotas. Cuando yo decía que no había espacio para un gato o perro, Anna decía que sí. Pero un hámster, agregaba, no ocuparía mucho espacio. Un acuerdo justo. Poco tiempo después, el hámster estaba solo y necesitaba un par de compañeros roedores. Ese fue el principio del fin de mi opinión sobre la población de mascotas que aumentaba. Pero si Anna estaba feliz con su colección de animales, entonces yo estaba bien con eso. En realidad, me fascinaba verla cuidar a nuestros compañeros y ver cómo su antiguo deseo de ser veterinaria era todavía parte de su identidad.

Los dos enfrentamos el hecho de que mi búsqueda por una carrera como neurocirujano requeriría que ella sacrificara su sueño. Si nuestra situación financiera hubiera sido distinta, probablemente habría podido estudiar Medicina Veterinaria al mismo tiempo que yo iba a la escuela de Medicina y hacía mi residencia. Pero Anna era una maestra extraordinaria y había encontrado una enorme recompensa en el trabajo con jóvenes. Más importante aún, cuando el milagro de tener hijos fue una realidad para nosotros, tomó la decisión de quedarse en casa con ellos en lugar de trabajar o hacer frente a las demandas de la escuela de Veterinaria. Por muy extraordinario que fuera este sacrificio, no creo que hubiera decidido hacerlo de otra manera.

Mientras tanto, Anna disfrutaba ser la madre honoraria de nuestro creciente «arcoíris» de amigos y colegas, quienes a menudo nos visitaban para comer o ver películas en nuestra TV usada, pero confiable. Parecía que hacíamos un acto de circo cada vez que tratábamos de apretar tanta gente como fuera posible en nuestra sala de estar en la que apenas cabía un sofá.

Anna era muy fuerte, independiente y tolerante; rara vez la vi molesta. Hubo una vez que sí se mostró enojada, cuando la visité en una de sus clases de Ciencia en la preparatoria. Anna estaba emocionada de que yo la viera en su elemento, de que fuera a hablar sobre Medicina con sus alumnos y que les diera el mensaje de que cualquiera podía aspirar a ser científico o médico. Cuando llegué a la escuela, me pidió que fuera a la cafetería para que me tomara un café antes de mi plática; pero no pude hacerlo porque el hombre que estaba a cargo, al parecer ofendido por mi acento, me miró con desconfianza, me preguntó qué quería y me dijo que me largara de la sala de profesores. Después Anna lo confrontó, con calma pero con firmeza, le explicó quién era yo y le dijo que su descortesía no era justificable. El hombre le ofreció una pequeña disculpa y se mostró furioso conmigo por el episodio.

Debido a que Anna estaba lo suficientemente molesta por los dos, dejé el incidente pasar. Pero la confusión persistió. ¿Qué había en mi origen étnico que era tan amenazante? ¿Por qué alguien, cualquiera que fuera una persona de color, era menos merecedora de una taza de café? Además, me habría venido muy bien una taza de café esa mañana después de una noche privada de sueño en el hospital.

En otra ocasión Anna me llamó al laboratorio, llorando tanto que no podía pronunciar palabra. Sorprendido, le dije «¡No importa lo que sea, voy ahora mismo!». La escuela de Medicina estaba a un kilómetro de donde vivíamos, así que corrí a casa y la encontré afuera del edificio señalando nuestro departamento. Cuando llegué arriba encontré la puerta derribada y no había nada adentro, excepto unos roedores aturdidos y confundidos. Quien entró, se había llevado todo.

Cuando la noticia del robo se propagó, nuestros amigos nos dieron una mano para ayudarnos a salir adelante. Ed Kravitz y David Potter, cada uno, nos dieron un cheque por quinientos dólares para que tuviéramos suficiente para los depósitos y un mes completo de renta en un nuevo lugar.

—Dr. Potter —protesté—. No puedo aceptar este dinero. No sé cuándo podré pagárselo.

—Tonterías —insistió—. No es un préstamo. Tú harás por otros lo que otros han hecho por ti. No tengo ninguna duda.

Pronunció un importante principio que he tratado de seguir toda mi vida. Por supuesto, David no solo estaba hablando de ayuda financiera, sino también de estar para otros en momentos buenos y malos; dar lo que puedas, cuando puedas. Esta era una filosofía que el tío José había demostrado constantemente: se remonta a los días en que no teníamos nada qué comer y él se aseguró de que tuviéramos comida en la mesa. Cuando el tío José se enteró del robo, él y mi maravillosa tía Amelia nos sorprendieron con un cheque de cien dólares. Su generosidad era modesta pero infinitamente apreciada.

Gracias a la ayuda de todos, nos mudamos a un departamento en el hermoso y seguro barrio de Brookline Village, a diez minutos caminando de la escuela de Medicina. Nuestro nuevo hogar estaba en una casa grande que se había convertido en seis encantadoras y espaciosas unidades. Nuestra familia extendida creció aún más cuando nos hicimos amigos de los otros inquilinos, incluyendo a un cubano y una pareja afroamericana. Nuestras reuniones parecían de las Naciones Unidas, completas con festines internacionales que hacíamos juntos y un guiso fantástico de música de diferentes culturas.

¡La vida era grandiosa! Una vez que nos instalamos en nuestro nuevo hogar, Anna y yo decidimos que en lugar de planear una costosa boda a la que nuestras familias no podían darse el lujo de asistir, sería mejor fugarnos para casarnos. Sin embargo, cuando le dije a Ed Kravitz sobre nuestra fuga planeada, nos ofreció, en lugar de eso, organizar una fiesta en su casa de Cambridge. Aunque yo me oponía a esa oferta tan generosa, Ed me tranquilizó asegurándome que sería un evento sencillo. Todo lo que a él le importaba era que Anna tuviera la celebración que deseaba. Ed y su esposa Kathryn adoraron a Anna desde el momento en que la conocieron y ya nos consideraban parte de la familia, nos invitaban a su casa durante las vacaciones y mostraban gran preocupación por nuestro bienestar.

Así fue como, en el impulso del momento, terminamos teniendo la boda de nuestros sueños, que nos costó cien dólares por la licencia y las cuotas pertinentes. La tarde del 18 de febrero de 1996, después de que volvimos de nuestra excursión a través de las fronteras estatales de Maine (donde las cuotas eran más bajas que en Massachusetts); para hacer nuestra unión oficial, llegamos a casa de los Kravitz para una fiesta íntima pero inolvidable en nuestro honor. Wells Messersmith tocó el violín brillantemente; Ethan Basch, un escritor, mostró su maestría en el piano; y la nuera de Ed, Majie Zeller, una cantante de ópera, cantó el Ave María esplendorosamente.

Con música clásica en el fondo, un suntuoso bufé, el tintineo de las copas de champán y brindis sobre nuestro futuro hechos con el corazón, Anna y yo coincidimos en que nuestra boda era la más linda a la que ambos habíamos asistido, llena de amor y conexión. Dado que los Kravitz eran judíos y nuestros amigos provenían de diversos orígenes, decidimos incluir una mezcla de costumbres, que hicieron el día aún más especial. Uno de los momentos más destacados fue cuando pisé una copa de vino, una costumbre judía que Ed nos había contado; un recordatorio de los problemas que pueden suceder en la vida pero que la unión del matrimonio es capaz de superar.

Extrañamos a nuestros familiares de California pero sentimos su amor y presencia. En medio de los festejos, hubo un momento en el que percibí la fuerte presencia de Tata Juan, Nana María y mi abuelo Jesús. Mientras escuchaba los emocionantes brindis por nuestros futuros hijos —que estaríamos bendecidos de tener— recordé la fiesta por el aniversario de bodas número cincuenta de Tata y Nana, diecinueve años antes, cuando yo tenía nueve. Me los imaginé, esposo y esposa, acercándose al final de sus vidas, celebrando con sus hijos mayores y sus cónyuges, con sus docenas de nietos de todas las edades. Ahora Anna y yo estábamos ahí celebrando el principio oficial de nuestras vidas juntos.

La celebración sobrepasó todo lo que habíamos imaginado; fue perfecta, solo lamentamos de no tener tiempo o los medios para una luna de miel. Y al momento de escribir esto, después de una década y media, Anna todavía me recuerda que ¡sigue esperándola!

* * *

En retrospectiva, me río cuando comparo la presión del ritmo ajetreado de la escuela de Medicina con la vertiginosa y continua actividad de la residencia. Pude darme una idea de lo que me esperaba, particularmente en mi tercer año de la escuela de Medicina, cuando abrí los ojos a la cantidad de responsabilidades que recae en los residentes; especialmente en las universidades más concurridas, en donde los médicos tratantes son los «generales» de «muchos soldados» y necesitan de los segundos al mando para dirigir la «batalla en las trincheras». La persona que me dejó ver un poco más de cerca esta etapa de la formación de un doctor fue Esteban González Burchard, quien había llegado a Harvard para su residencia en Medicina interna.

El Dr. Burchard estaba emocionado de que me estuviera inclinando por Neurocirugía. Sabía que me enfrentaba al escepticismo de algunos, incluyendo personas que creían que me presionaba demasiado y que me estaba involucrando en muchas áreas. Su mensaje fue que continuara distinguiéndome, que confiara en mis instintos y que ignorara a los que dudaban de mí.

Pero Esteban también me advirtió que la residencia de Neurocirugía estaba entre las más brutales de la Medicina. A pesar de que se había independizado recientemente, había sido históricamente una subespecialidad dentro de otros departamentos. Así, mientras los hospitales de las universidades más prestigiosas tenían varios residentes en cada uno de los departamentos con mayor financiamiento, muchas solo podían abrir un lugar cada año para la residencia en Neurocirugía. Dado que aún no me encontraba en las trincheras, en la mira de constantes crisis, entendía estas preocupaciones en teoría y había anticipado que estos desafíos eran para mí.

De hecho, lo único que pude decirle a Esteban fue algo como «Cuenta conmigo. ¡Vamos a bailar!».

Esteban se rio pero me motivó a que midiera mi decisión cuidadosamente.

Pero el «bicho» ya me había picado. Confirmé mi decisión una noche dramática en la sala de urgencias cuando estaba de guardia en el Hospital Mass General y pude ver a un residente de Neurocirugía en acción.

Ingresaron a un joven paciente de edad universitaria en estado de coma, que había sufrido un terrible accidente de auto en el que el vehículo se destrozó totalmente. El ambiente en la mayoría de las salas de urgencias de las grandes ciudades es invariablemente intenso, con mayor presión sobre el personal que trabaja a un ritmo imparable. Y cada vez que llega un paciente apenas aferrándose a la vida, esta presión se torna en caos.

El residente que observé esa noche no permitió que afectara su juicio y no entró en pánico por la poca probabilidad que tenía el paciente de sobrevivir. En cambio, entró en acción: se movía con agilidad atlética y tomaba sobre la marcha las decisiones necesarias. En minutos, aseguró un monitor que indicaba la presión en el cerebro. Como trabajaba con el equipo de enfermería, llamó al doctor a cargo, nuestro profesor, para que lo orientara y para que le diera el visto bueno para llevar al paciente a la sala de operaciones inmediatamente, y salvarle la vida. Bajo la dirección del residente, todos nos movíamos a velocidad óptima, llegábamos a la sala de operaciones con pasos seguros que todos entendíamos, no había necesidad de discutir, dudar o sentir incertidumbre.

Sin ningún tipo de formación en esta área, pude haberme sentido tan perdido como si me hubieran sacado del campo de tomates y lanzado directo a la sala de operaciones. Pero gracias a la dirección precisa y clara del residente, pude confiar en mis reflejos y en mi conocimiento general de Medicina para contribuir al esfuerzo del equipo. Aunque no había indicios de que el paciente pudiera salvarse, eso no nos disuadió de trabajar con el acelerador a fondo, conjuntando lo mejor de nuestras habilidades. Al apoyar el trabajo del residente para extirpar el hematoma —el sangrado dentro de la cabeza del paciente— me llenó de su calma, concentración, energía y determinación.

Este caso, aparentemente imposible, fue mi primer encuentro con la parte de la Neurocirugía que es similar a entrar en combate; que requiere del médico actuar como espadachín, como un verdadero samurái. Eso personificaba el residente en la sala de operaciones, demostrando que cada movimiento cuenta hacia la vida o la muerte —cada movimiento, cada palabra, cada parpadeo—. Vi cómo aprovechaba su propia energía y la de todos los demás, moviéndose ágilmente de principio a fin. Para cuando el cirujano llegó, el paciente estaba fuera de peligro.

A la mañana siguiente, nuestro paciente despertó con poco más que un dolor de cabeza, y tres días después regresó a casa para continuar con su vida.

¿Cómo podría tasar esta experiencia inspiradora de ver a alguien, que aún estaba en entrenamiento, hacerse cargo, infundir calma y orden y después salvar una vida? No hubo fiesta ni palmaditas en la espalda, no hubo intento alguno por reclamar la gloria. Todos estábamos simplemente haciendo nuestro trabajo. Teníamos un propósito. Y respondimos.

En otras ocasiones, aprendí que no todos pueden con la presión que ese residente pudo manejar. Y me di cuenta de que no todas las urgencias, sin importar cuánto hagas por tu paciente, tienen un desenlace victorioso. Sin embargo, esta experiencia reveló el poder innato que hay en cada paciente, independientemente del diagnóstico o el pronóstico: la voluntad por sobrevivir, de luchar por su vida. En efecto, cuando estaba haciendo conciencia de mi propio «viaje», comprendí que una de mis labores como médico sería conocer el «viaje» único que cada paciente hace. Y en cada historia descubriría esa capacidad milagrosa para superar los obstáculos y convertirse en un héroe de la propia batalla entre la vida y la muerte.

El caso que más influyó para comprenderlo —y que ayudó a sellar mi decisión sobre el tipo de Medicina que quería practicar y sobre el tipo de médico que quería ser— no fue parte de mi educación formal, sino una experiencia que compartí con Neil Ghiso, amigo y compañero de la Escuela de Medicina de Harvard. Guapo, brillante y una estrella en todo lo que hacía, Neil había sido barman antes de decidirse por Medicina. Era muy bueno escuchando y conocía innumerables historias. Estaba seguro de que sería un excelente médico dentro de cualquier disciplina que eligiera. Pero durante las vacaciones a finales de 1997, Neil me llamó desde su casa en Michigan, muy preocupado y con notable miedo en su voz. Me explicó que necesitaba pedirme un favor.

—Por supuesto —le dije.

Neil me explicó que durante el vuelo a Michigan, había perdido el conocimiento y que cuando lo recobró supo que había sufrido una convulsión. No necesitaba que le dijeran que un tumor cerebral se la había ocasionado, y una resonancia magnética en Michigan, efectivamente mostró que era un tumor.

—¿Cómo puedo ayudarte? —le respondí inmediatamente.

Neil quería volver a Harvard para continuar con sus estudios, independientemente del camino que su enfermedad tomara. Me preguntó si podría ayudarle a concertar citas con algunos neurocirujanos del área. La única explicación del porqué me eligió a mí —hecho que consideré un honor— fue «Alfredo, tú siempre tienes información precisa». Aunque no necesariamente tenía los contactos, pude concertarle algunas citas de inmediato. Mientras esperaba su regreso a Boston, pasé mucho tiempo tratando de entender cómo era posible el diagnóstico. No había habido indicios, síntomas, ni premoniciones. O, ¿sí los había habido? Sobre todo me preguntaba, ¿por qué Neil? Pero no obtenía respuestas para ¿por qué Neil?, como tampoco para ¿por qué cualquiera? Era cierto que la pregunta «¿por qué?» me causaría mucha angustia en nombre de mis pacientes en años venideros. La mejor descripción sobre cómo se siente recibir el golpe de un diagnóstico devastador, me llegó posteriormente con mi paciente Don Rottman. Don lo equiparó con ir manejando solo por la carretera en medio del desierto con el aire acondicionado —todo en silencio, fresco y sereno— y de repente sale un auto de la nada y choca contigo. Todo tu mundo se colapsa.

Cuando acompañé a Neil a las citas en dos de los más reconocidos centros médicos, los dos especialistas que vio le dieron el mismo diagnóstico, pero se lo comunicaron de formas completamente distintas. Uno de los doctores le presentó un panorama sombrío y le dio estadísticas que sugerían que muy poco se podía hacer para alterar el pronóstico. El otro doctor caminó sobre el mismo terreno pero lo hizo con esperanza; le presentó varias formas de hacer frente al tumor y le describió opciones que le permitirían tomar una parte más activa en su tratamiento.

Neil eligió al doctor que le ofreció esperanza y después desafió todos los pronósticos al vivir más tiempo que lo que el médico con las estadísticas había predicho. La experiencia fue un curso intensivo sobre por qué un médico debe ofrecer esperanza y comunicación positiva a sus pacientes. Vi como Neil pasó por todas las etapas de lo que parecía la enfermedad más devastadora, ya que afecta al que considero el órgano más hermoso de nuestro cuerpo: aquel que controla las funciones que nos permiten prosperar y disfrutar de la vida, amarnos, razonar, guardar los recuerdos que vuelven nuestras vidas significativas y distintas de las de los demás. Se enfrentó a cada nuevo avance con valor y rara vez sucumbió a la desesperanza, incluso cuando tenía que dejar la escuela para enfrentar los efectos de la quimioterapia y la radiación.

Neil volvió para terminar la carrera un año después de que me gradué y fue elegido por sus compañeros para dar un discurso en la graduación. Aunque no pude asistir —estaba retenido en California por mi salud y otras preocupaciones—, después pude leer algunos fragmentos de su discurso que sé, inspiró a todos. Neil habló sobre la importancia de la orientación que nuestros profesores nos daban: «Realmente todos somos solo el siguiente capítulo de una larga, larga historia». Dijo que debíamos honrar el regalo que nos ofrecían al convertirnos en mentores y enseñar a las siguientes generaciones de profesionales médicos a cuidar con compasión, con el mismo respeto que le damos a una resonancia magnética, a una cirugía o a la ciencia médica en general.

Poco menos de dos años después, en febrero 2002, a casi cinco años de haber sido diagnosticado, Neil Ghiso murió a los 31 años. Su familia creó una fundación en su nombre para promover en los estudiantes de Medicina la educación en el cuidado compasivo, el legado que Neil nos dejó a todos.

En mi memoria, Neil vive, más grande que la vida, una inspiración para seguir intentando ser mejor en lo que hago. A menudo recuerdo las imágenes de los dos doctores que consultó: uno lleno de números y estadísticas desalentadoras, el otro lleno de esperanza y buscando involucrar el amor de Neil por la vida y el deseo de luchar contra la enfermedad.

No fue por accidente, cuando después tuve que elegir mi área de especialización como neurocirujano y científico, que opté por concentrarme en la extirpación y tratamiento de tumores cerebrales y llevar la batalla al laboratorio; en donde, en última instancia, debe ser combatida si queremos encontrar una cura. Entre más crece el equipo, más intensamente siento la presencia de Neil Ghiso en las trincheras con nosotros, alentándonos.

* * *

—Deberías cambiarte el nombre —dijo uno de mis compañeros más abiertos mientras estudiábamos una tarde—. Alfredo Quiñones es un nombre terrible para un doctor —continuó, pronunciándolo incorrectamente..

¿Cuál era su punto? ¡Nadie puede pronunciarlo!

—¿En serio? —pregunté sintiendo mi inseguridad habitual. Pero, mostrando que mi confianza iba en aumento, lo desafié—. Entonces, ¿qué tenías en mente?

—Anthony Quinn era mexicano y cambió su nombre que era Antonio Quiñones —pausa—. Deberías cambiar tu nombre a Alfred Quinn.

¿Dr. Alfred Quinn? Por fortuna, nadie se mostró de acuerdo y seguimos estudiando. Pero el comentario me llevó a la conclusión de que en lugar de tratar de esconder mis orígenes al americanizar mi nombre o ceder ante mi inseguridad, debería ir en dirección opuesta y mostrar orgullo por mi herencia y que mi nombre sea Alfredo Quiñones-Hinojosa. ¡Aún más difícil de pronunciar! Pronto se oficializó el nombre más largo, con guion, que no solo es una forma de honrar a mi madre y su familia, como es costumbre en México, sino que derivó en mi sobrenombre más popular: Dr. Q.

Mis inseguridades aún no desaparecían, pero la posibilidad de celebrar mis orígenes alimentó mi creciente sentido de legitimidad, tanto en mis esfuerzos como en mi esperanza por contribuir a la sociedad. Fue por eso que a finales de 1997, cuando contaba con una beca en Howard Hughes durante mi cuarto año de Medicina, decidí que si iba a criar a mis hijos en el país más grande del mundo, tenía que hacer mi compromiso oficial.

Cuando fui al centro de la ciudad, a la Oficina de Inmigración en el Edificio Federal, llevé conmigo un enorme libro de Medicina pensando que estaría ahí mucho tiempo esperando, llenando formas y otros requisitos burocráticos. Conociendo la dura y larga espera de mis padres para obtener la ciudadanía, supuse que mi proceso sería similar y que tendría que regresar varias veces después de aquel día.

Debido a las leyes migratorias de California que existían al momento en que mi familia y yo llegamos a Estados Unidos por primera vez como trabajadores indocumentados, pronto calificamos para las *Green Cards* y alcanzamos un estatus legal que nos permitía ser candidatos a la ciudadanía. Los requisitos incluían probar haber residido en Estados Unidos por lo menos cinco años, comprobar que el solicitante era una persona con calidad moral, que acogía los principios de la Constitución de Estados Unidos, y que poseía conocimientos básicos de inglés, así como de la historia y el gobierno de los Estados Unidos.

Por supuesto, mis padres cumplían con todos los requisitos y sin embargo, a lo largo de los últimos cinco años, habían experimentado un obstáculo burocrático tras otro: documentos extraviados por parte del gobierno, cambios del personal que provocaba que tuvieran que empezar de nuevo todo el proceso y un trato altanero en general. No tenía razón para esperar que mi experiencia fuera distinta.

Después de recibir el número 112 me senté en el enorme salón junto con cientos de solicitantes. Llevaba conmigo dos cartas de recomendación escritas por dos profesores, en caso de que tuviera problemas o me faltara algún documento. Momentos después, un oficial al frente del salón empezó a gritar números y nombres, una funcionaria de la corte entró por una puerta lateral y murmuró *sotto voce* «¿Alfredo Quiñones-Hinojosa?».

¿Había hecho algo mal? Antes de que pudiera responder, dijo una vez más mi nombre. Me puse de pie, tomé mis cosas y caminé hacia ella.

—¿Cómo está usted? —me preguntó alegremente la oficial, dándome la mano—. Venga conmigo.

Temeroso de que algo terrible fuera a suceder, la seguí a través de la puerta lateral y me informó que iba a conocer a uno de los funcionarios de migración con mayor nivel en Boston.

¿Uno de los oficiales de mayor nivel? «Ay, Dios mío», casi lo dije en voz alta, seguro de que el apogeo que estaba viviendo estaba a punto de terminar.

Sabía que mi status legal estaba en orden. Cualquier repercusión o multas derivadas de mi entrada ilegal al país ya habían sido cubiertas al momento de obtener mi *Green Card* y mi documentación en California. No obstante, mis encuentros con los servicios de migración nunca habían sido placenteros.

El pasillo por el que caminábamos parecía eterno. Finalmente, mi guía me dirigió a una oficina donde conocí a una mujer que hablaba con una nítida y agradable pronunciación cuando leía mi solicitud y las dos cartas de recomendación.

Cuando la oficial superior terminó de revisar mis papeles, me miró fijamente a los ojos y me dijo:

—Solo tengo una pregunta.

—¿Sí?

—¿Cómo le hizo? ¿Cómo hizo para pasar de jornalero ilegal, hace diez años, a ser estudiante de Medicina en Harvard con recomendaciones entusiastas de científicos y profesores mundialmente reconocidos?

¿Diez años? No había pensado en eso antes. Pero había llegado en 1987, diez años antes. No sabía qué decir. No sabía si era una prueba, parte de la entrevista; vacilé un momento y después respondí:

—Bueno, tuve suerte, supongo.

—¿Suerte?

—Estuve en el lugar correcto en el momento correcto en varias ocasiones. He sido muy afortunado de vivir el sueño americano.

Mientras me escudriñaba y digería mi respuesta, no sabía si había respondido correcta o incorrectamente. Después miró mis documentos y agregó:

—También me doy cuenta de que no ha presentado el examen de Historia de los Estados Unidos.

Al parecer, había tomado la vía rápida para la entrevista, sin haber presentado el examen. Antes de que pudiera ofrecerme a tomarlo, continuó:

—Pero por supuesto, usted estudió Historia de Estados Unidos en sus cursos preuniversitarios; y ahora que es estudiante de Medicina en Harvard, estoy segura de que está preparado para todo lo que viene en el examen.

Con esto, puso un sello en mis papeles, me los entregó y dijo:

—Felicidades. Ha calificado para ser ciudadano de los Estados Unidos.

Caramba.

Me fui aliviado y agradecido, con mis documentos en la mano. Tenía sentimientos encontrados sobre el hecho de que había completado en menos de un día un proceso que a mis padres les había tomado cinco años y que apenas recientemente habían logrado. Estaba sorprendido por la diferencia en el trato. La justicia, como dicta la Constitución, debe ser ciega, sin distinciones. Me desconcertaba el pensar que probablemente se utilizaba un criterio para los candidatos más deseables —los más educados, capacitados y especializados— y otro para los solicitantes que eran pobres y sin educación.

Al mismo tiempo, estaba lleno de alegría y me sentía agradecido de ser bienvenido en mi ¡patria adoptada! Y no habría sido capaz de dar este salto de no haber sido por mis padres, quienes se merecían el mismo crédito por cualquier tipo de éxito que yo pudiera reclamar.

En la ceremonia de ciudadanía, que se llevó a cabo en el Faneuil Hall, que cuenta con 250 años de antigüedad y en donde muchos de los fundadores de Estados Unidos se reunieron para discutir la independencia, en mí predominaban emociones de orgullo y apreciación. Anna fue conmigo para celebrar, y cuando tomábamos nuestros asientos entre otras quinientas personas en el gran salón, los dos nos sonreímos y miramos alrededor, imaginándonos cuánta historia de los Estados Unidos se habría llevado a cabo en ese lugar. El juez que presidía había invitado a un amigo suyo a dar el discurso principal de bienvenida a todos nosotros, nuevos ciudadanos de los Estados

Unidos. Este caballero contó una historia estimulante sobre el arribo de su bisabuelo a finales de 1800 con la esperanza de una mejor vida para él y su familia. Gracias a generaciones de lucha y sacrificio, la familia de nuestro orador le había dado la oportunidad de asistir a una escuela preparatoria de élite y de terminar sus estudios profesionales y de maestría en Harvard. Como el hombre de negocios exitoso que era, terminó su discurso diciéndonos cómo Harvard lo había inspirado y nos aseguró que el camino al sueño americano era a través de la educación.

Al escuchar cada palabra de su discurso, que tomó cuarenta y cinco minutos, me maravilló que lo que le había llevado a su familia generaciones enteras lograr, yo había tenido la oportunidad de obtenerlo ¡a la velocidad de Kalimán! Finalmente entendí por qué la pregunta sobre mis diez años de trayectoria había surgido en mi entrevista de inmigración. Recuerdos de esos años volaron ante mis ojos: recuerdos de llegar sin dinero, sin conocimiento de inglés, nada; de trabajar en el campo y comer tomates, maíz crudo y brócoli; de vivir en mi pequeño tráiler con goteras que yo llamaba un palacio; de palear sulfuro, de raspar sebo de pescado en tanques; y soldar vagones de tren, a punto de morir durante el proceso. Cada parte de mi educación explicaba cómo alguien como yo podía ir de cosechar a Harvard, conocer y casarse con la mujer de sus sueños y estar pensando en las siguientes etapas de la carrera de Medicina.

Y ese día, con Anna tomando fotos de su esposo —es decir, yo— de pie, solemnemente jurando lealtad a los Estados Unidos de América, me di cuenta no solo de lo que este maravilloso país me había permitido hacer, tomándome con los brazos abiertos, sino también de cuánto más tenía la esperanza de lograr y devolver.

En tierra de gigantes | 08

Hacia el final de mi cuarto año en la escuela de Medicina, después de que concluyera mi beca de investigación de un año, conocí a un paciente cuya historia cambió la mía.

Un hombre de cincuenta y dos años que había estado en la cima de su carrera, con una familia devota y amorosa. Llegó a Harvard afectado por una enfermedad que muchos médicos brillantes no habían logrado diagnosticar. Después de haber gozado de excelente salud, había sufrido un ataque repentino de dolor de espalda y debilidad en la pierna derecha que le estaba causando dificultad para caminar. Dentro del equipo, yo era el estudiante en el último año de la carrera —un paso debajo de la residencia— y era supervisado por el médico tratante. Seguí su caso de cerca, no solo durante los exámenes y la cirugía, sino también en el laboratorio donde las biopsias se tomarían, e interactué con él y su familia durante cada etapa.

Al principio estábamos tan desconcertados por los síntomas como lo habían estado otros médicos. Las piernas del paciente estaban inflamadas y cubiertas por pequeños puntos de color café, y sus reflejos eran pobres —una mezcla de información que no nos arrojó un diagnóstico evidente—. Después de una serie de pruebas, descubrimos una lesión en el nervio ciático detrás de la pierna, que se extendía hasta debajo de la rodilla; y eso probó, después de una cirugía, que era un linfoma maligno y peligroso. Pruebas subsecuentes mostraron que no había ninguna otra lesión, así que hicimos un plan para tratarlo que implicaba cuatro meses de quimioterapia seguidos de una serie de radiación. Después de terminar la quimio, antes de empezar la radiación, repentinamente volvió con nosotros con exactamente los mismos síntomas, pero ahora agravados por un dolor cada vez más intenso. Vimos cómo su camino dio un giro drástico, hacia lo peor; su verdadera y heroica batalla contra una enfermedad misteriosa comenzaba. Después se diagnosticó como neurolinfomatosis: un aterrador cáncer del nervio periférico. Había muy pocos casos previos de esta enfermedad y su caso, desafortunadamente, tampoco seguía los mismos patrones. En Medicina, le llamamos «cebra» a las enfermedades extrañas y anómalas como la de él[1].

Después de que había respondido favorablemente a más quimioterapia, la última agravante se presentó en su siguiente visita cuando nos dimos cuenta de que no podía mover el lado derecho de su rostro, una indicación de que el cáncer muy probablemente estaba invadiendo todo su cuerpo. Sin embargo, todas las pruebas daban negativo para cualquier tipo de progresión sistémica e invasión del cáncer. Conforme a todo lo que sabíamos, no había una conexión directa entre sus síntomas y la causa. Pero tenía que haber una. El plan era continuar con más quimio en vez de radiación mientras tratábamos de descifrar esta enfermedad impredecible. Pero nuestro paciente no tuvo tiempo para obtener respuestas antes de que otro ataque de síntomas se presentara, del tipo que yo nunca había presenciado.

El dolor en el cuello, aún no atribuible a ninguna causa, se tornó tan terrible que permanecía despierto por días y noches. Lloraba desesperado por un alivio para su dolor, que se extendía por todo su cuerpo, y ni siquiera la morfina podía calmarlo. El tumor inicial había invadido casi todos los nervios de su cuerpo, orillándolo a un camino de intenso dolor físico, mental y espiritual, con un destino que le ofrecía pocas esperanzas.

Recuerdo claramente estar sentado con el paciente, sosteniendo su mano y viendo la batalla que libraba en su interior. Una de las muchas lecciones que aprendí al seguir su caso, visitándolo en el hospital varias veces al día, fue que los médicos deben estar conscientes de que la familia padece su propia agonía cuando ven que el ser querido de repente es atacado por una enfermedad monstruosa.

Cuando el dolor del paciente empeoró y sus órganos empezaron a colapsarse, claramente anunciaban que la muerte se acercaba, aprendí que no existe algo «bueno» o «malo» que decir o hacer cuando visitas a la familia y al paciente en estado crítico. Durante los momentos difíciles que pasé con los familiares, quienes habían soportado dieciséis meses de ver a su ser querido luchar contra la enfermedad, aprendí a dar consuelo haciendo lo que mi corazón me dictaba. En ocasiones batallé por decir algo significativo y profundo solo para darme cuenta de que el silencio puede ser tan poderoso como las palabras. La conexión es lo que importa, ya sea en forma de un abrazo o una pausa para sostener a un paciente o un familiar y dejar que las lágrimas fluyan. O se puede ofrecer consuelo en un momento ligero de humor y energía o al transmitir un mensaje positivo para el día.

El tiempo que pasé con la familia del paciente puso los cimientos que al día de hoy sigo construyendo, y sobre los que me baso para alentar a mis residentes y estudiantes a que en su trabajo ofrezcan cuidado con compasión. También me ayudó a apreciar la oportunidad que el clínico o el científico tienen para convertirse en un mediador, un campeón. Para ello pensaba que si podíamos estudiar qué le había pasado a este paciente, qué causó su enfermedad, nuestros descubrimientos podrían aliviar el sufrimiento de otros en el futuro.

Para ese entonces, en la escuela de Medicina, había publicado tres artículos sobre mi investigación en el laboratorio, en el primero de los cuales compartía la historia de este paciente (*Solitary Sciatic Lymphoma as an Initial Manifestation of Diffuse Neurolymphomatosis*). Como autor principal y cuatro miembros de mi equipo trabajando conmigo, tenía que darle sentido, clínicamente hablando, a lo que había pasado. Y tenía una razón más personal: necesitaba un camino para lidiar con el dolor de la pérdida de alguien, algo que sospecho nunca aprenderé a hacer por completo.

Al principio, yo no entendía que mi artículo sería una forma de inmortalizar al paciente, dándole a su vida un sentido duradero y dejando ver a su familia que su muerte no había sido en vano. Era tan importante hacerlo bien, que escribí no menos de treinta y ocho borradores.

El caso fue un rito de transición, una prueba para determinar si había comprendido la realidad del camino que había elegido o si quería reconsiderarlo. Pero escribir sobre el paciente también me inspiró a tener el valor de avanzar más allá de mis propias dudas. Practicar la Medicina no es una apuesta segura, me dije. Se trata de asumir una enfermedad como el cáncer cerebral, un dragón aterrador, y pelear contra él usando cualquier herramienta a tu disposición —como cirujano, científico, el mediador de un paciente— y no sucumbir al miedo, aun cuando los medios no sean los adecuados para el trabajo, especialmente dentro del arriesgado negocio de descifrar enfermedades misteriosas.

* * *

Por otro lado, no estaba solo en la pelea, gracias a mi equipo en expansión de compañeros estudiantes quienes «seguían en la nómina», como bromeábamos cuando nos acompañaban en las noches de películas o fiestas improvisadas. Anna observaba que la formación de mi séquito era un retroceso a mis días de infancia cuando enlistaba a hermanos y primos para participar en mis proyectos. También comentó que algunos de mis colegas más jóvenes, como Frank Acosta, eran realmente como hermanos.

Frank, mexicano-estadounidense, se crió en el este de Los Ángeles en un barrio en donde la mayoría de sus compañeros dejaban la escuela para unirse a pandillas y drogas. Frank decidió desde un principio tomar otro camino, y sus padres trabajaron muy arduamente para poder enviarlo a una preparatoria católica y privada, en donde destacó académicamente. A partir de ahí, continuó en la Universidad de Harvard para obtener un título universitario y entrar a la escuela de Medicina. Iba tres años atrás que yo, y era brillante y siempre dispuesto a unirse a las aventuras y posibilidades interesantes.

Así que cuando inicié horas de investigación en Mass General —a pesar de que implicaba un trayecto en autobús de treinta minutos a las cinco de la mañana—, Frank estaba dispuesto. No se obtuvo mucho de ese proyecto, pero usamos el tiempo del trayecto de forma positiva; nos conocimos más, estudiábamos, dormíamos unos minutos. Saber cómo comer y dormir cuando se requiere es una habilidad esencial para la supervivencia de un médico. La otra lección que aprendimos, como Frank después comentó, fue que los esfuerzos de investigación que no generan resultados específicos o descubrimientos extraordinarios pueden retribuir en formas inesperadas.

A veces solo hay que subirse al barco, solo hacerlo, la razón vendrá después.

En ese sentido, había empezado a darme cuenta de que cada vez que me encontraba luchando por tomar una decisión, si me esperaba lo suficiente, la claridad prevalecería. O eso me decía cuando, solo faltándome un año para terminar la escuela de Medicina, de repente empecé a tener pesadillas como las que solía tener de niño. Sin embargo, esta vez yo no era un superhéroe que perdía mis poderes justo cuando los necesitaba para salvar a mis seres queridos de ser devorados por deslaves o infiernos. Estos sueños eran mucho más reales; soñaba que estaba endeudado y muriéndome de hambre o atemorizado por no alcanzar una calificación. En una pesadilla, no solo reprobaba como neurocirujano, también debía volver a México en una situación de vergüenza; y cuando llegaba a casa, no me readmitían como profesor en el sistema educativo. En las horas de vigilia ocasionalmente me preguntaba, ¿y si el mensaje de estos sueños es verdad? ¿Y si fue un error dejar la enseñanza o pretender que podía ir más allá? Las voces que me decían, no podrás y ¿quién te crees que eres?, eran mías. La ansiedad que rondaba mis sueños reflejaba la lucha entre la vida y la muerte que veía todos los días. Otras voces surgían de la preocupación por mi familia en California y mi imposibilidad de ayudarlos. El barrio de Stockton seguía en deterioro, y la violencia atestó cerca de casa cuando el mejor amigo de mi hermano Jorge fue asesinado. Lo mataron a unos cuantos pasos de su casa, frente a su familia, a corta distancia. Mi familia estaba viviendo en ese ambiente mientras yo caminaba en los pasillos de la magnificente Escuela de Medicina de Harvard.

Pero la razón principal por la que me preocupaba, incluso cuando dormía, era probablemente por las noticias que recibí una noche de la primavera de 1998, después de caminar a casa desde el Mass General en una hermosa tarde de mayo. El verano había llegado antes a Boston y hacía mucho calor, incluso después de que el sol se había puesto. Vestía pantalón de mezclilla y una camiseta verde, recuerdo claramente, y me permití bajar el paso y caminar despacio para disfrutar de la vista de la ciudad y observar a los remeros en el Río Charles. El agua estaba alumbrada por el reflejo de los faroles y una luna amarilla, la superficie brillaba alegremente como prometiendo diversión al hacerlo.

Cuando llegué a casa, Anna también estaba de un humor maravilloso, pero atribuía su alegría no al buen clima, sino a algo más. Sostenía en su mano una prueba de embarazo casera que acababa de hacerse. Me la entregó y miré atentamente. El signo azul estaba delineado. ¡Positivo! ¡Chispas! Íbamos a tener un bebé.

Estábamos encantados. Pero al instante en que me convertí en un hombre esperando un bebé, todo cambió. Como alguien que se había arriesgado casi toda su vida, había evitado dedicar tiempo a preocuparme por un futuro incierto. Pero ahora, con la paternidad en trámite, tomé un nuevo sentido de responsabilidad. Feliz y nervioso al mismo tiempo, sentí el peso de convertirme en un buen proveedor, junto con el miedo de revivir la pobreza y el hambre que mi familia había vivido. Después, pensé que era injusto incurrir en más deudas para convertirme en neurocirujano y me pregunté si debería elegir una especialidad que no requiriera otros diez años antes de poder ganarme la vida dignamente.

Para diciembre de 1998, a pocas semanas de que naciera el bebé, mis pesadillas pararon tan abruptamente como habían llegado un año antes. Mirando hacia atrás, creo que mi psique me estaba preparando para la paternidad y futuros retos, al dejarme vivir la versión de película de terror de mis miedos en forma de sueños. Este proceso me permitió elegir conscientemente el dejar de preocuparme por todo lo que puede salir mal y mantener mi verdadera naturaleza para abrazar la posibilidad de que todo puede salir bien. Ahora simplemente debía reunir el valor y el dinero para viajar al área de la Bahía para entrevistarme para la posición en el internado y residencia en Neurocirugía en la Universidad de California, San Francisco (UCSF). Después de haber sido rechazado para la escuela de Medicina, volvía ahora como contendiente, con la esperanza de sujetar el premio que muchos otros de los mejores candidatos de alrededor del mundo querían tanto como yo. Regresar a la costa oeste y entrenar con los gigantes del ramo sería un sueño hecho realidad, y una posibilidad remota. Pero si no lo intentaba, ¿cómo podría vivir a la altura de la creencia de que cada hombre —y mujer— es arquitecto de su propio destino?

Cuando llegué a San Francisco para mi entrevista, no pude evitar sentirme intimidado. En el mundo de la Medicina, UCSF era terreno sagrado que alberga a la escuela de Medicina y el extenso complejo histórico del Hospital General de San Francisco en la parte más ruda de la ciudad, y el más moderno Hospital Moffitt en un barrio más próspero. El departamento de Neurocirugía había sido llevado a la fama por su primer presidente, Dr. Charlie B. Wilson, quien aún seguía ahí y cuya influencia como neurocirujano era legendaria. También lo era la historia de Wilson: cómo lo criaron en una pequeña comunidad agrícola en Ozarks, hijo de una madre completamente Cherokee y un padre farmacéutico irlandés; cómo a pesar de su constitución ligera, lo aceptaron en Tulane con una beca académica y de futbol, que él mismo complementaba tocando el piano por las noches en el *French Quarter*. Pero nada de la tradición del Dr. Wilson me preparó para conocerlo en persona. Con su corto pelo oscuro, pómulos altos y brillantes ojos negros, tenía la intensidad de un guerrero Cherokee, y cuando hablaba con los demás, su mirada parecía agujerearlos.

Pero el escrutinio del Dr. Wilson no me desconcertó; fue cuando me presentaron al Dr. Mitch Berger, el jefe de departamento y el individuo destinado a ser, tal vez, el mentor que más me influyó. El visionario Dr. Berger era visto como un capataz extremadamente duro; se decía que su mismo nombre causaba temor en los corazones de muchos residentes.

De pie junto al impresionante y robusto hombre de un metro noventa centímetros, de melena blanca y una presencia más grande que la vida, no dudé ni por un segundo que ¡era Supermán! Mientras el Dr. Berger se sentaba entre sus compañeros médicos durante mi entrevista, su porte me dejó ver quién estaba a cargo. Posteriormente, cuando extendió su mano para despedirnos, me sorprendió su tamaño y la fuerza, ¡equivalente a mis dos manos! Todo en él era enorme: su ética para trabajar, su concentración, sus talentos y su capacidad para cuidar a los pacientes, la cualidad del Dr. Berger que más aprendería a admirar.

En este viaje conocí a otro futuro mentor, un maestro *Jedi* de Neurocirugía, el Dr. Michael Lawton. Motivador y modelo a seguir, Dr. Lawton era conocido por inspirar con paciencia y ecuanimidad. Jamás levantaba la voz en la sala de operaciones, como otros hacían. En lugar de ello, simplemente decía, silencio, por favor, y todo quedaba callado. En nuestra entrevista, estaba ansioso por escuchar más sobre el enfoque de las técnicas neuroquirúrgicas que tenía el Dr. Lawton, que había aprendido durante su formación estelar y había afinado posteriormente. Tuve que morderme el pulgar para calmarme. El Dr. Lawton fue de los primeros que identificó este hábito mío como un signo de que estaba tramando algo grande. Como el tiempo lo diría, capacitarme con el Dr. Lawton determinaría la forma en que practico la cirugía actualmente, particularmente el uso de instrumentos especializados y equipo que me permiten siempre tener las manos sobre el paciente, incluyendo una silla de astronauta especial y un microscopio controlado por mis pies y boca. Además, el Dr. Lawton siempre era accesible, siempre interesado en alentarme para completar toda la carpeta del neurocirujano: en la sala de operaciones, en el laboratorio, en el salón de clases, y junto a la cama del paciente.

Dr. Nick Barbaro, quien estaba realizando un trabajo revolucionario sobre Neurocirugía funcional, era otro de los campeones de UCSF. Notó mi propensión por formar equipos, incluso durante el par de días que me entrevistaron, y empezó a referirse a mi séquito omnipresente como «Q, Inc». Dr. Barbaro, después me enteré, tenía su propia metodología para evaluar candidatos para una o dos posiciones que estaban disponibles cada año. Como no había un proceso de audición para el futuro neurocirujano, buscaba pistas sobre el nivel de destreza del candidato. Dr. Barbaro había comprendido que podía aprender mucho al ver qué tan meticulosamente el candidato se había atado los zapatos.

¡Ajá! Esta prueba normalmente habría sido muy fácil para mí. Después de todo, aprendí a atarme los zapatos en la infancia. Pero nadie me advirtió sobre esta parte de la entrevista. De hecho, como Anna y yo no teníamos dinero presupuestado para zapatos nuevos, tuve que ponerme un par que me quedaba chico, el mismo que me había puesto para las entrevistas en la escuela de Medicina ¡cinco años antes! Después de dos días agotadores de conocer profesores y residentes, no soportaba el dolor de pies, y el único remedio para calmarlo era ¡desatar las agujetas!

Mi viaje a UCSF bien pudo haber terminado en un instante, gracias a mis agujetas colgantes. ¿Qué clase de aspirante a neurocirujano ni siquiera se ataba los zapatos? Por fortuna, en lugar de trabajar en contra mía, los zapatos desatados de alguna forma convencieron al Dr. Barbaro de que yo era una joya en bruto que necesitaba refinamiento. Otro mentor importante, Dr. Michael McDermott, después me comentó que había pensado que mi decisión por desatarme las agujetas me mostraba como una persona práctica.

Me fui de San Francisco con grandes esperanzas pero no con una respuesta contundente. Mi antigua ambivalencia había sido reemplazada por el deseo de aprender de la facultad que acaba de conocer y beneficiarme de las diversas trayectorias y áreas de conocimiento. Aunque Anna y yo teníamos que esperar el veredicto, estábamos con el ánimo alto. Y nuestra alegría se duplicó cuando le dimos la bienvenida a este mundo a nuestra hermosa hija, Gabriella. Tres semanas después, llegó la noticia oficial de que ¡había sido aceptado en UCSF! Dimos un suspiro de celebración y alivio y después comenzamos la difícil tarea de encontrar una vivienda accesible en San Francisco.

¡Estaba listo para conquistar al mundo! Pero no puedo decir que finalmente había borrado los sentimientos de inseguridad y vergüenza que me habían traumado desde aquel comentario del adjunto en Berkeley. Ese momento llegó cinco meses después, en junio, cuando pronuncié el discurso de graduación de la Escuela de Medicina de Harvard. Ese triunfo fue también un exorcismo. Todo el temor acumulado de que alguien escucharía mi acento y me estereotiparía, había desaparecido. Era un ciudadano estadounidense y de México, ¡estaba orgulloso de decirlo!

Y así fue como, a los 31 años, estaba a la altura del sobrenombre «Doc» que se me había acuñado en la adolescencia. Fui elegido en mi clase para pronunciar el discurso —los diez minutos más difíciles de mi experiencia de hablar en público— y no solo borré todas mis inseguridades, sino que finalmente reconocí en público que un roce con la muerte había sido fundamental para que yo estuviera ahí aquel día.

En el discurso, descrito por el comité de graduación como un «Campo de sueños», ofrecí mi historia como un ejemplo de esperanzas y esfuerzos que habíamos compartido como clase. Arranqué aplausos meramente por haber declarado lo obvio: «He aprendido que si nuestras mentes pueden concebir un sueño y nuestros corazones sentirlo, el sueño será mucho más fácil de alcanzar».

Durante los aplausos, me tomé un momento para mirar al público y distinguí los rostros radiantes, llenos de lágrimas, de algunos miembros de mi familia, quienes estaban sentados muy cerca al frente. Junto con Anna —quien cargaba en sus brazos a una entusiasmada Gabbie—, la mayoría de mis hermanos estaban ahí, al igual que mi tía Marta y, por supuesto, Sóstenes y Flavia, mis padres. Papá lloraba abiertamente y los ojos de mamá brillaban con orgullo.

Después, mirando a mis compañeros graduados y sus familias, compartí mis pensamientos sobre nuestros próximos pasos. «Como corredor, he descubierto que una carrera no termina en la meta; por el contrario, cada vez que llegas a la meta, una nueva carrera comienza». El éxito, mencioné, estará menos determinado por nuestros dones personales y más por el trabajo en equipo que nuestros estudios en conjunto ayudaron a inspirar. Y esto era verdad para cada uno de nosotros, que nos separaríamos y continuaríamos en las áreas de nuestra elección.

La ceremonia fue una de las experiencias más mágicas de mi vida, y la mejor parte fue compartirla con mi esposa e hija y con los miembros de mi familia que habían viajado a lo largo del país para celebrar conmigo. Nunca olvidaré la gama de emociones en sus rostros: felicidad, esperanza, emoción, sorpresa, tal vez incluso tristeza al recordar pérdidas pasadas y apuros y al contemplar el presente y el futuro. Pero una vez que la graduación formal terminó, la familia completa me rodeó y no podía dejar de abrazarme, besarme y sonreír, como si hubiera ganado un campeonato de peso completo.

Al día siguiente seguíamos sonriendo, a pesar de que teníamos que levantarnos temprano para enfrentar la enorme tarea de guardar todas nuestras pertenencias en el mundo en un camión de mudanzas rentado, detrás del cual remolcaríamos nuestra desgastada pero indispensable *pick up* roja, Pepe, para el recorrido de Boston a San Francisco. Afortunadamente, muchos de los miembros de «Q, Inc.» estaban ahí para ayudar. Varios de ellos me molestaron por arrastrar con nosotros la *pick up*, la llamaban «monstruosidad» y «pedazo de chatarra». ¡Oh, vosotros hombres de poca fe! Pepe no solo duraría cinco años de residencia y un año de postdoctorado, sino que sería adoptada por mi padre. Al momento de escribir esto, ¡sigue acumulando kilómetros!

Antes de que termináramos de cargar el camión, un reportero del *Boston Globe* se presentó para hacerme algunas preguntas para un artículo sobre mí que presentaría en unas pocas semanas, junto con mi foto en primera plana. Verdaderamente estaba viviendo ¡la vida loca! Frank Acosta me advirtió:

> —¡No permitas que toda esta fama y fortuna se te suban a la cabeza!

> —Sí, claro, «fortuna» —reí, no seguro aún de cómo Anna y yo lograríamos vivir con el salario de subsistencia que pagan a los internos. Pero por un momento dejé las preocupaciones de lado para disfrutar de la despedida victoriosa que nos daban mientras decíamos adiós a Harvard y a nuestros amigos, en medio de gritos de ¡buen viaje! Y promesas de mantenernos en contacto.

Con cinco meses de edad, Gabbie estaba en su silla para auto, asegurada entre Anna y yo, viéndonos a los dos con una sonrisa angelical. Salimos juntos hacia la siguiente etapa de nuestro viaje. Dimos una última vuelta a nuestro vecindario, manejamos frente a los edificios de la escuela de Medicina, frente al Vanderbilt Hall, y después junto al Río Charles antes de salir de la ciudad, lejos de Boston y todos los que ahí se habían convertido en nuestra familia. Cuando llegamos al *freeway*, Anna volteó sobre su hombro para mirar por última vez todo lo que dejábamos atrás. Me recordó sobre aquel primer invierno que tuvo que manejar a Pepe sobre las traicioneras calles llenas de nieve, resbalándose y deslizándose todo el camino hasta llegar a su trabajo como maestra en los suburbios. Anna no solo había sobrevivido al proceso de adaptación, sino que muy pronto se sintió en casa, amando a sus estudiantes y colegas y disfrutando de la libertad de explorar la ciudad por sí sola y conmigo, y más recientemente saboreando su momento como nueva mamá. Mientras ella recordaba, yo miré por el espejo retrovisor y vi como Boston se quedaba rápidamente en el pasado.

Durante todo el trayecto a San Francisco, nos invadió una sensación de ligereza increíble. Por primera vez en mucho tiempo, lo único que tenía que hacer era llevarnos a salvo de un lado del país al otro. Podíamos reír, hablar, cantar y compartir el silencio mientras observábamos el paisaje cambiante de la zona central. Una y otra vez, me maravillé por la belleza del país que ahora podía llamar mío.

La alegría de nuestro viaje al oeste seguía en mí cuando me reporté para mi primer día de trabajo en el Hospital General de San Francisco y cuando unos días después, me uní a la sala de urgencias durante mi primera noche de guardia. Para cuando llegué al área de traumatología, ya había bajado de las nubes, tocaba el piso en el momento justo para ver la cuesta verdadera delante de mí.

* * *

Los primeros meses de mi internado tuvieron altas y bajas. En el lado positivo, a pocas semanas de mi llegada, ya había logrado recuperarme, después de aquella «caída» desde la torre de marfil hasta el campo de batalla de un neurocirujano en formación. Navegar este terreno se hizo más fácil al recordar las lecciones aprendidas como trabajador migrante de temporada, sobre cómo era posible alcanzar una posición superior en el trabajo para después ser derribado y volver a empezar de cero en el siguiente. Además, me recordaba a mí mismo, si pude mover líneas de riego descalzo en invierno y apalear sulfuro y sebo de pescado, entonces podría manejar las pruebas que me presentara el internado.

En el lado negativo, las primera brutales semanas de entrenamiento fueron un juego de niños comparado con la prueba de fuego a la que estaba a punto de enfrentarme. Me hubiera sido útil haber tomado el consejo que Mickey (Burgess Meredith) le dio a Rocky cuando comenzó a entrenar: «Vas a comer rayos y a defecar truenos».

Al igual que en la guerra, la única forma de hacer frente a la residencia era haciendo equipo con tus compañeros soldados, quienes estarían ahí para ti y viceversa. Este grupo de hermanos y hermanas fueron, en primer lugar, mis compañeros residentes. Estando juntos en las trincheras, desarrollamos lazos que durarían para toda la vida. Después de todo, en el transcurso de seis años —con un estimado de seis a siete mil neurocirugías realizadas colectivamente—, ¡pasé más horas con mis compañeros residentes que con mi propia familia!

Nos apoyamos los unos a los otros viviendo en un constante estado de alerta máxima, en la cúspide de la vida y la muerte, trabajando juntos a la medianoche, ayudándonos a tomar decisiones mientras luchábamos contra una enfermedad o la lesión en el cerebro de algún paciente; y enfrentándonos, literalmente, a lo impredecible.

Llegamos a sentirnos como miembros de las Fuerzas Especiales. Sí, estábamos bajo las órdenes de los generales, los médicos, pero también como jefes o residentes de bajo nivel, tomamos muchas de las decisiones inmediatas, las cuales frecuentemente determinaron el resultado final en pacientes que se encontraban al borde de la muerte, y enfrentamos las muertes que sí ocurrieron. Muchas veces fuimos responsables de comunicarnos con las familias de estos pacientes. Un quiebre que pude identificar durante mi primer año de residencia fue que, como interno, yo no estaba bajo el intenso foco de formación bajo el mando de los cirujanos adjuntos. Por el contrario, la ley del más fuerte me había puesto bajo la supervisión de residentes de alto nivel que tenían como tarea mostrarme todos los fundamentos a gran velocidad, y prepararme para la agotadora formación que seguiría.

Para mi buena fortuna, durante este periodo estuve bajo la atenta mirada del Dr. Geoffrey Manley y del Dr. George Edward Vates IV, dos residentes de alto nivel que rápidamente se convirtieron en mis mejores aliados y en mis amigos más cercanos.

Al igual que yo, Geoff Manley tenía una historia poco común. Originario de Lousiville, Kentucky, lugar donde había nacido mi héroe, Muhammad Alí, Geoff había desertado de la preparatoria y había iniciado un negocio como mecánico de autos, cuando la conversación con un cliente le cambió la vida. Aquel hombre, que resultó ser profesor, le dijo, «¿Sabes? Creo que eres un tipo realmente brillante y no creo que vayas a ser feliz siendo mecánico el resto de tu vida».

Aquel comentario no solo echó a andar los engranes para que Geoff terminara la preparatoria abierta y comenzara a asistir a la universidad por las noches, sino que cuando buscó una manera de ganarse la vida, terminó trabajando en el laboratorio de aquel profesor. ¡Lotería! Después ganó algunas becas y subvenciones que finalmente lo llevaron hasta Cornell, en la *Ivy League*, en donde terminó la carrera de Medicina y un doctorado.

Cerca de siete años mayor que yo, el Dr. Manley era el jefe de residentes cuando llegué, y más tarde se convertiría en profesor asociado, especializándose en Neurotraumatología. Era un modelo a seguir por muchas razones; tenía una intensa ética laboral que coincidía con la mía. Como alguna vez lo señaló, nuestra necesidad de competir con nosotros mismos en lugar de con los demás, era una patología compartida. Proveniente de un contexto muy distinto al mío o al de Geoff Manley, Ed Vates venía de una familia de buena posición y bien educada en la que había una larga lista de médicos, su padre era un reconocido neurólogo. Al igual que Geoff, había asistido a la Escuela de Medicina de Cornell. Cada vez que se presentaba una crisis, Ed sabía cómo lograr que hubiera calma dentro de la tormenta; era tolerancia pura bajo el fuego. También era una de las personas más centradas, cariñosas y compasivas que uno pudiera conocer.

Con apenas dos meses de mi primer año, con Manley y Vates cuidándome, estaba prosperando. Deseoso de aprender y hacer más, solía pasar horas extras en el quirófano cada vez que me era posible. A su vez, los profesores asistentes comenzaban a solicitar mi presencia ahí.

Incluso con el ritmo acelerado que se generó después del Día del Trabajo, me había acostumbrado tanto a las exigencias, que asumí que el proceso de adaptación había terminado y que a partir de ese momento podría navegar en paz. Tal era mi ingenuidad. Y mi error, como lo descubriría más tarde, fue creer que después de ese año no volvería a trabajar más de cien horas por semana. Pero como esperábamos que la carga de trabajo fuera más ligera el siguiente verano, Anna y yo comenzamos a pensar en tener otro hijo. Debido a que yo estaba en casa pocas veces, solo para dormir unas cuantas horas, decidimos aprovechar cada oportunidad que teníamos para lograr aquel objetivo. Recuerdo haber bromeado diciendo que aquella tarea era más fácil decirla que hacerla, mientras salía hacia el trabajo un día en el que me habían programado para hacer rotación con los residentes de Ortopedia.

Cuando Anna y Gabbie me vieron partir aquella mañana, justo antes del amanecer, de pronto sentí la guardia baja ante una extraña premonición. Mientras conducía hacia mi turno, tuve que deshacerme de un súbito temor a no volver a verlas nunca. Para cuando llegué al hospital, estacioné la camioneta y subí hasta la estación de enfermeras para checar mi entrada, ya había olvidado aquellos pensamientos oscuros y estaba de muy buen humor.

—¡Buenos días, mis damas! —saludé a un grupo de enfermeras, añadiendo rápidamente—, ¡y buenos días mis caballeros!

—¡Buenos días, Dr. Q! —escuché como respuesta.

En ese momento sentí que había un nivel de tensión más alto que el de costumbre, el cual nuevamente atribuí al gran número de urgencias que el equipo de Neurocirugía había recibido. Pero después de algunos minutos, la intensa atmósfera de trabajo no parecía ser diferente a la de cualquier otro día.

Sin embargo, cuando comencé la rotación con Ortopedia en el pabellón de VIH-SIDA aquella tarde, mi premonición regresó. Por razones que pronto serían evidentes, en el futuro repetiría esta escena en mi cabeza muchas veces, deseando inútilmente poder reescribirla.

Hubo aquel instante de duda en el que pude haber dicho no y en el que pude no haber seguido al residente de Ortopedia hasta la habitación de aquel paciente que, sabíamos, tenía SIDA y hepatitis C., pero en lugar de anunciarle mi miedo, seguí adelante, manteniendo una actitud respetuosa y profesional.

Recuerdo mi primera impresión del paciente, quien probablemente estaba en sus veinte pero tenía la apariencia de una persona de ochenta años, atrapado en un cascarón humano, amarillento y huesudo, con marcas oscuras en casi toda la piel. Más que haber visto su dolor y desesperación, que parecían llenar el aire, recuerdo haberlos sentido.

Mientras más me acercaba al paciente, sus ojos me hablaron más fuertemente de los estragos que ocurrían dentro de él. Los ojos, muchas veces descritos como las ventanas del alma, también son las puertas al cerebro, especialmente con pacientes que tienen problemas en esta área. Los ojos de este paciente estaban inyectados de sangre y sus pupilas dilatadas; su mirada estaba fija y, al hacer un balance más minucioso, me di cuenta de que sus pies estaban fríos y que sus labios tenían un color azul grisáceo. Su quijada estaba completamente abierta, y respiraba por la boca de manera rápida, superficial y trabajosa. No mostraba respuesta alguna a la voz ni al tacto, debido a que su dolor era tan grande, ya no podía responder a nada que pasara fuera de él.

Después estaba aquel olor a muerte que me había golpeado cuando entramos a la habitación. Un olor nauseabundo, inquietante, que no es como el olor de la orina, las heces, la putrefacción o el azufre. Nada puede quitarlo. Recuerdo haber pensado en el olor que cubría mi pelo, mi ropa y mi piel cuando trabajé en el Puerto de Stockton raspando el sebo de pescado, y aquel olor era mucho peor, porque además incluía la imagen de un hombre que estaba a punto de morir.

Contemplé la fragilidad de la vida y la grotesca forma en la que este paciente estaba muriendo. Para este punto de mi travesía había concluido que, de cualquier forma, todos venimos a este mundo por un breve respiro. Y, sin embargo, tal y como lo vi en las últimas batallas de este paciente, todos buscamos la manera de exhalar e inhalar tan lento como sea posible para poder prolongar nuestra experiencia de vida.

Recuerdo claramente el momento en el que el residente me anunció que trataríamos de extraer la acumulación de líquidos en la rodilla del paciente, «ordeñando» el área con una aguja hueca. Creí haber visto que abría los ojos ante aquella enorme y poderosa aguja hipodérmica, pero no estaba seguro. Nuevamente, ignoré mi mal presentimiento. Sin embargo, cuando el residente me pidió que le ayudara presionando la rodilla para poder extraer más fluido, inmediatamente supe que aquello no estaba bien. Esta no era una vaga premonición, era una fuerte reacción instintiva. Entre la fragilidad del paciente y sus huesos, y el poder de la aguja, pensé que agregar presión podría ser peligroso.

Pero al no tener valor para decir no —a pesar de mis dudas— proseguí con su solicitud, estando consciente de que podría pagar por ello. ¡Otra gran lección! A partir de ese día, siempre escucho mis instintos, incluso si esto implica rechazar cumplir la petición de alguien que tenga mayor jerarquía y meterme en problemas por ello.

Sin duda, esta lección la aprendí a un alto precio, su impacto acercándose a mí en solo minutos que pasarían durante mi caminata hacia la sala de exploración, con personal del hospital esperándome. Debido a un ligero estremecimiento del residente mientras drenaba más fluido, en lugar de retirar y asegurar aquel drenaje lleno de sangre contaminada y fluidos de la rodilla, sus manos resbalaron intentando moverlo.

Esa fue la secuencia de eventos que tuve que describirles a los administradores del hospital, explicando cómo la aguja se había encajado en mí para después retractarse, como si estuviera siendo manejada por una fuerza malévola y después había golpeado el brazo del residente haciéndole un rasguño. Intentando demostrar cómo se había movido al principio, señalé que ni los guantes ni cualquier otra precaución habían sido suficientes para evitar que la aguja contaminada se hundiera en la parte superior de mi mano, cerca de la muñeca, apuñalando profundamente mis venas.

Cuando salí de la sala, después de escuchar la descripción de los representantes del hospital acerca de la intensa terapia triple a la que debía someterme durante un mes, el *shock* comenzó a desaparecer y el pánico se apoderó de mí. Al residente, después de haber sido rasguñado por la aguja, también se le iba a aplicar la triple terapia, pero debido a que el fluido ya se había descargado en las venas de mi mano, esta medida, en su caso, era más bien precautoria.

Una de las partes de la información que me fue más difícil procesar, fue la descripción que hizo uno de los administradores acerca de un caso previo en el que alguien había sido pinchado con una aguja contaminada. Después de un año de pruebas negativas del virus, la persona dio positivo y desarrolló SIDA. ¿Cuánto tiempo faltaba para que yo enfrentara el mismo destino, acostado en una cama de hospital con un olor a muerte rodeándome, mirando fijamente a mis seres queridos, con la misma mirada perdida que había visto en aquel paciente con SIDA? Cambiando esa imagen rápidamente, me concentré en los rostros de Anna y de nuestra bebé y simplemente intenté respirar, inhalar y exhalar lentamente. ¿Cómo iba a decírselo a Anna?

A pesar de que estaba de pie, caminando lentamente hacia la escalera para hacer una llamada, por dentro estaba devastado, nuevamente al fondo del tanque, sin poder hacer nada, sin oxígeno. La diferencia entre aquella y esta ocasión era muy simple: ahora tenía una hija. Eso lo cambiaba todo.

Los accidentes suceden, me recordé, y llamé a casa. Cuando Anna contestó el teléfono, estaba de buen humor, y traté de darle la noticia lo más calmadamente posible.

> —Escucha, cariño, no quiero que te preocupes pero vamos a tener que dejar nuestros planes de tener otro bebé a un lado por un rato.

> —Alfredo, ¿Qué pasa? —dijo dándose cuenta de que algo andaba mal.

Después de contarle el incidente sin intentar hacerlo más dulce, le dije acerca del plan de tratamiento.

> —Ya me conoces —añadí, intentando reconfortarnos a ambos—. Soy un guerrero. Tú eres una guerrera. Saldremos de esta.

240

Anna no dijo nada. Más tarde admitiría que su corazón se había detenido debido a que, en aquel momento, estaba segura de que había sido infectado y había sido sentenciado a muerte. No pude notar si estaba llorando o no.

Hicimos un pacto de tomar esta crisis paso a paso, de prepararnos para el paseo en montaña rusa que estábamos por vivir, el cual incluiría exámenes de sangre cada dos meses durante todo el siguiente año. Nos recordamos uno al otro nuestra ceremonia de bodas, cuando seguimos la costumbre judía de romper una copa de vino con el pie, como un símbolo de las dificultades que son parte de la vida —como las que ahora estábamos viviendo—; pero aquellos lazos matrimoniales serían los que nos ayudarían a salir adelante.

Cuando la noticia corrió rápidamente, me di cuenta de que Anna, mis padres, mis hermanos, parientes y amigos estaban en *shock*. Apenas tres meses antes habíamos estado celebrando mi graduación de la escuela de Medicina. Todos estábamos atrapados en la emoción que provoca llegar a la cima de la montaña: mi ingreso a UCSF, la fanfarria por los honores y las publicaciones, sin mencionar el largo artículo que había aparecido en el Boston Globe contando mi historia de vida. Verme caer de tan alto era lo suficientemente devastador; y, peor aún, tenían que enfrentarse a la posibilidad de perderme.

Pocas veces se convertirían aquellos miedos en palabras durante el siguiente año, pero yo sabía que estaban aterrados. Anna tenía que luchar no solo con la idea de que yo podría morir, sino también con la posibilidad de que le contagiara el virus y me siguiera hasta la tumba, dejando a Gabbie en orfandad. Mientras tanto, Anna tuvo que mantenerse a mi lado mientras yo me enfrentaba a desagradables efectos secundarios por las medicinas de triple tratamiento: vómito, diarrea, debilidad y cansancio. Por mi parte, además de saber que las medicinas ni siquiera garantizaban funcionar, continuaba siendo el hombre de más abajo en el tótem laboral y no estaba en posición de pedir vacaciones, horarios más indulgentes ni un trato especial. El sistema era tal que, según yo, cualquier queja me podría descarrilar.

Mis colegas hicieron lo más que pudieron para parecer optimistas, pero recuerdo la cara de Esteban Burchard cuando escuchó por primera vez lo que había pasado. Con la expresión transformada, dijo «No, ¡Esto no puede ser!».

Él estaba en UCSF durante ese periodo y yo le estaba muy agradecido por el apoyo moral y sincero. Sin demostrar realmente cuán preocupado estaba, Esteban más tarde admitiría que la noticia lo había destrozado. Mientras yo lo veía como mi héroe, como mi modelo a seguir, él me veía como el chico del equipo que siempre levantaba más el juego que todos, siempre listo para un nuevo reto y de pies tan rápidos, que nada podía detenerme. Ahora todo, incluso mi vida, estaba en peligro. Esteban también comprendió por qué no podía quejarme ni tomarme unos días libres. Había un código de conducta no escrito para los residentes de Neurocirugía, especialmente con nuestra mentalidad de Fuerzas Especiales, que despreciaba las quejas y los tratos preferentes porque se podían interpretar como signos de debilidad. Aun así, le preocupaba ver que a nadie con cargo oficial pareciera importarle, y que ninguna autoridad ofreciera soluciones prácticas para aminorar los síntomas físicos y psicológicos mientras yo mantenía el loco horario que mi entrenamiento exigía. En general, la situación de los residentes mejoraría con los años. Quizá mi caso ayudó a que eso pasara. La única solución era sacar fuerzas de mi periodo como boxeador. ¿Me iba a rendir antes de que sonara el campanazo final? No. ¿Iba a eludir mis responsabilidades justo cuando se acercaba la temporada de invierno y se me necesitaría más en el hospital para manejar el aumento de pacientes que ingresaban? Claro que no. Tenía que permanecer de pie y mantener el equilibrio entre cada turno, cada rotación, cada hora —no solo para evitar que me noquearan, sino para preservar mi oportunidad de ganar el premio final—. En lugar de resistir las exigencias de mi trabajo, decidí enfrentarlas más plenamente. En lugar de debilitarme, me haría más fuerte.

Irónicamente, entre más fuerte era, más solicitudes recibía para estar en la sala de operaciones, lo que implicaba que me mantuviera mucho tiempo inmóvil, a menudo incluso horas. Pero con el vómito y la diarrea severa que experimenté los primeros treinta días, sabía que tendría que hacer algunos viajes urgentes al baño. ¿La solución? Antes y durante aquellos turnos de treinta y seis horas, dejaba de comer e incluso tomaba un mínimo de líquidos. Si esta idea era una locura, bueno, yo había sido conocido por intentar hacer las mismas maniobras que Kalimán, así que ¿por qué no? Anna me entendía lo suficiente como para aceptar aquellas condiciones. Si la única forma de no distraerme ni un poco en el trabajo era no comer ni beber, eso era algo que estaba bajo mi control. Al menos podría sostener la cabeza en alto en el día a día. No fue de extrañarse que comenzara a perder peso rápidamente —nueve kilos durante el primer mes en que tomé la triple terapia y otros tres en los meses siguientes—. La pregunta con la que los dos luchábamos era, «Dios mío, ¿esto está sucediendo por no comer o es el VIH-SIDA?».

Para evitar el pánico y mantener el miedo controlado, me volví hacia el camino de mi último recurso: magia. Con esto no quiero decir magia en el sentido más tradicional, ni que adopté el tipo de pensamiento mágico que puede ser una forma de negación. Magia es mi sinónimo para remedio cuando todo lo demás falla, esta se encuentra en las cosas más extremas y ordinarias: una mezcla de humor, resistencia, fe, imaginación y hasta terquedad. Encontré aquella magia a mi alrededor, principalmente en las historias de mis colegas y las travesías de los pacientes que cuidaba.

En ese momento me sentía lo suficientemente mal como para darme cuenta de que este proceso me haría un mejor médico. La experiencia de vivir con una potencial sentencia de muerte y tomar medicamentos que me hacían sentir tan mal y preguntarme si todo aquello valía la pena (y, repito, no había garantía de que la experimental terapia triple fuera a funcionar) no era algo que se enseñaba en ningún nivel de mi entrenamiento. Pero ahora yo tenía conocimiento de primera mano. Esta educación también era un tipo de magia que me estaba cambiando, ayudándome a convertirme en alguien mentalmente más fuerte a pesar de la batalla que ocurría dentro de mi cuerpo.

Cuando los primeros resultados salieron negativos unas semanas después de que había completado el tratamiento, la noticia fue suficiente para que recuperara un poco de mi sentido del humor, siempre un importante mecanismo para hacer frente a las cosas. Un día, un paciente con una leve lesión traumática en el cerebro ingresó desorientado, enfermo de desnutrición y afligido por otros problemas después de haber vivido en las calles. Necesitábamos limpiarlo y aplicarle una terapia intravenosa, pero se negaba a que alguien lo tocara. Geoff Manley, quien estaba conmigo en la habitación (y era el responsable de reportar este episodio a Ed Vates más tarde), me pidió que intentara de nuevo. Traté de convencer a nuestro paciente de que cooperara.

—Señor, se va a sentir mejor después de esto, se lo prometo.

—¿Ah sí? ¿Cómo lo sabe?

Le dije que era médico, que nos especializábamos en cuidar a pacientes como él y que estábamos capacitados para hacer las cosas adecuadas.

—Bueno, ¿cómo sé que no lo arruinarás?

Utilizando un poco de humor ligero, dije:

—No se preocupe, sé lo que hago. ¡Fui a la Escuela de Medicina de Harvard!

—¿Ah sí? —respondió—, Harvard, ¿eh? ¿Pero te graduaste?

Aquel paciente hizo que me riera de mí mismo, mientras Geoff Manley y Ed Vates, graduados de la Escuela de Medicina de Cornell, rieron más fuerte.

Ambos, junto con Esteban Burchard, hicieron todo lo que pudieron para mantenerme vigilado y con el espíritu en alto. Pero yo sabía que, en el fondo, estaban tan asustados como yo. Geoff había sobrevivido a algo similar años antes, cuando se sabía aún menos del VIH. Quizá sus probabilidades no habían sido tan condenatorias, pero me dio esperanza, especialmente cuando los exámenes que me hice en junio —nueve meses después de que me pinchara la aguja— también salieron negativos.

Aquellas eran buenas noticias, solo quedaban tres meses. La mala noticia era que mientras Anna y yo esperábamos que mi horario fuera más tranquilo, ahora que había terminado mi internado y comenzaba mi segundo año de residencia, sucedió todo lo contrario. ¡Mi primer año solo había sido un calentamiento!

Además de las largas horas que se requerían de los residentes, con el segundo año aumentó la presión cuando los altos mandos elevaron sus exigencias, analizando cada uno de nuestros movimientos. Todo estaba en la línea de fuego. En su mayor parte, el jefe de residentes o los residentes de mayor nivel eran los responsables de ingresar al paciente y hacer los preparativos con el anestesiólogo, usualmente apoyando al cirujano tratante y ayudando a abrir el cráneo (basándose en el mapa del tratante). Una vez que se cumplían los objetivos de la cirugía, los residentes se encargaban de cerrar. Cerrar incluía retirar los tubos y otros trabajos de limpieza del cerebro antes de coser y engrapar para cerrar todo, y después despertar al paciente post operado: todo lo que se suele denominar como «sacar al paciente».

Estos eran los procedimientos para los que estaba siendo entrenado como residente de segundo año. Se esperaba que completáramos nuestro primer año de internado en el Hospital General de San Francisco o en el Hospital Moffitt, como yo había hecho. Ahora, la mayor parte de la acción se llevaba a cabo en la UCSF campus Parnasso en el Hospital Moffitt, donde la mayoría de los profesores realizaba sus cirugías.

Después de eso el programa estaba estructurado para preparar a aquellos que estaban listos para regresar a las líneas frontales del General de San Francisco. Así que mientras este segundo año era una increíble oportunidad para aprender todo lo que pudiéramos de los cirujanos que trabajaban en los quirófanos de Moffitt, su diseño tenía la intención de eliminar a todos aquellos que no tuvieran la fuerza necesaria para manejar la presión. Aquí era donde la habilidad para deshacerse de pensamientos distractores —incluyendo la preocupación sobre la propia mortalidad—, era indispensable.

Muchos de los cirujanos tenían esta capacidad, un poder de concentración a un grado sorprendente. El Dr. Charlie B. Wilson era un maestro en esto. Al inicio de mi entrenamiento, cada vez que quería observarlo en el quirófano, llegaba con mucho tiempo de anticipación, ya que era bien sabido que solía cerrar la puerta con llave para evitar posibles distracciones. Nunca había música en la sala de operaciones, como a otros cirujanos les gustaba tener. El Dr. Wilson tenía su propia música interna. Nadie podía hablar y los celulares debían estar en silencio. No importaba cuántas personas estuvieran en el quirófano, se podía escuchar hasta un alfiler caer.

Cada vez que tenía la oportunidad, miraba a través de los lentes adicionales para ver lo que el Dr. Wilson observaba por el microscopio principal, mientras utilizaba ambas manos para manipular sus instrumentos en el cerebro del paciente, moviéndose con gracia y fluidez. Su desempeño era artístico. Así debió haber pintado Picasso, me imaginaba, o así debió haber compuesto Mozart. Sin esfuerzo. Casi sin respirar, para asegurarme de que no fuera a cometer el impensable error de tirar el microscopio, nunca me quedaba cerca de la acción por mucho tiempo, me iba hacia la parte trasera esperando que mis servicios fueran requeridos.

Finalmente, cuando estaba por terminar, rompía el silencio y se volteaba para preguntarles a las enfermeras, «¿Quién va a sacar a mi paciente?».

La enfermera con más experiencia nombraría al residente que había sido asignado para tal honor. Mientras mi entrenamiento avanzaba, cada vez escuché con más frecuencia que la enfermera respondía, «El Dr. Quiñones», entonces el Dr. Wilson volteaba y levantaba una ceja para reconocerme. Mientras él abandonaba la arena y procedía a lavarse, yo sería el responsable de sacar al paciente. La primera vez que me pidió que realizara este trabajo —después de una cirugía transesfenoidal para remover un tumor cerebral a través de la nariz—, al parecer quedó contento, porque a partir de ese momento comenzó a pedirme que lo hiciera.

Un día, mientras una cirugía llegaba a su última parte y todos estaban concentrados junto con el Dr. Wilson, un estudiante de Medicina bajo mi supervisión se cruzó frente a mí y tiró el microscopio que el Dr. Wilson estaba utilizando para guiar su bisturí. Este tipo de errores son potencialmente desastrosos: un solo resbalón del bisturí puede cortar la vena carótida y matar al paciente. Cuando el microscopio se cayó, los reflejos del Dr. Wilson evitaron cualquier desastre mientras él se quedaba congelado antes de levantar la mirada y ver alrededor. El estudiante de Medicina había logrado esconderse bajo la mesa, ¿y quién estaba parado frente al microscopio? Yo.

El Dr. Wilson me miró fijamente con sus intensos ojos negros. Obviamente, me estaba condenando; o quizá no, porque cuando estaba por terminar, se volteó con su enfermera y le dijo, «Asegúrate de que Alberto saque a mi paciente».

Qué alivio. No sé si sospechó que había sido alguien más quien había tirado el microscopio. Hasta donde sé, ni yo ni nadie le dijimos nunca quién lo había hecho. No tengo claro si dedujo que me estaba echando la culpa por alguien más, o simplemente decidió ignorar el incidente.

Todo lo que sabía en ese momento era que su tremenda concentración en el paciente había provocado que olvidara mi nombre y había hecho que me llamara Alberto en lugar de

Alfredo. En aquella ocasión no me importó tanto el anonimato, ¡ya que esto me permitió no ser el centro de atención!

Dos semanas más tarde, me sorprendí cuando me invitó a su casa para una comida especial. Cuando llegó el día indicado, toqué nerviosamente la puerta de su enorme casa en San Francisco; y cuando esta se abrió, fui recibido por el mismísimo Dr. Charlie Wilson. Sonriendo amablemente y con voz encantadora, dijo, «Hola, Alfredo, me da mucho gusto que hayas podido acompañarnos».

No solo había recordado mi nombre, sino que cuando me presentó a su esposa le dio una detallada biografía de mí. A pesar de que había disfrutado mi corto anonimato y de que estaba feliz por no estar conectado con ningún error dentro de la sala de operaciones, me sentí muy honrado de que hubiera buscado la manera de saber más acerca de mi historia. El mensaje que me envió fue de apoyo y confianza en mí mismo.

En caso de que alguno de estos momentos de gloria se me hubiera subido a la cabeza, mi entrenamiento con el Dr. Mitch Berger, el máximo perfeccionista, evitó que perdiera el piso. Nadie podía escapar a sus ojos que todo lo veían. En una ocasión en que un estudiante de Medicina tocó una mesa que había sido designada como estéril, contaminándola (a pesar de que estaba lejos del paciente), todo lo que el Dr. Berger tuvo que hacer fue voltear, sostener su mirada de acero y usar sus poderes kinestésicos para que la persona rebotara contra la pared ¡Qué locura! Gracias a Dios en aquel momento yo no estaba en la línea de fuego; sin embargo, imaginen el horror de alguien que alguna vez cometió el impensable error de tirar el microscopio durante otra cirugía y se enfrentó a sus ojos de acero. Alguna vez, ¡yo fui esa persona!

A veces imaginaba que Nana María había decidido poner al Dr. Berger en mi camino como un mentor que me retaría a ir más lejos de lo que había soñado, pero manteniéndome dentro de los límites que me hacían seguir siendo humano.

De hecho, un perfeccionista es justo lo que uno necesita cuando está siendo entrenado para ser neurocirujano. Al Dr. Berger no le interesaban los asuntos triviales; era un perfeccionista acerca de los elementos clave que contribuían a obtener un resultado positivo. Desde el instante en que atravesaba la puerta para encontrarse con un paciente, su juego comenzaba.

En algún momento él había considerado jugar en la Liga Nacional de Futbol, habiendo practicado en Harvard, y llevó la intensidad del atleta competitivo a su trabajo.

Dado que también hablaba como Marlon Brando en *El Padrino*, aquellos que fuimos entrenados por él comenzamos a ver cada cirugía dentro de su sala de operaciones como un juego del Súper Tazón, y nada deseábamos más que ayudarle a ganar.

En uno de los primeros días de mi segundo año de residencia, el Dr. Berger tenía tres cirugías programadas para quitar tumores cerebrales, lo que nos mantendría trabajando hasta casi la medianoche. Mientras uno de los casos terminaba en una de las salas, la segunda cirugía estaría comenzando en otra. Con algunos residentes preparando la segunda sala, el Dr. Berger podría enfocarse completamente en el paciente que tenía en frente.

Durante un descanso, cuando un miembro del equipo de Patología entró para recolectar tejido, el Dr. Berger tenía una pregunta acerca de un paciente programado para cirugía el siguiente día. «Alfredo, ¿le hiciste la tomografía adicional a nuestro paciente de mañana?».

Deseoso de contribuir, respondí comentándole sobre una observación que había hecho después de haber revisado otras imágenes de los tumores del paciente. Cuando terminé con mis comentarios, el Dr. Berger se puso los lentes sobre la frente y me miró. Después, en su modo Marlon Brando, sin modular su tono de voz, dijo, «Te hice una pregunta muy simple. Una pregunta cuya respuesta es sí o no».

—No —respondí, ¡lección aprendida!

* * *

Durante este tiempo, con todas las distracciones de mi trabajo, a veces me era más fácil que a Anna manejar el miedo ante el aún amenazante SIDA. Durante algunos días, el único escape a su miedo y frustración era su diario, el cual compartiría conmigo más tarde, como un recordatorio de lo duro que había sido soportar la presión.

El 3 de julio, por ejemplo, después de que yo había estado fuera dos días y no me había reportado con ella, escribió: «No he sabido de él en todo el día. Me preocupé, le envié un mensaje a las 11:30 p.m. Una enfermera me devolvió la llamada. AQ llegó a casa a la 1:45 a.m.».

Al día siguiente continuaba de manera similar, «Otra vez de guardia, ha dormido cerca de tres horas en los últimos días. Hablo con él quizá una vez al día durante dos o cinco min. Gabbie y yo pasamos el 4 de julio en casa, leyendo y jugando solas».

Todo esto intercalado con notas que había hecho sobre lo que había preparado para cenar con la esperanza de que yo llegara a casa (pollo frito, puré de papa, ensalada), pero cuando llegaba no tenía energía para comer y si acaso me servía un tazón de cereal para después caer rendido en la cama. Luego despertaba para irme al trabajo, con cuatro operaciones en un día; para volver con los pies adoloridos, preocupado y exhausto.

Por supuesto que se me rompió el corazón cuando muchos años después me enteré de su dolor tan severo, de su soledad y su preocupación porque me fuera a quedar dormido mientras manejaba de regreso a casa, y sobre el excesivo apego de Gabbie hacia ella y su renuencia a acercarse a mí cuando estaba en casa.

Al mismo tiempo, me sentí agradecido de saber que Anna siempre mantuvo su amor incondicional por mí y que nunca me pidió que reconsiderara el camino que había tomado. También me dio espacio para expresar lo mal y lo asustado que me sentía cuando las cosas se ponían especialmente difíciles; ella estaba ahí cuando yo simplemente necesitaba hablar.

A finales del verano, Anna se dio cuenta de que había llegado a mi límite. Además de la ansiedad porque se acercaban los últimos exámenes de sangre, y por un número de casos que parecían arrojar un resultado terrible tras otro, estaba a punto de entrar en crisis ante la falta de sueño y la poca comida.

El estallido ocurrió un día, no con Anna, sino con la esposa de un paciente con cáncer cerebral que había sido enviado a casa con cuidados paliativos. Nuestro equipo le había realizado dos cirugías, pero habíamos agotado todos los medios para detener al malévolo asesino que devoraba su cerebro.

Yo me había adelantado a realizar los trámites para que recibiera los cuidados paliativos y pudiera volver a casa a vivir sus últimos días. En lugar de haberme colgado el crédito por eso, debí haber sabido que, además de tratar al paciente que está muriendo, el trabajo de un médico también incluye cuidar a los miembros de la familia, especialmente a la esposa, quien merecía tanta compasión como él.

Mi estado deteriorado no era excusa, pero cuando llamó para quejarse de los trabajadores de cuidados paliativos, sentí que no había nada más que hacer por ella. Mis comentarios «Ya veo», y «sí, entiendo», tampoco aliviaban su dolor.

—Deje de decir «ya veo» —dijo—. ¿Eso es todo lo que puede hacer?

—Bueno, ¿qué quiere que haga? Él de todas maneras va a morir —respondí, sintiéndome culpable al instante.

Después de un ensordecedor momento de silencio, ella rompió en llanto y comenzó a sollozar. Qué idiota era yo. ¿Cómo había podido ser tan egoísta, tan ajeno a su dolor, a su pérdida, a todo aquello por lo que ella había pasado? Mi insensibilidad no tenía perdón. Respiré profundamente, me disculpé y traté de reparar un poco el daño emocional, ofreciéndome a llamarles por teléfono más seguido. Ella aceptó mi oferta, y en el proceso me enseñó que lo más importante es tener una comunicación cercana.

Todavía me estremezco cuando pienso en aquella llamada, y me he esforzado todos los días para no volver a repetir el mismo error.

Además de hacerme más humilde, a largo plazo la experiencia, me ayudó a convertirme en un mejor médico; y a corto plazo en un mejor paciente.

Como médico había aprendido a ver a otros lidiar con obstáculos aparentemente imposibles, que me demostraron lo importante que es ofrecer una esperanza tangible. Como paciente, ahora vivía la misma realidad. Aquel largo año de espera para saber si había contraído SIDA me ayudó a entender por qué algunos pacientes se aferran a la esperanza y otros no. Una y otra vez me tocó ver como aquellos que se sentían invisibles, que tenían que enfrentar su enfermedad por sí solos, con nadie a su lado para luchar por ellos, eran los que caían en la desesperanza.

Debido a que había sido testigo de la lucha de los compañeros migrantes y de otras personas que tenían motivos para sentirse sin voz ni rostro, al no tener una representación legal o acceso a los servicios médicos, comprendí cómo la desesperanza puede abrumar a cualquiera.

Aun así, no estaba listo para ver a un paciente entrar a la sala de urgencias que, después de haber alcanzado tal punto de desesperación —sin miembros de su familia que lo apoyaran y sin acceso a servicios de salud mental—, había intentado suicidarse dándose un balazo en el rostro. Literalmente, no tenía cara.

Milagrosamente, no solo sobrevivió a lo que se había hecho, sino que todos los involucrados en su cuidado, yo incluido, lo acompañamos cuidadosamente a través de muchas cirugías para darle un nuevo rostro. Para nosotros no era invisible. A pesar de que la situación que lo había traído a nosotros era trágica, pudo transformarse como resultado de los cuidados y la esperanza que recibió de su familia extendida del hospital. A cambio, nos ayudó a recobrar la fe; especialmente a mí.

Cuando le conté esté inspirador caso al Dr. Burchard, un día que nos cruzamos por el pasillo, me escuchó con atención pero se dio cuenta de que estaba pensando en algo más.

«Hay una llamada del laboratorio», comencé, y luego le confesé que iba camino a recoger los resultados de las últimas pruebas de sangre que me dirían si había o no logrado vencer a la muerte por segunda vez. Para animarnos a ambos, le aseguré que si todo salía como lo esperábamos —tan pronto como me dieran un resultado limpio, si tenía esa bendición— nada me detendría después de eso.

Pero Esteban, al igual que Geoff y Ed, pudieron ver a través de mi optimismo fingido. Más tarde los tres admitirían haber estado francamente preocupados. Mi caminar por el pasillo para tomar la llamada que me daría el veredicto final fue tan surrealista como el de un año antes, justo después de que la aguja se hundiera en mi mano. Una vez más me recordé entrando al cuarto del paciente, reviví el olor a muerte y sus ojos perdidos en la nada. Una vez más me sentí como si estuviera en un túnel oscuro, caminando hacia la luz que sería mi rescate o mi perdición.

Al dar vuelta a la esquina, mi corazón latía tan rápido como las alas de un colibrí y las manos me sudaban. Con aún muchos pasos por recorrer antes de llegar a la puerta y caminar hacia el teléfono, estaba seguro de que me desmayaría del miedo antes de lograrlo. Cuando finalmente levanté el auricular y lo puse en mi oído, lo único que realmente escuché decir al técnico fue «negativo».

En ese momento, di el respiro más hondo que había podido dar en un año. Después le llamé a Anna para decirle que había llegado el momento de buscar tener a nuestro segundo bebé. Esta vez, pude decir sin duda que estaba llorando. ¡Y yo también!

Cuestiona las reglas y, cuando sea posible, crea las tuyas | 09

¿Qué es un milagro?

En Medicina, vemos a la sanación como un tipo de milagro, ¿pero acaso es el único tipo? Desde luego sentí que había experimentado un milagro al recibir la noticia de que estaba sano después de vivir un año de miedo, pensando si tenía SIDA, y me sentí aún más bendecido poco tiempo después cuando Anna me dijo que estábamos esperando a nuestro segundo hijo. Mi cumpleaños número 33, en 2001 —estando vivo y próspero con una familia sana y en aumento—, fue la celebración más milagrosa que pude tener.

Vi milagros similares al mío ocurrir a mi alrededor todos los días, cada vez que se eludía un diagnóstico temido o que un paciente era salvado de las garras de la muerte y lograba salir del hospital por su propio pie. ¿Pero, qué había de aquellos pacientes que no lograban sobrevivir a un trauma o a una aflicción devastadora? ¿Acaso sus vidas eran menos milagrosas por lo que habían logrado en el tiempo que se les había concedido y por cómo habían vivido sus últimos días? ¿Acaso su capacidad para haber influido en los demás —el legado que habían dejado a los vivos— no era quizá el milagro más grande de todos?

Como un residente de nivel medio, iniciando apenas mi residencia en Cirugía y mi capacitación en UCSF, encontré la respuesta en una pequeña niña llamada María, que fue ingresada en el departamento pediátrico del Hospital Moffitt con lo que resultó ser un tumor en la médula espinal. Todo lo que nuestro personal hispanohablante de servicio social sabía era que esta niña de cinco años, posiblemente de Sudamérica, había sido abandonada.

Era muy pequeña para su edad pero tenía un feroz espíritu de batalla para luchar contra el tumor que la había dejado parapléjica. Sin poder moverse ni controlar su micción y otras funciones corporales, tuvo que soportar un terrible dolor cuando le explotó la vejiga y tuvo que ser ingresada de emergencia a cirugía.

Cuando se recuperó de esta operación, tuvo que pasar por otra para quitarle el tumor de la médula espinal. Durante las semanas que estuvo con nosotros, atendida por tres equipos que le reportaban al Servicio Pediátrico —Cirugía Pediátrica, Cuidados Intensivos y Neurocirugía— muchas veces pensé en mi hermana pequeña, Maricela.

Una extraña sensación de *déjà vu* se apoderó de mí, mientras pensaba en el hecho de que mi hermana nunca había recibido los cuidados médicos que podrían haberla salvado, y recordé a mamá llorando sobre el pequeño ataúd, en medio de una atmósfera de tristeza que yo no podía entender.

Estas memorias hicieron más grande mi dolor y la angustia que me provocaban el caso de María y el verla sufrir un difícil camino sin una familia a su lado para consolarla.

Cuando era posible, entre casos, pasaba a verla a su cuarto y me sentaba, sosteniéndole la mano y hablándole en español. Como médico, para ese momento ya sabía que no debía subestimarse el poder curativo del tacto. El Dr. Mitch Berger era increíble con esto, como si la fuerza y el calor de su mano sobre el hombro o la frente de un paciente fueran transferibles a esa persona. Ahora quería creer que la energía curativa podría sanar a María, pero justo cuando logramos que se sintiera más cómoda, los exámenes revelaron otro tumor: esta vez en el cerebro. Las opciones de tratamiento iban desde realizarle más cirugías en conjunto con quimioterapias y radiaciones hasta comenzar directamente con las quimios para ver si podíamos ganar algo de tiempo. Pero, ¿qué tan misericordioso habría sido extender su vida solo para darnos cuenta de que habíamos alargado su sufrimiento?

Lo que más recuerdo de María era la forma en la que me miraba con sus enormes ojos cafés: cuestionado, preguntando por qué. Los suyos eran los ojos de un alma muy vieja, y sentí que ella sabía que no le quedaba mucho tiempo. María también me parecía muy reconfortante. No con palabras. Su mirada y sus acciones nos decían que confiaba en nuestros cuidados y en que elegiríamos el mejor tratamiento para ella. Quizá solo me estaba proyectando, pero sentí como si nos estuviera pidiendo que no la dejáramos morir anónimamente, que nos aseguráramos de que fuera recordada cuando dejara este mundo.

El día que María llegó al hospital, me fui a casa y abrí mi corazón con Anna. Fuimos juntos a ver dormir a nuestra hija en su cama, con dos años y medio, sana, a salvo y amada, y nos sentimos increíblemente afortunados. De pronto, todos los problemas y las preocupaciones por el dinero, por las largas horas de trabajo y por la falta de tiempo para vernos, se volvieron irrelevantes.

Cuando volví del trabajo un día y medio después, Anna y Gabbie me encontraron en la puerta para proponerme un plan. Las dos habían ido a comprar algunos pequeños regalos para María y querían llevárselos al hospital. Me sentí conmovido hasta las lágrimas. No teníamos dinero, y cada centavo que entraba se iba en la renta y en los contados víveres que podíamos comprar con nuestro presupuesto; no podíamos ni siquiera pagar una comida en los restaurantes más baratos. Pero de alguna manera, Anna había hecho magia con este presupuesto y había podido comprar estos regalos. Traté de explicarle a Gabbie una falla lamentable en el plan: «Qué cosa más hermosa has hecho junto con mamá. Estoy muy orgulloso de ti. Pero ¿sabes qué? Hay algunas reglas que no permiten que los niños entren al hospital como visitas».

Su cara se ensombreció. Parecía como si Gabbie me estuviera preguntando cómo podía estar de acuerdo con esta tonta política. Anna se encogió de hombros, mostrando estar de acuerdo.

«Ok —dije, dándome cuenta de que no podría competir con esas dos poderosas mujeres—, a las enfermeras les caigo bien. Veamos si pueden hacer una excepción». Anna estaba familiarizada con mi necesidad de cuestionar las reglas de vez en cuando. Ciertamente, sabíamos que algunas normas y regulaciones institucionales habían sido creadas por una razón. Pero si pensaba sobrevivir al crisol de mi residencia, tenía que permitirme cuestionar aquellas reglas que no servían a los mejores intereses de los pacientes ni de aquellos a su servicio. En esos casos, era necesario que otras reglas, más compasivas, entraran al juego.

Habiendo sido seleccionado por el equipo de enfermeras para recibir el premio al interno más valioso durante mi primer año, esperaba que mi encanto pudiera ayudarme. Cuando llegué a la estación de enfermeras de Pediatría al siguiente día, hice una gran reverencia y saludé al personal con mi famosa frase, «¿Cómo están hoy, mis damas? ¿Y, ustedes, mis caballeros?».

En lugar de preguntar si mi esposa y mi hija podrían entrar, les pregunté cuál era la hora más conveniente para que pudieran visitar a María. Al principio dudaron si permitir la visita, pero cuando Anna y Gabbie aparecieron con las manos llenas de juguetes y animales de peluche, las enfermeras nos guiaron hasta el cuarto de María. Anna y yo observamos como Gabbie se acomodó y comenzó a mostrarle los regalos a María. Para mi esposa y para mí, todavía es difícil describir lo que fue ver a estas dos pequeñas interactuar. El contraste de sus vidas y sus futuros no podía ser más evidente. Sin embargo, en las cosas importantes no eran tan diferentes, y se hicieron amigas al instante.

Durante el mes que estuvo bajo nuestros cuidados, a María le fue muy bien con una combinación de cirugías y medicamentos que disminuyeron sus peores síntomas. Pero ninguna de estas medidas fue suficiente para matar al cáncer y evitar que se esparciera, y sabíamos que María no crecería para soñar los sueños y vivir la vida que todos queremos para nuestros hijos. Sin embargo, en el corto tiempo que estuvo con nosotros, esta pequeña se había convertido en una estrella para todos en el hospital, y para mi familia.

Cuando María murió ya no estaba bajo nuestros cuidados, sino bajo los de una agencia de manutención para niños, la cual llenó un reporte para que nosotros pudiéramos cerrar el caso y llevar a cabo el papeleo. Cuando supe que su batalla había terminado, tuve que salir del hospital para tomar aire —algo que no hago muy seguido—. Me topé con un día de primavera digno de una postal de San Francisco, con un cielo sin nubes, y con los techos de esta gran ciudad reflejándose en la bahía.

El clima no reconoció lo sombrío de la ocasión. No había nada que pudiera hacerme entender el hecho de que una vida tan corta hubiera terminado. Debido a los descubrimientos que habíamos hecho gracias al caso de María, mejoramos nuestro enfoque sobre la resección de tumores en la médula espinal. Durante el año, dos niñas —de tres y doce años— ingresaron al hospital con tumores en la médula espinal y se beneficiaron del nuevo enfoque sobre resección. A las dos niñas les fue muy bien y salieron del hospital con muchos menos retos de los que estábamos acostumbrados a ver. Todos consideramos este resultado como un milagro para ellas y para sus familias.

Mientras escribía un documento acerca de estos descubrimientos, el cual pasó por varias revisiones, pensé en el gran milagro: María, la pequeña niña sola en el mundo, quien había dejado una poderosa huella. Cuando llegó la publicación del artículo, la levanté como un trofeo y pensé: María, esto es para ti.

* * *

Habiendo sobrevivido los primeros dos años de entrenamiento, llegué a mi tercer año esperando que aquel dicho de que los tiempos de «comer relámpagos y defecar truenos», habían terminado y que la carga de trabajo sería menos pesada. ¡Error! Solamente me había estado preparando para la pelea por el campeonato que estaba por venir. Tenía que descubrir si podía acallar a aquellas voces que alguna vez me habían dicho «no puedes» y «¿quién te crees que eres?».

Al igual que en la última película de Rocky, esta parte final del entrenamiento no dependería de la potencia con la que pudiera lanzar knockouts, sino de qué tanto podría soportar. Igual que Rocky le dice a su hijo «No se trata de qué tan fuerte puedes golpear, se trata de cuántos golpes puedes recibir... de cuánto puedes aguantar y seguir avanzando». Este sería mi reto: después de haber sido golpeado y golpeado, una y otra vez, ¿sería lo suficientemente fuerte como para seguir en la pelea? Siempre. Debido a que yo no era el típico residente de Neurocirugía, muchas veces fui considerado alguien que nadaba contra la corriente. Mientras unos pensaban que estaba exagerando al hacer investigaciones, trabajar en laboratorios y entrenarme en la sala de operaciones, yo tendía a presionar más. Por ejemplo, me resistía a la regla contra el pluriempleo. Para muchos de los residentes que venían de familias ricas, la idea de mantenerse y mantener a sus familias durante su formación, no representaba ningún problema. Para algunos de nosotros, que no teníamos otros ingresos, cuestionar esta regla se volvió una necesidad; así que opté por complementar nuestras finanzas los fines de semana, trabajando horas extras en hospitales comunitarios.

Geoff Manley, quien también era casado y tenía hijos, había estado en mi lugar antes y se refería a estos como los «fines de semana de poder». Este trabajo era mal visto por los de arriba y tenían buenas razones, pero para mí, el pluriempleo era la única forma de poder pagar el nivel de vida en San Francisco y de poner comida en la mesa para mi familia. Así que el viernes por la noche salía hacia mi segundo trabajo y me quedaba ahí hasta las seis de la mañana del lunes, para después volver a UCSF, a los horarios y las responsabilidades escalonadas.

Otra forma de romper las reglas era negarme a que la presión ahogara mi entusiasmo, mi curiosidad y mi fascinación por las maravillas del cerebro humano. Cada día tenía más razones para asombrarme ante las capacidades del cerebro, las cuales apenas empiezan a ser comprendidas por la ciencia.

Cada vez entendía más por qué Santiago Ramón y Cajal sostenía que antes de buscar entender al universo, teníamos que estudiar y desentrañar los misterios del cerebro. Debemos ser astronautas del espacio interior.

Una cirugía memorable durante este periodo dramatizó lo flexibles y adaptables que pueden ser nuestros cerebros. Yo era parte de un equipo que había extraído un tumor increíblemente grande —de casi seis centímetros de diámetro— del lóbulo frontal de un paciente. Después de haber visto el tamaño del tumor, y sabiendo que el paciente podría presentar daños colaterales después de una cirugía como esta, me quedé asombrado cuando vi que despertó en la sala de recuperación, totalmente consciente —con una luz en sus ojos y una sonrisa de alivio al saber que estaba en casa, sano y salvo—. ¡Estaba en perfecto estado! Podría haberse levantado y abandonado el hospital en ese momento. Cuando realmente se fue a casa, dos días después, sin ninguna otra alteración más que la desaparición de un creciente tumor del tamaño de un tomate que pudo haberlo dejado sin volver a ser él mismo, resultó un ejemplo inspirador de lo mucho que el cerebro puede soportar y de lo bien que puede recuperarse, incluso después de los golpes más severos.

Había tanto que aprender acerca de cómo aprovechar la habilidad natural del cerebro para protegerse y defenderse de las enfermedades. Tratar de absorber el vasto conocimiento y la experiencia que había a mi alrededor, era como intentar beber de una toma contra incendios. ¡Demasiado! Así que el reto era encontrar la forma de curvear mis labios figurativamente y beber del chorro de agua. Para mí, el truco simplemente consistía en simplificarlo todo al principio y después ir absorbiendo gradualmente la información, en tragos más grandes.

Esta visión tan poco convencional también me ayudó a encontrar un enfoque para los grupos de investigación que estaba formando con otros compañeros residentes y estudiantes de Medicina, y me permitió tomar la iniciativa para redactar proyectos colaborativos con nuestros profesores. Los grupos representaban una forma de aprender, enseñándonos unos a otros. Estos atípicos equipos de investigación evolucionaron gracias al liderazgo del Dr. Berger y a la visión de varios de nosotros, y finalmente se convirtieron en parte del entrenamiento.

Como siempre, recordar que era parte de un equipo me permitió amortiguar los múltiples golpes que venían de diferentes direcciones. Muchos de mis compañeros residentes habían pasado por pruebas de fuego similares y habían salido airosos. En una broma, que se hizo vieja rápidamente, nos recordábamos los unos a los otros que no por nada se llama cirugía cerebral.

Y todos vimos a individuos dotados quedarse en el camino. Un residente de segundo año se equivocó al entregar las batas apropiadas en la sala de operaciones, y después cometió un error aún más grave haciéndole plática a otro residente mientras el profesor tenía en sus manos el cerebro de una persona. Después de la operación, el residente se acercó a mí y me preguntó si creía que estaba en problemas graves. «No, no, —intenté decir, no muy convincentemente—, todos cometemos errores. Sigue trabajando duro». Cuando nos alejamos, me volteé con Nader Sanai, un estudiante de Medicina que más tarde se especializaría como neurocirujano y científico de tumores cerebrales y le dije: «Ese hombre está frito».

Habiendo cometido algunos otros errores, el residente en cuestión había mostrado señas de que las presiones físicas y mentales del entrenamiento habían nublado su juicio. De hecho, poco tiempo después abandonó el programa.

Por diseño, este proceso de eliminación, al igual que en el entrenamiento para las Fuerzas Especiales, nos enfrentó a obstáculos que nos hicieron cuestionarnos si realmente teníamos lo necesario para desempeñar el antinatural trabajo de la Neurocirugía. Después de todo no hay nada de natural en invadir el santuario interior del cráneo. Abrir los portales a otras partes del cuerpo es mucho menos invasivo, pero para llegar al cerebro, debemos perforar la dura carcaza protectora del cráneo humano o encontrar otros pasadizos secretos o puertas alternas que nos lleven a él. Una vez que estamos dentro, la prueba más grande es llevar a cabo nuestra misión y navegar de regreso, causando el menor daño colateral posible.

Pero por poco natural que este trabajo pudiera ser, encontré algunas similitudes con mis antiguos empleos, las cuales me ayudaron a perfeccionar las habilidades necesarias —desde mi trabajo arreglando motores cuando era niño, hasta soldar y abrir tapas de presión de los vagones de un tren—. Pero el motivador más importante fue el emocionante sentido de aventura que había en aprender a trazar el mapa de la travesía quirúrgica. Al principio comencé trazando mentalmente el curso de cada cirugía, desde el momento en el que conocía al paciente en la sala de reconocimiento. Esta técnica la aprendí de cirujanos como el Dr. Berger, que desarrollaban magistralmente un plan de batalla antes de pisar el quirófano —la puerta a la arena—, en donde ningún movimiento podía dejarse al azar.

Entre más fuerte y confiado en mis habilidades me volvía, más exigente se volvió el Dr. Berger, lo que me hizo preguntarme si quería empujarme hacia mi punto de quiebre. Ahora sé que había un método detrás de todas estas pruebas, el cual solo pretendía demostrarme que podía llegar mucho más lejos de lo que creía.

Mientras me enfrentaba al lado más feroz de capataz del Dr. Berger, cada uno de sus pacientes se beneficiaba de su lado más devoto, compasivo y sanador. Aprendí una valiosa lección sobre la compasión cuando acompañé al Dr. Berger al Hospital Moffitt para evaluar a un paciente antes de su operación.

Había sido transferido desde una sala de la prisión de máxima seguridad de San Francisco. Los internos que requerían procedimientos más delicados para salvarles la vida eran llevados a Moffitt e internados en un pabellón aparte, en donde algunos eran esposados a los barrotes de la cama y afuera de cada cuarto había guardias armados.

Llamábamos a los convictos *jailbirds* (canarios) —como ellos mismo se llamaban— en reconocimiento a su escape temporal de la penitenciaría para recibir tratamiento. El paciente del Dr. Berger aquel día era un tipo enorme, musculoso y cubierto de tatuajes de esvásticas, de símbolos de supremacía blanca y mensajes obscenos, incluyendo las palabras «¡Chupa esto!», tatuadas en su abdomen junto con una flecha apuntando hacia sus genitales.

Siendo judío, Mitch Berger pudo haber sido disculpado por perder sus habituales buenos modales con el prisionero de las esvásticas. En lugar de esto, en aquel encuentro en el quirófano, el Dr. Berger le ofreció al paciente la misma dignidad, respeto y cuidado impecable que le daba a cualquier otro enfermo. Vi este momento de gracia repetirse en diferentes contextos. Trataba igual a todos los pacientes —desde los más famosos hasta los más marginados—, independientemente de su diagnóstico o pronóstico. Su ejemplo me acompaña todos los días en la práctica que he construido. Y sin embargo, durante años viví confundido acerca de lo difícil que había sido mi entrenamiento con él. Finalmente, logré entender que el Dr. Berger sabía que nuestro campo nunca se tomaría en serio a menos que realmente nos retara, pasando pruebas que demostraban que yo realmente sabía. Si yo me presionaba, él me presionaba aún más. Si hacía bien una tarea, él consideraba que podía hacerse mejor. Si no daba lo máximo de mí, otros pensarían que estaba recibiendo consideraciones especiales por ser un migrante mexicano. No importaba cuan interesada estuviera la gente en mi historia —una fábula mágica de un jornalero migrante que había logrado alcanzar la educación—, ¿los pacientes realmente querían que un ex selector de tomates les extirparan tumores del cerebro?

Con los hispanoamericanos representando a casi la mitad de la población de California, fui el primer mexicano-estadounidense entrenado en el programa de Neurocirugía de la UCSF, y el Dr. Berger sabía que tendría muchas miradas sobre mí para ver qué tan bien me iba. Comprendió que si me convertía rápidamente en el centro de atención, esto sería una distracción e incluso un peligro. Quizá también pudo anticipar que la gente haría suposiciones basándose en mi etnicidad y que, efectivamente, surgirían las preguntas acerca de si era lo suficientemente listo o trabajador. Tal y como prominentes neurocirujanos afroamericanos de épocas anteriores habían logrado romper barreras para que otros los siguieran, se dio cuenta de que yo tenía un potencial similar, pero solo si me ponía a prueba en el nivel más alto de habilidad. Nunca me dijo todo esto directamente; sin embargo, yo sabía de su buen corazón ya que en los primeros años de su carrera el Dr. Berger había instituido un programa para enseñar Medicina a los niños de la ciudad, llevándolos a clases en el Hospital Infantil de la Universidad de Washington, en donde era el jefe de Oncología y Neurocirugía Pediátrica. Con esto intentaba entrenar a una nueva generación de neurocientíficos que provendrían de todos los ámbitos.

A pesar de mi análisis sobre los benevolentes motivos del Dr. Berger, no fue sino hasta que me fui a otra institución y me convertí en miembro de la facultad con residentes en entrenamiento bajo mi cargo, ¡que pude hablarle sin elevar mi voz una o dos octavas! Pero para ese momento ya me había visto tan beneficiado por todo lo que me enseñó, que me sentí muy feliz cuando nuestros caminos se cruzaron en una conferencia. El Dr. Berger me sonrió y me dijo lo orgulloso que estaba de mí. Después de haber hablado un rato sobre mi trabajo y el suyo, se inclinó hacia mí y en su familiar tono de Brando, dijo: «¿Sabes Alfredo? Desde el momento en que te elegí, supe que serías un líder y que podrías llegar a hacer cosas que ninguno de nosotros había logrado. Después me miró fijamente a los ojos, puso su mano sobre mi hombro y agregó: Sé que fui duro contigo».

* * *

Al inicio de mi tercer año de residencia, Anna, Gabbie y yo recibimos al nuevo miembro de la familia, ¡David!, a quien cariñosamente llamábamos «El Gran D»., a pesar de que, por haber nacido prematuramente, era muy pequeño. Pero David tenía una personalidad tan activa, energética y traviesa, que sabíamos que nos esperaban grandes aventuras. En poco tiempo le hizo honor a su apodo y empezó a crecer como loco, heredando la altura de la familia de Anna. Según mis padres, el Gran D había heredado mi implacable curiosidad, lo cual señalaron inmediatamente al reconocer ciertos rasgos que habían observado en mis años de desarrollo.

Muy a mi pesar, tuve que enterarme de la mayoría de las gracias del Gran D por Anna, debido a que pasaba la mayor parte de mi tiempo en las trincheras del Hospital General de San Francisco. De alguna manera, Anna sostuvo el fuerte con una niña de preescolar y un bebé muy activo. Cuando añadí las horas pluriempleo, rara vez estaba en casa para ver crecer a mis hijos.

Intentando mantener una actitud positiva, me recordaba que mi trabajo de fin de semana me permitía practicar como médico general de sala de urgencias, poniendo en práctica el entrenamiento que había recibido en UCSF, atendiendo pacientes que, de otra forma, no tendrían acceso al nivel de cuidados disponible en el hospital de la gran ciudad.

Pero estaba muy consciente del costo que implicaba obtener esta experiencia. Durante los fines de semana, la carga de pacientes en el hospital comunitario era tan fuerte como la de San Francisco General. Algunas noches teníamos una sala de espera llena de pacientes, que podían ir desde un loco adicto a las metanfetaminas derribando tabiques de la sala de urgencias, hasta un hombre de 270 kilogramos que no podía respirar y necesitaba una traqueotomía. Con este último librando una batalla desesperada para conseguirle un tubo y una máquina de respiración y que no muriera ahí, en medio de todos.

A pesar de que estaba logrando manejar estas crisis en el trabajo, estaba fallando en mi labor más importante, en la de ser papá. Quizá el intercambio más doloroso que he tenido con un miembro de mi familia ocurrió en aquellos tiempos. Una noche de domingo, cuando Gabbie tenía tres años y tras no haberme visto por una semana, llegué a casa a descansar por unas horas e inmediatamente me desplomé en el sillón. Acababa de quedarme dormido cuando ella subió, al sillón buscando jugar conmigo.

—Cariño —dije casi dormido—, papá no puede jugar contigo ahora. Papá necesita dormir. Jugaremos más tarde, ¿de acuerdo?

La sonriente carita de Gabbie de pronto se nubló, se encogió de hombros como si se estuviera rindiendo y dijo, «Mejor regresa a tu casa ahora mismo». Su idea de que yo vivía en el hospital fue de alguna manera más dolorosa que los tiempos posteriores a aquella aguja encajada en mi mano. Pero su reacción fue una llamada de atención. Aunque no me fue posible reducir muchas de mis horas de trabajo, finalmente hice conciencia del impacto que estaba causando mi ausencia en mi familia. Y cuando me sentía más cansado y harto, lograba revivir instantáneamente pensando en los sacrificios que Anna y los niños estaban haciendo para que yo pudiera seguir.

Y al mismo tiempo que el amor de mi familia me llenaba de fuerza, la recuperación de mis pacientes me seguía resultando inspiradora, lo que los convertía en parte tan importante del personal docente de UCSF como lo eran los profesores. Nuestros pacientes no solo nos enseñaron lo poderoso que podía ser su espíritu de lucha, sino también la forma tan increíble en la que el cerebro podía responder y adaptarse aumentaron hacia el final de mi tercer año, cuando empecé a realizar funciones de jefe de residentes en nuestro servicio de trauma.

Un caso revelador fue el de un joven en sus veinte —a quien llamaré Jonathan—, quien había llevado un estilo de vida lleno de drogas y fiestas, hasta que un terrible accidente lo dejó en coma y bajo nuestros cuidados. Tras dos cirugías extensas para liberar la presión en su cerebro y de tres meses de cuidados en la unidad de Terapia Intensiva, cuando despertó del coma algo parecía haber cambiado en su cableado.

Lo cierto es que había sufrido un accidente terrible y lo habíamos hecho volver de la muerte, pero había vuelto siendo una persona distinta. Su familia notó cómo el trauma parecía haber recargado su energía, devolviéndole su pasión por la vida. Cuando se recuperó lo suficiente, Jonathan se inscribió a la universidad y nunca volvió a mirar hacia atrás. Periódicamente recibí edificantes cartas de él y de su familia, las cuales hablaban de la vida feliz, saludable y productiva que ahora llevaba. La reinvención personal de Jonathan de alguna manera me recordó el nuevo rumbo y el enfoque que había tomado yo después de sobrevivir a aquel accidente en el tanque. Quizá nuestros cerebros se sobrealimentan durante estas experiencias de supervivencia, probando aquello de que «lo que no te mata te hace más fuerte».

Otro caso, el de un conductor de taxi que fue ingresado después de haberse desmayado tras haber recogido a un grupo de adolescentes, me llevó a una conclusión similar. Un hombre encantador y bien educado que había migrado a los Estados Unidos y que conducía un taxi para que sus hijos pudieran ir a la universidad, solo recordaba que los adolescentes estaban discutiendo cuando de pronto sintió un pinchazo en la parte trasera del cuello. A pesar de que decía no sentirse mareado ni presentar zumbidos en los oídos, visión borrosa o pérdida audición y de que tampoco tenía otros síntomas más que dolor de cabeza y nausea, ¡los rayos X pronto revelaron que había una bala alojada en su cráneo! Había sido atrapado por el fuego cruzado que se había desatado en el asiento trasero de su taxi. Durante la cirugía trabajé con el Dr. Manley —un neurocirujano en vísperas de convertirse en jefe de la división de Neurotraumatología—, para extraer la bala calibre .38 sin ninguna fragmentación. Aunque la extracción de la bala debió haber dado un final feliz a la historia, la condición del paciente empeoró considerablemente después de la cirugía. El cerebro, al estar haciendo un esfuerzo por protegerse del trauma del balazo, había desarrollado una condición secundaria e igualmente peligrosa. Este evento, conocido como Trombosis del Seno Transverso Venoso —una situación poco común en la que se forma un coágulo en los vasos sanguíneos que drenan la sangre que pasa del cerebro al corazón—, pudo haberlo matado en cualquier momento. Suspendido sobre la delgada línea entre la vida y la muerte durante toda la semana siguiente, finalmente respondió a los anticoagulantes —adelgazadores de la sangre— que le habíamos dado para prevenir que el coágulo se expandiera a lo largo del cerebro.

Poco después de haberle devuelto la salud a nuestro intrépido taxista, y de haberlo visto retomar su vida con energía y pasión renovadas, una niña de ocho años que llegó a nosotros pudo beneficiarse directamente de su caso. La historia era que le había caído una televisión en la cabeza (nunca supimos si por accidente o no). Después de haberse desmayado y de haber recobrado la conciencia rápidamente, únicamente se quejaba de dolor de cabeza, junto con nausea y vómito. Siguiendo las mismas pistas que habíamos seguido con el chofer de taxi, descubrimos una seria fractura craneal y determinamos que ella también estaba en peligro de morir por una trombosis del seno transverso venoso.

Una vez más, fuimos capaces de evitar la crisis y de tratarla exitosamente para prevenir un coágulo sanguíneo fatal. A su vez, tuve la oportunidad de escribir acerca de estos dos casos en la revista *Journal for Trauma*. La moraleja médica de ambos casos era que cuando suceden estos llamados «accidentes extraños», en los que la cabeza es golpeada, incluso cuando el paciente no reporta síntomas extremos, es importante revisar más allá y utilizar múltiples técnicas de imagen para detectar cualquier otro posible problema. Debido a las altas probabilidades de que exista un trauma oculto, cualquiera que presente una lesión en la cabeza deberá ir con un médico.

Doy este consejo no solo como médico, sino como un padre que también experimentó una emergencia familiar cuando David estaba a casi cuatro meses de cumplir dos años.

Un día, mientras revisaba las órdenes post-operatorias de un paciente en el Hospital Moffitt, recibí una llamada de la sala de urgencias y me sorprendió escuchar la voz de Anna cuando levanté el teléfono.

Comenzó a hablar calmadamente, diciéndome que estaba abajo. Después comenzó a llorar mientras el teléfono celular se quedaba sin señal.

—¿Qué pasa? —pregunté a gritos—. ¿Me escuchas?

—David... —la oí decir. Y después, «sala de urgencias» y «se golpeó la cabeza».

Corrí hacia una ventana buscando tener mejor recepción y pude escuchar cómo me explicaba que David se había caído del carrito del súper mientras ella hacía las compras con ambos niños, y que se había golpeado la cabeza y había quedado inconsciente. Ahora ella y los niños estaban en la sala de urgencias.

El corazón casi se me salió del pecho mientras me sostenía de uno de los barandales para mantener el equilibrio, con el miedo rasgando mis venas. En mi rol profesional había estado perfeccionando mi habilidad para mantener la calma en medio del caos. Pero no aquel día. La razón principal por la que había estado trabajando tan duro era para proteger y proveer a mi familia, y ahora acababa de escuchar que mi hijo se había caído y se había golpeado la cabeza tan fuerte como para desmayarse. Mientras corría por el pasillo, la primera persona a la que llamé fue al Dr. Ed Vates.

«Te alcanzo en un momento»—, dijo tan pronto le conté lo que estaba pasando.

Me dijo que buscaría a alguien que me cubriera y que después me encontraría abajo. Comprendió inmediatamente que en aquel momento yo era un padre y un esposo, y que necesitaba que él se hiciera cargo de las cuestiones médicas.

En pánico total, corrí por los cuatro pisos de escaleras hasta llegar a la sala de urgencias y me apresuré hasta la puerta trasera. Encontré a David recostado en una cama de hospital, con Anna a su lado, llorando. Gabbie, con cuatro años, se veía tan angustiada como Anna.

—Necesito que te hagas cargo de cuidarlo —le dije al Dr. Vates en cuanto llegó.

En cuestión de minutos, diagnosticó el daño como una fractura de cráneo pero no encontró trauma cerebral. Ordenó algunos otros exámenes como medida precautoria, pero David iba a estar bien.

—¿Escuchaste eso, Gran D? —le pregunté a mi hijo mientras recogía mi corazón del suelo y comenzaba a respirar normalmente.

David sonrió ampliamente, como si estuviera totalmente ajeno al drama. Anna y yo les dimos a él y a Gabbie un abrazo grupal y yo no quería soltarlos.

Cuando de mala gana comencé a separarme para volver al trabajo, Ed puso una mano sobre mi hombro para detenerme.

—Olvídalo, tómate unas cuantas horas libres —dijo.

Yo sabía que su ofrecimiento implicaría un doble turno para él, y probablemente también para otra persona, pero Ed no escuchó mis protestas. Algunas veces, me dijo, los médicos debemos tomar un descanso de nuestra responsabilidad sobre la vida y la muerte de otros, y ponernos la camiseta de padres o miembros de familia.

—Este es uno de esos momentos, Alfredo.

Anna estaba completamente agradecida por no tener que lidiar con esto ella sola, al menos por una o dos horas. Pronto tendría que volver a la batalla; pero por las siguientes dos horas estaba en libertad, una libertad que se hacía más dulce ante el hecho de que el Gran D estaba fuera de peligro. Según recuerdo, la celebración de nuestro alivio incluyó helado.

David inmediatamente volvió a ser el travieso de siempre, llevando a cabo experimentos como dibujar en las paredes con crayolas, usar las camas como trampolines, y otras seguras pero molestas payasadas. Pero en algún momento nos dimos cuenta de que estaba desarrollando un desconcertante hábito de comer tierra, parecía incluso que la prefería a la comida.

Al principio pensamos que solo era una conducta rara, pero después comenzamos a preocuparnos. ¿Qué estaba pasando? Otros síntomas confirmaron nuestras sospechas de que el deseo de David de poner tierra y arena en su boca no era solamente curiosidad infantil, especialmente cuando el estreñimiento le causó fuertes dolores, con heces duras como una piedra. Cuando Anna lo encontró llorando por el dolor, supimos que nos estábamos enfrentando a un misterio médico.

Anna investigó por su cuenta, llegando a la atinada observación de que David estaba anémico, lo que terminó en una visita al doctor y una serie completa de estudios. El diagnóstico fue el Síndrome de Pica[1]. En el caso de David, debido a la anemia, su cuerpo estaba necesitando tanto hierro que estaba comiendo tierra para salvarse y, en el proceso, había desarrollado envenenamiento por plomo.

Considerando que nos habíamos mudado de la vivienda de bajo ingreso en Presidio, cerca del hospital, a un vecindario más moderno, y por lo tanto más libre de plomo, cerca de San

Mateo—, específicamente para evitar ese tipo de intoxicación, no entendíamos cómo era posible que estuviera pasando esto.

Nuestra mudanza se había debido a que habíamos escuchado atemorizantes historias acerca del envenenamiento de niños y adultos por el plomo resultante de la pintura en los viejos departamentos de Presidio. Pero cuando llené los papeles para rentar en San Mateo, no me importó que mi trayecto al trabajo fuera a ser mucho más largo por dos razones específicas. Primero, el complejo residencial tenía un área de juegos para los niños. Segundo, el propietario me aseguró que no había historial ni posibilidad de que se hubiera utilizado pintura de plomo en los departamentos. Había insistido en que el edificio estaba libre de cualquier amenaza ambiental.

Inmediatamente, Anna hizo que el departamento de salud realizara pruebas, las cuales revelaron que la zona del estacionamiento —la planta baja del edificio— estaba cubierta de pintura de plomo. Al parecer, el tráfico de los transeúntes que entraban y salían de la cochera había esparcido pedazos de pintura en los juegos donde David se había estado metiendo tierra a la boca. Nuestro supuesto ambiente libre de plomo realmente no lo era y nos sentimos traicionados por quienes nos habían rentado el departamento.

Ahora teníamos a un pequeño bastante enfermo. Después de haber sufrido aquel susto ante la posibilidad de que yo tuviera SIDA, ahora Anna tenía que permanecer impasible mientras David era colocado desnudo en la mesa de Rayos X para determinar si había ingerido algo infectado con plomo y después llevarlo a exámenes de sangre mensuales al principio y después cada tres meses. Y dado que yo no estaba con ellos por varios días, tuvo que hacer todo esto sola mientras intentaba mantener un ambiente de normalidad con David y Gabbie. Uno de los retos más frustrantes para ella fue lograr que David volviera a comer normalmente. Aunque se cree que el mejor tratamiento para el envenenamiento por plomo es una buena y balanceada dieta, David, con justa razón, no quería por el miedo ante el dolor al evacuar. En última instancia, debido a que David era muy pequeño para la quelación (el uso de químicos que reúnen los metales pesados en el cuerpo), pasarían cuatro años antes de que todo el plomo pudiera salir de él.

Mientras tanto, nos mudamos de nuevo, esta vez a una pequeña casa al sur de San Francisco, la cual tenía un pequeño patio privado. Aunque nuestro nuevo hogar significaba una gran mejora, la preocupación por el bienestar de mi familia —y por la carga que Anna tenía que llevar sola— era constante.

Mis colegas muchas veces señalaron que para muchos de nosotros, que avanzábamos a gran velocidad por los carriles de nuestro campo, la regla silenciosa era que las presiones del entrenamiento inevitablemente pondrían tensión en los matrimonios y amenazarían la estabilidad de la familia. Mientras me cuestionaba esa regla e intentaba crear la mía propia, estaba siendo poco realista. Pero, me prometí a mí mismo que nuestras vidas serían más fáciles. Quizá no perfectas, pero sí más fáciles. Esperaba que algún día todos pudiéramos ver hacia atrás, hacia este periodo, y pudiéramos comprender por qué la cuesta había sido tan pesada y que fuéramos capaces de ver que, a pesar de nuestras tribulaciones, el viaje había valido la pena. Y cuando llegáramos juntos hasta ese lugar, juntos como familia, la medalla de honor sería para Anna.

Lluvia de ideas | 10

¡Tenemos oficiales caídos! ¡Oficiales caídos!

Las palabras crepitaban a través de la estática en la radio de policía dentro de la sala de urgencias, muy tarde en la noche, el miércoles 12 de junio de 2002.

En algún punto, sentí como si estuviera atrapado en una película de acción o en un programa de TV. Pero, de hecho, estas dramáticas palabras eran reales y marcaban el inicio de mi cuarto año en UCSF, ahora como jefe residente del Centro de Traumatología.

Lejos había quedado aquella noche en la que casi me desmayé al ver a un paciente víctima de trauma con una luz brillante que pasaba a través del hueco en su cabeza. Pero ahora estaba tan bien capacitado en mi trabajo de Neurotraumatología, que más temprano había convencido al Dr. Manley de irse a su casa a descansar tras haber recibido numerosos casos durante la semana. Ambos habíamos aguantado tres días sin dormir, tomando solo un par de horas para cerrar los ojos en las oficinas del hospital que eran del tamaño de un closet. Como cirujano adjunto, Geoff quiso saber por qué él debía irse a casa a descansar si yo, segundo en el mando como jefe de residentes, me iba a quedar. ¿Acaso no estaba yo tan cansado como él?

—No, mi amigo, ya me conoces, yo apenas estoy calentando. Además, ¡soy más joven que tú! —bromeé con mi colega que solo era un poco más grande que yo.

Con otro cirujano adjunto en camino para reemplazar al Dr. Manley, me hice cargo y calculé nuestras fuerzas, asegurándome de que cada cuerpo disponible estuviera en pie en las estaciones de batalla, listos para recibir no a uno, sino a cuatro oficiales. En nuestra vocación profesional por salvar a los enfermos y heridos, muchos de los cuales eran llevados por oficiales de policía, había un código no escrito que decía que cada vez que tratáramos a aquellos que aplicaban la ley y no lográramos salvarlos, debían morir en nuestros brazos. Eran nuestros hermanos y hermanas. Muchos de ellos me conocían por nombre, o debo decir, como «Q», y yo también conocía a bastantes de ellos personalmente. Todos los que trabajábamos en el hospital los veíamos como héroes, poniéndose siempre en la línea de fuego, enfrentando a una realidad en las calles de la que nosotros sabíamos muy poco. Ellos, a cambio, nos veían como soldados en una línea delantera de otro tipo.

En aquella noche, nuestros dos mundos estaban a punto de encontrarse de formas profundas y poderosas. Para todos aquellos que estábamos de guardia en la sala de Traumatología, una oleada de lesiones relacionadas con el delito, había iniciado desde el lunes temprano y había avanzado a una velocidad asombrosa, cuando nuevamente escuchamos que se activaba el radio de la policía el miércoles por la noche. Esta semana era claramente contrastante con la anterior, que había sido relativamente tranquila, como una extraña calma antes de la tormenta.

El clima de la primera semana de junio se había asemejado más al de Mexicali —demasiado caliente y seco— que al típico clima de San Francisco. Algo estaba pasando y merodeaba en las esquinas. De hecho, todo se había desatado aquel lunes diez y explotado el martes once. Esa mañana, el primer caso que el Dr. Manley y yo vimos en cirugía era una víctima de asalto que había sido golpeada en la cabeza, lo que le causó un sangrado masivo del lado derecho del cerebro. Su situación era grave, pero salimos de ella con optimismo y a tiempo para atender el segundo del día: un remplazo programado de un colgajo óseo, que había sido extraído meses antes de un paciente que sufrió un accidente automovilístico y cuyo cerebro se había hinchado en su cabeza como un champiñón, como si intentara escapar del cráneo. En esta tercera cirugía pudimos ver que la extracción del colgajo óseo había tenido buen resultado, y había permitido que el cerebro se inflamara y finalmente recobrara su forma normal. Reemplazamos el colgajo óseo, moviéndonos rápidamente, animados por las señales. Hasta ese momento, todo iba bien.

Pero los siguientes dos casos fueron desalentadores. El primero era un aneurisma: un enorme abultamiento sanguíneo en el cerebro del paciente, el cual se tenía que reparar casi como una mina que debe ser desactivada mientras el reloj hace tic tac. Después había un hombre de unos treinta y tres años, quien debido a un golpe en la columna había desarrollado una hemorragia cerebral y requería ser trasladado de emergencia al quirófano.

Estando en medio de estos casos concurrentes, se nos avisó que los paramédicos llevarían a una mujer que había sido víctima de terrible violencia doméstica. A diferencia de muchos de los pacientes, de cuyos nombres e historias nunca nos enterábamos o no estábamos autorizados a revelar, el nombre de esta paciente, Maggie, aparecería en las noticias más tarde, como parte de un drama mayor que se desarrolló aquella semana en San Francisco.

Aquel martes, Maggie —quien fue descrita en los noticieros como una elegante y alta mujer afroamericana que se encontraba en sus treinta— había regresado al departamento en donde vivía con su novio, un hombre de veintitantos que pesaba más de trescientas libras, a quien había encontrado amenazando a su abuela. Antes de que ella pudiera hacer algo, su novio había tomado una videocasetera y la había estrellado contra la cabeza de Maggie —primero en la parte trasera de su cráneo y después en un costado— y luego, empuñando un cuchillo, había comenzado a apuñalarla y había continuado hasta que ella comenzó a ahogarse con su propia sangre. Aun estando consciente, sintió cómo se le subió a la espalda y la tomó por el cuello mientras su mano alcanzaba su cara y le sacaba uno de los ojos, e intentaba lo mismo con el otro. Cuando finalmente pudo llamar al 911, sostenía uno de sus ojos en la mano, diciendo que se le había caído mientras intentaba huir.

Maggie tuvo que ser enviada a la unidad de cuidados intensivos antes de ingresarla al quirófano para realizarle una cirugía plástica. El ojo que había permanecido en su cuenca iba a salvarse, pero no había esperanza alguna para el otro. Comenzó una persecución para atrapar a su agresor. Su nombre, que después fue confirmado por la policía y los noticieros, era Monte Haney, un joven con un largo historial criminal. Durante las siguientes dieciocho horas se convirtió en el hombre más buscado de San Francisco.

Después de que el Dr. Manley se fue a casa el martes por la noche —y de que Maggie fue estabilizada en la unidad de cuidados intensivos poco después— el ritmo se intensificó, atrayendo una serie de crisis que nos tomaron toda la noche, hasta llegar al miércoles en la mañana, la tarde y nuevamente la noche. Dos de los casos requerían cirugías prolongadas. Uno era un paciente con hematomas subdurales en ambos lados del cerebro, quien ya estaba en muy malas condiciones. El otro había recibido un cachazo. Nuevamente, la decisión fue remover el hueso del lado izquierdo para descubrir el cerebro y evacuar la hemorragia.

Una vez que terminamos con los pendientes en el quirófano, volví a la sala de urgencias para revisar algunos rayos X y para examinar a otros pacientes que me estaban esperando y que se encontraban en condiciones menos críticas. En ese momento, el miércoles por la noche, escuché la radio de la policía anunciando que había oficiales caídos. Más tarde pude reconstruir lo sucedido, reuniendo los detalles que había escuchado de los paramédicos acerca de la escena, antes de que los oficiales fueran ingresados.

La búsqueda de Monte Haney por toda la ciudad había llegado hasta el distrito Misión de San Francisco, no muy lejos del hospital, en donde había sido visto por una mujer policía, quien llamó a sus oficinas centrales.

Se enviaron refuerzos y se notificó a las patrullas de la zona pidiendo que respondieran con el código tres —luces y sirenas—. Dos patrullas se movieron a gran velocidad desde diferentes direcciones, una sin haber visto a la otra, acercándose en la intersección de la Calle 17 y Dolores. Dentro de una de estas patrullas se encontraban el oficial de policía Jon Cook, de treinta y ocho años de edad, y otro oficial. El Oficial Cook había llegado a trabajar muy temprano esa noche y se había dado cuenta de que, debido a una confusión de horarios, él no estaba en el turno nocturno. Su jefe le dijo:

—Tómate la noche libre.

Y el oficial Cook respondió, «No, ya estoy aquí y quiero trabajar». Insistió en que quería ir a luchar contra el crimen y, como siempre decía, «a atrapar algunos chicos malos».

El oficial Nick Ferrando, de veintitrés años de edad y su compañero estaban en la segunda patrulla, también intentando capturar al hombre que le había sacado el ojo a la paciente que estábamos vigilando muy de cerca en cuidados intensivos.

Fue justo ahí, en el cruce de la Calle 17 y Dolores que estas vidas y estas historias se cruzarían. El sospechoso finalmente fue detenido. Mientras tanto, ambas patrullas habían chocado con tal fuerza y a tal velocidad, que una se había volteado sobre la otra. Mientras el auto del oficial Ferrando salía volando, golpeó contra un poste de luz, causando que este quedara encima de la patrulla, aplastando uno de los lados y haciendo que Nick Ferrando saliera disparado por el parabrisas y cayera de cabeza en un edificio de ladrillos.

El oficial Jon Cook fue declarado muerto en la escena. Más tarde me enteré de que se trataba del primer policía abiertamente gay que moría en cumplimiento de su deber en San

Francisco. Tanto el oficial que iba en el auto de Cook como el compañero de Nick Ferrando presentaban algunas heridas y se esperaba que sobrevivieran. Pero el reporte de los paramédicos que llevaban al oficial Ferrando nos hizo saber que estaba esencialmente muerto al llegar; la evaluación técnica indicaba que presentaba un Coma 3 en la Escala de Glasgow, lo que normalmente se consideraría como una formalidad antes de declararlo muerto. Además de causarle un severo trauma en la cabeza, el choque había aplastado sus dos fémures. Incluso antes de que las ambulancias llegaran y de que los cuatro hombres atravesaran nuestra puerta, sabíamos cómo organizar nuestras fuerzas —para una muerte que certificar, dos oficiales que deberían quedar bajo los cuidados del personal de la sala de urgencias y con Nick Ferrando necesitando acción inmediata de mi parte y del resto del equipo de Neurocirugía—. Mientras Nick presentaba poca actividad cerebral, nuestro primer paso fue aplicarle medicamentos que reducirían considerablemente la hinchazón cerebral y nos permitirían ingresarlo rápidamente a una Tomografía Axial Computarizada (TAC).

El tiempo y el espacio se desvanecieron cuando entré a la oscura habitación en donde se encontraba inmóvil durante la tomografía. A través de una ventana, pude escanear las lecturas en las pantallas de computadora que se encontraban junto a mí, mientras las imágenes del cerebro que estaban siendo capturadas pasaban en cámara lenta en otro de los monitores.

Detrás de mí había una «pared» azul de policías que observaban cada uno de mis movimientos. Independientemente de la presión, tuve que arreglármelas para tener calma y poder transformar la adrenalina en decisiones finas y precisas.

A primera vista, todo parecía tan desastroso como lo esperaba: signos de trauma cerebral masivo, nada alentador. Pero mientras observaba a Nick, descubrí que había un mínimo signo de movimiento en uno de sus dedos. Sí, cuando me fijé más detenidamente, vi que su dedo se movía un poco.

¡Un destello de esperanza! Todavía recuerdo la descarga de adrenalina que esto me provocó. Si podíamos ingresar a Nick Ferrando a cirugía rápidamente y extraer el colgajo óseo para darle espacio a la inflamación, tendríamos una oportunidad de evitar que el cerebro se dañara de manera fatal. Mientras me abría camino y giraba su camilla hacia el quirófano, todo el equipo de Neurocirugía vivió vidas enteras en cada segundo. Con una poderosa combinación de caos y elegancia, el trayecto a la sala de operaciones era una carrera contra reloj, que requería que tomáramos cada medida posible para minimizar la hinchazón del cerebro mientras nos movíamos.

Respirando fuertemente pero con energía, escuché los latidos de mi corazón como música y los utilicé para mantenerme concentrado y, como el director de una orquesta, para dirigir las tareas que ahora debíamos desempeñar. Me inspiré en la forma en la que Gus había orquestado todas las maniobras necesarias para salvar mi vida mientras estaba al fondo del tanque. Esta vez, Nick era quien estaba luchando con su mente y su alma para mantenerse entre nosotros, y me sentí muy comprometido con su lucha.

Listos para actuar en el momento en el que estuviera sobre la mesa, estuvimos en cirugía hasta las primeras horas del jueves. Cuando me reuní con mi médico adjunto para hablar con la familia de Nick después de la operación, les dije la verdad acerca de su joven hijo y hermano:

—No estoy seguro si vamos a lograr salvarlo de esto, pero haremos todo posible porque así sea y ustedes no deben perder la esperanza.

Aún nos quedaban cuatro cirugías por realizar aquella noche. Cuando Geoff Manley llegó el jueves por la mañana, continuó con nuestros esfuerzos por salvar la vida de Nick Ferrando, llevándolo nuevamente al quirófano para poder ponerle un aparato al lado de la cabeza, el cual monitorearía la presión de su cerebro, que era peligrosamente alta. Cuando más tarde el equipo ortopédico llevó a Nick de regreso a la sala de operaciones para repararle las fracturas en las piernas, tuvimos que mantenernos a su lado, vigilándolo cada minuto debido a su estado comatoso. Nuestro trabajo estaba lejos de terminar.

Durante las siguientes seis semanas, formé parte del equipo que monitoreaba su condición minuto a minuto. Algunas veces de pie, otras sentado a su lado y llamándolo por su nombre, yo seguía buscando signos de vida o conciencia mientras él yacía ahí, en coma.

Las horas se convirtieron en días, con nada que nos indicara que podía escuchar las voces de los miembros de su familia o de cualquiera de los médicos, enfermeras y cuidadores que le hablaban continuamente. Al mismo tiempo, nada nos indicaba que no pudiera escucharnos.

Después, un día como cualquier otro, me detuve para revisar las lecturas de los monitores y tomé su mano, saludándolo como lo hacía siempre, «¡Nick!, hola amigo, aprieta mi mano, Nick. ¿De acuerdo, amigo? Solo aprieta mi mano. Hazme saber que estás ahí, Nick».

Tan repentina y drásticamente como ocurren los desastres, pasó algo increíble. Ese día cualquiera, Nick apretó mi mano y abrió los ojos. Parpadeando rápidamente y después los abrió completamente, me miró como preguntándose por qué sostenía su mano un hombre desconocido. Mi felicidad era inmensa y le di la bienvenida a casa, de regreso de un largo y extraño tiempo que había pasado lejos.

La siguiente ocasión que vi al oficial Nick Ferrando —casi dos meses después—, apareció en mi oficina, caminando y hablando. En aquella ocasión, después de semanas de rehabilitación y un poco de terapia del lenguaje, parecía acordarse de mí, como si en alguna parte de su mente ya nos hubiéramos conocido. Hablamos como viejos amigos mientras me contaba lo rápido que estaba progresando y me dijo que no podía esperar a volver a las fuerzas policiacas e ir a atrapar chicos malos.

En cuatro meses, cerca de Navidad, Nick regresó para ser sometido a las últimas neurocirugías para devolverle el hueso craneal que se le había extraído, y tiempo después volvió a trabajar a su escritorio en el departamento de policía.

Dos años después, el oficial Nick Ferrando volvió a las calles, donde aún trabaja.

En el año en el que Nick volvió a trabajar, se llevaron a cabo una serie de ceremonias y presentaciones para honrar el trabajo hecho por el Dr. Manley y por mí, junto con el de todo el personal del servicio de Traumatología. El más preciado reconocimiento fue una placa que recibí del departamento de policía, la cual contenía una frase de Vince Lombardi: «La calidad de vida de una persona es directamente proporcional a su compromiso con la excelencia, independientemente de su campo de actividad».

A pesar de sentirme muy honrado, consideraba que los reconocimientos y las menciones no solo pertenecían a todos aquellos que habían estado involucrados en apoyar a Nick, sino al liderazgo de nuestros mentores, quienes entrenaron a los que habíamos estado en las líneas frontales. El caso de Nick había puesto a prueba todo lo que yo había aprendido hasta ese día, y con un resultado triunfal que era una validación tan necesaria en aquellos tiempos en los que la batalla por formarme por fin estaba dando frutos.

También me gustó la idea de saber que aquellos que luchábamos contra las enfermedades y las heridas, también atrapábamos chicos malos, una observación que daría forma a importantes decisiones que se percibían en mi horizonte.

Además de recibir la placa y las menciones, se me entregó una tarjeta de presentación que contenía el teléfono directo de uno de los altos mandos de la policía, junto con una nota personal al reverso que decía: «Cualquier cortesía que pueda tener con el Dr. Quiñones, será muy apreciada».

La metí en mi cartera para guardarla segura, no tuve ocasión de mostrarla sino hasta años después, cuando tuve que orillarme por ir a setenta y cinco kilómetros por hora en lugar de a cincuenta y cinco en el área de Yosemite. Cuando le entregué mi licencia de manejo al policía, decidí intentarlo también con la tarjeta. El oficial se le quedó viendo, volvió a su patrulla, hizo una llamada y regresó a devolverme mis papeles.

—Gracias —dijo—. Somos muy afortunados de tener médicos como usted. Por favor continúe con su maravilloso trabajo.

* * *

Un paciente —por cuyas iniciales llamaré JO— se cruzó en mi camino en un momento crucial, cuando estaba decidiendo qué camino tomar después de haber terminado mis seis años de residencia. Cuando el Dr. Mitch Berger me presentó este caso, yo no tenía idea de que la vida de este joven muchacho cambiaría por completo mi visión del mundo.

Mexicano-norteamericano de primera generación, JO era hijo de jornaleros migrantes que se habían establecido primero en Salinas. De veintiún años y viviendo en Oakland, era una estrella brillante: un guapo y destacado estudiante de la escuela de Ingeniería de la Universidad de California, Berkeley. Lleno de promesas y grandes perspectivas, era el orgullo y felicidad de su familia. Siempre había tenido una vida saludable, hasta que un día presentó una convulsión. Al igual que muchos pacientes diagnosticados con tumores cerebrales, JO no se dio cuenta de que algo estaba mal hasta que tuvo la convulsión, momento en el cual fue llevado al hospital y se descubrió una enorme masa en su cerebro. A partir de ese momento nos transfirieron su caso. El Dr. Berger quería que yo participara y fuera el enlace con los miembros de su familia, quienes únicamente hablaban español.

A través de diferentes imágenes y análisis de la forma general de un tumor, de su ubicación y su involucramiento con estructuras cerebrales cercanas, podíamos adivinar fácilmente con qué nos encontraríamos al abrir un cerebro en una cirugía. Nuestra revisión de las imágenes de JO nos mostraron que probablemente nos estábamos enfrentando con una de las bestias más amenazantes que pueden crecer en el cerebro: un gliobastoma multiforme o GBM. Pero no sería sino hasta después de realizarle una biopsia, que podríamos medir el peligro de sus características o encontrar la mejor manera de luchar contra ellas.

Debido a que JO no había perdido el habla, el Dr. Berger optó por realizarle una craneotomía con paciente despierto, el mismo procedimiento que el Dr. Peter Black me había invitado a presenciar la primera vez que vi una neurocirugía en la escuela de Medicina. Asistiendo al Dr. Berger y haciéndole preguntas a JO en inglés y en español, también pude ayudar con la traducción. Mientras JO respondía, tocaríamos su cerebro con electrodos y encontraríamos la ubicación de los centros de control que identificaban imágenes y palabras. Necesitábamos evitar estas áreas —al igual que aquellas que controlaban la memoria, la vista, el olfato, la lógica y el control motriz— mientras seguíamos luchando contra el tumor. El Dr. Berger lo extirpó con tanta habilidad táctica, que JO salió del quirófano con sus capacidades intactas, volviendo a ser el mismo que era antes de que se descubriera el tumor.

Ahora comenzaba la parte difícil. La probabilidad de que este tipo de mal se repitiera era muy alta, y nos temíamos que la pregunta no era si sucedería, sino cuándo. Podíamos ganar un poco de tiempo suministrándole radiación y quimioterapia postcirugía, sin embargo, ¿cómo podría explicarles a sus padres el sombrío pronóstico para JO sin devastarlos?

Los padres de JO me recordaban a los míos, por obvias razones. Su hijo y yo éramos distintos en el sentido en que él había llegado a Estados Unidos siendo un niño, pero representaba para sus padres las mismas esperanzas y posibilidades que yo para los míos.

¿Qué podías decirles a unos padres que estaban en peligro de perder a su orgullo y alegría; a unos padres que se habían dedicado a trabajar duro, que habían puesto sudor y lágrimas para darle una mejor vida a su hijo, para ayudarlo a alcanzar el sueño americano?

No podía mentir y decirles que todo iba a estar bien. Solo podía decirles que nos mantendríamos a su lado y al de su hijo sin importar lo que pasara, y que no nos daríamos por vencidos.

El tumor cerebral se repitió seis meses después, mucho más rápido de lo que esperábamos. Su reaparición fue un golpe a su ánimo, lo cual hizo desaparecer la esperanza de que la primera cirugía hubiera sido la única batalla por luchar.

Asistí al Dr. Berger en una segunda cirugía. Pero en esta ocasión, con JO consciente de que estaba luchando por su vida, el ánimo de todos se desplomó. Su familia sabía que el camino se terminaría y esto les estaba rompiendo el corazón a todos.

Durante el siguiente año, JO se mantuvo ahí, atravesando por una nueva cirugía. Esta última batalla siguió el mismo patrón pero no dio tan buenos resultados; el tiempo se estaba acabando, y el enemigo estaba cobrando fuerza. Cuando JO fue a una de sus últimas citas, su rostro reflejaba cansancio. Todavía no cumplía veintitrés años, pero estaba muy frágil. Seguía siendo la misma persona valiente y fuerte, un joven con verdadero carácter. Pero su apariencia le estaba siendo robada, debido a que cada parte de su cuerpo comenzó a darse por vencida, arrebatándole su juventud. Todavía estaba mentalmente fuerte y sabía que iba a morir.

JO preguntó cuánto tiempo le quedaba de vida.

Un bloqueo en mi centro del lenguaje me dejó sin palabras. En realidad no tenía idea.

Con su madre y su hermana sentadas a su lado, impotentes, JO me miró con los ojos llenos de lágrimas mientras le tomaba la mano. Nos sentamos ahí en silencio, con lágrimas corriendo por nuestras mejillas. Fue nuestra despedida.

Esa noche, mientras manejaba camino a casa, no solo tenía el corazón roto, estaba enojado. No estaba seguro con qué o con quién. Tal vez conmigo mismo. Quizá esperaba demasiado de la Medicina. Pensé que para ese momento sabría más. No esperaba salvar al mundo, pero al menos esperaba poder cumplir con mi parte. En ese momento me di cuenta de que tenía que expandir mi visión. No podía simplemente soñar y esperar poder luchar contra el cáncer cerebral algún día; necesitaba enfocar mis acciones a derrotarlo.

Algunas veces un solo paciente puede inspirar un momento de claridad como aquel. Para mí, ese paciente fue este joven, quien estaba a punto de cambiar mi rumbo y, quise pensar, dejaría un legado que cambiaría a la ciencia.

Gracias a JO y a una nueva urgencia por buscar tratamientos y curas, tuve que convertir la investigación en algo más importante de mi arsenal. Convertirme solamente en un neurocirujano no era suficiente para luchar contra el devastador cáncer cerebral. Después de todo, y tal como le dije a Anna cuando llegué a casa:

—¡Cualquiera puede ser neurocirujano!

—¿Cualquiera?

—No cualquiera —concedí—. Pero cualquiera que esté bien entrenado puede hacerlo. Si eres metódico y puedes mantener la calma y la concentración, ¡puedes hacerlo!

Construyendo mi argumento a partir de ahí, le expliqué por qué debía llevar mi lucha al laboratorio. Según recuerdo, en aquel punto de nuestra conversación volví a romper en llanto.

Después de sentarse conmigo varios minutos en silencio, Anna finalmente habló.

—Alfredo, si trabajas con el cáncer cerebral, te estarías especializando en un área en la que muchos de tus pacientes morirán. ¿Estás seguro de que esto es lo que quieres, a pesar de todo?

Esta misma pregunta me la harían varios de mis profesores y muchas instituciones que me ofrecieron tomar otros caminos en la Neurociencia. La única forma de responder a esto con seguridad era, nuevamente, descubrir las armas que la investigación podía ofrecer. El enfoque de un solo frente, claramente, no llevaría a ningún lado.

La combinación de la investigación con el entrenamiento en Neurocirugía, el doble golpe —como lo llamaría el Dr. Michael Lawton—, era un enfoque que varios residentes habían evitado.

La investigación era vista como un trabajo lento y meticuloso, y para nada era tan inmediatamente estimulante como la Neurocirugía. Y a los investigadores no les gustaba el estatus de estrella de rock que uno adquiría al empuñar un bisturí. Pero si el enfoque múltiple —haciendo lo que me gustaba hacer— no me iba a convertir en una estrella de rock, que así fuera. ¡Aun así podría rocanrolear! Por esas razones, decidí utilizar mi quinto año para obtener una beca de investigación post-doctorado en UCSF, con otro mentor que había llegado a tiempo para poner mis pies en la tierra en cuanto a lo que implicaría la verdadera investigación.

Si había fantaseado con que sería golpeado por una lluvia de ideas que permitiría a los científicos develar la causa y la cura para el cáncer, rápidamente perdí aquella ilusión. Al principio, cuando me encontré bajo la tutoría del Dr. Arturo Álvarez-Buylla, incluso me pregunté si se trataba de una de esas situaciones del tipo «ten cuidado con lo que deseas».

Al igual que el Dr. Berger, el Dr. Álvarez tenía altas expectativas. Era un hombre de campo, nacido en México, pero había tenido una travesía muy distinta a la mía. Su abuelo fue gobernador en España y había sido asesinado por el régimen de Franco, por lo que el padre de Arturo huyó a estudiar a Rusia antes de irse a México. El Dr. Álvarez había estudiado en México, Canadá y Estados Unidos, cursando estudios de posgrado en Cornell, antes de ocupar un puesto en la Fundación Rockefeller —que fue en donde el Dr. Mitch Berger lo descubrió y supo sobre la visionaria investigación sobre células madre que estaba supervisando—. En UCSF desarrolló innovaciones tales como un aparato para montar cortes de tejido y un sistema computarizado de mapeo para estudiar esas mismas secciones. Cuando comencé mi investigación, lleno de grandes expectativas y preparado para conquistar el mundo, el Dr. Álvarez no tardó mucho en afirmar que yo no estaba listo. No estaba en absoluto impresionado de saber que para otros yo era un pez gordo. En el laboratorio, tal fanfarria era incidental.

Siendo un sencillo y sensato profesor, el Dr. Álvarez también tenía una gran bondad en su corazón, la cual pude notar en la forma en la que cuidaba a su esposa un día que la llevó a la sala de urgencias con una severa infección en el dedo por la mordedura de un perro.

Después de haber visto ese lado suyo, me fue más fácil no tomar como personal la forma en la que retaba mi trabajo en todos los niveles. Mientras tanto, tuve que reaprender lecciones sobre la paciencia, así como enfrentar algunos recordatorios acerca de que el trabajo de laboratorio no ofrecía los resultados inmediatos ni el drama de la Neurocirugía: ese momento en el que el corazón casi se detiene cuando un paciente despierta o no, o la resonancia magnética postoperatoria que muestra si tu trabajo sirvió. La investigación científica es mucho más laboriosa y requiere una visión a largo plazo; un sentido de adónde debería llevarte tu trabajo, no mañana ni el próximo mes, sino en años, mediante pequeñas dosis de descubrimientos diarios.

El Dr. Álvarez reconoció mi sinceridad al decirle que esperaba que un día no necesitáramos operar más los tumores cerebrales para tratarlos. Pero rápidamente me señaló las deficiencias en la forma en la que seguía mis líneas de investigación. Cada vez que me encontraba buscando temas en el periódico o comparando ideas de investigación en Internet, el Dr. Álvarez me decía, «Aléjate de la computadora. No vas a aprender nada de ese modo».

En retrospectiva, me doy cuenta de que lo que quería era que trabajara con las cosas básicas; que utilizara mis manos, mi cerebro y mi creatividad para explorar el mundo, igual que a Cajal le hubiera gustado que lo hiciera. Pero, para sorpresa de nadie, yo continuaba moviéndome solo a dos velocidades: rápido y más rápido. Así que sus constantes amonestaciones sobre mi prisa eran enloquecedoras. Si me atrevía a llevarle datos que no había analizado cuidadosamente —solo algunas ideas que deseara mostrarle— me mandaría lejos, ¡rechazando mis pensamientos como si fueran basura!

Después de un tiempo, me pregunté si haber ido contra la corriente, buscando un camino de cirugía e investigación, había sido un error. Quizá la investigación no era para mí. Frustrado e inseguro, sentía que estaba mirando hacia el vacío, engañándome al pensar que podía hacer alguna diferencia.

Un día, el Dr. Álvarez entró al laboratorio mientras yo estaba observando una muestra de tejido cerebral en el microscopio. En su usual modo sensato, preguntó:

—¿Qué tienes?

—Todavía no estoy seguro —respondí honestamente.

—¿Cuánto tiempo has estado parado ahí y todavía no sabes lo que tienes? ¡Abre los ojos! Debes poner más atención y mantener los ojos abiertos para poder ver lo que está justo frente a ti.

Yo no tenía idea de que lo que estaba a punto de observar sería tan emocionante como la primera vez que vi un cerebro humano.

—Déjame ver —dijo el Dr. Álvarez, y mientras yo me quitaba tomó mi lugar, viendo el tejido cerebral disecado de un paciente a través de la lente.

En dos segundos, el Dr. Álvarez encontró lo que quería mostrarme y puso la flecha sobre ello, pidiéndome que observara nuevamente. Ahí, sobre el portaobjetos, ¡había movimiento magnificado! Por primera vez estaba viendo aquello sobre lo que habían escrito Santiago Ramón y Cajal y su contemporáneo norteamericano, Harvey Cushing: las llaves del reino para cualquier neurocientífico que tuviera la intención de desentrañar los misterios del cerebro.

—¿Y bien? —preguntó el Dr. Álvarez—. ¿Qué es lo que ves?

Lo que vi fue algo parecido al cielo de esas noches estrelladas que había visto de niño, completado por el equivalente de una diminuta estrella veloz entre las demás. Ahora tenía un nombre para describir a la más veloz. Asombrado por las implicaciones, le dije a Arturo Álvarez, «¡Una neurona migrante!».

Asintió como diciendo, ¿Ya ves? Acabábamos de dar un salto cuántico al identificar una sola neurona joven que se movía entre un mar de células del tejido cerebral de un adulto; cuya existencia había sido una hipótesis antes, pero nunca se había testimoniado de esta manera.

Se había abierto una puerta a otro universo, multiplicando las posibilidades de exploración. En los meses siguientes, trabajando bajo la dirección del Dr. Álvarez, confirmamos la existencia de células madre en el cerebro humano, lo que nunca antes se había descubierto. Establecimos que las áreas del cerebro en donde se encuentran las células madre, se organizan de manera muy diferente en los humanos y en los roedores, cosa que tampoco había sido descubierta antes.

A lo largo de este proceso, muchas veces recordé aquel momento en el que el Dr. Álvarez me había pedido que observara el movimiento en el portaobjetos bajo el microscopio y me había preguntado si podía verlo. Sí, recuerdo haber asentido en respuesta, asombrado. Mis ojos estaban abiertos. Había visto la luz.

* * *

—¿Por qué estás tan decidido? —me preguntó una vez mi querido amigo y colega, el Dr. George Edward Vates IV.

Yo me hice esta misma pregunta cada vez más a menudo cuando entré a mi sexto año y me enfrenté a una carrera de obstáculos más loca que cualquiera que hubiera vivido en los últimos cinco. Mientras corría hacia la meta, no solamente estaba en entrenamiento como segundo al mando de los generales, sino que también continuaba con los intensos fines de semana en el hospital comunitario, escribiendo artículos, supervisando investigaciones, enseñando a otros e intentando decidir qué haría al terminar mis días de entrenamiento. Por otra parte, estaba decidido a ser mejor esposo y padre, que probablemente era el área en la que más estaba fallando.

Cuando Ed me hizo aquella pregunta por primera vez, yo no había sido capaz de articular por qué estaba tan arraigada en mí la necesidad de hacer que cada segundo contara y de tomar cada oportunidad que tuviera de aprender y mejorar. Así que me encogí de hombros y bromeé:

—¿Yo? Decidido?, ¿qué te hace pensar eso?

A pesar de que se rio, pude ver que hablaba en serio.

—Mira —dijo— te hablo como médico y como amigo —había revisado los exámenes de laboratorio que me había hecho.

292

—Tu colesterol está alto, y me preocupa que puedas presentar hipertensión a futuro.

El Dr. Vates no tenía que recordarme que mi padre había tenido que ser sometido a una cirugía de corazón por haber presentado condiciones similares cinco años antes. Sabía que Ed tenía razón al decir, «Necesitas encontrar un equilibrio entre lo que haces para cuidar a los demás y lo que haces para cuidarte a ti mismo». De no hacerlo, me advirtió, no podría hacer ningún bien a nadie.

Sus palabras retumbaron en mi cabeza cuando comencé mi último año; especialmente su consejo de utilizar el tiempo que me quedaba para enfocarme en convertirme en el mejor neurocirujano posible y en probarme a mí mismo que, por sobre todas las cosas, estaba listo para la batallas.

En nuestra conversación anterior se había mostrado más preocupado por mis horas de pluriempleo. Pero yo le había recordado a mi querido amigo que ese ingreso extra era la única manera en la que podíamos salir adelante. Comprendió que el típico salario de residente apenas alcanzaba para pagar la renta para una persona en San Francisco, sin contar comida y ropa para dos adultos y dos niños. Y aunque para entonces ninguno de nosotros lo sabía, Anna y yo teníamos un tercer bebé en camino.

Ed asintió pensativo, reconociendo que entendía, y después hizo algo que nunca olvidaré. Salió corriendo de mi oficina y volvió poco tiempo después con un cheque personal a mi nombre. ¿Cómo podía aceptar este gesto tan increíblemente generoso, dada la enorme deuda que ya tenía por los préstamos educativos? ¿Cuándo iba a poder pagarle? Regateamos por muchos meses. Pero finalmente, en el último año, el Dr. Vates me convenció. Para entonces, yo ya había abandonado las horas de los fines de semana, como él había esperado, y había implementado algunos cambios en mi régimen para mejorar mi dieta y hacer un poco de ejercicio. Su préstamo me permitió aprovechar al máximo aquel último año de entrenamiento —para prepararme para el momento en el que yo mismo pudiera dirigir mi propio espectáculo—. Fue un regalo de salud y paz mental por el cual le estaré siempre agradecido. Algunos años después, cuando le pagué, le reiteré mis sentimientos de que algunos actos de bondad como el suyo nunca pueden terminar de pagarse, especialmente cuando están motivados por el deseo de hacer algo significativo por alguien más.

A pesar de que he buscado la forma de seguir su ejemplo, todavía no lo he logrado del todo. Como le digo Anna de vez en cuando: «Nunca seré tan bueno como Ed».

A pesar de que en ese momento no pude verlo claramente, llegué a la conclusión de que los mentores como Ed y Geoff no solamente habían entrenado mis habilidades, sino que me habían adiestrado para sobrevivir a mi formación. A tal efecto, el enfoque de trabajo en equipo que yo había cultivado desde niño era más importante que nunca, y aunque fui duro en mis expectativas, todo el mundo sabía que podía confiar en mí.

Pero sí aprendí una lección acerca de qué tan lejos podía llegar cuando salí a la defensa del Dr. Frank Acosta, cuando determinó que la condición de cierto paciente no mostraba motivo de preocupación. Colega más joven y miembro de Q. Inc. desde hacía ya tiempo y a quien había conocido en Harvard, Frank era ahora un residente de tercer año en UCSF y seguía siendo como un hermano menor para mí. Así que cuando se cuestionó su decisión sobre aquel paciente, sentí la necesidad de dar la cara por él; hasta que decidí revisar al paciente yo mismo.

—¿En dónde está el paciente? —le pregunté a Frank e inmediatamente noté que no lo sabía—. ¿Estás bromeando? ¿No has visto al paciente y yo por poco abro una lata de ya sabes qué para defenderte?

—Revisé cuidadosamente la resonancia y la tomografía y se veían bien —dijo Frank tímidamente.

—No tratamos imágenes, ¡tratamos pacientes! —le recordé.

A pesar de que nuestro examen del paciente confirmó su evaluación, pude reforzar una lección que había aprendido años antes y que estoy seguro que él no olvidará. De hecho, el Dr. Acosta, ahora un neurocirujano especializado en problemas de la columna en el Cedars-Sinai de Los Ángeles, ¡utiliza esta misma historia en sus clases!

Con mi robusta banda de hermanos y hermanas, estuve tentado a continuar en la Universidad de California, San Francisco, después de mi residencia; en donde ya me había establecido y formaba parte de un talentoso equipo.

El Dr. Geoff estaba realizando un excelente trabajo en Neurotraumatología y le habría encantado que me le uniera, incluso sabiendo que yo quería enfocarme en tumores cerebrales. ¿Pero eso implicaría permanecer en la UCSF o era mejor un cambio de escenario que me daría mayor autonomía? Me imaginaba a Tata Juan sentado frente a mí y estaba seguro de que me incitaría a ir por el camino que nunca había tomado. Todo el mundo tenía una opinión diferente acerca de hacia dónde sería eso. El mentor que tenía mayor influencia sobre mí, el Dr. Michael Lawton, me dijo que apuntara alto. Cuando expresé mi preocupación por tener que establecerme otra vez en un nuevo programa, el Dr. Lawton señaló: «Desde el momento en que llegaste aquí, has demostrado tu mayor fortaleza bajo la adversidad y cuando has tenido oportunidad, has sacado provecho de ello».

En una extraña charla de bienvenida, revisó las numerosas publicaciones que tenía en mi haber, incluyendo los veinte a treinta artículos en los que había colaborado. El Dr. Lawton estaba seguro de que este trabajo representaría una base sólida adonde quiera que fuese: la presencia académica, los talentos quirúrgicos en el ámbito operativo, los estudios con células madre que había estado realizando y la motivación de llevar estos descubrimientos del laboratorio a la cama del paciente. Él pensaba que había conseguido todo lo posible de los más influyentes de UCSF y que como resultado de ello, sería más atractivo para otras instituciones. Después me dio una lista de lugares en los que pensó que encajaría bien, con el Hospital Johns Hopkins al inicio de la lista. Me tomé la sugerencia en serio. Él había asistido a la Escuela de Medicina de Hopkins, al igual que su abuelo.

El consejo de Michael Lawton fue particularmente significativo porque le habría encantado que siguiera sus pasos como especialista neurovascular. De hecho, había asistido a una entrevista en la Clínica Mayo, donde me habían pedido considerar un atractivo puesto en esa área. El Dr. Lawton sabía que eso no era lo que yo quería hacer. Quizá el mejor motivo por el que valoraba su punto de vista era porque sabía que su hermana había perdido la batalla contra el cáncer cerebral. No podía ni imaginar lo terrible que debió haber sido para su hermano, uno de los neurocirujanos más brillantes del mundo, haber tenido que quedarse de brazos cruzados mientras el tiempo se acababa.

El consejo del Dr. Lawton acerca de adónde ir era importante para mí porque él reconocía que mi misión era cambiar las probabilidades de supervivencia para gente como su hermana. Pero aún tenía que responder la pregunta «¿por qué Hopkins?».

El consenso era que Johns Hopkins era el escenario menos adecuado para alguien como yo. Pero el punto de vista de Dr. Lawton era que yo agregaría algo diferente a la mezcla y que prosperaría en el proceso.

El Dr. Burchard secundó la moción, diciéndome: «Hopkins te pondrá a prueba, manteniéndote ocupado. De otra manera te ablandarás y en ese momento alguien vendrá y te quitará el trabajo y a tu esposa».

Aunque estaba bromeando, ¡sabía que mi lado competitivo respondería! Pero ahora tenía que descifrar por qué debía rechazar otras excelentes ofertas y elegir a Hopkins, donde comenzaría como mariscal de campo de cuarta cuerda porque la institución ya contaba con tres neurocirujanos de clase mundial que me llevaban ventaja. Ir a Hopkins sería el equivalente a decidir jugar para los Patriotas de Nueva Inglaterra con Tom Brady y dos mariscales de campo iguales a él esperando en fila. Nuevamente tendría que empezar de cero y probarme a mí mismo.

Sin embargo, había razones de peso para asumir este reto. Dos años antes había conocido a uno de los mariscales de campo, el Dr. Alessandro Olivi, quien me había abordado en una conferencia para decirme, «Cuando estés buscando empleo, mándame tu currículo».

De Italia, Alessandro Olivi es un espíritu afín: alegre, con lealtad de corazón, pasión por su trabajo y gran respeto por los demás. Fiel a su palabra, el Dr. Olivi le habló de mí al jefe de departamento, el Dr. Henry Brem, otro distinguido cirujano y científico, también muy amable y agradable, y me extendieron una cálida invitación para unirme a su departamento.

Aunque comenzaría de cero, me hicieron sentir que en términos de libertad podría desarrollar mi propia práctica, ampliar y enseñar en múltiples disciplinas científicas relacionadas. El cielo era el límite.

Otra ventaja era que Johns Hopkins, históricamente, era en donde había iniciado la Medicina occidental de nuestros días, donde se había desarrollado el concepto de escuela de Medicina y donde muchos pioneros de la Neurociencia habían abierto brecha.

Harvey Cushing, considerado el padre de la Neurocirugía, había estado en Hopkins al mismo tiempo que Santiago Ramón Cajal en España; ambos considerando la necesidad de un sistema de clasificación para los tumores cerebrales. Me encantó el paralelismo entre estos dos hombres y sabía que un protegido del Dr. Cushing, Percival Bailey, había ido a París a entrenarse con los discípulos de Cajal. Cuando Bailey regresó a Estados Unidos, se acercó al Dr. Cushing y le propuso un sistema de clasificación de tumores cerebrales basado en criterios como ubicación, composición y apariencia, y tasa de crecimiento.

Otra gran figura había trabajado bajo la dirección de Cushing en Hopkins al inicio de 1900, desarrollando numerosas técnicas quirúrgicas que habían alterado la Neurociencia y el campo de cirugía general del hospital, era el Dr. Walter Dandy. Él concibió la idea del «equipo cerebral»: un enfoque centrado en el paciente, que coordinaba las funciones del cirujano principal, residentes, anestesiólogos y enfermeras. Era un personaje fascinante conocido por su temperamento y su negativa a pasar tiempo fuera del trabajo sin su familia. Había muchas historias acerca de las visitas de sus hijos a Hopkins cada vez que tenían tiempo libre.

La institución no solo tenía una historia impresionante, sino que seguía estando a la vanguardia. Año tras año el Hospital Johns Hopkins había sido clasificado como el número uno del país, según *US News & World Report* y otras organizaciones. El departamento de Neurocirugía también había sido catalogado como el número uno y la Escuela de Medicina Johns Hopkins también estaba cerca de la cima.

Compartí esas deliberaciones particulares con mi residente, Nader Sanai. En aquella ocasión, marzo del 2005, Nader y yo caminábamos por el pasillo de Moffitt cuando me di cuenta de que era tiempo de encontrarme con Anna y los niños afuera del hospital para saludarnos rápidamente. Embarazada de nuestro tercer bebé, Anna había propuesto la idea, viendo que yo podría tomarme cinco minutos para tomar algo de aire fresco mientras les mostrábamos a Gabbie y David el lugar en donde trabajaba.

Al verme ahí sabrían que estaba bien y no se preocuparían por mí cuando no me vieran por mucho tiempo. Dado que Nader era miembro de mi familia extendida, lo invité a acompañarme. El plan se puso en marcha como un reloj. Cuando Nader y yo salimos del hospital, Anna, Gabbie de seis años y David de tres y medio estaban ahí para reunirse con nosotros. Era un ventoso día de primavera en San Francisco, no muy soleado ni muy nublado, perfecto para correr alrededor del campus soltando un poco de vapor. Los niños estaban emocionados y Anna también estaba de buen humor.

—¡Te trajimos un regalo! —dijo David entusiasmado.

—¡Se suponía que era una sorpresa —Gabbie puso los ojos en blanco.

Anna sonrió y me entregó el regalo, una taza que decía «El mejor papá del mundo». Cuando mis ojos se empañaron, Gabbie dijo que ni siquiera era mi cumpleaños. Ahora fue David quien puso los ojos en blanco, diciendo, «Eso porque el cumpleaños fue de mamá».

La impresión me atravesó. Había olvidado el cumpleaños de mi mujer, que había sido dos días antes. ¡Era el idiota más grande del mundo! Mientras de mis labios salían disculpas y excusas, Anna me detuvo. Solamente movió la cabeza y me regaló una amorosa mirada, «Alfredo, aún estoy aquí».

Nos abrazamos mientras le ofrecía más disculpas y después, como siempre, llegó la hora de volver al trabajo. Corriendo conmigo detrás, Nader me dio una mirada de disgusto. Eso fue todo lo que necesité para comenzar a reclutar ayudantes que me aseguraran no volverlo a olvidar y que pusieran recordatorios en diferentes aparatos. Aunque mi historial de cumpleaños no se volvió perfecto, sí mejoré bastante después de eso.

Pero mi mejora en esa área no resolvería el dilema que le siguió. Después de que me decidí a dejar el área de la Bahía e ir a Hopkins, descubrí que Anna estaba totalmente en contra. El momento era terrible para organizar una mudanza al otro lado del país, a una ciudad tan desconocida como Baltimore, mientras Anna seguía sosteniendo la casa en un hilo y pasando por un embarazo muy difícil. Después de casi haber entrado en trabajo de parto prematuro a las veintisiete semanas, pasó el último trimestre en cama. Anna también se había reencontrado recientemente con su familia de California y quería que nuestros hijos pudieran seguir conviviendo con múltiples generaciones de parientes, tanto de su lado como del mío. Y Baltimore no encabezaba su lista de lugares a los que podríamos ir, con una vida más rural, los escenarios verdes que ella ama y acceso a buenas escuelas públicas.

Después de todos los sacrificios que Anna había hecho en los últimos once años, pedirle otro acto de fe no era una consideración menor. Pero al mismo tiempo, cuando visité Hopkins para conocer las instalaciones, ¡pude sentir la magia! Baltimore tenía su propia riqueza: una historia que se remontaba a los inicios de los Estados Unidos como un verdadero crisol. Tenía el segundo lugar, después de Nueva York, en el número de migrantes que había acogido a lo largo de los siglos.

Algunas partes de la ciudad eran ásperas; pero en general, el espíritu de la metrópolis y de Hopkins me hizo sentir en casa. Había un pulso, una energía vibrante y un futuro lleno de posibilidades; incluso una sensación de que el destino estaba sugiriendo que ese era el lugar al que debíamos ir. Nada nos garantizaba que los días de batalla terminarían. Solo podía prometer hacer todo lo que estuviera en mi poder para que esta mudanza funcionara y lograr establecernos en *terra firma*, en donde nuestros hijos pudieran crecer con una maravillosa educación y sin tener que mudarnos nuevamente, al menos no de inmediato. Como siempre le digo a cualquier persona interesada en conocer mi secreto para alcanzar el éxito, algo esencial es encontrar la pareja adecuada: como amiga, amante, compañera de viaje y tomadora de riesgos. La comunicación positiva es vital. Así que, después de largas discusiones, Anna decidió nuevamente creer en mí. A medida que equilibraba su reposo con el cuidado de los niños y empacar, aún insatisfecha con la decisión, yo seguí en las trincheras durante mis últimas semanas de residencia, decidido a completar el tiempo restante de mi cuesta de seis años sin ningún pensamiento que me hiciera creer que podía haber hecho más.

¡La presión comenzaba!

Como usualmente sucedía, todo pasó al mismo tiempo. El 19 de junio de 2005, una semana antes de que me graduara del programa de residencia, nació nuestra hija Olivia; arreglándoselas, aun cuando era tan pequeña como un maní, para convertirse en la reina de la casa. Para expresar su descontento por nuestras otras distracciones, Olivia padeció de terribles cólicos que dificultaron la, ya de por sí, complicada vida de Anna. Con todo el ajetreo que vivíamos, decidimos que ni ella ni los niños asistirían a mi fiesta de graduación. En lugar de eso, aprovecharía la ocasión para dar el debido honor a mis padres y a mis hermanos, incluyendo a mi cuñado Ramón, quien era una de las razones por las que yo estaba vivo ese día.

Cada uno de los miembros de la extendida familia Quiñones-Hinojosa estaba alegre. Allí estaba mi padre, el aventurero que nunca dejó de recordarme que cada uno es el arquitecto de su propio destino. Y allí estaba mi madre, la sobreviviente suprema y soñadora que me enseñó a no temerle a la adversidad, sino a sacar algo positivo y poderoso de ella.

Todos mis hermanos también habían sido parte de este viaje, y todos merecían compartir la victoria; tal vez ninguno tanto como Gabriel, mi mejor amigo y compañero más cercano durante la primera mitad de mi vida. Junto con nuestros primos habíamos inventado un lugar llamado *Faraway* (Un lugar lejano) ¡y ahí nos encontrábamos!

Mientras hablaba, muchas de las enfermeras que habían trabajado de cerca conmigo a lo largo de los años, lloraron y ¡corrieron a abrazar a mi familia! No sé si alguno de los profesores que asistió dejó que se le salieran las lágrimas, pero escuché llantos masculinos y femeninos. Fue, sin lugar a dudas, un momento cumbre en mi vida. Pero antes de que pudiera instalarme en la realidad, debía tomar un avión a Baltimore y encontrar un lugar donde vivir.

Visité veintidós casas en las dos áreas que Anna había investigado y que cumplían con sus criterios; le mandé por correo electrónico fotos de ellas a lo largo del día, y estaba empezando a pensar que ninguna le había gustado cuando de pronto sonó mi teléfono celular. Anna estaba viendo la casa número veintidós en la computadora e inmediatamente dijo: «¡Es esa!».

Regresé a San Francisco y le dije adiós a Pepe, la *pick up* roja, mientras veía a mi padre llevársela felizmente, y la sigue manejando hasta el día de hoy, con casi dieciocho años de antigüedad. Después, cargamos nuestra nueva minivan para empezar su primer viaje a lo largo del país junto a mi séquito más importante.

Una mezcla de emociones se apoderó de nosotros al momento que dejábamos la zona de la Bahía. Anna aún no tenía una opinión clara sobre nuestro siguiente destino. Los seis años anteriores habían sido agotadores y estábamos esperanzados de que todo estaría mejor una vez que yo empezara a recibir un salario decente. Pero ahora que una vez más estábamos desarraigados, nos enfrentábamos a nuevas incertidumbres. No obstante, el espíritu de aventura que nos había traído hasta aquí aún estaba vivo.

Al cruzar el Bay Bridge para dirigirnos hacia el este, comenzamos a reírnos por el hecho de que teníamos una hermosa casa nueva pero nada de mobiliario. Anna pensó que podríamos acampar en ella durante un tiempo. Después, con su talento en diseño de interiores y su manejo de presupuestos, podríamos comprar muebles de buena calidad a un precio económico en la región Amish y en las muchas tiendas de antigüedades que hay en la zona noreste.

—¡Acampar! —dije emocionado—. ¿Eso quiere decir que podremos hacer fogatas y quemar malvaviscos?

—Papá —me preguntó Gabbie—, ¿alguna vez has ido de campamento?

302

—¿Yo? ¿Ir de campamento? Crecí en el desierto y comía solo lo que podía sembrar con mis propias manos.

—¿Eras vaquero? —David elevó la voz.

—¡Sí!

—¿Tuviste muchas guerras de pistoleros?

—¡Claro que sí!

—No exactamente —dijo Anna.

Nadie se creyó la historia de que podía correr más rápido que una bala, montando un caballo que en realidad era una motocicleta de tres ruedas. Pero cuando les conté la historia de cómo había llegado a este país en busca de una mejor vida, todos escucharon con la misma atención. Incluso la pequeña recién llegada despertó de su siesta y parecía contenta de escuchar la música de nuestras voces mientras manejábamos por la zona central del país.

Durante los trayectos en los que no hablábamos, saboreé el silencio y dejé que mi mente divagara. Cuanto más nos acercábamos a nuestro destino, más vívidamente recordaba el pasado —los vuelcos del viaje hasta ese momento—. De repente, prácticamente todo lo que había sucedido a lo largo del camino parecía tener un propósito, me mostraba conexiones nuevas, como las piezas de un rompecabezas que encajan unas con otras. Empecé a obtener respuesta a las preguntas recurrentes sobre por qué suceden ciertas cosas, incluyendo las lecciones de haber vivido con el temor de haber sido infectado con VIH y de estar a dos minutos de morir en el fondo de un tanque dieciséis años antes.

Después de prometer no volver a hablar de aquel día y de lograr evitar el recuerdo, había llegado el momento de repensar esa decisión. Hasta ese momento, había hecho referencia a los acontecimientos de ese día —caer en el tanque y despertar en el hospital— solo de manera abstracta, y nunca me había permitido regresar a la escena del accidente; salvo las pocas palabras que mi padre habló conmigo después. Él también había evitado cualquier referencia sobre el trauma. Y aunque sabía que Ramón y Gus habían jugado un papel heroico durante mi rescate, ninguno de los dos jamás me había contado los detalles. Ambos habían actuado desinteresadamente, así que tal vez no querían restarle mérito a su intención reclamando el crédito. Otra explicación para nuestro silencio colectivo pudo haber sido una reacción postraumática compartida y la superstición común de que hablar sobre una experiencia cercana a la muerte puede ser una forma de tentar al destino. Tal vez esta superstición provenía de nuestra creencia cultural, reforzada por la celebración del Día de Muertos, de que después de haber engañado a la muerte una vez, a menos que se pueda hablar de ella en tono burlón con rimas y disfraces, ¡es mejor no decir nada!

Pero había llegado el momento de romper mi juramento de silencio, de abordar el tema con mi padre y con Ramón y abrir la bóveda. Si no enfrentaba mi miedo al pasado, lo sucedido permanecería en la oscuridad y les negaría el reconocimiento que debían haber recibido mucho tiempo antes.

Detrás del volante de nuestra nueva minivan —mientras manejaba durante la segunda noche de nuestro viaje con el resto de la Familia Q dormida a mi alrededor— me di cuenta de que muchos de mis pensamientos habían sido motivados por el hecho de que nunca le había agradecido a Gustavo por lo que hizo para salvarme la vida, y ahora era demasiado tarde.

Unos meses antes, cuando viajé a varias instituciones y estaba por terminar mi residencia, me enteré de que Gus había muerto debido a traumatismo cerebral ocasionado por un accidente en motocicleta. Después de muchos años de arduo trabajo, finalmente se había recompensado al comprarse una Harley-Davidson, la motocicleta de sus sueños, y en una de sus primeras salidas chocó de frente y perdió la vida.

En el funeral, con el recuerdo vívido en mi memoria mientras manejaba la minivan bajo las estrellas hacia una nueva galaxia, lamenté no haber estado en el lugar correcto en el momento adecuado para operar a Gus. Habría luchado con todo lo que hay en mí para darle lo que él me había dado. El entierro de Gus se llevó a cabo durante un hermoso día soleado en Stockton, California, muy parecido a aquel de 1989 cuando tomó el mando de los esfuerzos que me salvaron la vida.

Me senté solo en la parte de atrás en el funeral, con lágrimas en los ojos y con un nudo en la garganta, sin poder hablar con nadie. Después de que terminó la remembranza y todos los asistentes hubieron presentado sus respetos, esperé sentado en mi lugar hasta que el cementerio estuviera casi vacío, tratando de encontrar una forma de expresar mi agradecimiento en honor de la memoria de Gus. Mi único consuelo era que todo lo que no pude hacer por él, lo haría por cada paciente que estuviera a mi cuidado, con la misma devoción que él tuvo para salvarme.

Después caminé hacia su tumba, puse una rosa roja sobre ella y me marché.

Tercera Parte
Cómo me convertí en Dr. Q

Nueva Inglaterra, diciembre 2004, durante el último año de residencia. Medianoche

Primero oscuridad. Después, un haz de luz blanca ilumina la noche nublada. No, son unos faros que brillan como en un túnel y al acercarse me ciegan momentáneamente.

Protegiendo mis ojos del resplandor, me encuentro sobre la acera fuera del aeropuerto Logan de Boston, recién salí al helado invierno de Nueva Inglaterra después de un vuelo nocturno proveniente de San Francisco. En cuestión de segundos me doy cuenta de que esta inquietante imagen —que mi mente ha vinculado con accidentes terribles— es meramente de las luces delanteras del auto enviado para llevarme a Dartmouth. Respiro aliviado, veo cómo mi aliento se dispersa en el viento nocturno, y le hago una seña al conductor.

Mientras se orilla junto a la acera, me tomo un segundo para cuestionar mi decisión de hacer este viaje. Dos semanas antes, cuando los miembros de la facultad de Dartmouth me invitaron a visitarlos, me debatí sobre las ventajas y desventajas. No era fácil pedir permiso para abandonar UCSF e ir a entrevistas en otras instituciones, especialmente porque tenía que encontrar a alguien que me cubriera durante mi ausencia. Además, ya contaba con dos ofertas atractivas sobre la mesa. Pero algo me decía que por lo menos debía visitar las instalaciones y la comunidad de Dartmouth, que, según había oído, era ideal para criar una familia. Estaba dispuesto a reconsiderar mi decisión de ir a Hopkins si veía que Anna y los niños serían más felices en Dartmouth.

Anna apreció mi forma de pensar aunque trató de disuadirme de este viaje. Con la enorme carga de trabajo que tenía, ella pensó que el cansancio de ir y venir en tan solo veinticuatro horas no valía la pena. Pero después de analizarlo, acordamos que si no iba a darle un vistazo, lo podríamos lamentar más adelante.

Y algo más parecía obligarme a hacer este viaje, aunque no podía decir exactamente qué. Lo que fuera ese «algo», no se revelaba aún ante mí al momento de subirme en la parte trasera del auto y dirigirnos a la carretera.

> —¿Un poco de fresco? —el agradable conductor bromea al subir la calefacción del auto.

Miro por la ventana y detecto nubes de tormenta sobre nosotros, que dejan visible solo un fragmento de la luna. En estas primeras horas de la mañana, el auto es el único vehículo sobre la calle, y nuestros faros son el único alivio a la oscuridad.

Si bien estoy ansioso por llegar al motel a dormir una pocas horas antes de comenzar el día, le agradezco al conductor que no intente correr a través de la niebla y la oscuridad. Pero en lugar de cerrar los ojos para descansar, abro mi computadora y utilizo este tiempo para ponerme al corriente con mi trabajo.

De repente, por el rabillo del ojo, veo un par de rayos pálidos, los faros de otro vehículo, que viene detrás a nuestra derecha. El auto se acerca rápidamente —calculo que a ciento treinta kilómetros por hora—, me imagino que el conductor tiene la intención de rebasarnos. ¿Por qué la prisa, especialmente cuando la visibilidad es limitada? Una pequeña ola de temor corre a través de mí. Antes de que pueda reprenderme por no llevar el cinturón de seguridad, el otro auto alcanza nuestro costado y roza la parte trasera de nuestro auto, cerca de donde yo voy sentado.

Se desata el infierno. Giramos a la izquierda y empezamos a dar vueltas sin control a una tremenda velocidad; me doy cuenta de que estamos sobre un tramo de hielo transparente. Mi computadora sale volando de mis manos, y yo voy a dar hasta el otro lado del auto, con mi equipaje brincando de arriba abajo; todo desafía a la gravedad y a la fuerza centrífuga al mismo tiempo. Asiéndome de cualquier pensamiento que me alejara de imaginarme lo peor —que después de haber sobrevivido a dos encuentros con la muerte finalmente se me había acabado la suerte y había llegado el final para mí y para el conductor aquí, en medio de la nada—, veo que las cosas van de mal en peor. No solo hemos empezado a girar, resbalar y dar vueltas en espiral, sino que el hielo impulsó al otro auto en una espiral opuesta y violenta. Dirigiéndose uno hacia el otro, los dos autos se impulsan a toda velocidad.

Una vez más, como antes me había sucedido, estoy mirando las luces al final del túnel, pero en esta ocasión se trata de los faros del otro auto que se acerca peligrosamente al nuestro. Me esfuerzo por tener esperanza ante el desastre, pero como en el pasado, solo encuentro imágenes de salas de operaciones y de las consecuencias trágicas del traumatismo cerebral causado por accidentes automovilísticos.

¿Por qué me forcé a hacer este viaje, solo para encontrarme sobre un tramo de hielo probablemente fatal? ¿Por qué no escuché a Anna cuando me dijo que no viniera? Ya tenía dos ofertas de trabajo. ¿Por qué tenía que buscar esta también? ¿Qué se supone que debo aprender de aquello que la fuerza de la naturaleza que se empeña en enseñarme?

¿Podría ser que la lección fuera que, sin importar cuánto conocimiento y maestría un cirujano o científico adquiera, hay momentos en los que no se puede pelear contra la naturaleza, ya sea por cuenta propia o por la de los pacientes? Quizás. Ahora que he superado prácticamente todos los obstáculos de mi entrenamiento, ¿puede esta pesadilla ser una prueba final que tengo que pasar antes de ser mentor de otros, ejercer y ayudar a mis pacientes a librar sus batallas? Tal vez.

Y sin pedir demasiado ¿podría preguntar si es posible que mi conductor tenga suficiente experiencia para dominar estos tramos inesperados de hielo transparente?

Tan pronto como me hago esta pregunta y pienso en mis pacientes, quienes depositan su fe en las manos de sus médicos todos los días —estamos a centímetros de chocar—, me doy cuenta de que por fin ha llegado el momento de aceptar todo lo que yo no pueda controlar. Todo. Y entregarme.

Apenas cedo a fuerzas más grandes y poderosas que yo, cuando en un instante ambos autos se impulsan fuera del hielo ¡y se detienen abruptamente! De acuerdo con las leyes de la física, ¿cómo es esto posible?

Salimos del auto, al igual que el otro conductor, hablamos brevemente, intercambiamos información; todos jadeando aliviados e incrédulos, y con frío. Después volvemos a nuestros autos y continuamos nuestro camino. ¡Lentamente! Por cierto.

Todo el episodio, incluyendo la visita del día siguiente a Dartmouth, la cual por supuesto no cambió los planes familiares, prevaleció en mis pensamientos durante la víspera de mi llegada a Johns Hopkins.

Sospeché que las lecciones que se reforzaron durante este llamado extremadamente cercano serían una luz que me guiaría en el futuro. Pero si acaso había una explicación clara sobre el por qué tuve que enfrentar esta prueba en medio de la nada, aún era un misterio para mí.

Pero no lo sería para siempre.

Hopkins | 11

—Dr. Q, usted es el neurocirujano tratante de guardia durante este fin de semana, ¿verdad? —me dijo la voz en el teléfono el viernes 29 de julio de 2005.

Seis años antes había sentido gran temor al escuchar palabras similares en mi primera noche de guardia como interno en el Hospital General de San Francisco. En ese entonces, el solo pensar en examinar a un paciente con herida de bala en la cabeza casi me hizo darme la vuelta al bajar las escaleras hacia la sala de urgencias.

Pero esta vez, la pregunta hecha por un miembro del personal de la sala de urgencias en el Hospital Johns Hopkins, era que si yo era el neurocirujano «tratante» de guardia. No el residente o cirujano en entrenamiento, sino el profesor tratante, ¡la primera persona a cargo cada vez que hubiera una emergencia de Neurocirugía! Esta nueva responsabilidad era increíblemente emocionante aunque un poco atemorizadora, pero escuché atentamente la descripción de los síntomas del señor O, quien necesitaba ser atendido inmediatamente.

A pocos minutos de haber colgado, corrí por el magnífico pasillo de Phipps, uno de los edificios más antiguos y con más historia del campus de Medicina de Johns Hopkins. Como había llegado pocos días antes, había planeado tomar todo agosto para instalarme como profesor asistente de Neurocirugía y Oncología en la Escuela de Medicina Johns Hopkins; posteriormente forjaría mi práctica quirúrgica y, eventualmente, un laboratorio de investigación.

En mi estatus de cuarto mariscal de campo en un departamento que contaba con tres neurocirujanos distinguidos y bien establecidos, no me hacía ilusiones sobre lo fácil que esto podría ser. Pero, de nuevo, ya era veterano en llegar como el hombre en la parte más baja del tótem ¡que tenía que demostrar su valía! O al menos eso me dije mientras corría al hospital, dejando la tarde húmeda de Baltimore atrás y entrando al fresco vestíbulo del hospital con aire acondicionado, donde una multitud de visitantes y empleados se dirigían a la salida, todos ansiosos por llegar a casa para un relajado fin de semana de verano.

Corriendo por el pasillo hacia las escaleras que conducen a la sala de urgencias, sentí una ola de orgullo cuando miré algo que se convertiría en un punto de referencia para mí: grandes carteles sobre ambos lados del pasillo, que designaban a Hopkins como el hospital número uno de la nación, evaluado por *U.S. News & World Report*. No solo en el año en curso, sino año tras año, ¡un cartel después del otro! Solo el tiempo diría si yo tenía lo que se requería para mantenerme en esa institución. Mientras tanto, estaba seguro de que si mi objetivo era jugar un papel importante en la búsqueda de una cura para el cáncer cerebral, había llegado al lugar indicado.

Sin embargo, la visión de los carteles aquella noche de guardia también fue angustiante. No es que el sentir temor sea del todo malo. Como dijo César Chávez una vez: «Si no tienes miedo de fallar, no harás tu trabajo. Si tienes miedo, ¡trabajarás como loco!».

Con el eco de esas palabras motivándome, fui a conocer al señor O y a su familia. Para cualquier cirujano tratante que toma su primer caso oficial, siempre es preferible empezar con una operación relativamente sencilla, así como los boxeadores empiezan con peleas más fáciles y trabajan hasta el campeonato. Pero resultó que, al examinar al señor O, estaba empezando con una pelea de campeonato, un caso extremadamente difícil.

El señor O era el conserje en la Universidad de Maryland, alistándose para el retiro, sus hijos lo habían traído porque de repente dejó de hablar, tuvo una convulsión y no podía mover su pierna o brazo derechos.

Cuando le hacía una pregunta, luchaba por responder pero lo único que podía decir repetidamente era «Lo siento». Aunque comprendía lo que le decíamos y podía entender ideas abstractas, no era capaz de coordinar las cuerdas vocales con la boca para formar palabras. Debido a que el tumor cerebral que descubrimos durante su visita no se lo habían detectado antes, había llegado a ser tan grande y destructivo que no solo estaba afectando la parte de su cerebro que controla el habla y la actividad motora del lado derecho, sino que estaba tan inflamado que los canales normales de «plomería» que irrigan al cerebro se estaban «inundando». Así que, además de atender el tumor, sabía que en las siguientes veinticuatro horas teníamos que arreglar primero el sistema de plomería de su cerebro. Posteriormente extraeríamos el tumor.

Programamos para la mañana siguiente las dos etapas, sabiendo que necesitaríamos muchas horas para completar la cirugía. Hablé con el señor O y su familia sobre los detalles, destaqué los riesgos, expresaron sus temores, y les comenté sobre los posibles resultados negativos que son la realidad de una neurocirugía: desde la posibilidad de que alguna deficiencia neurológica permanezca incluso después de una cirugía exitosa, hasta el riesgo de que no despierte de la operación. Pero el señor O y yo acordamos, con un pacto que sentó un poderoso precedente para mí desde entonces, que cuando nos viéramos en la sala de operaciones, en poco más de doce horas, entraríamos como gladiadores: él y yo combinaríamos nuestra energía positiva, trabajaríamos en colaboración, cada uno haciendo el mejor esfuerzo para alcanzar el mejor resultado posible.

—¿Trato hecho? —le pregunté.

—Hecho —pronunció la palabra con esfuerzo, sus hijos asintieron estoicamente.

Sin importar en cuántas neurocirugías hubiera participado —abriendo, cerrando, apoyando al cirujano tratante en cada aspecto—, todo cambió para mí la mañana del sábado 30 de julio. Gracias al Dr. Henry Brem, jefe de nuestro departamento, había podido formar rápidamente un equipo excepcional. Como todos acabábamos de conocernos, me tomé tiempo aquella mañana para preparar a los miembros de mi equipo para las dos etapas de la cirugía, a fin de que pudiéramos avanzar como un equipo SWAT (Special Weapons And Tactics)[1] con la mayor rapidez posible. Antes de que todos ingresaran a la sala de operaciones, entré solo y visualicé el lugar en donde cada uno de nosotros debía estar, supervisé la posición de los instrumentos, herramientas y equipo quirúrgicos. En algún momento había hecho este tipo de planeación, apoyando a cirujanos tratantes, pero ahora lo hacía como jefe del equipo, una experiencia completamente distinta.

A pesar de que la segunda etapa, la extirpación del tumor, sería la más difícil de las dos, la primera fue la más memorable por la metamorfosis que causó en mí. Ninguno de mis mentores me había descrito la experiencia de entrar a la sala de operaciones como general en guerra por primera vez, ya no como el segundo o tercero al mando. Tal vez no lo habían descrito porque el momento es muy personal, es caminar sobre el afilado borde entre la confianza y la arrogancia. Como cirujano tratante, debes reunir superpoderes en nombre de tu paciente, sin olvidar que eres humano y falible. El desafío consiste en reunir los niveles más altos de energía mientras mantienes perfecta calma y control: una combinación que te permite doblar el tiempo y el espacio con tanta fuerza que puedes esquivar una bala ¡como Keanu Reeves en The Matrix!

El cambio empezó en la mañana cuando fui a tallarme en el lavabo justo fuera de la sala de operaciones. Muchas veces había sentido los efectos energizantes de este ritual durante mi entrenamiento, pero esta vez —y a partir de entonces— mis sentidos dieron un salto cuántico en intensidad al restregarme vigorosamente cada brazo, haciendo que la sangre fluyera, sintiendo los latidos de mi corazón y respirando más rápidamente. Todas las distracciones se fueron por el desagüe cuando me enjuagué los brazos y manos y me sequé con la toalla esterilizada. En el momento en que entré a la sala de operaciones, me puse los guantes quirúrgicos y me aseguré de que el señor O estuviera preparado, dejé de ser la persona que había sido. Mi voz había cambiado. Cuando miré mi cara reflejada en un monitor, apenas reconocí la intensidad y urgencia de mis ojos. El minuto que corté a través de la piel, en el que abrí el cráneo del señor O —perforando múltiples pequeños agujeros para retirar el colgajo óseo—, y después de que desprendí la duramadre, la cubierta aterciopelada de su cerebro, descubrí que el tiempo era esencial. Su cerebro bailaba frenéticamente. Dado que el tumor había bloqueado su sistema de drenaje, el fluido que normalmente rodea al cerebro estaba inundando al tejido; el cerebro se inflamaba rápidamente, creciendo aceleradamente y con presión a un ritmo peligroso. Me aseguré de que mi residente se mantuviera succionando la sangre, hice un agujero en el sistema de tuberías y, como si reventara un globo, pude redirigir la corriente de agua alrededor del tumor; la inflamación inmediatamente empezó a disminuir. Pero teníamos que limpiar el desorden antes de que pudiéramos alcanzar con éxito nuestro objetivo en esta primera etapa.

El primer *round* fue para el Equipo Q; pero el segundo fue una pelea de perros. Por la naturaleza arraigada y gran tamaño del tumor —que pronto sabríamos era, como nos temíamos, un glioblastoma multiforme de alto grado—, y debido a que se había enraizado en las áreas del lenguaje y el control motor, sabía que extirparlo sería un proceso brutal y prolongado. Si el tumor se hubiera detectado antes (o hubiera habido síntomas), podríamos haber optado por una craneotomía con paciente despierto, lo que nos habría permitido hacer un mapa del cerebro con anticipación y usar las respuestas del señor O durante la cirugía para guiarnos con seguridad por el camino correcto. Pero con el habla fallándole, tenía que estar dormido y yo tendría que moverme a pasos microscópicos en una ruta mucho más traicionera. Otra preocupación era que, por la frecuencia de las convulsiones —causadas por la invasión del gran tumor—, había una posibilidad elevada de que el señor convulsionara durante la cirugía y el tumor, como una mina terrestre escondida, explotaría con el toque del bisturí. La clave en ese momento, personificada por mis mentores, era lo que algunos llaman el «ojo del tigre», la habilidad para concentrarse totalmente en lo que realmente importa dentro de la sala de operaciones —el paciente— y dar rienda suelta a las propias habilidades para lograr el mejor resultado posible. Para mí, esto se traducía en la necesidad de moverme alrededor del cerebro en una especie de baile neuroquirúrgico que igualara al del cerebro del paciente; orquestar todas las otras partes móviles de la operación para observar el panorama completo, así como los detalles, y comunicarme sin palabras para asegurarme de que todos en el equipo estaban en sincronía.

Durante los dos últimos años de mi formación en UCSF, el Dr. Michael Lawton había sido mi mentor en las artes mágicas de lo que yo llamo la silla del astronauta, o «el trono» como otros le dicen. Para cirugías largas, que pueden durar ocho horas o más, la silla literalmente puede salvar vidas. Al sentarte en ella, con los dedos del pie izquierdo puedes controlar el zoom del microscopio y golpear un pedal especial para ajustar el aumento; además, el pie izquierdo puede mover el microscopio de un lado a otro, de derecha a izquierda, o en ángulo de arriba abajo. El baile requiere hacer pareja entre el pie izquierdo y otras cinco funciones que se ejercen —por ejemplo, la boquilla que mueve el microscopio en forma circular, inclinándolo hacia arriba o hacia abajo—. Con el pie derecho se controlan dos tableros que funcionan con una minimáquina soldadora para cerrar vasos y similares. Al mover el pie derecho de un lado a otro se conecta con otro pedal que actúa como un acelerador para succionar tumores cerebrales muy duros. Mientras tanto, al estar sentado sobre la silla, tus manos quedan libres para operar múltiples controles que manejan la intensidad de la succión y las máquinas soldadoras. La silla te permite usar tus cuatro extremidades y tu boca para conectarte completamente con el paciente. Un movimiento quirúrgico paulatino puede emplear el cuerpo completo: al ajustar el microscopio, manipular el cerebro, crear un espacio abierto, usar el bisturí con la mano derecha y después succionar con el pedal y la fuerza del pulgar.

Sentado a horcajadas en el trono durante la segunda etapa de la operación del señor O, pensé en lo poderosa que puede ser la memoria como un arma en una batalla de vida o muerte. Los recuerdos de supervivencia del señor O lo habían preparado para luchar contra el enemigo; mi memoria seleccionaba datos del pasado para guiarme cuando todos los caminos aparecieran bloqueados y para darme ideas sobre lo que pudiera estar al otro lado de la estructura de su cerebro. Los recuerdos surgieron no solo de mi entrenamiento, también de trabajar con motores de autos cuando niño, de arrancar hierba, manejar tractores, palear sulfuro y raspar sebo de pescado; de reparar y soldar las tapas de los tanques de tren —y de encontrar la manera de brincarme todo tipo de cercos—. Algunos datos pertinentes provenían de ver a Nana María llena de energía por su trabajo como curandera, incluso después de haber estado de pie toda la noche, imaginaba cómo vivía, respiraba y se convertía en una sola con su paciente. Algunos incluso provenían de mirar las estrellas sobre nuestra azotea en las noches calurosas y de soñar con viajar al futuro sobre mi silla de astronauta.

Antes de cerrar hicimos nuestro trabajo de limpieza para el señor O, asegurándonos de haber soldado cualquier vaso sanguíneo, de haber contenido cualquier otro pasadizo que goteara y de haberle administrado medicamentos para prevenir la inflamación y favorecer la cicatrización —junto con una oblea de quimioterapia que fue desarrollada por nuestro jefe de departamento en Hopkins, el Dr. Henry Brem—. Con una última mirada, me quedé satisfecho por la resección del tumor, la cual nos había permitido sacar todo lo que podíamos ver con los ojos y con el microscopio, y dejaba un bosquejo delgadísimo de dónde había estado. Esta fina capa nos impedía tocar cualquiera de las partes de su cerebro que controlaran funciones importantes y nos guiaba cuando insertábamos medicamento para sellar el área, de igual manera, funcionaba como protección para evitar que el agresivo cáncer volviera a crecer en el mismo lugar.

Luego vino la prueba definitiva para el señor O: despertarlo. No importa qué tan perfecta haya sido una cirugía, el éxito o el fracaso se define por el hecho de que el paciente despierte o por cómo despierta. Independientemente de cuántas veces he despertado pacientes después de una cirugía, aún siento ansiedad hasta el momento en que abren los ojos. La mayor prueba es si pueden seguir instrucciones sencillas, como apretar mi mano o levantar dos dedos. Para mi satisfacción, el señor O despertó fácilmente, solo con poner mi mano sobre su hombro y decir su nombre. Aún mejor, me saludó de inmediato diciendo suavemente pero con seguridad, «Hola, Dr. Q».

Cuando le pregunté cómo se sentía, me respondió sin vacilar, «Bien, ¿cuándo me puedo ir a casa?». ¡Podía hablar otra vez! Los movimientos de su lado derecho también habían vuelto. Si bien este era un resultado óptimo, y una forma no mala de empezar con un caso tipo campeonato en Hopkins, habría más combates para el señor O. ¡Pero qué campeón de peso completo resultó ser! Luchó con increíble entereza durante casi dos años más.

Lo hizo tan bien al principio que, de hecho, yo estaba casi convencido de que habíamos desaparecido el glioblastoma multiforme para siempre. Poco a poco pero persistentemente, comenzó a tener convulsiones periódicas seguidas por la pérdida de control sobre el lenguaje y el movimiento de sus músculos del lado derecho de su cuerpo. La última vez que lo vi en mi consultorio, el señor O quería hablar de algo importante pero difícil de decir. Con un gran esfuerzo me habló del tesoro que esos dos últimos años habían sido para él. Pronto se hizo evidente ¡que él me estaba consolando!

Con lágrimas en los ojos, me quedé mirando su rostro caído, su cabello peinado de manera distinguida y la chaqueta de los Cuervos de Baltimore que era su uniforme. Lloré por el señor O. Quería que envejeciera, que viera a sus nietos jugar, que pudiera llevarlos de excursión en las montañas y después sentarlos a su lado durante sus últimas horas.

Pero él había hecho las paces. Durante la mayor parte de su vida había ido a trabajar y había actuado conforme al deber para alimentar a sus hijos y mandarlos a la escuela, pero había sido incapaz de ver cuánto lo querían. El tumor era un regalo, parecía decir, que le había permitido saber que lo amaban y expresar sus sentimientos. Me dijo todo esto durante los siguientes treinta minutos —con cada palabra pronunciada en partes—. Ahora sabía que había hecho una diferencia en las vidas de sus hijos y que lo extrañarían y conservarían su recuerdo en sus corazones. Y eso lo hizo sentir más feliz que nunca.

* * *

Llegar como el nuevo en Hopkins resultó ser una ventaja para desarrollar la práctica amplia y multifacética que esperaba tener. Este era terreno desconocido para mí, como lo puede ser para muchos miembros que inician en la facultad de los hospitales de las universidades, donde las demandas para ver pacientes en la clínica, programar cirugías y hacer guardia para cubrir las necesidades de Neurocirugía del hospital, deben estar balanceadas con las responsabilidades docentes y de supervisión de los residentes del departamento. En el pasado había visto cómo neurocirujanos establecidos «sostenían» prácticas asiduas, pero nada de esto me enseñó cómo organizar una oficina, contratar personal o hacer saber al público y al resto de la comunidad médica que daba consultas. Debido a que estas responsabilidades no me eran familiares, debía proceder con cuidado y lentamente.

Mis colegas empezaron a referirme una serie de casos quirúrgicos, desde lesiones traumáticas e imperfecciones cerebrales hasta tumores cerebrales y de la columna; así como un gran número de casos neurológicos. En una era de ultra especialización, este menú variado iba en contra de la corriente. ¡Nada malo!, en mi opinión. Además, me dio la oportunidad de conocer a muchos de los profesionales devotos y altamente talentosos en el campus médico de Hopkins. Pronto, gracias a un nuevo arcoíris de estudiantes, residentes y colegas, Q, Inc. (también conocido como el Equipo Q), estaba vivo y coleando.

Al principio de mi viaje en Hopkins, tomé la importante decisión de reconciliarme con mi perpetua condición de desvalido. Habían quedado atrás los días en que la inseguridad por mi acento o mis antecedentes me hicieran sentir que no estaba a la altura de otros. Ahora me había dado cuenta de que aceptar quién era me daba seguridad ante la verdad; que, por supuesto, tenía un fuerte acento y que, en el fondo, seguía siendo un pobre niño mexicano que llegó a este país con nada y tenía mucho por demostrar. Y eso no iba a cambiar porque en mi perspectiva, lo peor que podía suceder era que tuviera que bajar la guardia o llegar a ser complaciente. También sabía que al seguir siendo humilde y al seguir teniendo hambre, me mantendría alerta.

Ahora, como un desvalido seguro de sí mismo, cuando en Johns Hopkins entraba a la oficina de uno de los profesores más renombrados o de uno de los neurocientíficos mundialmente famosos —todos aparentemente (pero no en realidad, por supuesto) de un metro ochenta de altura, con pelo y ojos claros—, en lugar de sentirme avergonzado por mi estatura baja, pelo oscuro y ojos marrones, y por mi origen pobre de un país en desarrollo, empecé a ver estas diferencias como mi insignia de honor.

En efecto, los principios y valores inculcados cuando niño tenían más relevancia que nunca. De hecho, varias de las personas que busqué como mentores, así como mis colegas, estudiantes y pacientes, me recordaban a figuras importantes de mi infancia. Aunque muchos de los que habían influido en mis primeros años de vida no contaban con educación, compartían la búsqueda por el conocimiento que había visto en los científicos y profesores brillantes de la Universidad Johns Hopkins. De forma similar, aquellos que me inspiraron de niño habían soportado las penurias con la misma valentía y determinación que veía en mis pacientes.

Esas influencias de mi pasado también eran recordatorios para reconocer la gran distancia avanzada hasta ese día. Anna y yo teníamos mucho que celebrar en nuestra vida familiar. Pocos años antes, cuando quisimos derrochar y consentir a Gabbie con un paseo a Burger King, solo pudimos pagar una hamburguesa con queso que quisimos que nuestra pequeña disfrutara. Esos días de escasez habían quedado atrás. Ahora teníamos tres hermosos y sanos niños y no necesitábamos preocuparnos más por poner comida sobre nuestra mesa o por pagar el techo sobre nosotros. Los sacrificios fueron dando verdaderos dividendos, y nos podíamos concentrar en criar a nuestros hijos en un ambiente en el que pudieran florecer y crecer para alcanzar su potencial.

En teoría, podría decir que los sacrificios estaban pagando únicamente dividendos. Pero en esta nueva etapa del viaje, debía reconocer el lado oscuro de ser excesivamente tenaz y demasiado orientado hacia los objetivos. Por años, muchos de mis amigos más cercanos y colegas me habían advertido que estaba en peligro de descuidar otras prioridades. No dudaban de mi preocupación por el bienestar de mis seres queridos, pero me señalaban que, puesto que mi trabajo nunca terminaba, siempre habría alguien o algo fuera de la familia compitiendo por mi atención. Tenían razón: a veces mi impulso amenazaba con manejarme y no al revés. Esta patología no es poco común entre los médicos pero tiene un precio, especialmente en los matrimonios. Anna y yo simplemente acordamos no ignorar los sentimientos o esconderlos debajo del tapete, sabíamos que resultaría muy caro si lo hacíamos.

De vez en cuando, algunos de los miembros del Equipo Q, residentes y estudiantes, se me acercan para pedirme consejo sobre sus relaciones de pareja, me han preguntado si durante el proceso habría hecho algo de manera distinta al intentar encontrar el equilibrio entre el trabajo y la familia. Mi respuesta tiene dos vertientes. Primero, sí, había cometido errores para lograr el balance; y si tuviera que volverlo a hacer, habría cultivado mejor el hábito sobre las sutilezas cotidianas —como recordar los cumpleaños o aniversarios o llamar a casa cuando tenía una cirugía de emergencia e iba a llegar tarde a cenar—. Aún estoy tratando de tomar algunas de estas medidas básicas. Pero la segunda parte de mi respuesta es no, no regresaría y repensaría cómo elegí concentrar mis energías. No me aconsejaría, ni a nadie más, apaciguar los sueños u objetivos, incluso los más elevados.

Quizá alguna vez albergué la ilusión de que después de mi residencia tendría más tiempo para disfrutar de mis pasatiempos y de la familia mientras creaba, de manera controlada, un consultorio nuevo. Desafortunadamente, Anna y yo descubrimos que para empezar se requiere de una enorme inversión de tiempo, cual si se tuviera la agenda llena de pacientes, o incluso más. Además, si hubiera tenido tiempo libre para jugar golf, ¡me habría quejado de que el juego no era lo suficientemente rápido para mí! Jamás he sido del tipo que sale antes del trabajo o corre a casa inmediatamente después de la hora de salida.

Mientras tanto, Anna no se enamoró al instante de nuestra nueva vida. Tuvo que pasar tiempo antes de que su rutina con los niños y la relación con amigos y vecinos la hicieran sentir que habíamos tomado la decisión correcta. Este periodo fue duro, lleno de angustia y frustración. Una de las quejas constantes de Anna era sobre la ansiedad que sentía al esperarme despierta por las noches, preocupada de que fuera a quedarme dormido frente al volante y terminara chocando. Cuando el trabajo era especialmente estresante, yo no quería escuchar sobre el tema y se lo hacía saber. Y entonces venían las discusiones. Después Anna dejó de quejarse, lo cual fue peor. Tenía miedo de llegar un día a casa tarde por la noche y descubrir que había empacado y regresado a California con los niños.

A lo largo de estos periodos difíciles tuvimos dos gracias salvadoras. En primer lugar, nunca dudamos que éramos el amor de la vida del otro. En segundo, nunca olvidé que la confianza que Anna tenía en mí y su apoyo constante eran los ingredientes mágicos que me ayudarían, y a mi familia, a hacer nuestros sueños realidad. No importaba lo loca que fuera mi idea o visión, Anna me escuchaba, veía las ventajas y desventajas, e incluso cerraba los ojos para reflexionar sobre ello, y después los abría para mirarme, revelando en sus brillantes ojos verdes que ella ¡también le veía posibilidades!

Así fue exactamente como reaccionó cuando le describí el consultorio médico multifacético que iba a construir, aunque no estaba seguro de cómo lo haría. El consejo de Anna hacía sentido perfectamente: asintió con la cabeza de forma tranquilizadora y me dijo, basándose en nuestra pasión mutua por las películas «Si lo construyes, ellos vendrán».

* * *

Después de la primera noche de guardia en Hopkins y de haber tenido que llevar rápidamente al señor O a cirugía ese fin de semana, pensé que la siguiente vez que estuviera de guardia sería poco probable que tuviera que realizar otra operación de emergencia tan complicada como la del señor O. ¡Otra vez me equivoqué! En mi segundo caso como recién llegado, en vez de dirigirme a la sala de operaciones bajo circunstancias más controladas, empecé con un escenario de pesadilla: una mujer embarazada, de casi cuarenta años, había sufrido un aborto que desencadenó un violento efecto dominó. Cuando la llevaron a la sala de operaciones, todas las funciones de su cuerpo se alistaban para cerrarse, y estuvo a punto de morir en mis brazos.

Doce horas antes, esta adorable y saludable joven —la llamaremos SH— quien tenía un futuro brillante y resplandeciente, una carrera que amaba y un bebé en camino, fue atacada por una complicación de eclampsia misteriosa e impredecible, que ocasionó que su hígado apenas funcionara, que su sangre se adelgazara perdiendo su capacidad de coagulación, y después, que su mismo cuerpo provocara el aborto. Como agua corriendo de una presa reventada, la hemorragia parecía imposible de detener debido a la incapacidad de coagulación. Cada torrente sanguíneo, cada afluente empezó a rebosar, incluyendo los de su cerebro.

Rodeado de gritos de «¡a un lado, a un lado!», lanzaba órdenes a todas las tropas para que fueran a sus estaciones de batalla, al mismo tiempo que la transportábamos a la sala de operaciones; nos veíamos como dentro de nuestro propio Coliseo Romano, donde íbamos a pelear como si nuestras vidas dependieran de ello y si perdíamos a nuestra paciente, moriría en nuestros brazos. Una vez que todos estábamos en nuestros puestos, aun con nuestra experiencia acumulada, el ambiente se sentía lleno de miedo e incertidumbre, mientras la sangre fluía del cuerpo inconsciente de nuestra paciente, rehusándose a coagular, empapando la mesa y derramándose sobre el piso. Para intensificar el caos, empezaron a entrar llamadas telefónicas de los decanos de muchos de los departamentos de Hopkins. Me enteré de que el padre de nuestra paciente era un académico prominente en el mundo de la Medicina, y todos querían que les informáramos sobre el avance. Durante mi formación aprendí muy bien que no importa qué tan espeluznante sea un caso, puede empeorar dramáticamente cuando hay poco orden en la sala de operaciones, al punto de que la probabilidad de obtener resultados positivos va de escasa a nula. Restaurar el orden casi requería de una maniobra de Kalimán; era esencial imponer una inmediata sensación de calma que fuera más poderosa que el miedo; no exactamente con la facilidad de Kalimán para controlar la mente, pero algo por el estilo, para así poder seguir el rumbo quirúrgico de salvar vidas. La restauración del orden también requeriría de abrir el cráneo y retirar el hueso para evitar que su cerebro sufriera una implosión —explotar hacia adentro— y herir su tronco cerebral, momento en el que la vida terminaría. Después, tendríamos que entrar a su cerebro para detener el sangrado en el sitio principal de la ruptura, un proceso que podría matarla antes de que pudiéramos hacer algo para salvarla.

Sintiéndome moderadamente animado después de remover un colgajo óseo de un lado de la cabeza de SH, desprendí la duramadre, esperando contra toda esperanza que hubiéramos alcanzado a tiempo su cerebro. Pero la situación inmediatamente pasó de terrible a desastrosa, la sangre salía a borbotones como un volcán fulminante.

Claramente la naturaleza gobernaba en ese momento. Una vez más las corrientes de pánico se apoderaron de la sala de operaciones, con enfermeras, anestesistas y personal que monitoreaba el cerebro tratando de ayudar, pero la inundación solo los agitaba. Debíamos controlar el miedo si queríamos que la probabilidad de supervivencia de nuestra paciente aumentara, y decidí que si tan solo pudiéramos estabilizar los sistemas que se estaban cerrando, podríamos navegar en la tormenta. Buscando todos los recursos posibles a nuestra disposición, llamé al Dr. Olivi, un neurocirujano de renombre mundial, para que nos apoyara con sus manos experimentadas. Mientras tanto, al dar las órdenes necesarias para mantener a todos en el camino, me di cuenta de que la crisis no se trataba de nuestro heroísmo, sino de dar a SH los medios para que ella fuera la heroína, que fuera la creadora milagrosa en su lucha por vivir. Este sutil cambio en mi enfoque mental estimuló al equipo. En unos cuantos minutos pude dirigirnos fuera de la tormenta, del caos al orden. Nos movíamos con rapidez, le administramos una combinación de productos médicos de coagulación sanguínea, en etapas exactas y con la secuencia correcta, para detener la explosión de sangre.

Para cuando llegó el Dr. Olivi, todo estaba bajo control. Con su sonoro acento italiano, usó el sobrenombre que me había inventado para preguntarme, «¿Cómo se ven las cosas, Alfredino? ¿La vamos a sacar con vida de la sala de operaciones?».

Al principio admití que con el alcance de la hemorragia, no veía forma de que la sacáramos con vida. Pero había esperanza de que sí pudiéramos. Con la ayuda de todos, pude informarle a la familia al final de la cirugía que, aunque estaba en coma, habíamos detenido la hemorragia y se estaba sosteniendo. Pero esta calamidad estaba lejos de terminar. La cambiamos a la unidad de cuidados intensivos neurológicos, dejamos el colgajo de hueso fuera para permitir que su cerebro se desplazara para aliviar cualquier presión que ocasionara más hemorragias o explosiones. Pero el equipo en la unidad estaba ocupado con otros asuntos, enfrentando una crisis después de otra. El cuerpo de SH estaba tan traumatizado que, aunque era joven, su corazón empezó a fallar, seguido de sus pulmones y después sus riñones. Necesitaba una traqueotomía y usar un respirador, luego debió ser conectada a una máquina de diálisis y hubo que insertarle una sonda de alimentación en el estómago.

La familia se rehusó a desahuciarla. Me sentí especialmente conmovido por la constante presencia y participación de su hermana. Nunca dejó de creer que SH sería la heroína indiscutible. ¡Qué razón tenía! Tres meses después de haber sido atacada por un síndrome espeluznante, SH se estabilizó al punto de salir del coma y se le pudieron quitar las máquinas. La regresamos a cirugía para reemplazarle el colgajo de hueso que le habíamos quitado: el primer paso de su lenta pero magnífica recuperación de funcionamiento y de su regreso a una vida casi normal.

La lucha hercúlea de SH no terminó cuando abandonó el hospital. Necesitó meses de terapia física y de lenguaje. Pero los déficits restantes —cojear y dificultad para usar una de sus manos— no le impidieron regresar a trabajar y vivir una vida próspera. Ella es el ejemplo del porqué me siento privilegiado de trabajar en esta área.

Llegados como un rápido disparo, estos muy complicados primeros dos casos en Hopkins, desde un punto de vista neuroquirúrgico, me sirvieron como ritos de paso. Alteraron mi estatus como cuarto mariscal de campo. Aunque no me movía sobre césped protegido por los otros tres neurocirujanos, tampoco iba a tener que quedarme en la banca; ahora con mayor confianza, me referían casos.

El señor O y SH, de maneras distintas, me enseñaron lecciones importantes sobre cómo infundir esperanza cuando todo parece perdido o imposible. Ellos, junto con el creciente número de pacientes que formaron parte de mi familia extendida, también se convirtieron en el ADN de mi práctica, que evolucionaba.

Después de todo, si no aprendía algo de cada paciente sobre cómo ofrecer mejores cuidados, me habría perdido de información valiosa. Como le dije a Anna cuando hablaba con ella por el celular durante uno de mis regresos a casa tarde en la noche, después de muchas horas en el quirófano: aunque no podía construir monumentos en memoria de mis pacientes, podía adoptar aspectos de las operaciones del día a día basados en lo que aprendíamos de sus travesías. Anna estuvo de acuerdo con la idea positiva de este enfoque, aunque sabía que el trasfondo era el caso desgarrador que me había mantenido hasta tarde en la sala de operaciones.

Incluso antes de que fuéramos a cirugía para mi nueva paciente, una hermosa joven modelo, quien recientemente había logrado su primer papel en una película que aún no empezaban a filmar, me había alarmado al ver la proyección de la imagen del gran tumor identificado en las proximidades de la corteza motora, ligeramente encima de la parte que controla el habla —y también por sus síntomas—. Arrastrando su pie derecho y demasiado débil para levantar su brazo derecho, también tenía problemas para mover la parte derecha de su rostro. Determinamos que había sufrido un derrame cerebral severo, de hecho, «dentro» del tumor, lo que había causado que sangrara. La ingresé inmediatamente.

Si, como me temía, tenía un tipo de cáncer cerebral altamente agresivo, la cirugía seguida de radiación y quimioterapia solo le comprarían tiempo. No sabía cuánto. Existía la posibilidad de que saliera adelante de la cirugía como una superestrella para hacer su película; íbamos a pelear para hacer esto realidad. Pero cuando la llevamos a la sala de operaciones y vi el monstruo en su cerebro, supe también que él regresaría.

Después de que Anna y yo colgamos el teléfono, habiendo dicho poco sobre la operación o mi nueva paciente, seguí manejando en silencio. Recordé algo que el Dr. Michael McDermott dijo al final de una larga cirugía en UCSF. El Dr. McDermott —entre cuyos dones se incluía la habilidad por desarrollar la fortaleza en otros— era propenso a una gran moderación. Él y yo, junto con el resto del equipo, habíamos estado muchas horas en la sala de operaciones, acabábamos de extirpar un enorme tumor cerebral que estaba cerca del ojo del paciente y que le había estado causando severos problemas ópticos.

Como neurocirujano con muchos años de experiencia, el Dr. McDermott había navegado impecablemente dentro y fuera del cerebro, y yo estaba sorprendido por la calma y el control que mantenía de principio a fin. Cuando tomé su lugar para cerrar, el Dr. McDermott se quedó a un lado, aparentemente perdido en sus pensamientos. Tanto la resonancia magnética como la tomografía de este paciente nos mostraban una historia desalentadora sobre el tumor que podíamos esperar. No estaríamos seguros de qué tipo era hasta que recibiéramos los resultados de la biopsia, pero su ubicación y apariencia amenazante parecían confirmar la posibilidad de que, aunque la cirugía le daría al paciente algo de alivio y un poco más de tiempo en este mundo, el tumor regresaría con más fuerza y probablemente más temprano que tarde.

Sin estar seguro si eso era lo que el Dr. McDermott estaba pensando, después de terminar me volví a él y le pregunté,

—¿Qué estás pensando?

—Nunca se vuelve más fácil —reveló.

La sabiduría popular dice que el mejor método que los médicos deben usar para hacer frente a tumores cerebrales es aprender a distanciarse: crear una pared entre el trabajo que deben hacer y la realidad del sufrimiento de sus pacientes. Por muchas razones, este enfoque no funciona para mí, ni tampoco para el Dr. McDermott. En todo caso, quería derribar paredes —¡o por lo menos brincarlas!—, no construirlas. ¿Desconectarme de mis pacientes para no sentir dolor? Esto no tenía sentido para mí. ¿Cómo podría ser un buen médico si negaba mi propia humanidad? Y entonces entendí por qué «Nunca se vuelve más fácil».

Esa afirmación estaba en mi cabeza cuando llegué a casa para encontrar a Anna leyendo una novela de misterio mientras me esperaba. Este no era su tipo de lectura habitual, pero había atrapado su interés y la ayudaba a mantenerse despierta y evitar preocuparse por mí.

—En verdad no tienes que esperarme despierta —le dije, y no por primera vez.

—Lo sé Alfredo —respondió en voz baja y me miró.

Anna sabía, por nuestra conversación anterior, que yo probablemente necesitaba ir a dormir o estar solo para llorar en privado. Pero también sabía que a veces, como en esta ocasión, podría necesitar hablar. ¿Me sentía desanimado? Sí. Buscando las palabras, le dije con detenimiento que nadie puede avanzar sin esperanza, ni siquiera alguien como yo con tanto que probar.

—Bueno —me preguntó—. ¿Qué te daría esperanza?

Le respondí que darle esperanza a mis pacientes, empoderarlos de algún modo también me daría esperanza. Anna insistió que yo ya estaba haciendo eso. Pero no era suficiente, no con el cáncer cerebral, no cuando estás tratando de detener a un asesino masivo con poderes sobrenaturales mientras tú sigues sin tener idea de qué fue, en primer lugar, lo que falló para que surgiera ese monstruo.

—¿Qué crees que tenga que pasar entonces, Alfredo?

Le expliqué que aún había mucha investigación por hacer antes de que alguien pudiera entender el origen de cualquier tumor cerebral, por no hablar de desentrañar los misterios de los tipos más letales.

—El problema hoy es que tenemos que categorizar los tumores basados en su apariencia vista sobre una transparencia y con un sistema para entender su patología que usa tecnología creada hace cien años. Así de lejos estamos.

En medio de mis quejas, sin embargo tenía un pensamiento esperanzador y contunué:

—Pero si pudiéramos entender por lo menos un tipo de tumor cerebral y su origen, si pudiéramos entender cómo una célula madre neural se convierte en una célula madre anormal, en un tumor cerebral, sin importar de dónde viene en el cerebro, entonces podríamos equilibrar el poder.

Pensando en la novela de misterio que Anna estaba leyendo, añadí:

—Entonces tendríamos pistas importantes.

Mi esposa asentía al ver mis ruedas girando. Después hablamos del paciente que había inspirado esta conversación.

Casi tres años después de esa noche, después de que la joven modelo y actriz filmara su película y en efecto viviera su vida al máximo, el asesino regresó con sed de venganza. Mientras decaía rápidamente quiso otra cirugía, pero no era aconsejable.

Recuerdo su última visita: cuán delgada y frágil estaba, su madre la empujaba en una silla de ruedas hacia la sala de exploración. Sorprendentemente, aún tenía el brillo en sus ojos que había encendido la pantalla cuando logró el sueño que muchos otros nunca alcanzan. No se arrepentía sobre cómo había pasado el tiempo que se le había concedido. Muchos que viven hasta los noventa años no pueden decir lo mismo.

Cuando nos abrazamos para despedirnos por última vez y la vi salir con su madre en ese nublado día de invierno, recordé, nuevamente quiénes eran los verdaderos maestros aquí en Hopkins, donde había venido a aprender.

Materia gris | 12

Tenía una visión sencilla sobre mi anhelado consultorio médico, con base en mi experiencia para alcanzar *terra firma* en el hospital en que desperté tras haber sido rescatado del tanque. Quería crear para mis pacientes el mismo sentimiento de seguridad que yo había experimentado. Gracias a la preocupación genuina y a la calidez del doctor con la bata blanca, supe que todo iba a estar bien. Aunque obviamente era un extraño, había cierta familiaridad en él. Por su piel oscura y prominentes rasgos, supuse su origen migrante o de una minoría, tal vez hispano, indio o del medio oriente; pero su etnicidad no fue lo que me conectó con él. Por el contrario, su actitud cuidadosa y su meticulosa atención a mi caso me hicieron sentir como si fuera un miembro de mi familia, que deseaba la mejor atención médica para mí, tomando precauciones especiales para mantenerme bien durante la noche, preparando líneas de oxígeno e infusiones intravenosas y examinándome exhaustivamente antes de darme de alta.

Además de desear que los pacientes se sintieran seguros cuando llegaran a la moderna clínica de última generación en la que establecería mi consultorio en Hopkins, quería que sintieran que yo era su compañero en el viaje, así como Nana María lo había sido como partera. Después de ayudar a una paciente a dar a luz, no me podía imaginar ningún acto tan íntimo como el tocar el cerebro de otro ser humano.

Al pensar en mis pacientes como parte de mi familia extendida —tal como lo hice con la diversa colección de personal, estudiantes, residentes, enfermeras, técnicos y colegas del Equipo Q—, también visualicé un consultorio que era tan acogedor e incluyente como el país que me había proporcionado la *terra firma* sobre la cual pude construir una nueva vida. Con eso en mente, puse en práctica una política para que los pacientes tuvieran acceso a nuestra oficina y a mí en todo momento. La mejor forma para hacer eso, pensé, era darles mi número celular a los pacientes, para que tanto ellos como sus familiares pudieran hablarme en todo momento; también debía poner en línea mi horario disponible para el personal, residentes, estudiantes y colegas por igual. Muchos de mis compañeros pensaban que era una locura. Pero ¿por qué? Si realmente quería que los pacientes estuvieran en el centro de mi práctica —en la sala de operaciones, en la clínica, en el salón de clases, y después, en el laboratorio—, esto parecía una medida perfectamente razonable para establecer la atmósfera que había visualizado de «mi casa es su casa».

Pequeño inconveniente. Mientras yo había visualizado claramente este consultorio acogedor, amplio y muy diverso, la realidad —como le confié a mi esposa cuando me dijo que si yo lo construía ellos vendrían— era que yo nunca había iniciado un consultorio. Tampoco mi segunda a bordo, Raven Morris, la asistente médico a quien por fortuna había traído a mi equipo desde el principio.

De hecho, el proceso fue tan nuevo para ambos que cuando me informaron que me iban a asignar una secretaria, tuve que preguntarle a Raven «¿Qué hace una secretaria?».

Raven —quien había optado por ser asistente médico, a pesar de que tenía el talento y la tenacidad para convertirse en médica o cirujana— tampoco sabía, pero no perdió el tiempo y se puso a investigar. Una vez que lo hizo, estábamos entusiasmados por tener a alguien que estuviera a cargo del papeleo, la programación de citas y las llamadas, porque ahora nos podíamos dedicar a cuidar a los pacientes la mayor parte del tiempo. ¡Ajá! En lugar de tener que construir la infraestructura y después esperar a que llegaran los pacientes, podría seguir un proceso mucho más orgánico: que la práctica evolucionara con base en las necesidades de los pacientes y sus familias.

Aprendí desde el inicio de mi formación que un aspecto importante es cuidar a los miembros de la familia y a sus seres queridos para ofrecer un buen cuidado al paciente; entonces establecimos horarios de consulta que se ajustaban a la vida de las personas y nos aseguramos de crear, durante una cirugía, una línea directa de comunicación con los que esperaban noticias de vida o muerte.

Cuando estás luchando para que un paciente logre salir con vida de la sala de operaciones, como fue el caso de uno a quien llamaré RD, el tener a la familia a un lado puede proporcionar energía muy poderosa. Sin previo aviso, RD fue abatido por lo que sospechábamos era una ruptura de aneurisma. En sus cincuenta, dirigiéndose hacia la cúspide de su carrera profesional, RD gozaba de perfecta salud, estaba felizmente casado y era padre de tres niños. Pero poco después de haber llegado a su trabajo esa mañana, mientras conversaba con colegas, se sacudió con espasmos incontrolables antes de perder el conocimiento. Una llamada al 911 alertó a los paramédicos quienes, cuando llegaron, lo encontraron en estado de coma y lo intubaron, salvándole con esto la vida, y después lo llevaron al hospital. Cuando llegaron, RD se presentaba casi tan mal como Nick Ferrando, cuyo único signo de vida había sido un dedo tembloroso.

Cada vez que una persona es afectada por un aneurisma cerebral —una protuberancia en un vaso sanguíneo que puede reventarse violentamente— las probabilidades de sobrevivir no son muchas. Generalmente, un tercio de la gente que tiene un aneurisma muere antes de llegar al hospital, otro tercio muere en el hospital a pesar de las medidas heroicas, y solo un tercio logra sobrevivir. Con la posibilidad de que RD tuviera la complicación de un aneurisma roto, sabía que tenía dos tercios de probabilidad de no sobrevivir. Pero si no íbamos a la raíz del problema y nos dábamos la vuelta, la probabilidad de que recobrara la conciencia sería nula. Gracias a mi entrenamiento con el Dr. Michael Lawton, quien se especializa en este tipo de casos peligrosos —un camino que pudo haber sido mi rumbo, de haberme quedado en UCSF como su segundo al mando—, sabía muy bien lo que estaba en juego.

Le hice saber a la familia de RD que la única esperanza para mantenerlo con vida era operarlo inmediatamente, pero que si el problema era un aneurisma reventado, había del 10 a 20% de probabilidad de que ocurriera otra ruptura y de que este explotara como una granada durante la cirugía. La familia nos dio el visto bueno, y procedimos rápidamente.

Las complicaciones eran tales que le pedí al Dr. Olivi que trabajara conmigo en la sala de operaciones. Como para entonces ya me habían medido con varias crisis, el equipo me conocía lo suficientemente bien como para moverse al mismo tiempo que yo —requiriendo de pocas instrucciones verbales de mi parte—. La misma quietud absoluta que había vivido en las salas donde mis mentores operaban estaba ahora presente en mi sala de operaciones, con solo el sonido de los equipos de monitoreo y con el zumbido de los taladros al empezar la craneotomía con una navaja capaz de cortar a través de la piel hasta el hueso, preservando cuidadosamente cada capa que removía, y después perforando una serie de agujeros muy pequeños en el hueso para que me permitieran retirar parte de él y poder abrir sin poner presión sobre el cerebro mismo.

Tras retirar el colgajo óseo, el siguiente paso era separar la duramadre, que puede estar muy apretada, como los pétalos de una Venus atrapamoscas, y se niega a ceder. A pesar de que el tiempo era esencial, debía tener cuidado de no extraer la duramadre muy rápidamente, porque esto podría alterar la presión en el cerebro y causar que el corazón se acelerara o se detuviera y, a su vez, detuviera la respiración del paciente. No ocurrió ninguno de estos eventos. Tampoco nos enfrentamos al escenario de pesadilla en el que el cerebro se eleva como masa con demasiada levadura, algo que puede en ocasiones requerir el uso de ambas manos para literalmente presionarlo dentro del cráneo.

Al encontrar solo una fina capa de sangre revistiendo el cerebro gris y palpitante de RD, puse el microscopio en su lugar. Por el rabillo de mi ojo pude ver a todos inclinándose —el Dr. Olivi, mi jefe de residentes, las enfermeras, el equipo de anestesia, los técnicos que monitoreaban la actividad eléctrica del cerebro, los estudiantes y observadores— para ver lo rápido que podíamos dispersar cualquier vaso explosivo o abultado. Sin tener aún señales de problemas, todo tranquilo y casi extrañamente normal, en el instante en que vi el punto de ruptura, el vaso explotó nuevamente de manera desastrosa, y la sangre brotó como un géiser, salpicando mi tapabocas y nublando mi visión: un caos amenazante. Pero todo el mundo luchó y el orden prevaleció. Sin necesidad de que yo dijera mucho, las enfermeras entraron en acción, limpiaron a nuestro alrededor y el Dr. Olivi actuó como mis ojos y un juego extra de manos mientras trabajaba codo a codo conmigo hasta que todo volvió a la normalidad. Y luego estábamos de vuelta en *terra firma*, pudimos cerrar el aneurisma y nos aseguramos de que no tuviera más puntos de riesgo antes de limpiar y salir.

Aún en estado de coma, RD había atravesado por la parte más difícil de la tormenta, y esperábamos que se recuperara una vez que lo trasladáramos a la unidad de cuidados intensivos neurológicos. Durante los primeros días mostró signos de mejora, espontáneamente empezó a mover sus brazos y piernas. Pero sin previo aviso, sus vasos de repente se apretaron, impidiendo que el flujo de sangre pasara a través de ellos, y toda la mejoría que habíamos visto se revirtió. Con todo lo que su cerebro había sufrido desde la primera ruptura —cuando se desplomó en el trabajo— se comenzó a apagar, junto con las funciones vitales que controlaba. Órgano por órgano, el resto de su cuerpo también comenzó a apagarse: su corazón, sus pulmones, su hígado, todo. Le administramos una amplia gama de medicamentos para revertir esta caída desastrosa pero vimos con impotencia cómo su estado se deterioró.

Llegamos al punto en el que no hay marcha atrás después de un mes, cuando todas las opciones se habían agotado y los resultados de sus exámenes neurológicos eran muy tristes. No pude encontrar ni una pizca de buenas noticias para ofrecer a su familia excepto que iba yo a estar ahí para ellos y haría lo que necesitaran. Después de varios encuentros dolorosos, entendiendo que las posibilidades de recuperación eran mínimas, solicitaron que los cuidados fueran retirados. Ese día me quedé con la familia, y cuando estaban listos, fuimos juntos a la unidad. La esposa de RD estaba sentada a un lado de la cama y yo en el otro. Tomé la mano de RD y le retiré la sonda de alimentación y después el tubo de respiración. Los rostros de los miembros de su familia y especialmente el de su esposa estaban llenos de tristeza y dignidad. En cuestión de minutos, se esfumó, pacíficamente y en silencio.

Esta no era la primera vez que había presenciado el momento de la muerte de un paciente, aunque sí era la primera vez que experimentara una pérdida en mi papel como médico tratante. Y, por supuesto, no sería la última. Estaba de acuerdo con el Dr. Michael McDermott: nunca se vuelve más fácil. Pero como médicos que trabajamos en el campo, nadando a dos aguas entre la vida y la muerte, esta es nuestra realidad. Cada persona que sufre la pérdida de un paciente la enfrenta de manera diferente. Para mí, la sensación de fracaso es difícil de medir, un trago muy amargo de tomar después de tantas vicisitudes durante el viaje del paciente —cuando todos los esfuerzos para restablecerle la seguridad y la salud se convierten en nada—. Pero estar con un paciente para darle atención al final, para ampliar la comodidad que un ser humano puede dar a otro, también es un honor y un regalo. Con RD recuerdo haber visto su luz en los momentos antes y después de su muerte. Yo había visto antes esa luz con otros pacientes que murieron y la vería de nuevo. Ya sea en mi imaginación o la forma en que la luz del día llena la sala, no estoy seguro; pero en esos momentos particulares, creo que la fuerza de la milagrosa vida que hay en todos nosotros tiene un tipo de luz que puede ser testigo en el momento de la muerte. No hay una mejor manera para describirlo, excepto decir que la luz es más grande que la vida; y tal vez es ahí, al final del camino entre esta vida y la siguiente, que podemos vislumbrar el gran más allá —sea lo que sea—, en el momento en el que la gente duerme en paz para siempre. Al ver esta luz y la mirada de paz en el rostro de RD, sentí que durante ese corto mes desde que llegó a mi cuidado, nos habíamos acercado, como compañeros del ejército, y me sentí infinitamente triste de verlo partir.

Así como cada uno de nosotros tiene que recorrer su propio camino durante el duelo por la pérdida de un ser querido, cada trabajador de cuidados médicos y de la salud tiene que encontrar su propia manera de hacer frente a la muerte de un paciente. Los hombres y las mujeres del personal de enfermería, que ofrecen atención a pacientes en todo momento y que ven el precio que pagan los miembros de una familia al ver sufrir a un ser querido, lo saben bien. A menudo he pensado que si la mayoría de los que experimentamos pérdidas a diario no sufrimos algún tipo de trastorno de estrés postraumático, hay algo malo en nosotros. Así que aquellos que optamos por no tomar distancia y por no minimizar nuestros sentimientos, necesitamos algún tipo de descarga para procesar la experiencia, ya sea por medio de una terapia, asistiendo al funeral de un paciente, creando un ritual de duelo personal, o todo lo anterior. Algo que me ayuda, y fue significativo con RD, es algo que casi nunca hago: bajar la velocidad, tomar un descanso lo más largo posible, y tal vez salir a dar un paseo para mirar el mundo que el paciente ha dejado atrás y apreciar la vida que él o ella vivía.

Puede haber lágrimas o no durante este paseo, pero siempre siento un nudo en la parte posterior de la garganta, y si estoy afuera o caminando desde el hospital de regreso a mi oficina a lo largo de la ruta del sótano, todo parece silencioso y vacío, la luz en el ambiente se atenúa de alguna manera por la pérdida de ese paciente, esa persona que ya no forma parte de mi vida ni del mundo. Cuando me desahogo, la mejor manera de encender mi fuego nuevamente es siendo humilde, recordando que no soy un superhumano; soy como cualquier otra persona, solo puedo trabajar más duro y usar mi intelecto y pasión

—y motivar a mis alumnos a hacer lo mismo— para tratar de hacer una diferencia en aquellos que sufren.

La memoria tiene el hábito de presentar en nuestras mentes los casos que acabaron mal y no los casos de éxito. La realidad es que de las casi trescientas cirugías que ahora hago al año, la mayoría salen muy bien. Y casi todas, incluso cuando se pierde la guerra en los casos de cáncer cerebral, tienen mejores resultados que los esperados. Aun así, los cirujanos tendemos a recordar cuando nos quedamos cortos, cuando la naturaleza nos puso a nosotros y a nuestros pacientes de rodillas. Pero nunca he tratado de adormecer los sentimientos de pérdida cuando un paciente muere. Acostumbro usarlas como municiones para mejorar y pelear más duro por los pacientes que no sobrevivieron.

Por extraño que pueda parecer, la muerte de un paciente me recuerda lo mucho que me encanta lo que hago, evita que olvide que no hace tantos años estaba recogiendo tomates en el campo y que ahora tengo el raro privilegio de tratar y manipular el cerebro humano. Para merecer la confianza y la fe de los demás, también tengo que recordar que lo que hago lleva una gran responsabilidad. Así que durante mis paseos, mi solución, tanto el día de hoy como en los primeros días de mi práctica, es amar cada parte de lo que hago, incluso los aspectos más dolorosos del trabajo, y buscar la alegría que puede surgir aun en tiempos oscuros.

* * *

A principios de 2006, un número creciente de pacientes con tumores cerebrales me eran referidos. Cada caso era diferente, desafiante y atractivo al mismo tiempo. El viaje de cada uno me enseñó nuevas lecciones o reforzó las viejas.

Uno de los casos, que más tarde apareció en la primera plana del diario *Baltimore Sun,* nos dejó bien claro que incluso un tumor clasificado como benigno puede desatar una guerra sin

340

cuartel. Mi paciente, un graduado universitario de veintiséis años de edad que se había convertido en *surfer*, estaba fuera del estado cuando un compañero suyo lo vio parado de manera extraña sobre su tabla. Sus padres insistieron en que regresara a casa en Baltimore y en que fuera atendido en Hopkins. Cuando llegó a mí, las imágenes mostraron que su tumor, del tamaño de una pelota de tenis, estaba atrapado contra el lado izquierdo de su cerebro, en el área que controla el habla, enredado en las venas y arterias como alambre de púas. Aunque yo tenía mis sospechas sobre qué tipo de tumor era, no fue sino hasta que estuvimos en el interior y mirando al monstruo marino, todo retorcido en los vasos sanguíneos, que supe que era benigno, lo que se conoce como un epidermoide.

Tuvimos una pelea campal, ese tumor y yo. Aunque era probable que fuera benigno, era lo que sabíamos hasta ese momento, era extremadamente peligroso. Un pequeñísimo movimiento en falso en un área de debilidad vascular podía causar que un géiser de sangre estallara. Pero con mi equipo de ensueño trabajando, extirpamos el tumor y le dijimos adiós. Cuando salí de la sala de operaciones corrí al departamento de patología a echar un vistazo al tejido del tumor —que había sido congelado inmediatamente—, para obtener una conclusión inicial; efectivamente, se trataba de un epidermoide. Bajo el microscopio, su apariencia era como la de una perla blanca brillante, que desplegaba todo tipo de colores, como un arcoíris. Era ciento por ciento benigno.

Los padres de mi paciente habían estado tan seguros de que el caso de su hijo iba a tener un resultado positivo, que habían aceptado que el *Baltimore Sun* hiciera una crónica sobre su historia. Afortunadamente, mientras celebrábamos cuando lo di de alta con un certificado de buena salud, ¡resultó que tenían razón!

Sin embargo, la presión que ejerció la presencia de reporteros y fotógrafos sobre mi equipo no era un asunto menor. Cuando nos reunimos para revisar el caso, aplaudí la concentración y compostura de mi grupo, y agregué, «No hay nada mejor que ver salir a un paciente después de una cirugía, sin ningún tipo de daño colateral». Parte de esto fue suerte, especialmente con el tumor benigno. Pero aun así, sentí un gran orgullo por la tenacidad de cada persona en mi equipo, sobre todo porque el ritmo en mi agenda estaba empezando a mejorar de manera significativa.

Recuerdo aquellos días muy bien: cuando empecé como mentor y le exigía más a mi equipo, a los residentes, a los estudiantes, al personal y a todo el mundo a mi alrededor. De vez en cuando, sin intención, cruzaba la línea entre el mentor y torturador —apremio profesional tal vez— y me sentía decepcionado de mí mismo por no establecer un mejor ejemplo. Cada vez que me molestaba porque le habíamos fallado a un paciente, incluso con algo tan pequeño como no pasar el mensaje de una llamada o como no poder programarle una cita, Raven me recordaba que no todos podían hacer varias cosas al mismo tiempo y correr sin parar en alto octanaje.

Suponía que tenía razón. Pero no veía por qué ¡no podían aprender!

* * *

Tan simple como suena, me di cuenta durante el primer año de práctica que mientras yo me preguntara al comienzo de cada día cómo mi equipo y yo podríamos servir mejor a los pacientes —y luego tomar las acciones necesarias—, tanto mis pacientes como yo ganábamos. Algunos días se nos ocurrían innovaciones sencillas que resultaban en medidas de ahorro de tiempo, que ayudaban a los pacientes a cortar pasos burocráticos y a obtener más rápidamente respuestas útiles a sus preguntas. Por ejemplo, en lugar de consultar con los médicos de atención primaria de los pacientes después de los exámenes postoperatorios, lo cual conlleva una serie de llamadas para establecer citas o el seguimiento a los tratamientos, empecé a hacer llamadas desde la sala de exploración y permitir a los pacientes y sus familiares escuchar mi conversación con sus otros médicos, con la posibilidad de hacer preguntas y recibir respuestas inmediatas.

En el contexto de la enseñanza, mis alumnos se sorprendieron de que yo pudiera atraer (o acosar) al mayor experto en mapeo del cerebro en Hopkins para que fuera a nuestra clase con poca anticipación. Estaban convencidos de que tenía poderes mágicos. Lo cual ¡era muy bueno! No solo porque quería inspirar a mis tropas, sino porque quería que ellos creyeran que también podían hacer lo que nunca se ha hecho —todos capaces de hacer una maniobra de Kalimán—. Este tipo de confianza era necesaria sobre todo cuando decidí que había llegado el momento de sacudir el statu quo y establecer mi propio laboratorio para concentrarme en comprender mejor las causas del cáncer cerebral, desarrollando mejores tratamientos y, finalmente, encontrar la cura.

Algunos vieron mi premura como el colmo de la arrogancia. Se molestaron conmigo por no haber esperado mi turno y por no haber pagado mis cuotas, por saltar los obstáculos que a otros les había tomado la mayor parte de su carrera superar y, a juzgar por algunos comentarios, por haber nacido en el extranjero, concretamente por haber nacido mexicano. Hubo un momento en mi vida en el que la pregunta implícita «¿quién te crees que eres?» me había molestado. Pero ya no. Tenía que creer que el poder de la imaginación —no tanto la mía sino la de los jóvenes y brillantes científicos y médicos de mi equipo—, podría hacer lo que otros aún no hacían. Así que le di la bienvenida al escepticismo, sabiendo que me haría luchar más duro para llevar a cabo mi visión. Sabía que uno de los ejes de mi laboratorio de investigación sería la relación entre las células madre y el cáncer cerebral. Pero en ese momento aun no concebía hasta qué punto los pacientes participarían como parte de nuestro equipo. Al mismo tiempo era consciente del sentido de urgencia para informar sobre nuestro eje de investigación, porque había vidas en juego. Plantaba las semillas para crear este tipo de laboratorio mientras trabajaba día a día en la sala de operaciones, enseñaba y dirigía mi consultorio; tuve que recordarme a mí mismo que no debía esperar el éxito de la noche a la mañana y ni abatirme si los pacientes no me aceptaban inmediatamente.

Una tarde, por ejemplo, cuando nuestro último paciente del día abandonaba la clínica, me di cuenta de que Raven estaba a punto de llorar, y la llevé a un lado para preguntarle qué pasaba. A pesar de que no había planeado decirme, Raven admitió que uno de nuestros pacientes —alguien que sufría de un tumor cerebral— había preguntado, en pocas palabras, si mis títulos y premios en la pared eran falsos. Raven explicó con calma que eran reales, el paciente preguntó: «¿Es verdad que el médico es un sucio mexicano? ¿No hay otro cirujano que pueda ver?».

Raven, que es de raza blanca, es una mujer joven segura de sí misma, esposa y madre que puede decir mucho sin palabras. Me aseguró que no había perdido los estribos. Pero luego agregó:

—No creo que haya disimulado mi reacción. Me siento ofendida.

Afligido de ver la molestia de Raven, le ofrecí el mismo consejo que me había ayudado.

—Sé que es doloroso escuchar esas cosas —concedí—. Pero recuerda que nuestros pacientes están realmente enfermos y muchos están deprimidos. No son gente mala.

La siguiente vez que vi a ese paciente —o a cualquier otro que hubiera hecho las observaciones comunes acerca de que yo era perezoso o que no era lo suficientemente inteligente—, mi trabajo consistió en conquistar su corazón y su mente al ser el mejor médico que pudiera ser. Para cuando tales pacientes estaban listos para salir, ya sea que fuera a verlos o no de nuevo en cirugía o en un examen de seguimiento, Raven veía con asombro que salíamos de la habitación, bromeando, riendo, abrazándonos... siendo los mejores amigos.

«¿Cuál es el secreto?», me preguntó después de que eso sucediera unas cuantas veces más. No había ningún secreto. Yo simplemente buscaba una conexión, algo que el paciente y yo tuviéramos en común: las motocicletas, la agricultura, los vagones del ferrocarril, Rocky Balboa, Spiderman, nuestros hijos, nuestras parejas, lugares que ambos habíamos visitado o lugares a los que ambos quisiéramos ir...

En ocasiones, los pacientes se disculparían con Raven, reconociendo que no habían querido decir lo que habían dicho. Y muchas veces, ellos y los miembros de sus familias se convirtieron en mis animadores más entusiastas. Así que yo creía que si nos limitábamos al mantra del Equipo Q de «los pacientes son primero», la *terra firma* que estaba tratando de construir sería un lugar de igualdad y aceptación, donde las diferencias serían mucho menos importantes que la manera en que nos parecíamos.

Sobre este punto, mientras tomaba una rápida siesta en mi oficina una tarde justo antes de una entrevista de radio, soñé que estaba ya al aire comentando sobre mi filosofía, cuando el entrevistador me preguntó, «¿Por qué te gusta tanto el cerebro?».

En mi sueño, supe la respuesta de inmediato.

No importa cuán diferentes seamos unos de otros —negros, blancos, amarillos, judíos, cristianos, ricos, pobres, educados o no—, nuestros cerebros son todos iguales, del mismo hermoso y noble color gris, de la misma forma y tamaño. Me fascinan los pequeños y grandes ríos rojos que atraviesan el cerebro de todo el mundo, como caminos que nos muestran la manera de desentrañar el universo. Me encanta cómo el cerebro de una persona puede bailar tan magníficamente como el de la siguiente. No puedo encontrar diferencias entre los cerebros de los pacientes de distintas razas, religiones o clases, porque todos tienen estas características en común.

Cuando desperté y miré alrededor de mi oficina las muchas imágenes de los cerebros de mis pacientes, también me llamó la atención que, a pesar de nuestras semejanzas, cada uno de nosotros tiene una ruta interior distinta, única en cada uno, como nuestras huellas dactilares. En los primeros años de la neurociencia, los investigadores y los médicos generalmente aprendían desde dónde el cerebro controlaba las diversas funciones humanas, pero los avances en la tecnología nos han permitido hacer mapas de los cerebros con estimulación eléctrica, para poder relacionar con mayor precisión dónde cada individuo, por ejemplo, reconoce las palabras, dónde se almacenan recuerdos específicos, dónde se procesan los conceptos, dónde se nombran los objetos, dónde se producen las palabras, y así sucesivamente.

Sabiendo lo poco que sabemos ahora, ¿cómo alguien puede no amar al cerebro? ¿Cómo alguien no puede creer que nuestros cerebros sean el recurso natural menos usado? Nunca he sentido vergüenza al preguntar esto o al afirmar en foros públicos que antes de darnos por vencidos para encontrar soluciones a los problemas más terribles que enfrenta la humanidad, como la cura del cáncer, debemos subirnos las mangas y buscar la solución en el lugar en donde todos los avances han comenzado: en nuestros cerebros.

* * *

Descubrir el misterio de cómo los tumores cerebrales comienzan se complica por sus poderes de sigilo. Una y otra vez, los pacientes y sus familias se preguntan «¿cómo pudo haber pasado esto?, ¿por qué no hubo ninguna advertencia?, y ¿de haberse detectado antes, el pronóstico habría sido distinto?». Como resultado, muchos de nosotros en el campo estamos comenzando a discutir las ventajas de la detección temprana. Queremos pensar que hay señales de advertencia que podemos aprender a identificar y que, sí, si un paciente reconoce estas señales y descubre que un tumor está creciendo dentro de su cerebro, el detenerlo al principio podría mejorar las posibilidades de vivir más tiempo y con mejor calidad de vida. La esperanza es que en un futuro cercano podamos desarrollar un medio accesible para detectar tumores cerebrales, tan efectivo como lo ha sido la detección temprana del cáncer de mama.

Curiosamente, incluso los pacientes que pertenecen a la comunidad médica, a menudo ignoran las pistas reveladoras o las rechazan al pensar «todo está en mi cabeza» (nunca mejor dicho). El Dr. Olivi tenía un paciente, el Dr. GD —un ginecólogo obstetra y cirujano—, que había sido remitido a Hopkins de fuera del país. Al parecer, los socios del Dr. GD le habían pedido que dejara la práctica debido a cambios extraños en su personalidad. Antes, un alegre caballero cortés y educado, ahora nunca sonreía, estaba perpetuamente de mal humor y había estado haciendo cada vez más comentarios inapropiados y groseros a los pacientes y al personal. Todos supusieron que estaba teniendo serios problemas psicológicos. Fue cuando empezó a quejarse de que no era capaz de saborear la comida, que alguien en su círculo se dio cuenta de lo que pasaba. Dado que dos tercios de nuestro sentido del gusto viene del olor y solo un tercio de la lengua, este síntoma sugirió que algo no estaba bien en la región de los centros nerviosos olfativos del cerebro.

Una resonancia magnética reveló que el Dr. GD tenía un tumor del tamaño de una toronja arriba de la nariz, directamente detrás de sus ojos —lo que se conoce como un tumor en la base del cráneo—. Una vez más, a pesar de que descubriríamos que el tumor era benigno, su ubicación nos anunciaba gran peligro. El Dr. Olivi me pidió que le ayudara con el caso del Dr. GD, y hablamos sobre el mejor enfoque. Con el tumor en esta ubicación, no pudimos tomar la ruta más común en la parte superior de la cabeza hacia el cerebro; en su lugar, tuvimos que entrar por el pasillo que está por encima del ojo. Para ello, la cara primero, para retirar el hueso de encima del ojo. La extracción de huesos en esta zona, conocida como reborde orbitario, nos puso directamente detrás de los ojos y por encima de la nariz para poder llegar al tumor, reduciendo al mínimo cualquier riesgo de invadir los campos más significativos del cerebro, donde se encuentran el habla, el olfato, el control motor y más. El Dr. Michael McDermott me entrenó en este tipo de cirugía en la UCSF, y pude sentir una energía casi eléctrica que nos conectaba a todos nosotros en la sala de operaciones con el cerebro del Dr. DG. El Dr. Olivi, yo y el resto del equipo fuimos capaces de conseguir todo lo que habíamos buscado, y cuando estaba a salvo dentro del recipiente para patología, en un momento de alivio y victoria, proclamé, «¡Hasta la vista, tumor!».

Después de una breve estancia de recuperación, el Dr. GD salió del hospital, todo sonrisas. Cuando regresó a Hopkins unos meses más tarde, nos informó que la comida era deliciosa y otra vez estaba saboreando los momentos que pasaba con su familia. Él y su esposa estaban en una segunda luna de miel. De hecho, él había decidido no volver a trabajar y jubilarse. Cuando vimos al Dr. GD para un seguimiento un año después, seguía prosperando. El extraño viaje hacia el lado oscuro de su psique le había permitido ver qué era lo que más le importaba.

Hubo una lección para mí en su historia, un recuerdo de la observación que hizo Einstein sobre valorar lo que realmente importa en la vida. La forma en que por primera vez escuché la cita original pudo haber sido una variación de ella, pero resonaba igual de poderosa: «Todo lo que se puede contar no necesariamente cuenta. Y todo lo que cuenta no necesariamente puede ser contado». Aunque aún no había logrado agregar más horas al día para encontrar el equilibrio óptimo entre el trabajo y la familia, estaba mejorando. Y desde luego sabía qué personas contaban más. También sabía que no importa lo diferentes que podamos ser los seres humanos, uno de los vínculos más comunes que compartimos es el deseo de ser un buen padre. La mayoría de nosotros hacemos todo lo que está a nuestro alcance para asegurar el bienestar de nuestros hijos, a pesar de que tenemos que vivir con el hecho de que no todas las fuerzas en el universo pueden ser controladas. Esta realidad se desarrolló frente a mí con las historias de dos madres cuyas hijas eran pacientes mías. Los dos casos involucraban accidentes que representaban la peor de las pesadillas de sus padres, pero cada quien tuvo un resultado diferente.

Durante este periodo, mi primer invierno en Baltimore, los hospitales de todo el condado habían recibido una serie de pacientes con lesiones traumáticas en la cabeza, como aquella de Tiffany de diecinueve años de edad, que fue llevada inconsciente a una sala de urgencias en nuestra área después de que el coche que conducía se volcó y se estrelló contra un farol, destrozándole el cráneo. El equipo de ese hospital la había llevado a cirugía y le salvó la vida. Sin embargo, pasó el tiempo y su madre me pidió que me hiciera cargo de su caso. En los seis meses posteriores a su accidente, Tiffany tuvo dificultades para comprender y producir palabras; sus capacidades cognitivas estaban intactas, pero necesitaba terapia para hacer frente a sus dificultades con el habla. Estaba progresando favorablemente, pero la apertura de la cirugía no estaba cerrando como debía y se le desarrolló una peligrosa infección. Teníamos que remover la placa de metal que habían utilizado para cubrir su cerebro y cerrar de nuevo para permitir que la infección cediera antes de emprender la siguiente etapa, que implicaba la reconstrucción de su cráneo y proteger su cerebro permanentemente.

Después de haber programado la cirugía, los productores de la serie de la ABC *Hopkins* —en la que yo había accedido a que me siguieran y me filmaran por un par de episodios— se me acercaron para preguntarme si podríamos incluir a Tiffany y a su madre entre los casos para el programa.

La familia había pasado por tanto trauma que inicialmente me resistía a la idea. No importa qué tan discretas prometieran ser las personas de la producción, sabía que su presencia añadiría otro nivel de incertidumbre y presión. Pero Tiffany y sus padres decidieron que querían ser parte de la filmación; pensaban que los beneficios de compartir su historia con otras familias superaban los riesgos.

Todavía estaba preocupado. Sabía que si se arrepentían una vez que empezara el rodaje, sería difícil detener a las cámaras. Pero Tiffany creía que si podía reunir el coraje para participar, podría ser capaz de salvar incontables vidas. Justo después de que las cámaras empezaran a grabar, le pregunté si estaba nerviosa por el rodaje. «No», dijo, tomándose tiempo para darle forma a la palabra. Pero en cuanto a si estaba nerviosa por la cirugía, Tiffany hizo una pausa y luego sonrió a la cámara y a su mamá, respondiendo lentamente y con esfuerzo, «Tengo miedo... pero puedo hacerlo».

Al entrar a la sala de operaciones para realizar el trabajo de reconstrucción en el cráneo, sabía que nos encontraríamos con algo de tejido cicatrizado de las cirugías anteriores. Pero no me esperaba encontrar un géiser en la forma de un vaso sanguíneo suelto. Tampoco esperaba inclinarme sobre el géiser en el ángulo exacto, lo que permitió a la sangre que salía a borbotones caer sobre el borde de mis lentes de aumento, bajo mi ceja y dentro de mi ojo. Mi corazón se paró. Tiffany había recibido muchas transfusiones de sangre, y ahora parte de esta sangre proveniente de múltiples fuentes había salpicado mi ojo y ¡nada menos que frente a cámara!

Le pedí a mi jefe de residentes que interviniera para que yo pudiera ir a lavarme y llamar a la oficina de seguridad laboral para solicitar un análisis de sangre. Aunque los resultados de la prueba más tarde demostrarían que todo estaba bien, el recuerdo del pinchazo de VIH era demasiado vívido como para sentir alivio. Mientras tanto, pude regresar a la cirugía y terminar el trabajo. Cuando Tiffany despertó, sonrió con orgullo. Aunque su madre estaba muy preocupada por ella, cuando fui a la sala de espera para darle la noticia del desenlace de la operación, encontró tiempo para preocuparse también por mí, después de haber oído de las enfermeras sobre el baño de sangre. «¿Está usted bien?». Le aseguré que lo estábamos viendo, y la primera orden del día fue para celebrar lo maravillosamente bien que Tiffany había estado en la operación.

Sin lugar a dudas, un resultado positivo como el de Tiffany es la oración de cada padre cuyo hijo ha estado en un accidente. Sin embargo, también debe ser un recordatorio constante sobre el pulso de la vida y la muerte, y los detalles innumerables que pueden afectar nuestro trabajo como médicos; de nuevo, algunos controlables, otros no.

Bajo el encabezado de las cosas que no pueden ser controladas se encuentra la historia de la otra madre y su hija, una niña de catorce años de edad, a quien llamaré EM. Hija única de padres que la adoraban, EM todavía no tenía edad para conducir, por lo que las tormentas de nieve no representaban la misma amenaza para ella que para Tiffany. El peligro para EM, y para los niños de todas las edades, fue el traidor hielo oculto que se había acumulado después de que la nieve se derritió, antes de que la temperatura descendiera súbitamente. Durante la noche la nieve anterior se congeló, pero por la mañana una ligera capa de nieve en polvo había caído sobre la parte superior del hielo, que se encontraba medio centímetro abajo. Las clases se habían cancelado ese día, EM se entusiasmó y salió con sus amigas para andar en trineo. Se subió con tres o cuatro chicas y corrieron colina abajo, iban tan rápido que el trineo voló en el aire. Cuando aterrizó, EM estaba en la parte trasera y su cabeza golpeó el hielo, como cuando se rompe una sandía, dejando sangre y materia cerebral sobre el piso.

EM fue llevada a la sala de urgencias en ambulancia cuando yo estaba de guardia. La trasladamos al quirófano en cuestión de minutos para eliminar un enorme coágulo de sangre debajo del cerebro. Le salvamos la vida, pero el daño era tal que ella ya no estaba allí —como un vegetal—. Durante el mes siguiente la vi todos los días y también hablaba con su madre en persona o por teléfono. Nada podía alterar el terrible dolor de sus padres, empeorado por el hecho de que EM todavía se veía como la chica joven y hermosa que había sido siempre: la niña feliz que había salido a jugar con sus amigas. Pero desde el momento en que su cabeza golpeó el suelo, su cerebro básicamente se había ido.

Junto con sus padres, me negué a aceptar el hecho de que ella estaba más allá de ser rescatada. Cada vez que iba a verla a la unidad de cuidados intensivos, miraba las fotos a su alrededor, las cuales representaban su vida hasta el día del accidente: fotos de ella, alegre, viva y próspera con sus amigos y en las actividades de la escuela. En un triste contraste, estaba acostada en la cama del hospital con un tubo de traqueotomía para respirar y con una sonda de alimentación en el abdomen. Inmóvil, no tenía luz en los ojos, y nada señalaba actividad cerebral, como había sucedido con Nick Ferrando, SH y otros pacientes que se habían recuperado aun cuando todo parecía perdido. Cada día me convencía de que podría suceder lo imposible para ella. Pero estaba equivocado. Después de un año y medio de tortura para sus padres, EM murió.

Estaba muy acostumbrado a la muerte y a la devastación, eran una parte inevitable de mi trabajo diario, pero la desesperanza de la situación me hizo sentir, aunque era algo irracional, que debí haber sido capaz de hacer más. Ante un accidente sin sentido como el de EM, me sentía triste y enojado porque no pude montar una cruzada para abogar más por mayor investigación para luchar contra una enfermedad asesina, y porque no tenía forma de hacerle saber a sus padres que su vida no fue menos significativa por haber sido interrumpida. Pero sí animé rotundamente a otros a asegurarse de que sus niños usaran cascos para practicar deportes al aire libre que impliquen velocidad, sin importar lo poco moderno que este sombrero pudiera parecer. ¡Usen cascos!

En conjunto, los viajes de EM y Tiffany agudizaron mi deseo de hacer más en mi campo y más como ser humano. A pesar de sus diferentes destinos, sus historias mejoraron mi aprecio por la vida —la alegría de estar plenamente vivo y comprometido con todo lo que la vida me trae—. Cada uno de mis pacientes me ha mostrado en su camino que en la vida no todo es oscuridad ni todo es luz. En realidad es ambas, oscuridad y luz, y viene en varios tonos de gris, como el color de nuestros hermosos cerebros.

La vida no es estática, ni es de oro para algunos y solo llena de sombras para otros. Es trágica y milagrosa, hilarante y aterrorizante, cruel y gloriosa, el espectro completo. Y no me gustaría que fuera de ninguna otra forma.

Viendo la luz | 13

—Hay un profesor Schmidek en la línea para usted —el operador del Hospital Hopkins me anunció cuando tomé el teléfono de mi oficina un domingo por la noche, después de las rondas finales.

—¿Dijo Schmidek, como en el Dr. Henry Schmidek? —le pregunté, bastante seguro de que yo no conocía a nadie con ese nombre, a menos que fuera «el» profesor Schmidek a quien había conocido en Dartmouth un año antes. Una figura legendaria de la Ciencia y la Medicina, también era el editor de *Schmidek and Sweet's Operative Neurosurgical Techniques*, el texto más utilizado en Neurocirugía en todo el mundo—. Por favor, sí, gracias, ¡pásamelo!

Un retroceso momentáneo a mi viaje en invierno a Nueva Hampshire me recordó el deslizamiento, que casi me provocó un infarto, sobre el tramo de hielo transparente, así como mi pregunta persistente sobre por qué me había sentido tan obligado a hacer ese viaje. Sintiendo ya la atracción por Hopkins, debí de haber sabido que, independientemente de lo impresionado que estaba con Dartmouth, mi decisión no iba a cambiar. Pero tampoco habría querido perderme la oportunidad de conocer al profesor Schmidek y pasar dos horas inolvidables hablando de todo, desde la Neurociencia hasta la crianza de los hijos.

¿Por qué me estaba llamando ahora?, no tenía idea; sin embargo estaba encantado de escuchar la estruendosa voz de Dr. Schmidek cuando me preguntó:

—Alfredo, ¿cómo te va?

—Todo va muy bien. ¡Gracias! Espero que todo esté bien con usted, profesor.

—Bien, muy bien.

Halagado de que hubiera interrumpido su apretada agenda para hacer una llamada de cortesía para preguntarme cómo me estaba yendo en Baltimore, me sorprendió cuando cambió la conversación, diciendo:

—Hay algo que quiero hablar contigo —hizo una pausa—. Va a cambiar tu carrera. ¿Tienes unos minutos?

—¡Por supuesto que sí!

La manera naturalmente alegre de hablar del Dr. Schmidek adquirió un tono más serio.

—Alfredo —comenzó—, esta próxima edición de *Schmidek and Sweet's* será la más ambiciosa y la última.

—Pero usted es un hombre joven —le contesté, preguntándome por qué estaba tan seguro de que iba a decir todo lo que había que decir en los cinco años que se tardaría en preparar la próxima edición. A diario surgían nuevas técnicas en nuestro campo, y los descubrimientos en el laboratorio también cambiarían el curso de la Neurocirugía.

Dr. Schmidek no explicó sus razones, aparte de decir que creía que las ediciones futuras tendrían que surgir de la siguiente generación de expertos. «Como tú, tus colegas, tus residentes y estudiantes», propuso.

Yo estaba confundido. La próxima generación podría sin duda contribuir; pero, ¿por qué iba a retirarse como editor después de su sexta edición?

—Bien —agregó el Dr. Schmidek—. Espero con interés trabajar contigo —mi silencio de sorpresa le llevó a explicar—: Me gustaría que me ayude a editar mi siguiente y última edición de *Schmidek and Sweet's*.

Estaba estupefacto. Había autoridades mucho más experimentadas y más prominentes a quienes les pudo haber pedido esto. ¿Por qué yo? Balbuceé algo sobre que era un honor para mí y que estaba muy emocionado simplemente porque lo mencionara.

—¡Maravilloso! —dijo el Dr. Schmidek y luego cerró diciendo—: Estaremos en contacto.

Por un momento, después de colgar el teléfono traté de convencerme a mí mismo que esto no era gran cosa. ¿A quién estaba engañando? ¡Esto era increíble! Y cuando repetí mentalmente la conversación un par de veces, vi que además de que esta oportunidad cambiaría mi carrera, el misterio de la razón por la que había tenido que hacer el viaje a Dartmouth ahora se había resuelto.

Todo tenía sentido, hasta mi escape del conato de choque en el hielo. No solo estaba destinado a conocer al Dr. Schmidek, necesitaba aprender de nuevo las viejas lecciones de Tata Juan.

Entonces entendí por qué mi abuelo escogía las rutas más difíciles y, a veces, indirectas para subir a las montañas, por qué nos llevaba por caminos traicioneros en donde nos pudimos haber estrellado contra los acantilados en cualquier momento, por qué se detenía periódicamente para explorar cuevas y ver lugares que no siempre interesaban a un pequeño niño impaciente. Ahora entendía por qué nuestras excursiones nos llevaban fuera de la ruta principal y dentro del bosque, sin producir algún descubrimiento inmediato que no fuera un sentimiento de incomodidad. Los desvíos y peligros eran en realidad parte del paseo, todo formaba parte de la victoria final, de llegar a la cima, toda la preparación para enseñarme a confiar en mis propios instintos en el futuro.

El profesor Schmidek y yo empezamos a trabajar juntos poco después de la primera llamada, hablando por teléfono al menos una vez a la semana y enviándonos material con frecuencia; aunque yo no estaba ayudando oficialmente como coeditor o colaborador. En el otoño de 2008, aunque el Dr. Schmidek estaba pasando el año en la Universidad de Oxford, en Inglaterra, elevamos la intensidad y nos pusimos la meta de completar un esbozo detallado del vasto trabajo para la época navideña.

Pero en octubre todo cambió cuando me enteré de la terrible noticia de que Henry Schmidek había muerto de repente, como resultado de un ataque al corazón. Tenía solo setenta y un años. Nuestra área perdió a uno de sus héroes más joviales y vibrantes. Entristecido por su familia, también lamenté profundamente que no hubiera podido completar la tarea que había sido tan importante para él. Supuse que el proyecto estaría en el limbo, ya sea cancelado o en busca de un nuevo editor.

Un mes después de su muerte, el fin de semana recibí una llamada telefónica en casa, era Mary Schmidek que quería discutir el futuro del proyecto en el que yo había estado trabajando junto con su marido.

> —Entiendo —le dije, suponiendo que ella estaba a punto de decirme que el trabajo sería entregado a manos expertas para terminar la edición.

Por el contrario, Mary me dijo que su marido, al parecer presintiendo que probablemente no viviría para ver la publicación de su última y más ambiciosa edición, había querido que yo fuera el editor en jefe de la sexta entrega de *Schmidek and Sweet's Operative Neurosurgical Techniques*.

Me quedé sin palabras. Tanto el honor como la responsabilidad me llenaron de humildad. Mary Schmidek me aseguró que su marido tenía muy buenos instintos y que había presentido que yo me acercaría a la obra con el mismo sentido de pasión y de aventura que marcó su existencia. Después ella me describió el amor de su marido por las actividades al aire libre, que lo habían ocupado a lo largo de su vida. Además de haber establecido récords nacionales en las carreras de veleros después de tan solo dos años de haber empezado a competir y de su gusto por la pesca con moscas, el Dr. Schmidek había desarrollado un cariño reciente por conducir su vehículo todoterreno a alta velocidad.

Entonces me di cuenta de que hay muchos tipos de aventuras todoterreno, algunas planeadas y otras no. Más que nunca, yo estaba agradecido de haber hecho el viaje a Dartmouth cuatro años antes.

Esa noche, después de que Mary y yo nos despedimos, me fui a la computadora y abrí el último archivo que había enviado al Dr. Schmidek, retomando el trabajo en donde lo habíamos dejado un mes antes. Programada para su publicación a principios de 2012, la sexta edición de *Schmidek and Sweet's Operative Neurosurgical Techniques,* al momento de escribir esto estaba cerca de ser completada.

Mientras tanto, Anna y los chicos decidieron preparar una cena especial para celebrar mi nueva tarea, lo que implicaría trabajo extra en casa durante los próximos años, pero también nos acercaría a nuevos colegas y amigos de todo el mundo. Con las contribuciones de neurocirujanos líderes de todas las instituciones superiores en Estados Unidos y en otros países, los muchos volúmenes de este formato enciclopédico también me conectarían con la investigación principal que se realiza sobre la lucha para curar el cáncer cerebral

Mirando alrededor de la mesa a mi amada familia, estaba agradecido por todo, confiaba en que había vivido al nivel de mi sobrenombre *Lucky Quiñones.* Para estar seguro, los últimos tres años y medio en Hopkins habían puesto nuevas pruebas para nosotros. En el primer año, más o menos, antes de que el consultorio empezara realmente a tener éxito, mis largas horas de trabajo no ayudaban a que Anna se ajustara a vivir en Baltimore. Y ahora que todo se movía a un ritmo mucho más rápido, las largas horas persistieron y dejaron a Anna sosteniendo el fuerte, con tres niños muy activos (y una población de gatos en crecimiento).

Pero en ciertos aspectos, nuestro trabajo por fin daba frutos. Los dones creativos y presupuestarios de Anna se encontraban en exhibición en nuestra casa, que era para nosotros un sueño hecho realidad. Estábamos incluso hablando sobre la construcción de una piscina en el patio trasero, ya que nuestros tres niños heredaron de su madre el ser nadadores naturales. Sin embargo, si íbamos a aprender de las enseñanzas de Tata Juan, tal vez había llegado el momento de aventurarnos lejos de los viejos patrones. Anna propuso que revisáramos mi agenda juntos, ahora que mi consultorio iba a gran velocidad, para establecer al menos una noche a la semana en la que estaría en casa para la cena, y para apartar la mayor parte de un día del fin de semana para disfrutar el ser un hombre de familia.

A veces, un pequeño paso básico puede hacer magia. Aunque el nuevo horario estaba lejos de ser perfecto, Anna y yo, para sorpresa de todos, pudimos tener una noche para salir de vez en cuando. ¡Qué lujo disfrutar de la cena y una película! Habíamos recorrido un largo camino para llegar a este punto.

Ahora que los niños eran mayores, me encantaba que pudieran visitarme en Hopkins de vez en cuando, junto con Anna (siguiendo los pasos del famoso Walter Dandy, cuyos hijos eran conocidos por deambular por los pasillos de Hopkins durante su turno). La mayoría de nuestras visitas en aquellos días eran fáciles de organizar, excepto por aquella ocasión en la que le envié un entusiasta correo electrónico a mi esposa, sugiriéndole que llevara a los niños a una comida que yo ofrecería para el personal de enfermería y para algunos otros miembros del equipo —incluyendo a mis dos médicos asistentes, Raven Morris y Jill Anderson—, un complemento perfecto para nuestro grupo. En cuanto envié el correo, Anna me llamó:

—Acerca de esa comida el 10 de marzo... ¿se te olvidó, verdad?

¡Diablos! ¡Su cumpleaños es el 10 de marzo! Lo había estado haciendo tan bien y ahora había vuelto a olvidarlo. ¡Nuevamente en problemas!

Creo que por muchos años, Anna y yo esperamos llegar a un punto en el que tuviéramos más tiempo para nosotros, una separación real entre la vida profesional y la vida familiar. Para ese momento comenzábamos a aceptar la realidad de que esto sería un trabajo constante. Sabíamos que otros se habían enfrentado a este mismo problema de equilibrio y que nadie que conociéramos tenía alguna respuesta distinta a la nuestra.

Anna, por supuesto, nunca utilizó las exigencias que había sobre mí para condicionarme su apoyo ni su amor, y ninguna de estas exigencias impidió que se involucrara cada vez más en varios aspectos de mi trabajo en Hopkins, añadiendo más responsabilidades a su rol de asesora principal a la hora de tomar todas mis decisiones.

Unos cuantos años antes, Anna había iniciado una tradición anual para el Día de Acción de Gracias, que consistía en preparar un fabuloso festín e invitar a estudiantes, residentes, graduados, doctores en posgrado y pacientes que conforman nuestra familia extendida siempre en expansión. Entre los asistentes habituales a nuestra fiesta anual están los miembros del equipo que realiza investigación en el laboratorio que finalmente pude establecer a finales de 2007. De hecho, Anna merece crédito por la idea que se convirtió en uno de los secretos para el éxito del laboratorio.

* * *

Al principio, el Laboratorio de células madre y tumores cerebrales, que pronto empezaría a ser conocido como el «Laboratorio del Dr. Q», contaba con un ejército muy pequeño: únicamente la investigadora Grettel Zamora, recientemente graduada en Biología en Hopkins, y yo. El doble desafío que nos planteamos fue, primero, intentar entender por qué las células de un tumor cerebral migran e invaden tejido normal; y segundo, desarrollar terapias para detener la invasión y finalmente erradicar a los invasores.

Mientras desarrollábamos nuestro enfoque me sentí inspirado por mi héroe, Santiago Ramón y Cajal, quién remarcó el valor de la simplicidad en el trabajo de un científico investigador. Cajal también instó a los investigadores a no sentirse demasiado atados a la ciencia establecida ni a los reconocidos genios que la desarrollaron.

Mi laboratorio también estaba influenciado por la pasión por la investigación, ejemplificada por otro de mis héroes, el Dr. Ed Kravitz. En cualquier momento él podría retirarse, dejando atrás un gran legado de trabajo —incluyendo sus estudios sobre los primeros campos de batalla neurológicos de diferentes especies—. Pero continúa haciendo nuevos descubrimientos, los más recientes explorando el comportamiento interno de las moscas de la fruta y cómo su nivel de agresión afecta la manera en la que viven y mueren. Ed llama a este proyecto «el club de la pelea de la mosca de la fruta».

Debido a estas influencias había optado por la forma más simple, aunque quizá poco ortodoxa, de comunicar mis avances en la batalla contra el cáncer. Digamos que intentábamos que la explicación fuera tan sencilla como para que un pequeño niño de las afueras de un pueblo pequeño de México, llamado Palaco, pudiera entenderla. En descripciones anteriores habíamos comparado un tumor cerebral cancerígeno con un dragón sobrenatural, asesino en serie: si le cortas la cabeza, le crecen otras dos y se suman más cohortes a la batalla.

El joven cazador de dragones, mi historia continúa, comenzó utilizando únicamente una vara hecha en casa para seguir y matar al dragón. Pero, con el tiempo, el dragón se hizo más poderoso; el chico también se hizo más fuerte y desarrolló algunas armas inteligentes para sumarlas a su arsenal. Y, en un movimiento muy importante, el muchacho construyó un pequeño pero brillante ejército para luchar junto a él.

Entonces, ¿cuál es el rostro del dragón? Sabemos que hoy en día en Estados Unidos más de 600,000 personas, incluyendo a cerca de 30,000 niños, viven con el diagnóstico de un tumor cerebral o del sistema nervioso central. Todos los días, diez niños —más de 3,700 cada año— son diagnosticados con tumores cerebrales pediátricos. Aproximadamente 75% de los pacientes no adultos que son diagnosticados con tumores cerebrales tienen menos de quince años. El cáncer cerebral es el más mortal entre la niñez cuando la ubicación del tumor, incluso benigno, hace que la cirugía o la terapia sean complicadas.

También sabemos que hay más de 130 tipos de tumores cerebrales, lo que puede dificultar el diagnóstico. Los gliomas —una gama de tumores de grados bajos a altos— son los tipos más comunes de tumores cerebrales primarios. Cerca de 124,000 personas en Estados Unidos sufren de cáncer cerebral maligno, y cada año unos 14,000 individuos mueren de esta enfermedad. Alrededor del mundo, el número de muertes por cáncer cerebral cada año es de entre 130,000 y 140,000. Esta enfermedad es, sin duda, un asesino de masas.

El peor homicida entre los tumores tipo glioma, el glioblastoma multiforme (GBM), invade el cerebro sano con sus células mortales, lo que hace casi imposible que pueda ser removido con cirugía y, en dado caso, presenta una posibilidad de 99% de volver a crecer. Incluso con una combinación de quimioterapia y tratamiento de radiación, la supervivencia media para pacientes con GBM es de poco más de un año. Hemos descubierto que el tumor se establece primero en una población específica de células que comparten rasgos con células madre neurales y con células madre tumorales. El descubrimiento más aterrador es que las células que producen las células tumorales se pueden regenerar, no pueden detenerse con ningún tratamiento actual, y pueden migrar grandes distancias.

Cuando Grettel y yo comenzamos a trabajar en el laboratorio, nuestro primer paso fue aplicar el conocimiento existente acerca de la migración de las células madre del cerebro a nuestras propias observaciones sobre el comportamiento de las células tumorales. Los monumentales retos de la tarea que nos habíamos propuesto, inmediatamente se hicieron evidentes.

El primer descubrimiento doloroso fue que siendo únicamente nosotros dos, los esfuerzos de ambos requerirían mucho más tiempo del que les quedaba a nuestros pacientes con cáncer cerebral. Necesitábamos crecer nuestro ejército y diversificar, atrayendo material intelectual de una variedad de áreas de conocimiento para poder cubrir todos los puestos de combate. ¿Pero cómo podíamos hacer esto?, ¿cómo podía motivar a más estudiantes de la escuela de Medicina y de otros departamentos científicos, junto con residentes, estudiantes de posgrado, y posdoctorales, no solo para realizar una labor pionera en el laboratorio, sino para sentir la misma urgencia que experimentamos los neurocirujanos en el quirófano? ¿Cómo motivar más adelante a los miembros del equipo para que renunciaran a una de sus ocupadas noches y asistieran a una junta semanal en la que compartiríamos nuestros descubrimientos, intentando con esto mantener vivas la colaboración y la competencia? La pregunta más importante de todas era ¿cómo podía convencer a estas jóvenes mentes brillantes, provenientes de todas partes del mundo y de diversos estratos sociales —tal y como yo lo había imaginado— de creer que yo podía ofrecer algo significativo, tanto en una conversación como en el laboratorio? Anna me dio la respuesta. Me recordó los difíciles días de mi residencia, en donde una salida poco común incluía una hamburguesa con queso para nuestra hija en un restaurante de comida rápida y ninguna para nosotros. Quizá algunos investigadores decidirían asistir si ofrecíamos bebidas en el programa. Tomé su sugerencia y la llevé a cabo, añadiéndole mi propio toque. Primero, establecer una junta los viernes por la noche, la cual no deberían perderse, y programada para el final de la semana, cuando los cerebros de los investigadores ya están cansados y necesitan tomar un respiro para cenar; segundo, alimentarlos con comida atractiva y abundante. Después, cuando ya estuvieran medio cansados y adormilados —posprandiales y dejándose llevar por el placer de sus estómagos llenos—, creerían cualquier cosa que les dijera y ¡pensarían que yo era un genio!

A pesar de que el plan era muy inteligente, seguía habiendo un obstáculo casi insuperable: el financiamiento. Necesitaríamos dinero para lanzar la investigación, para pagarles a los investigadores y para cubrir los considerables gastos necesarios para llevar a cabo la operación que tenía en mente. Sin saber cuán difícil sería esta tarea, pedí no menos de doce becas, un caso típico en que la ignorancia resultó ser una bendición. Como era de esperarse, pensé que podía tirar alto y me fui por las más solicitadas, por los otorgantes con mayor prestigio, y pasé incontables horas llenando solicitudes. Incluso siendo tan optimista como soy, me sorprendió recibir aprobación para doce subvenciones de importantes fuentes, como el Instituto Médico Howard Hughes, la Fundación Robert Wood Johnson y los Institutos Nacionales de Salud. Con un equipo en crecimiento y ahora con financiamiento, nos dimos cuenta de la poca disponibilidad de tejido cerebral humano que había; especialmente de tejido tumoral.

Cirugía tras cirugía, después de haber extraído incontables tumores, había visto que la mayoría del tejido se tiraba a la basura; solo una pequeña cantidad de él terminaba en un portaobjetos con fines patológicos. Mi equipo y yo encontramos una solución simple. ¿Por qué no ofrecerles a los pacientes la oportunidad de donar a nuestro laboratorio cualquier tejido que les fuera extraído durante una operación? Para nuestro deleite, no solo casi todos los pacientes aceptaron hacer esta contribución de valor incalculable a nuestra investigación, sino que además lo hicieron con tal entusiasmo que permitieron la formación de un banco de tejidos dentro de nuestro laboratorio.

El banco incluye especímenes cancerígenos y no cancerígenos de pacientes adultos y pediátricos —tejido que normalmente sería tirado a la basura después de las operaciones—. Con más de setecientos especímenes al momento de escribir este libro, nuestro laboratorio también cuenta con un banco de tejido cerebral post mórtem.

Los pacientes y sus familias continuamente nos dicen que el hecho de contribuir con el banco de tejido y con el trabajo del laboratorio, les hace sentir que están participando en la historia, lo que les da esperanza y propósito y les permite sentirse parte de algo más grande, incluso que sus propias batallas.

Así que con un mayor financiamiento para construir la infraestructura del laboratorio y con la creación del banco de tejido, el cual es esencial para desarrollar cultivos y líneas celulares para usarlos tanto en nuestros experimentos, como en los de otros científicos que también realizan importantes investigaciones, ¿cómo salió todo? Bueno, en poco tiempo ya contábamos con dos docenas de miembros en el equipo y muy pronto las reuniones de viernes por la noche se convirtieron en un evento de alta demanda. Abiertas a la comunidad entera de Hopkins, al público en general y a los medios, las reuniones atraen a las multitudes, principalmente por lo que hay en el menú: todo tipo de cocina, desde china hasta india; desde comida para el alma hasta comida china *delicatessen*: mexicana, italiana, peruana y más. Aún tengo que recordarles a los investigadores que deben llegar temprano para formarse en la línea del bufé antes de que todo se acabe. Pero el verdadero atractivo de las reuniones es que contamos con oradores invitados. Nuestras estrellas son nuestros pacientes —científicos por derecho—, aquellos que le dan ese toque de urgencia a nuestra investigación.

Esta visión acerca del importante papel que juegan los pacientes era algo que yo compartía con mi amigo y mentor de mucho tiempo, el Dr. Esteban González Burchard, quien estuvo en el campus a mediados de 2008 como profesor invitado distinguido y quien hizo un espacio en su agenda para poder asistir a una reunión de viernes por la noche. Mientras corríamos por el campus de Hopkins hacia el laboratorio, Esteban dijo: «¿Sabes Fredo?, eres la única persona que conozco que podría pasar todo el día en la sala de operaciones un viernes y después, cuando todos salen del trabajo, rápidamente organizas una reunión. ¡Eso es compromiso!». Y después añadió «¡Y una locura!». Afortunadamente, respondí, había otros investigadores locos dispuestos a acompañarme.

«¿Cómo motivas a la gente para que se queden un viernes en la noche haciendo ciencia hasta tarde? No todos son tan determinados como tú». La respuesta era simple: «He tenido la fortuna de vivir el sueño americano, de aprovechar al máximo las oportunidades. Si alguien quiere unirse a mi equipo y trabajar duro, yo crearé esas muchas oportunidades para ellos». Esteban se preguntó si se sentían motivados debido a mi decisión de rechazar las grandes cantidades de dinero que me ofrecieron en otros lugares, para aferrarme a la libertad de perseguir las metas en las que creía. Con una sonrisa, sugirió «Se pueden referir a ti como el tipo que maneja un SUV de Honda en lugar de un BMW». Cierto, muchos de los investigadores amaban mis historias acerca de cómo había sacado el mayor provecho de lo poco que tenía, ¡como la saga del kit hidráulico personalizado de mi *pick up*, ¡que me permitía cambiar velocidades al ritmo de *Whitesnake!* Pero también contaba con otros caminos tortuosos para incitar a los miembros de mi equipo. Por ejemplo, yo no estaba en contra de llamar por teléfono a un investigador a las 6:00 a.m. para revisar el progreso de su experimento. La conversación generalmente era así:

Investigador del Equipo Q (adormilado): ¿Hola?

Yo: ¡Buenos días! ¿Te desperté?

Investigador del Equipo Q: ¿Despertarme? Ah no, solo estaba aquí, eh... trabajando.

O también:

Otro investigador del Equipo Q: Ah, no, estaba aquí esperando tu llamada un domingo a las seis de la mañana.

Y después discutiríamos algunas ideas excelentes acerca de un escrito que estaba seguro de que le encantaría desarrollar a ese investigador. ¡Motivación! Esteban se rió. Sabía muy bien que mi estilo como mentor estaba inspirado en los mentores que me habían motivado a mí, incluyéndolo a él.

Cuando llegamos a tiempo para la cena antes de la reunión, Esteban pareció sentir la energía, especialmente entre los científicos de laboratorio que estaban emocionados y nerviosos por haber sido elegidos para presentar su investigación esa noche. Pero no fue sino hasta que declaré abierta la sesión y que presenté a nuestros oradores invitados, Ken y Betty Zabel, que vi la luz encenderse en los ojos de mi querido colega.

Ken, un paciente mío que estaba luchando contra el cáncer cerebral, comenzó diciéndoles a todos lo animado que se sentía por poder visitar el laboratorio y por ver la dedicación del equipo. «Él es parte de la nómina», bromeé, causando que Esteban moviera la cabeza ante aquella conocida frase. Ken y Betty también rieron. Siendo un hombre grande, sociable y profundamente espiritual en sus sesentas, Ken explicó que era capaz de mantener su espíritu en alto porque creía que todo lo que le sucedía era parte del gran designio. «Dios tiene un plan», anunció Ken, y nos dijo que él pensaba que parte de ese plan era contribuir al trabajo para encontrar la cura para el cáncer cerebral.

Con grapas aún visibles en su cabeza calva, producto de su reciente craneotomía, Ken nos habló después acerca de la historia de cómo alcanzó el sueño americano después de haber construido un negocio desde cero. Él y Betty habían estado casados por veinticinco años, el segundo matrimonio para ambos. Habían combinado a sus dos grupos de hijos para formar una gran familia y nunca habían dejado de actuar como recién casados.

«Fui muy afortunado al haber conocido a Betty, dijo Ken. Ella era una belleza y yo solo era este tipo calvo». En una nota al margen, agregó que no tuvo que cambiar su peinado para la neurocirugía. Betty intervino diciendo que su romance había sido amor a primera vista, con todo y su cabeza calva. También dijo que Ken siempre había sido cuidadoso con su salud; que comía una dieta adecuada, hacía ejercicio y durante años se había realizado exámenes y pruebas anuales, creyendo que así viviría una larga y saludable vida. Pero una tarde de viernes, mientras estaba lejos por un viaje de negocios, terminó en un hospital local con síntomas extraños. Los médicos le dijeron que su cerebro estaba invadido de cáncer y que necesitaba someterse a una cirugía el mismo lunes. Pero Ken sintió que estaba siendo presionado para hacer algo que no estaba del todo bien. Recordó haber estado acostado en una cama de hospital en Florida, sosteniendo su Blackberry y sintiendo que la mano de Dios lo estaba llevando a navegar por Internet para conocer más acerca de sus opciones. Al buscar los mejores hospitales en Neurocirugía, y buscando palabras clave acerca de investigaciones prometedoras sobre el cáncer cerebral, hizo clic en un enlace que le mostró una historia acerca de Johns Hopkins y el «Laboratorio del Dr. Q».

Ken llamó a información y finalmente habló con una secretaria del departamento de Neurocirugía, la cual le dio el teléfono de mi oficina. En un mensaje de voz, indicó que era mi paciente y que yo ya debía tener una copia de su resonancia magnética. Añadió que debía ser atendido inmediatamente. Vi muchas quijadas caer en aquella junta en el laboratorio. «¿Y entonces qué hiciste?» alguien preguntó.

En ese momento recordé que cuando recibí aquel mensaje de Ken Zabel, quien vivía en Florida y de quien yo no tenía ningún registro previo, no supe qué pensar. Pero si algunas imágenes se habían perdido o si un paciente en necesidad no había podido verme, alguien tenía que arreglar la situación. Así que le llamé.

«No podía creer que el Dr. Q hubiera tomado el teléfono para llamarme», dijo Ken al grupo. La verdad era que no estaba seguro de que su estrategia funcionaría. Ken recordó, «No importaba qué pasara, yo simplemente sabía que él era la persona a quien yo tenía que ver». ¿Cómo podría alguien rechazar a quien ha hecho tal esfuerzo? Le dije que si podía verme en mi oficina el lunes, estaría feliz de atenderle.

El caso de Ken Zabel era realmente muy serio. Gracias a que aún contaba con todas sus facultades verbales y cognitivas, pudimos realizarle una craneotomía con paciente despierto y ganar así un poco de tiempo. Como todos en nuestro laboratorio habían podido atestiguar, todo había salido muy bien. Pero al menos un tumor más estaba rondando una zona distinta del cerebro, y era muy posible que fuera necesaria otra cirugía. Peor aún, el asesino serial que nosotros conocíamos como GBM —y el cual habíamos observado bajo el microscopio y en los experimentos con el tejido que Ken había donado al laboratorio— no había sido para nada erradicado.

En aquel momento, Esteban miró alrededor de la habitación y se dio cuenta de cuan emocionalmente conectados estaban todos con la lucha de este paciente de la vida real, que estaba ahí sentado con su esposa; y simplemente movió la cabeza, mostrando cómo finalmente entendía por qué trataba de comprometer las energías emocionales de mi equipo. Pero creo que ninguno de los invitados estaba listo para la gran emoción que siguió a eso, cuando los oradores de la noche tomaron turnos para hablar de sus últimos descubrimientos.

La atmósfera durante esas presentaciones semanales, muchas veces tiene la intensidad de un episodio de *CSI: Miami* o de la serie médica *Dr. House* —con cada persona en la habitación conectándose con su Sherlock Holmes interno—. Con los Zabel sentados ahí aquella noche, el sentido de urgencia era palpable, como si todos pudiéramos darnos cuenta de que estaba a punto de cometerse un asesinato y supiéramos que debíamos usar toda nuestra capacidad intelectual para ayudarnos unos a otros con las investigaciones que se estaban llevando a cabo.

Este no era el momento de ofrecerles una plática feliz a Ken y Betty. Nuestro mandato era ofrecerles descubrimientos reales y razones legítimas para tener esperanza. Al final de la reunión, después de haber tratado complicados temas de Neurociencia, yo esperaba que nuestros invitados estuvieran cansados y listos para despedirse. Después de tres presentaciones —dos en PowerPoint y la tercera en forma de un mini documental—, también pensé que nuestro personal del laboratorio estaría ansioso por ir a casa e iniciar su fin de semana. No era así. Observé con cierto orgullo paternal como todos los investigadores se acercaron a los Zabel y al Dr. Burchard para presentarse con ellos, una situación que Esteban nunca había vivido antes, según me diría después.

Su reacción me confirmó que nuestro enfoque estaba rompiendo barreras y fomentando la colaboración, en parte con el poder de contar historias, gracias a los pacientes y a las familias como los Zabel, quienes no contribuyeron únicamente con sus palabras y su pasión, sino también con el tejido extraído durante las cirugías. Aquella noche, el mini documental que vimos mostró actividad celular en el tejido del tumor de Ken Zabel. Con tecnología de aceleración de video, pudimos ver un dramático movimiento en un portaobjetos con tejido, lo cual demostraba la proliferación de las células cancerígenas. Este descubrimiento no solo era prometedor, sino se daba a pasos agigantados, porque dentro del equipo había una persona a la que todos conocían personalmente y cuya vida estaba pendiendo de un hilo.

* * *

La historia sobre la batalla de Ken Zabel no había terminado. Aunque no estoy seguro de estar de acuerdo con él en que todo pasa por algo, puedo aceptar que si estudiamos los misterios de nuestras vidas, las respuestas nos ayudarían a encontrar el propósito de las mismas. La dirección del trabajo y el espíritu en el laboratorio realmente me hacen sentir así. Recuerdo haber tenido escalofríos cuando uno de nuestros neurocientíficos de posgrado, Hugo Guerrero-Cázares (Guerrero, que apropiadamente significa «persona que lucha») presentó sus descubrimientos, recordándonos que estas células migrantes podían ser el «eslabón perdido» para poder descifrar el misterio homicida del cáncer cerebral; finalmente nos mostró cómo detener a los tumores más letales e incluso un día revelar cómo lograr que ni siquiera crezcan.

No solamente he sido llamado loco por creer que estas soluciones están a nuestro alcance, también he sido llamado ingenuo. Pero no veo nada de ingenuo o irreal en aferrarme a la esperanza. Muchas de las terapias para salvar vidas que conocemos dentro de la Medicina, vienen de individuos y de equipos que eran igual de idealistas. Todos los días veo pacientes que saben que van a morir; sin embargo, eligen la esperanza en lugar de la desesperación. Muchos lo hacen porque desean saborear cada segundo del tiempo que les queda. Otros encuentran esperanza en contribuir a la ciencia y en jugar un pequeño papel en el hecho de hacer historia. Encuentran consuelo en que lo que nosotros aprendamos de su sufrimiento ayudará a prevenir y a curar las enfermedades de otros.

Como director principal de la «orquesta» formada por el Laboratorio del Dr. Q, no solo tengo la oportunidad de organizar, motivar y coordinar experimentos; sino también de ser un instrumentista, un investigador que forma parte de equipos más pequeños de entre dos y cuatro personas. Después de solo tres años y medio de existir, el laboratorio hoy en día es *terra firma* en donde mentes brillantes pueden sentir la seguridad y el poder de su trabajo, junto con mi apoyo y confianza en que pronto descubrirán algo importante.

Por ejemplo, un equipo de cuatro investigadores está buscando un nuevo y prometedor enfoque para tratar los GBM, el cual utiliza células madre mesenquimatosas derivadas de la adiposidad (sí, ¡de la grasa!), las cuales, se ha demostrado que migran a los tumores. Con ciertas modificaciones genéticas, se puede lograr que estas células madre secreten genes o proteínas antitumor. El laboratorio ha creado un modelo de tumor cancerígeno que reproduce los rasgos mortales del glioblastoma, así como una tecnología de punta para dar seguimiento a la migración celular en tiempo real y la cual puede ser capturada en resonancias magnéticas. Estamos tan impresionados con los resultados en estudios controlados, que nuestro siguiente paso será adaptar esta terapia para pacientes con cáncer cerebral y de otros tipos.

Otro equipo está lanzando un trabajo que hemos llamado «hipótesis de reclutamiento», porque sabemos que la extirpación del GBM no erradica el cáncer —y deja metástasis que han migrado del tumor—. Este equipo estudiará cómo las células neurales madre migran y lo que sucede con ellas cuando se someten a un cambio que las hace resistentes a las terapias.

Si el paralelo cotidiano es que una manzana podrida pudre a las demás, esperamos poder identificar el sistema de señalización entre las células madre cancerígenas y las células madre normales, para desarrollar formas de interrumpir sus sistemas de comunicación. Estas células malignas son muy inteligentes y nuestro reto es quitarles esa inteligencia.

Utilizando diferentes sombreros en las reuniones de los viernes, juego a ser porrista, maestro, estudiante y abogado del diablo, haciendo hoyos en las ideas e incitando a un ambiente de sano debate y colaboración. Incluso cuando un orador describe una noción científica que suena excelente en la teoría, tengo la responsabilidad de hacer preguntas acerca de por qué las terapias actuales no han tenido éxito para eliminar el cáncer cerebral. Estos retos pueden crear algunos momentos que incluyen varios «ajá» o ayudarle al investigador a ubicar aquellas áreas que necesitan más trabajo. Uno de los estudios más prometedores del laboratorio está dando seguimiento a cómo la radiación afecta a las células madre que intentan migrar del área principal del cerebro en la que viven. Para poder obtener un mayor entendimiento, tanto de las células progenitoras como de las células madre, el experimento también busca mostrar la manera en la que la radiación puede alterar a las células progenitoras para que estas participen en la producción de células madre sanas. Esperamos que muy pronto podamos hacer pruebas clínicas. Este trabajo ayudará a los médicos a dirigir las dosis de radiación apropiadamente y a determinar los niveles efectivos de estas; idealmente, identificará agentes moleculares y farmacéuticos para tratamientos que promoverán la supervivencia de las células progenitoras y mejorarán sus habilidades de migración.

Con todas estas armas inteligentes, uno de los temas de más interés en nuestras reuniones es cómo lograr mantenernos unos pasos adelante del asesino. Debido a que hemos establecido que los GBM prosperan en un estado de oxígeno bajo y en donde hay una elevada actividad glicólica, también nos estamos cuestionando si ajustar los niveles de oxígeno y limitar al metabolismo de la glucosa puede inhibir el crecimiento del tumor.

En un experimento que investiga las células receptoras Robo y las proteínas Slit (una familia de proteínas resistentes a la quimio), nuestro miniequipo de investigadores ha usado un modelo del tumor hecho con tejido donado, para estimular su crecimiento. Este importante trabajo es equivalente a decodificar el lenguaje del asesino, que dirige las células madre tumorígenas para invadir el cerebro. Cuando las respuestas no llegan, nuevamente regreso al poder de la simplicidad. Con esto no quiero decir que busco una explicación fácil o un remedio mágico. Como sabemos, las causas del cáncer cerebral son mutifactoriales, por lo que los métodos y tratamientos para combatir la enfermedad también deben serlo. Pero también sé, tal y como lo aprendí de Tata Juan y del encuentro accidental o del destino que tuve con el profesor Schmidek en Dartmouth, que grandes cosas suceden cuando trabajas, sigues tus instintos y dejas que tu imaginación te desafíe.

Si necesitaba alguna evidencia para aquella creencia, la encontré un viernes por la noche, otro viernes como cualquiera, en nuestra reunión de laboratorio. Poco antes de llegar, había terminado una segunda operación en el quirófano y había recolectado tejido para el laboratorio, apreciando como siempre nuestra habilidad para inmortalizar a los pacientes y volverlos parte de nuestro equipo. Después de haber disfrutado un delicioso bufé de comida de Medio Oriente, nos pusimos a trabajar y la atmósfera social inmediatamente cambió a una de seriedad. Aquel día, uno de nuestros compañeros investigadores, Tomás Garzón-Muvdi, MD, MS, presentaría algunos estudios en los que había trabajado intensamente. Cuando Tomás comenzó, nuestra discusión se desarrolló de la siguiente forma:

Yo: Creemos que podemos curar el cáncer cerebral; sin embargo, sabemos que las células son responsables de que este sea migratorio e invasivo, lo cual las vuelve incurables y finalmente letales en casi todos los casos. ¿Qué vas a mostrarme hoy, Tomás, que refute esta declaración? ¿Qué progreso hemos hecho en las últimas semanas?

Tomás: Profesor, los datos que voy a presentarle el día de hoy tienen que ver con los transportadores de iones y su implicación en la migración de otras células, simplemente regulando localmente el volumen intracelular durante la migración. Y creo que los descubrimientos que estoy a punto de mostrarle lo harán decir «¡Santo Cielo!».

Colega investigador Hugo Guerrero-Cázares, MD, PHD (impresionado): Esto podría tener mucha relevancia clínica al intentar comprender los mecanismos que estas células usan para migrar, como un medio para proporcionar posibles objetivos terapéuticos.

Yo: Esto es increíble, Tomás; y sí, Hugo, estoy de acuerdo. Mi preocupación, sin embargo, es que muchos grupos han estudiado el rol de otros canales de iones en el pasado, y seguimos sin entender o, aún más importante, encontrar la cura. ¿Qué vas a mostrarme hoy que me haga cambiar de opinión?

Tomás: En nuestro experimento, observamos que la inhibición farmacológica y la baja expresión en el canal de sodio/potasio/cloruro nos llevó a un aumento de la migración y la invasión en una nanoplataforma. Fue aún más impresionante cuando en nuestros estudios con animales observamos estas células y nos sorprendimos al ver que ¡los tumores eran más pequeños!

Hugo (muy impresionado): ¡Vaya! ¡Usted sugiere que este simple canal de iones puede ser el responsable de migrar las células cancerígenas!

Yo: ¡Dios Mío! (después de un rato). Quizá, por supuesto. Aún no podemos cantar victoria y necesitamos entender si es debido a la regulación del volumen o a la habilidad de la célula para adherirse a sus alrededores y viajar por el espacio y el tejido.

Tomás: Quizá, Profesor, ¡también tengamos una respuesta para eso! (iniciando el DVD y señalando la pantalla). Observe las imágenes de estas células. ¿Ve cómo se mueven? Sus pequeños pies no solo se están aferrando firmemente a la superficie de una nanoestructura, sino que la están haciendo moverse rápidamente, como un pez en el agua.

Es posible que la conversación haya transcurrido un poco diferente; pero sí, Tomás tenía razón. Todos pudimos ver la luz y reconocimos haber encontrado una pista transformacional, una pista que habíamos estado buscando durante tres años; un avance que solo se logró después de muchos experimentos. ¡Grandes cosas estaban sucediendo!

* * *

Hay muchas razones por las que amo lo que hago, pero la primera en la lista es la oportunidad de obtener una «perspectiva sobre las cosas valiosas de la vida», como uno de mis pacientes, Adrián Robson, lo describiría para mí.

Adrián, un periodista, publicó un gracioso y hermosamente escrito artículo acerca del «dolor de cabeza» que puede implicar el tener un tumor cerebral. Felizmente, su oligodendroglioma, un tumor de bajo grado que responde bien a la cirugía, ya no está creciendo. Actualmente está escribiendo un libro que es la crónica de su travesía como paciente. A pesar de la incertidumbre constante que este tumor le causó, ha sido capaz de descubrir incontables bendiciones. Tal y como expresó en su publicación, estaba sorprendido y agradecido por haber alcanzado un nivel de iluminación que solo pudo haber obtenido al enfrentarse a su propia mortalidad. De esta forma, escribió, había obtenido una «perspectiva distinta sobre las cosas valiosas de la vida». Esa habilidad de ver la luz, de reconocer las cosas que importan, es un regalo que mis pacientes me obsequian todos los días.

Nunca olvidaré cuando entré a la sala de exploración con devastadoras noticias para mi paciente, Sharon, una joven madre de poco más de veinte años, quien había viajado a Baltimore desde fuera del estado con su esposo, un soldado que acababa de regresar del extranjero en cumplimiento de su deber. Cuando la pareja llegó a la clínica, primero hablamos de sus dos hijos —un pequeño niño y un bebé— y de las alegrías y los retos de ser padre. A Sharon le brillaban los ojos, pensativa y estoica, mientras yo le describía la cirugía y el tratamiento de seguimiento para lo que, yo sospechaba, era un tumor maligno de alto grado. Logramos contactar a su doctor de cabecera, ponerlo en altavoz y coordinar un plan de acción para cuando ella volviera a casa. Todo salió perfecto en el quirófano, desde un punto de vista técnico. Pero cuando extirpé el tumor y lo envié a un examen interoperatorio, se veía tan peligroso como yo lo había anticipado. Un patólogo de alto nivel llegó a la sala de operaciones para confirmar que la lectura congelada inicial había mostrado que se trataba de un tumor maligno de alto grado. La biopsia final reveló también que era uno de los tumores GBM con mayor grado y velocidad de crecimiento.

En mi visita postoperatoria a Sharon y su esposo, de lo primero que hablé fue de su fuerza. «Y, por cierto, hoy te veo muy bien. ¿Cuál es tu secreto?». Con una sonrisa nerviosa dijo, «¿Neurocirugía?». Entonces tuve que decirles que uno de mis peores miedos acerca de la naturaleza del tumor había sido confirmado, y describirles los mejores y peores escenarios para su expectativa de vida. Por supuesto, contábamos con opciones para tratamiento y nos encargaríamos de aplicarlos. Algunas veces, en aquellas reuniones con mis pacientes, les explico que los números significan poco y que no es de mucha ayuda hablar de un límite acerca del tiempo que queda. Pero Sharon y su esposo insistieron en querer saber cuáles eran las expectativas generales, para poder hacer planes. Les dije que trataríamos de ganar tiempo y de evitar un avance inmediato; un año más sería una bendición, pero intentaríamos que fueran dos.

En ese momento, se dieron cuenta, con repentina certeza, de que ella realmente iba a morir. Entonces, Sharon hizo algo que recordaré toda mi vida. Volteó a ver a su marido, puso la mano sobre su rodilla, y mientras los dos rompían en llanto, lo miró a los ojos y dijo suave pero poderosamente, «Te amo». Con esas dos palabras lo expresó todo: que sabía que él se quedaría con dos niños a los que tendría que criar sin su madre, que viviría el resto de su vida sin su alma gemela y compañera. En aquel momento, Sharon no estaba pensando en ella, solamente en sus seres queridos.

Seis meses después, la pareja regresó. El tumor había progresado y Sharon estaba en una silla de ruedas, ya sin poder caminar bien. Hablamos acerca de temas prácticos, hicimos las llamadas necesarias desde la oficina para obtener una extensión para la licencia de ausencia militar de su marido, y contactamos a las agencias locales para coordinar la atención médica en el hogar y el cuidado de los niños. Cuando mis dos médicos asistentes, Raven y Jill, y yo nos despedimos de Sharon y de su esposo, sabiendo que probablemente aquella era la última vez que la veríamos, tuvimos que ayudarnos para no perder la cabeza. «Cualquier cosa que necesiten, llámenos —les recordé—; tienen mi número, pueden llamar en cualquier momento».

¿Qué más podía decirles? No necesitaba pedirle que fuera fuerte, ella era una maestra en eso. Al observar al esposo de Sharon soportar el peso inminente de su derrota, manteniendo su temple militar mientras empujaba la silla de ruedas, pensé en aquella imagen recurrente en mi vida de una luz brillando a la distancia al final de un oscuro túnel o pasillo o de una alta cima.

En los días y semanas que siguieron a esto, pensé mucho en Sharon y me recordé lo privilegiado que era al poder ser testigo de las travesías de mis pacientes, al poder conocer sus pasados, a los miembros de su familia, imaginar cómo había sido el nacimiento de sus hijos, y como sería el momento en el que sus seres queridos se sentaran con o junto a ellos y los vieran dar su último respiro. Este es el regalo: poder sentir con ellos, incluso su dolor, y recordarlos siempre.

Encontrando el acero de tu alma 14

Mientras 2010 se ponía en marcha, la semana que terminó el 17 de enero nos golpeó con una fuerza brutal, ilustrando mi creencia de años de que hay momentos en los que simplemente no podemos luchar contra la naturaleza y que debemos aceptar nuestras limitaciones humanas. Pero los eventos de aquella semana también me recordaron el importante rol que los pacientes pueden jugar en su propia sanación, así como la poderosa contribución que son capaces de hacer a nuestro esfuerzo por entender el cáncer cerebral.

Sin duda, disfrutábamos de un descanso de las tremendas nevadas que estaban azotando la mayor parte del país aquel enero. Pero si alguno de los que trabajábamos en servicios de urgencia pensamos que los días de mejor clima nos permitirían un respiro, estábamos equivocados. La tarde del jueves, después de dos cirugías programadas de tumores cerebrales, había planeado darme la tarde libre para que Anna y yo pudiéramos ir a Washington, D.C. a un evento especial en honor del Presidente Barack Obama. Hasta mi último minuto estaba organizado para poder completar el trabajo más urgente del día y después, en el momento preciso, quitarme la bata, ponerme un esmoquin, y correr al estacionamiento en donde Anna —con un vestido adecuado para esta ocasión festiva— me estaría esperando en el coche. Si el clima seguía siendo bueno, llegaríamos a la capital con tiempo de sobra.

El día había avanzado con la misma exactitud que un reloj. Mi segundo paciente, un hombre mayor e increíblemente sabio, quien tenía un tumor que habíamos calificado como más peligroso que el que mató al Senador Edward Kennedy, esculpió ese día en mi memoria al decirme algo extraordinario. Justo antes de que la anestesia surtiera efecto, me llamó y dijo en voz baja, «Quiero decirle algo. Quiero que escarbe muy profundo, y así encontrará el acero de su alma». Había algo místico en la forma en la que lo dijo, algo romántico en la forma en la que él conectaba al cerebro con el alma. Con suficientes motivos para estar asustado, sin saber si despertaría o no, había puesto toda su confianza y su vida en las manos de alguien más. Quería que buscara en mí mismo, en mi cerebro, que encontrara el acero, que escarbara en aquello que todos tenemos, en lo que nos hace ser lo que somos, quienes somos, lo que nos permite enfrentar las dificultades. Quería que yo no desfalleciera en aquel caso tan complicado. ¡Me estaba dando una plática motivacional!

Su caso era en verdad difícil, pero tal y como les digo a las personas que me piden describir mi caso más complejo, en el momento que estoy en la sala de operaciones, cada uno de los casos es el más difícil que haya manejado hasta ese momento. Y aquí aplica la conocida broma: puede que no sea gran ciencia, pero es Neurocirugía. No importa cuán simple o sencillo sea el caso, estoy consciente de que tengo una vida humana en mis manos y de que el resultado no siempre es ciento por ciento seguro.

Al inicio de aquella semana, otro paciente había comparado mi trabajo como neurocirujano con el suyo desarmando artefactos explosivos improvisados y entrenando a unidades de Fuerzas Especiales para ubicar bombas caseras, granadas y minas terrestres; en segundos, sin perder la calma. Cuando despertó de su cirugía, sin daño alguno y habiéndose librado de un desagradable tumor que había resultado no ser canceroso, señaló: «Puedes hacerlo todo perfectamente, actuar en tiempo récord, sin errores, y sin embargo, aun así puedes ver cómo todo te explota en la cara —y añadió—: Necesitamos estar un poco locos para hacer esto, ¿sabes? ¡Seguramente nos gusta la descarga de adrenalina o algo!».

Mientras que los neurocirujanos tenemos otros motivos para hacer lo que hacemos (como prevenir la pérdida de la vida y las lesiones), quizá también experimentamos una descarga de adrenalina; en nuestro caso, al prevenir que otro tipo de bomba explote en el quirófano.

Aquel jueves, a mi primer paciente le había tomado más tiempo despertar de lo que me hacía sentir tranquilo, pero finalmente lo hizo e incluso había bromeado, diciéndome después de la extirpación de un enorme tumor de diez centímetros: «Siento la cabeza liviana». Pero el caballero que me había pedido que buscara el acero de mi alma parecía no estar despertando. Finalmente abrió los ojos, y antes de que yo pudiera respirar aliviado, nos dimos cuenta de que había despertado sin poder hablar ni mover su lado derecho. Estábamos en un estado de emergencia.

Con mi corazón cayendo en picada, determinamos que había sufrido una grave convulsión y, de acuerdo con la tomografía, esto había sido ocasionado por un pequeño coágulo en su cerebro. Tras dirigirnos rápidamente al quirófano de nuevo para ocuparnos del coágulo, nos alivió ver que despertó una segunda vez y que podía hablar y mover el lado derecho. De hecho, a la siguiente mañana, casi volvía a hablar y a caminar como lo hacía antes de la operación. Pero mientras tanto, no acabábamos de sacar a este paciente del quirófano cuando se me asignó un caso de urgencia que debía revisarse esa misma noche.

En medio de aquella locura, Anna me llamó desde el estacionamiento para saber cuánto tiempo más tardaría y, por supuesto, yo estaba lejos de estar listo. Me sentía profundamente apenado y me disculpé con ella. Cuando mi segundo caso del día cayó en crisis, había perdido la noción del tiempo y no había podido llamarle para decirle que nuestra cita nocturna para ir a la capital no podría llevarse a cabo. Ahora ella había conducido bajo un clima desastroso y yo no podría salir.

Mi devoción por mis pacientes era buena para ellos, pero no importaba qué tan filosóficos acerca de la situación intentáramos ser Anna y yo, aquello no era divertido para ella. Muchas veces tuvo que pagar el precio de mis triunfos en la sala de operaciones. La animé a ir a la cena sin mí, sabiendo que sería una experiencia memorable, pero Anna decidió esperar a que llegara otra ocasión. Hasta ahí llegó nuestra emoción por poder salir juntos una noche entre semana.

Habiendo trabajado hasta las primeras horas de la mañana, esperaba que no hubiera más casos difíciles y que el siguiente fuera más sencillo. No fue así. Nuestro nuevo paciente era un joven hombre de familia, un importante ejecutivo de una conocida empresa de software, quien había sido atacado de pronto por un tumor masivo que parecía mandarse solo cuando entramos a cirugía. Comportándose como un alienígena, el tumor se negaba a salir, causando que la sangre brotara y fluyera por toda la mesa de operaciones, mientras mi residente más avanzado, el Dr. Shaan Raza y yo, nos balanceábamos y nos movíamos para evitar los golpes que seguían llegando. Cuando mi paciente se estabilizó, le fue muy bien en la fase posoperatoria y más adelante. Considerando los peligros a los que había sobrevivido, aquel era sin duda un milagro.

La mañana siguiente, un sábado, después de hacer mis rondas un poco más temprano, nuevamente me preparaba para ir a casa, habiendo planeado tener un poco de tiempo aquella tarde para trabajar en la revisión del libro *Schmidek and Sweet's Operative Neurosurgical Techniques,* cuando me di cuenta de que un helicóptero se acercaba, llevando a un paciente en condiciones críticas debido a una masiva hemorragia cerebral. En segundos, uno de mis residentes por cuatros años y yo volamos por el pasillo del Centro Médico Johns Hopkins Bayview, con otros miembros del Equipo Q siguiéndonos de cerca. Justo delante de nosotros, los paramédicos salieron por las puertas del hospital a aquella helada mañana de enero para recibir al helicóptero que llegaba y transferir al paciente a una camilla.

Mientras esperaba adentro, estudié las imágenes de la tomografía que se estaban registrando en mi computadora, para mentalmente crear un plan de cirugía para el paciente: un hombre de cincuenta años, discapacitado mental, que había sufrido una lesión en la cabeza. El coágulo sanguíneo que había resultado de ello estaba causando que su cerebro se hinchara como un globo, y amenazaba con empujar a su corteza cerebral, lo que lo mataría de inmediato.

Nos acercamos a la camilla mientras los paramédicos ingresaban al paciente inconsciente y ya entubado al hospital. Mi equipo y yo nos hicimos cargo, corriendo por el pasillo hasta el quirófano, con el personal del hospital estacionado para contener el resto del tráfico. Una vez que el paciente estuvo preparado para la cirugía, necesitábamos movernos a toda velocidad: quitando primero un colgajo de hueso grande, después succionando el coágulo, evacuando fluidos, cerrando el vaso sanguíneo y asegurando los vasos cercanos, mientras que nos asegurábamos de que el resto de las funciones corporales siguieran trabajando. Al terminar, literalmente en el último momento, escuché una exhalación casi audible de todos los que estábamos en la sala de operaciones, cuando vimos que lo habíamos logrado. Felizmente, ¡el paciente despertó rápido y con los ojos bien abiertos!

Tuve que estar de acuerdo con el paciente desactivador de bombas en que algunas veces es necesaria un poco de locura para poder cumplir con tu trabajo. Existe, sin embargo, un método para esta locura. De hecho, para no volverme realmente loco, recientemente había encontrado algunas formas creativas de utilizar el buen humor y la competencia para mantener elevado el espíritu de las personas en los días más complicados. Una de mis favoritas era un concurso de vencidas entre los diferentes rangos del Equipo Q, mientras contendiente tras contendiente se acercaba para intentar derrotarme. La batalla por el campeonato comenzó un día cuando uno de los residentes jóvenes que estaba en mejor forma sugirió que mi mejor época había terminado. «¿Estás seguro de que quieres pelear conmigo? —le advertí mientras me preparaba para el encuentro—. Puede que tenga cuarenta y dos años, ¡pero debajo de esta bata, estoy forrado de músculos de acero!».

Mi residente me dijo que quizá lo que tenía bajo la bata eran «células madre que aún no maduraban, esperando desarrollarse». Pero yo tenía un par de trucos de Kalimán bajo la manga. Sabía que el secreto estaba en inclinar todo el cuerpo. ¡Bingo! Gané para sorpresa de muchos, incluyéndome a mí.

A ello siguieron una serie de desafíos por parte de los miembros más jóvenes del equipo, atrayendo a grandes públicos que incluían al personal de cirugía, estudiantes, personal del laboratorio y enfermeros. Me enfrenté a cada vez más musculosos contendientes —y luego de que Anna me preguntara qué iba a pasar si me rompía la mano o el brazo—, pronto tuve que recurrir a la gimnasia mental para evitar que me aplastaran. Pude emplear una de mis técnicas más efectivas durante un encuentro en la cafetería del lobby con un estudiante de Medicina bastante musculoso. Actuando con toda seguridad, justo antes de empezar, le susurré de forma que solo él pudiera escucharlo, «¡Déjame ganar!». Afortunadamente, aceptó. Pero no estaba seguro de que otros oponentes fueran a ser igual de amables, por lo que recurrí al método del estancamiento, diciéndole a todo aquel que me retara «Todavía no estás en buena forma, y añadiendo, avísame cuando estés listo».

* * *

Nada le da más sentido de urgencia a la necesidad de avances en nuestra investigación que ver que pacientes jóvenes, que deberían tener toda una vida por delante, de pronto comienzan a quedarse sin tiempo. Aaron Watson era ese tipo de paciente. Aaron y su hermana, Ava, habían sido criados por su padre, Paul Watson, y los tres se habían vuelto miembros cercanos de mi familia extendida. Aaron era el típico chico de oro: un Adonis afroamericano y prodigio de la música, cuya habilidad para tocar la trompeta a los doce años había atraído la atención de Wynton Marsalis. Durante su primer año en la universidad, su destreza en el campo de futbol americano le había valido un premio estatal de Héroe Anónimo, gracias a sus esfuerzos con el equipo. Era, más allá de todo, un ser humano iluminado y lleno de esperanza, con un futuro lleno de posibilidades.

Luego, cuando Aaron tenía dieciocho años, experimentó varios problemas de salud que parecían estar relacionados con lesiones sufridas en el futbol. En julio del 2005, el mes en el que yo llegué a Hopkins, Aaron vio a un cirujano pediátrico debido a una inestabilidad bilateral de hombros y fue sometido a una cirugía del lado derecho. Todo volvió a la normalidad, pero a principios de noviembre reportó estar teniendo dolores de cabeza y ver doble. Debido a que contaba con un historial de migrañas desde los doce años, nadie vio motivo alguno para alarmarse. Pero unos cuantos meses después comenzó a sentir un dolor en el hombro izquierdo que se extendía hasta todo su costado, junto con severos dolores de cabeza que lo despertaban por las noches.

Para el siguiente verano, los dolores de cabeza ya no se sentían como migrañas, y no solo estaba perdiendo el apetito, sino que estaba presentando episodios de vómito. En noviembre de 2006 se descubrió que había perdido 15 kilos en cinco meses, y volvió su visión doble. Una radiografía facial realizada en la sala de urgencias de otro hospital, no mostró anormalidades y únicamente se le recetó medicamento para el dolor. Pero cuando las medicinas no curaron su doble visión, fue con un pediatra —incluso cuando ya tenía diecinueve años—, quien comenzó a atar cabos en cuanto revisó los síntomas de Aaron.

El 15 de noviembre del 2006, una tomografía reveló que tenía un tumor grande detrás del ojo. Nos conocimos por primera vez dos días después, momento en el cual determiné que el cerebro de Aaron estaba en peligro de herniarse y lo ingresé rápidamente al quirófano. Sin pretender especular acerca de lo que veía en las imágenes, no quise que él ni su padre y su hermana supieran que debido a la ubicación del tumor, la cirugía sería peligrosa y complicada. Aaron entró listo para luchar. Aunque el tumor estaba fuertemente infiltrado en su cerebro, intentamos extirpar lo más que pudimos de él sin dejarle ninguna secuela; bajo aquella premisa, confiaba en que al despertar se sentiría mucho mejor.

Efectivamente, Aaron salió de la sala de operaciones y despertó como un campeón, disfrutando de la inmediata reducción de sus dolores de cabeza. Pero cuando revisé el tejido del tumor bajo el microscopio y vi un GBM, supe que aquella cirugía solo había sido la primera. Durante la visita postoperatoria, Aaron, su hermana y su padre tuvieron diferentes reacciones a la noticia del tipo de tumor y del subsecuente plan de batalla, que indicaba quimioterapia y radiaciones. Aaron estaba casi en negación, preguntando: «Pero, ¿por qué? Si me siento mucho mejor». Ava había criado a su hermano casi como una madre sustituta y estaba devastada, probablemente consciente del duro camino que seguiría. Y Paul se mostraba estoico; aunque él también sabía lo que les esperaba, tenía que mantenerse en pie y conservar su energía. Si teníamos suerte, conseguiríamos seis meses más de vida para Aaron. En lugar de eso, logramos solo tres, en los que se sintió un poco mejor, seguido por el descubrimiento de que el tumor no solo seguía creciendo, sino que además se había desarrollado un quiste en su cerebro. Durante ese tiempo, Paul y Ava estuvieron muy preocupados ante los cambios radicales en la personalidad de Aaron, los cuales eran causados por la presión en su lóbulo frontal. Aquel chico dulce, brillante y tierno desapareció y Aaron se volvió agresivo, desafiante y distante. Muchas veces no llegó a sus consultas de seguimiento ni se preocupó por ellas, salía a fiestas en exceso, quizá como una forma de evitar el dolor o a causa de la baja en sus inhibiciones.

En octubre del 2007 volví a ingresar a Aaron a la sala de operaciones para luchar contra el quiste y para intentar descubrir lo que el tumor estaba provocándole al cerebro. Los ojos de Paul reflejaban una agonía absoluta cuando empujó la silla de ruedas de su hijo hasta el quirófano para ser sometido a una segunda operación; era como si no quisiera soltarlo. Pero una vez más la fuerza de vida en Aaron fue tan grande que logró despertar y volver a ser él mismo durante al menos un mes o un poco más. Después, poco a poco, comenzó el camino hacia el final.

Paul había estado subido en su propia montaña rusa todo ese tiempo. Después de haber tenido éxito como analista de inversiones financieras, tomó la decisión, justo cuando estaba en la cima y sus hijos habían crecido y se habían independizado, de poner todas sus energías en el cuidado de Aaron. Paul hizo que su hijo se mudara nuevamente con él y se mantuvo a su lado hasta sus últimos y oscuros días, agotando sus ahorros en el proceso. Cuando enterró a su hijo en marzo de 2008, Paul se había quedado sin casa. Me escribió poco después de la muerte de Aaron: «Realmente no sé cómo empezar, así que solo lo haré. Como podrá usted imaginarse, este ha sido uno de los peores momentos de mi vida. De verdad extraño a mi hijo. Durante su última semana en este mundo, solía recostarme junto a él y hablarle. Algunas veces no sabía qué decir, más que te quiero y te veré pronto. Fue un honor, un regalo de Dios haber sido su padre».

Mientras Paul y Ava vivían su duelo, yo estaba francamente enojado. No estábamos haciendo lo suficiente en nuestro campo para movernos al ritmo necesario y salvar vidas. Cuando vi a Paul, luego de que hiciera una cita para verme aquel verano, lo primero que le dije fue: «Tu hijo no tendría que haber muerto».

Un hombre afroamericano sabio, sumamente inteligente, vestido con estilo y que lucía más joven de su edad, Paul estaba demasiado metido en su dolor para lograr encontrarle sentido a un mundo que le parecía estar al revés. Pero le había prometido a Aaron que su muerte no sería en vano. Me dijo: «En sus últimos días con nosotros, yo solía decirme que no entendía por qué le estaba pasando eso a él. Lo único racional que pude pensar fue que a través de su muerte, otros podrían vivir». Poco tiempo después de que hablamos, Paul Watson vino a verme y a presentarme su plan para cumplir con la promesa que le había hecho a su hijo. Él y Ava habían realizado el papeleo para crear la Fundación de Investigación para Encontrar la Cura al Cáncer Cerebral. Desde el momento en que había decidido hablar de aquella idea, agregó, su teléfono había comenzado a sonar con ofertas para ayudarlo. También había regresado a trabajar y financieramente estaba mucho mejor. «Siento que Aaron está viendo este esfuerzo y lo está bendiciendo de formas sorprendentes todos los días».

En la parte superior del volante para la ceremonia de dedicación de la fundación, él y Ava escribieron: «Recordando una vida que fue arrancada por el cáncer cerebral y creando esperanza para aquellos que viven con él». En la misión de la fundación, los Watson plasmaron su esperanza de «crear una mejor calidad de vida para los pacientes de cáncer cerebral, aumentando la conciencia pública y dando saltos cuánticos en la investigación científica». Y «un día poder darle la noticia a un paciente de cáncer cerebral de que no tiene una condición que va a controlarlo, sino una condición que será controlada». Me conmovió su determinación de convertir la muerte de Aaron en una fuerza de bien, aunque no más que a los miembros de mi equipo cuando Paul y Ava asistieron a nuestra reunión de viernes para contar su historia y compartir sus planes.

* * *

Cada historia de un paciente, ya sea de tragedia o de triunfo, es distinta. Y sin embargo, cuanto más aprendemos, más sabemos que los tumores cerebrales, malignos o benignos, de bajo o alto grado, pueden ser igual de agresivos, no tienen límites, afectan a víctimas de todas las edades, niveles socioeconómicos o culturales, y nacionalidades. En nuestro trabajo en el laboratorio, entre mayor sea la cantidad y la diversidad de los pacientes y familias que participan, ya sea asistiendo a nuestras reuniones de viernes, hablando en escenarios públicos, o donando muestras de fluido y tejido cerebral, más poder tenemos.

Mi paciente y querido amigo Don Rottman es un testimonio del poder de la participación de los pacientes en la lucha contra el cáncer cerebral. Don también ha dicho que a pesar de lo devastador que fue su diagnóstico, no renunciaría al aprendizaje sobre él mismo, el amor y la vida, que su travesía le ha dado. Durante los cuatro años que llevamos de conocernos, muchas veces he pensado lo parecidos que somos en temperamento y energía. Un amante de la naturaleza, pescador y estudiante de literatura y filosofía, Don y yo estamos al inicio de nuestros años cuarenta, ambos decididos —aunque en diferentes campos—. Don nació y creció en Baltimore. Proveniente de una familia obrera, deseaba ir a la universidad pero por falta de recursos terminó en el ejército. Sobresalió entre las filas, combinando al mismo tiempo una educación de medio tiempo y estudiando a su ritmo en muchas bibliotecas. Cuando dejó el ejército, el cual lo había llevado a conocer países como Panamá y Costa Rica, hablaba un excelente español y comenzó a trabajar para una organización internacional que entrenaba equipos en países en desarrollo, e incluso algunas veces en países en guerra.

La primera vez que vi a Don, en junio del 2007, estaba divorciado, tenía una hija de catorce años y se había autodeclarado adicto al trabajo. Muy exitoso en su carrera, tuvo la primera señal de que algo andaba mal un día que estaba de viaje, dando la presentación de una conferencia,

—Estaba intentando enganchar mis palabras.

—¿Enganchar?

—Por más que abría la boca, mis palabras no salían. Me pregunté si algo andaría mal pero esperé que nadie se hubiera dado cuenta. Pensé que lo estaba ocultando muy bien.

Sin embargo, cuando fue a cenar con algunos amigos, volvió a tener un episodio en el que no pudo hablar. Nuevamente podía escuchar las palabras en su cabeza, sentirlas en su boca, pero no salía nada de ella. Se recuperó y siguió adelante mientras sus compañeros educadamente ignoraban el problema.

—Cuando recuperé mis facultades —Don continuó—, les dije que iría al gimnasio a ejercitarme.

Cuando un par de sus colegas llegaron para encontrarse con él en el gimnasio y él nunca apareció, una de las mujeres que más temprano había notado el problema se mostró preocupada y dijo, «Don Rottman nunca llega tarde». Mientras tanto, los vecinos de al lado de la habitación de Don habían escuchado ruidos extraños y llamaron a recepción cuando Don no respondió a la puerta. El personal de seguridad lo encontró vestido con ropa deportiva, convulsionando en el piso, en crisis generalizada, y no recordaría nada de lo sucedido más tarde. Don despertó un día y medio después en un pequeño hospital regional, tras haber presentado cinco episodios más. Los médicos de la sala de urgencias no eran especialistas, pero gracias a una tomografía pudieron ver que tenía un tumor y le recomendaron ver a un neurocirujano lo más pronto posible.

De regreso en Baltimore, unos cuantos días después, el doctor de cabecera de Don se mostró muy preocupado al ver la tomografía y le recomendó al Dr. Cliff Solomon en Annapolis, un prominente y muy respetado cirujano y buen amigo mío. Después de ver las imágenes, el Dr. Solomon le dijo, «Son pocas las personas en el mundo que podrían siquiera tocarte... Eres muy afortunado de que uno de los pocos cirujanos que puede hacerlo esté en nuestro patio trasero, en Hopkins». Y aquí es en donde mi camino y el de Don se cruzaron. Desde el inicio se mostró decidido a superar los obstáculos y con ganas de ser parte de la gran guerra. Al principio tenía la esperanza de que el tumor fuera benigno, pero antes de llevar a cabo la cirugía apropiada, necesitábamos realizar diferentes tomografías durante dos meses para poder saber en qué parte de su cerebro residían las funciones motrices y de habla. Una vez que se programó la cirugía, con el Dr. Solomon asistiendo, le pedí un favor a Don. Los productores de las series *NOVA* de PBS *(Public Broadcasting*

Service) estaban interesados en hacer un programa acerca de mi trabajo como cirujano-científico y particularmente querían incluir imágenes de una craneotomía con paciente despierto, que sería el procedimiento que le realizaría a él. Cuando le pregunté si quería considerar que su cirugía fuera grabada, fácilmente pudo haberse negado o tomar unos cuantos días para pensar su decisión, dado el nivel de miedo que cualquier paciente presenta antes de una cirugía, sin contar el cómo podría sentirse al mostrarle su cerebro a todo el mundo.

En lugar de eso, Don inmediatamente dijo «Por supuesto que sí. Acepto». Desde el principio comprendió que la decisión de enfrentar su camino no era solo una que le afectaba a él, sino a otros, muchos de los cuales están tan en la oscuridad como él lo había estado acerca de lo que pasa dentro de sus cabezas. Don demostró ser la estrella del *show*. Dentro del quirófano, estimulamos su cerebro por medio de un mapa que nos mostraba los lugares que controlaban el movimiento de su boca, mano y sus funciones de habla. Con él despierto y pudiendo hablar, supimos en dónde producía las palabras, en dónde percibía las imágenes y ver qué partes de su cerebro se activaban con ciertas preguntas. Con Don como nuestro piloto, me sentí confiado de poder manejar esta difícil cirugía y de sacarlo de ella sin ningún déficit.

En cierto momento de la operación, le agradecí a Don el haber aceptado donar un poco de tejido y de sus fluidos cerebrales a nuestro laboratorio para investigación. Sin perder oportunidad, Don respondió con toda sinceridad: «Toma todo lo que necesites», haciendo reír a todo el equipo. Don únicamente se quejó de que lo hubiéramos tenido amarrado a la mesa por tantas horas y no haber podido tomar café. Finalmente terminamos, pero cuando comenzó a mover los dedos esperando que lo desamarráramos de la mesa, de pronto se dio cuenta de que ya no podía hacerlo, y poco después descubrió que tampoco podía mover el brazo —todo esto sucedía frente a nuestros ojos tan rápidamente que no pudimos prevenir el revés—. Lo llevamos a la unidad de cuidados intensivos de

Neurocirugía para realizarle un examen y ver qué había pasado. El veredicto fue que el deterioro de su brazo probablemente era temporal y que recuperaría gran parte de su función una vez que su cerebro se ajustara y volviera a conectarse.

Un poco más tarde, durante mi descanso, fui a ver cómo estaba.

—Bien —insistió Don— ¡Pero de verdad necesito café!.

—Toma —le dije—. Tómate el mío. Es lo menos que puedo hacer por ti.

La biopsia que debió haber tomado no más de cinco días, confundió al laboratorio de patología y tomó tres semanas. Cuando finalmente recibí los resultados, me dio mucha tristeza ver que nos estábamos enfrentando a un astrocitoma anaplásico —un tipo de cáncer que está un grado más abajo que el glibastoma y que no eran las noticias que Don y yo esperábamos escuchar—. El tumor tenía la forma de una estrella, con tentáculos que alcanzaban diferentes partes del cerebro, y estaba compuesto por muchos tipos de células, lo que explicaba por qué había sido tan difícil de analizar. Lo atacamos agresivamente, y Don fue Muhammad Ali para mi querido Dr. Ferdie Pacheco. A pesar de estar combinando quimioterapia y radiaciones, Don no faltó un solo día al trabajo. La discusión más fuerte que tuvimos fue un día en mi oficina, cuando nos reunimos junto con su hermana Amy para evaluar su estado después de seis meses de tratamiento, casi un año después de haberle detectado el tumor. Don quería conocer su expectativa de vida.

«Tú sabes que los números no lo dicen todo —le dije—. Todo el mundo es diferente y no tenemos idea de cómo te vaya a ir a ti». Cuando Don y Amy respondieron que aun así querían conocer las probabilidades, les dije que cincuenta por ciento de los pacientes sobrevivían entre dos y cinco años, pero rápidamente añadí, «La realidad es que tú no eres una cifra. Tú eres un ser humano».

Amy rompió en llanto. Don también se notaba conmovido, pero parecía estar más impresionado. Sugerí que mientras estuviera sano y las cosas se vieran tan positivas como se veían en ese momento, nos enfocáramos en eso. Le recordé a Don lo que él y otros pacientes me habían enseñado: a enfrentarse a la vida no preparándose para morir, sino eligiendo cómo vivirla. Don Rottman rápidamente construyó un camino para ejemplificar esa actitud. En poco tiempo se convirtió en portavoz incansable del trabajo del laboratorio, aprovechó sus habilidades para hablar y escribir para contarle a la gente lo que había aprendido cuando su enfermedad lo había obligado a estar vulnerable —que no era uno de sus puntos fuertes antes de ser atacado por el cáncer cerebral—, una metáfora que he utilizado muy seguido desde que él la dijo. También escribió elocuentemente acerca del impacto que el diagnóstico había tenido en su relación con su hija adolescente, la luz de su vida.

«La primera pregunta que Tori me hizo después de hablarle de mi enfermedad fue, '¿cuánto tiempo te dijeron que vivirías, papá?', y quizá mi respuesta fue la peor y más inapropiada que pude darle. Simplemente rompí en llanto, no por mi miedo o por sentir tristeza por mí mismo, sino por lo que sentí que le estaba haciendo a ella. Pero tomó mi respuesta mejor de lo que cualquier adulto lo habría hecho. Se acercó a mí, me abrazó y me dijo que estaría bien».

Anna y yo nunca habíamos tratado de separar nuestras relaciones sociales de nuestra familia extendida de Hopkins, y ella se había encariñado con Don tanto como yo. Al ser tan afines, y siendo él alguien que no da marcha atrás ante el desafío, probablemente nos habríamos hecho amigos sin importar en qué circunstancias lo hubiera conocido. Tres años después de su diagnóstico, Don Rottman no se ha rendido. Con todo el trabajo que ha hecho en las trincheras, probablemente ya podría obtener un título de médico. También ha sido un recurso extraordinario para pacientes recién diagnosticados y ha reclutado a varios para involucrarse con el laboratorio, ya sea donando fondos o ayudando a aumentar la conciencia social acerca de los tumores cerebrales.

Don, Paul Watson y su hija, Ava, junto con muchos de mis pacientes y sus seres queridos que han contribuido con nuestro laboratorio y su trabajo, me hacen sentir que no estoy haciendo suficiente. Cuando veo lo lejos que ha llegado el laboratorio en un tiempo relativamente corto, me parece una prueba de que podemos lograr mucho más si establecemos metas altas y encontramos el acero en nuestras almas para perseguirlas.

Uno de mis proyectos para el «tiempo libre» es recurrir a las fantásticas bases de datos de los Institutos Nacionales de Salud, a las que se puede acceder gratuitamente pero que son poco utilizadas, para estudiar las tasas de morbilidad en diferentes poblaciones. Debemos empezar a estudiar a aquellas familias en las que el cáncer se propaga por generaciones y buscar posibles lazos genéticos o causas ambientales. ¿Qué permite que un paciente desafíe a las probabilidades y qué hace que otro pierda todos los recursos para poder triunfar en contra de la enfermedad? En mi opinión, aunque aún debemos probar esta noción científicamente, los pacientes que participan activamente en encontrar la cura contra el cáncer parecen estar más llenos de esperanza y tener una mejor salud. Asimismo, los científicos y médicos con esperanza están motivados para seguir buscando respuestas.

Para este momento tengo muy buenas noticias que reportar acerca del carácter de la generación actual y la próxima de estudiantes a los que doy clases —ya sea en las aulas, durante las horas clínicas, en el quirófano, en el laboratorio o en los muchos escenarios que he tenido la fortuna de visitar como profesor—. La enseñanza me permite cerrar un círculo. Por un lado, el sueño de convertirme en profesor era mi objetivo mientras realizaba mis estudios en México, un sueño que no pude cumplir. Por otro lado, la enseñanza me permite educar a la siguiente generación de médicos y científicos bajo la misma tradición de muchos de los mentores que contribuyeron a mi desarrollo; algunos apenas me conocieron, pero abrieron puertas que no se hubieran abierto de otra manera. Poco después de que llegué a Hopkins, el Dr. Joe L. Martínez me invitó a dar un curso de una semana acerca de la anatomía del cerebro, dentro del programa de verano de Neurociencia, Ética y Supervivencia (SPINES) en el Laboratorio de Biología Marina en Woods Hole, Massachusetts, del cual es director. ¿Qué puedes decir cuando tu mentor, una de las mentes más brillantes que hoy en día dirige los estudios de Neurobiología acerca de la memoria y el aprendizaje, te concede tal honor? Bueno, en mi caso, «¿Cuándo empiezo? ¡Vamos a rocanrolear!». Además de querer trabajar con Joe, no iba a desperdiciar la oportunidad de tener unas fabulosas vacaciones familiares en Woods Hole, justo en el mar, frente a Nantucket y Martha's Vineyard, un lugar que se convertiría en un hogar lejos de casa durante una semana cada verano, en el histórico Laboratorio de Biología Marina, construido en 1800.

Al discutir el plan de estudios para el curso, le dije al profesor Martínez que deseaba darle un enfoque poco convencional y hacer que aquella semana fuera una experiencia memorable para todos los estudiantes de ciencias que tomarían el programa. En su estilo típicamente lacónico, Joe escuchó mi propuesta sin reaccionar hasta que le expliqué, en resumen, que deseaba hacer el esfuerzo extra de llevar cadáveres y cerebros humanos. Joe explotó en una carcajada. «¡Haz recorrido un largo camino!». Y luego me recordó lo aprensivo que había sido aquel Día de Muertos en Stanford, en el que había diseccionado un cuerpo por primera vez. Bueno, yo era una prueba viviente del poder de la educación.

Tal y como lo esperaba, mis estudiantes en Woods Hole estaban cautivados por nuestro uso de cadáveres y ante la experiencia de manejar cerebros humanos, diseccionarlos y observar tejido bajo el microscopio. Y para aquellos que estaban dudosos, en el 2009 contraté a una asistente de laboratorio muy trabajadora, quien les dijo que si ella había podido superar sus inquietudes acerca de ese trabajo, cualquiera podría. ¿Quién era esta persuasiva asistente? Gabriella Quiñones de diez años; quien, debo agregar, se robó el *show*.

La semana en Woods Hole es también lo más cercano a una luna de miel que Anna y yo podremos tener en un buen rato, incluso estando con los niños y en compañía de los estudiantes y el resto de la facultad de SPINES. El tiempo pasa más lento y, por primera vez, no tengo prisa. Anna y yo nos las hemos arreglado para dar románticas caminatas por la playa y, con la ayuda de calificadas nanas, hemos podido salir a cenar y tomar una copa de vino. Mientras miro los ojos verdes de Anna y le cuento acerca de mi última lluvia de ideas, quizá solo es por el vino y la comida, ¡pero Anna siempre parece decir que estoy en lo cierto!

* * *

Por supuesto, tengo algunos días desalentadores, en los que no me es tan fácil encontrar el acero de mi alma. Pero invariablemente vuelvo al hecho de que he sobrevivido experiencias cercanas a la muerte y de que estoy vivo para contar la historia y para hacer mi trabajo; y este pensamiento me da el incentivo necesario para mantenerme en mi camino. En los últimos años me he dado cuenta de que hay algo, además del deseo de encontrar la cura para el cáncer, que me motiva; algo incluso más grande: la búsqueda para tratar de entender a través de este trabajo cómo podemos usar nuestras habilidades para ser buenos los unos con los otros, tal y como mi padre me lo dijo años antes. Quizá los pasos que cada uno debe dar para mejorar el mundo para la humanidad y para aprender a tratarnos con más cuidado no son tan diferentes a aquellos que debemos dar para detener el cáncer cerebral. Ciertamente, necesitamos crear conciencia acerca de las enfermedades sociales que nos separan y dividen, que alimentan el odio y estigmatizan a aquellos que son distintos y que están poco representados.

Ciertamente, el acceso equitativo a cuidados de calidad es un valor en el que todos podríamos coincidir, incluso si no podemos ponernos de acuerdo acerca de cómo lograrlo. Ciertamente, todos prosperamos cuando no limitamos las oportunidades de aquellos que están dispuestos a ir tras sus sueños.

Estos pensamientos me llevaron a cuestionarme, en términos espirituales, de qué manera nuestro mejor entendimiento del cerebro nos puede ayudar a comprender mejor el orden del universo, y las lecciones morales que quizá Dios está intentando darnos. Para mí es imposible no creer en Dios —o cual sea el nombre que cada quien elija darle— después de estudiar el milagro que es el cerebro. Es imposible no sentir que hay una fuerza mayor que me guía todos los días, que me mantiene humilde y aferrado a la creencia de que todo lo que hacemos en la tierra tiene un propósito. Mi fe también es un recordatorio de que hay asuntos de vida o muerte que están fuera de mi control, lo que me ayuda a aceptar que la *terra firma* que he buscado a lo largo de mi vida, en realidad no es un lugar real.

Por supuesto, si algún día dejáramos de cruzar las fronteras y de brincar cercos buscando tierra más firme —personal, científica y espiritual—, la raza humana dejaría de existir. Pero desentrañar los misterios del viaje requiere que continuemos nuestra migración por la vida, buscando la luz de las respuestas que muchas veces pueden estar más allá de nuestro alcance. Uno de los misterios que quizá nunca pueda resolver es cómo logramos salir adelante cuando todo parece oscuro. ¿Cuál fue la chispa que reavivó al luchador en mí en aquellos momentos en que me vi amenazado por la muerte? ¿Y qué es lo que hace que mis pacientes sigan adelante y encuentren alegría a pesar de tener los pronósticos más sombríos? Vuelvo a la fe inquebrantable de Ken Zabel al decir que cada uno de nosotros somos parte de un plan.

Después de que los Zabel hablaron por primera vez en nuestra reunión de laboratorio, volví a ver a Ken para una tercera y última cirugía, «nuestro último *round*», como él lo llamaría.

Ken no estaba preocupado: «Dios tiene un plan», continuaba diciendo. Por la mañana de la tercera cirugía de Ken, Raven Morris fue a verlos a él y a Betty para revisar que Ken reconociera la misma lista de palabras e imágenes que habíamos usado en la primera operación casi un año antes. A mitad de la prueba, Raven se dio cuenta de que Ken no podía identificar imágenes comunes y que le costaba leer algunas de las palabras más simples. Sin querer mostrarle su preocupación, salió al pasillo y me llamó, diciendo, «Se equivocó ochenta y cinco por ciento de las veces. ¿Qué quieres hacer?». Le hice otra revisión parcial. Ken hablaba muy rápido y estaba teniendo problemas para identificar un búho, llamándolo «pájaro». Algunas veces decía algo como «Oh, no, es un...» y luego se paralizaba ante la imagen de un paraguas o una mesa.

«Ken —le dije—, te vamos a dormir para esta cirugía, si no te importa. No lo estaría haciendo lo mejor posible si estuvieras despierto». Él accedió y salió de la operación maravillosamente. Pudimos quitar mucha presión al cerebro, y días después su habla estaba mejorando.

Durante el primer mes después de la operación, volvió al trabajo e intentó una terapia de lenguaje por sí mismo, ayudándose con un pizarrón y tarjetas con imágenes hechas a mano. Pero casi de un día para otro, su lenguaje y coordinación comenzaron a desaparecer. Betty le dijo que ella se haría cargo de la oficina y que él necesitaba descansar. Cuando me llamó para contarme acerca de este cambio, decidí buscar la forma de visitarlo antes de que pasara mucho tiempo. No me es posible dar muchas consultas a domicilio, pero como Ken ya no podía viajar de Florida a Baltimore, necesitaba hacerlo. Parte de mi decisión de ir tenía que ver con nuestra conexión especial y con todo lo que había aprendido de su actitud positiva: su enfoque orgulloso y valiente para luchar contra el dragón; la imagen que tenía de haberlo visto trabajando en su *laptop* en el área de cuidados intensivos solo seis horas después de la operación; y la forma audaz en la que había logrado convertirse en mi paciente al inicio. Otra de las razones para visitar a Ken era que deseaba reconectarme con mi motivación más primaria para volverme médico, la cual había recibido por herencia. Eso era lo que Nana María solía hacer, después de todo, hacer consultas a domicilio. Algo me dijo que fuera, otro importante rito de paso estaba por venir.

Lo cierto era que para cuando Betty me llamó para contarme acerca del deterioro de Ken, yo me encontraba en un momento crítico de mi vida y de mi carrera. Como un desvalido, un papel que juego intencionalmente para seguirme manteniendo humilde y trabajar más duro cada día, sentía mi espíritu caído después de que una serie de pacientes había muerto de cáncer cerebral. Aunque la duda sigue siendo una fuerza común para animarme a intensificar la lucha, en aquel momento me sentía tan débil que ni siquiera podía preguntarme si deseaba continuar. Quizá encontrarme con mi héroe, Ken Zabel, me daría aquella recarga de energía que tanto necesitaba: la inspiración para seguir avanzando.

Después de ajustar mi horario, me dirigí hacia Florida y pasé el día con los Zabel. A pesar de sentir el corazón roto ante la posibilidad de perder a este gran y noble paciente, y pensando en el dolor y la pérdida que su esposa e hijos sufrirían, el día fue muy alegre en muchos sentidos; y nuevamente fui golpeado por la presencia espiritual de Ken. Aún continuaba siendo el tipo grande y musculoso de antes de su enfermedad, no había permitido que el cáncer le arrebatara su contagiosa sonrisa y su trato amable. En un momento, le dio vergüenza decir que necesitaba ir al baño, pero no quiso usar el cómodo. «Bueno, pues vayamos al baño —sugerí—. No tienes por qué apenarte, he visto tu cerebro desnudo algunas veces».

Riendo, me dejó llevarlo al baño, y estando ahí parado, desnudo, conmigo intentando sostener sus 100 kilos, no pudo orinar. «¿Por qué no abrimos la llave? —sugerí. ¡Pero lo único que se logró con eso fue que me dieran ganas a mí— Ken, más vale que hagas, ¡porque si no el que va a mojar sus pantalones soy yo!». En poco tiempo, todos estábamos riendo y disfrutando. Ken se sentía tan bien que hasta quiso sentarse en la sala un momento. En lugar de vestirse se enrolló una sábana sobre el cuerpo a manera de toga romana. Estando ahí sentados y mientras platicábamos —conmigo llevando la mayor parte de la conversación y él respondiendo en ocasiones con comentarios graciosos—, me recordó a un noble guerrero romano, como César al final de su reinado, vulnerable y desvaneciéndose. Cuando llegó la hora de despedirme, Ken me abrazó muchas veces. Aunque yo era quien se estaba yendo de la casa, pude sentir que él estaba dejando este mundo, caminando por un túnel y mirando por encima de su hombro, sin estar listo para partir; como si tuviera más que decir. Me hizo un gesto para que me acercara a él, me dijo que yo era su héroe, pero tuve que estar en desacuerdo y le dije, «Tú eres mi héroe». Con nada más que hablar, comencé a separarme nuevamente y él volvió a jalarme y me dijo algo que al principio no estaba seguro de haber escuchado bien. «Eres tan privilegiado».

Cuando regresé a Baltimore más tarde aquella noche y conduje del aeropuerto hasta nuestro vecindario, cerca de una zona rural de los suburbios en la que hay poco alumbrado, el cielo estaba completamente negro y sin estrellas. Aun así, pensé en aquellas noches en la azotea de Palaco y sentí que todo el cielo estrellado me pertenecía. Sí, ¡era muy privilegiado! El silencio del mundo me dio calma mientras pensaba en la soledad de cruzar la frontera de la vida a aquel lugar al que solo podemos ir solos. Mientras conducía, la tranquilidad de la noche me dio tiempo para pensar en el día lleno de acción que tendría por delante. ¿Qué nuevos pacientes, con historias emocionantes e inspiradoras conocería durante mis horas clínicas? ¿Qué descubrimientos compartirían conmigo mis estudiantes y residentes? ¿Qué pasaría al siguiente día en el laboratorio y en el quirófano para ayudarnos a vencer al dragón del cáncer cerebral? Incluso el hecho de tener la oportunidad de hacerme estas preguntas me hizo sentir el hombre más afortunado del mundo.

Por otra parte, recordé lo que Santiago Ramón y Cajal decía acerca de la suerte. Basándose en un proverbio español, señaló que la suerte, en la investigación científica como en la vida, no llega a aquellos que la desean, sino a aquellos que la buscan. Puede que Thomas Jefferson, padre fundador de mi patria adoptada, lo haya dicho aún mejor: «Yo creo bastante en la suerte. Y he constatado que, cuanto más duro trabajo, más suerte tengo».

Epílogo
Cuando sale el sol

Cae una tormenta
y los rayos golpean.
El árbol cae sobre la hierba.
Las nubes desaparecen,
la noche se convierte en día,
y el sol se refleja sobre el árbol.
Los días pasan,
el árbol decae,
y la vida se marchita.
Pero cuando toda la esperanza se ha perdido,
pequeñas hojas vuelven a brotar,
y muy pronto los retoños vuelven a germinar.

Brotes, Gabriella Quiñones, once años.

Las mañanas de domingo son mi parte favorita de la semana, es cuando puedo trabajar desde casa y pasar más tiempo con mi familia. Aún no encuentro el equilibrio perfecto, ¡pero realmente estoy mejorando! Cada vez que estoy hasta tarde en el quirófano o que siento que la guerra es abrumadora, cuando las cosas se ven tristes, milagrosamente la noche llega a su fin y de pronto es otro día. Puntual como un reloj, el sol está saliendo y estoy seguro y a salvo en casa, listo para salir de la cama y tener una nueva aventura. Puedo recordar muchas mañanas así: en Palaco, de niño; en los campos de Mendota; en Stockton en el puerto cuando apaleaba sebo de pescado y sulfuro; en las vías del tren arreglando y remodelando los vagones; en la escuela; y durante mi entrenamiento, cuando mis noches se confundían con mis días. Recuerdo claramente la noche en que manejé por largas horas para volver de visita a México: cuando el mundo parecía estar más oscuro mientras manejaba por la autopista, mi espíritu se animó al girar hacia el este y ver el sol asomarse por el valle, con aquella luz iluminando espacios aquí y allá antes de que saliera completamente.

Pero las mejores mañanas son cuando Anna, los niños y yo nos levantamos con un día de diversión por venir. ¿Qué emociones nos esperan? ¿Qué lecciones aprenderemos? En casa de la familia Q, los desayunos de domingo son un bufé de opciones con una celebración informal que puede implicar varias cosas. Podemos disfrutar de un desayuno familiar al aire libre o, cuando los chicos tienen competencias de natación, todos nos subimos en la camioneta azul y vamos juntos al evento. Después, cuando hay tiempo, una tarde de domingo es una buena oportunidad para ir de compras al centro comercial y adquirir ropa, útiles escolares y regalos para los amigos. Y ninguna visita está completa si no nos detenemos por un helado antes de volver. Después de cenar juntos, el cierre perfecto para un domingo perfecto es cuando los niños escogen una película que podemos ver en familia en la casa. El poder de las historias contadas en ellas nunca dejará de encantarme.

Anna y yo nos maravillamos ante nuestros hijos, qué diferentes son uno del otro y qué individuos más interesantes: Gabbie de once años, David de nueve y Olivia de cinco. Y los miembros más nuevos de la familia, Leo y Luna, también están creciendo y convirtiéndose en dos finos y jóvenes gatos. Como todos los padres, Anna y yo sabemos que el tiempo vuela y que nuestros hijos pronto irán a cruzar sus propios cercos. Mientras tanto, deseamos asimilar todo lo que podamos de cada uno de ellos. De Olivia, constantemente aprendemos acerca del arte de estar preparados, sabiendo que nunca podemos estar seguros de qué nueva actividad decidirá realizar o de qué fascinante observación podrá salir de su boca. También sabemos que algunas veces, cuando está callada, es porque está observando y escuchando con sus agudos superpoderes, sin perder detalle.

Una de mis conversaciones favoritas con David fue un día cuando solo tenía cuatro años, poco después de que llegamos a Baltimore. Aquel día, él y yo nos habíamos despertado temprano en una hermosa mañana de domingo y fuimos a caminar al parque cercano. Mirándolo orgulloso, le dije,

—David, ¡eres perfecto!

—No papá, no soy perfecto —respondió después de guardar silencio un momento.

Analicé su respuesta unos segundos y después, pensando que le diría algo que él no sabía, le dije:

—Solo quiero que creas en ti mismo.

—Papá —agregó mirándome a los ojos—, yo creo en mí. Pero sé que no soy perfecto.

A sus cuatro años, él ya sabía algunas cosas acerca de la humildad y la autoestima que yo seguía tratando de aprender. Un par de cumpleaños más tarde, los niños me regalaron una playera que decía «Orgulloso de ser increíble», la cual usaba con orgullo porque ellos me la habían regalado. Después, el siguiente año, me regalaron una que decía «Papá, ¡eres perfecto!» cuando la levanté para admirar el trabajo que habían hecho, les dije «Sé que no soy perfecto, pero creo en mí mismo». Todos nos reímos de esta complicidad entre David y yo, pero en realidad yo no tomo aquella declaración tan a la ligera. Sé que mi travesía no me habría llevado hasta donde hoy me encuentro si no hubiera sido guiado por incontables mentores, o si héroes como Kalimán no me hubieran inspirado a creer en mí mismo, a imaginarme brincando cercos de un solo salto y a enfrentar los retos con las maniobras para desafiar la gravedad. Al mismo tiempo, me falta mucho camino por recorrer en mi lucha por ser «perfecto»: vivir a la altura de mis propias expectativas, ser bueno con los demás, hacer que la gente recupere la salud o aminorar el sufrimiento, probar los misterios del cerebro y encontrar nuevas formas de curar sus enfermedades, e inspirar a otros para que sigan sus propias travesías. Gracias a las oportunidades que he tenido, mis hijos no tendrán que pelear las mismas batallas que yo para encontrar su lugar en el mundo, pero enfrentarán sus propios, nuevos y diferentes retos. Anna y yo solo esperamos que apliquen las lecciones que nosotros hemos aprendido de corazón. Hace no mucho tiempo, Gabbie, a los once años, nos trajo a Anna y a mí un poema que escribió para mis pacientes, intentando de alguna manera darles esperanza. Su esfuerzo al hacerlo de esta manera nos conmovió, y le aseguramos que su poema levantaría el ánimo de cualquiera que lo leyera. A su vez, me sorprendió el hecho de que sus imágenes despertaran al trabajador migrante que hay en mí, enlazando mi pasado con las esperanzas de Gabbie por un futuro.

Cada generación se cuestiona cómo puede sobrevivir a los retos del día a día, los cuales siempre parecen más grandes y confusos que aquellos que enfrentaron otras generaciones. Algunas personas incluso se preguntan si nuestros problemas y las amenazas al futuro harán que nuestro camino como seres humanos termine. El poema de Gabbie y mis convicciones dicen otra cosa. Mi esperanza es que mi insólita historia prenda una chispa en un niño o una niña que actualmente enfrenta un presente sombrío, para lograr despertar el poder de su imaginación y su magia especial. O estimular a un exhausto residente de Medicina a que sepa que sí hay una luz al final del túnel, ¡en el mejor sentido que esa frase pueda tener! O retar a un científico que esté a punto de renunciar a intentar hacer un experimento más. O lograr que un proveedor de servicios de salud, ocupado y lleno de trabajo, se detenga por un momento y tenga una plática personal con un paciente. O, especialmente, animar a cualquiera de nosotros que nos permitimos juzgar a otros basándonos en su etnicidad o nivel socioeconómico, a abrir los ojos y darnos cuenta de todo lo que tenemos en común.

Si contar esta historia consigue cualquiera de estas cosas, entonces ¡sí habré logrado hacer la maniobra Kalimán! Y de ser así, podré renunciar a ser el hombre «perfecto» y simplemente celebrar la travesía que tuve que recorrer para convertirme en Dr. Q.

Fotografías

De bebé con mi mamá, Flavia, en 1969.

En primer grado (primera fila, detrás de la letra F), 1973. Esto fue poco tiempo después de la muerte de mi hermana Maricela.

Sosteniendo mi bicicleta sin frenos, junto con (de izquierda a dere-
cha) uno de mis primos, mi hermano Gabriel y mi abuelo materno,
Jesús, quien amaba los animales y en alguna época crió becerros.
Alrededor de 1973.

La gasolinera de PEMEX (Petróleos Mexicanos) en la que trabajaba
todos los días después de la escuela. Vivíamos en dos cuartos detrás
de la estación, ¡encima de los tanques de gasolina! Por problemas
económicos, mi padre se vio forzado a vender la gasolinera en 1977.

Recuerdo vívidamente a este hombre con su burro en las Montañas de la Rumorosa, donde Tata Juan y yo vivíamos nuestras aventuras. (De adelante hacia atrás, de izquierda a derecha) Yo, mis hermanos Jorge y Gabriel, mis hermanas Rosa y Jaqueline, mis abuelos paternos María y Juan, y mi mamá. 1978.

La casa de tabique y lodo en la que vivimos de 1974 a 1982. Solía subir a la azotea de esta casa para mirar las estrellas.

La casa a las que nos mudamos en 1982, la cual perteneció a Tata Juan y a Nana María. Aquí fue donde vi a Nana María interactuar con las jóvenes madres después de que habían dado a luz.

A la edad de dieciséis, en 1984. Amaba mis botas, las cuales usaba para bailes típicos mexicanos y en ocasiones especiales.

Celebrando mi graduación de la Escuela Normal, con (de izquierda a derecha) mi papá, mi mamá y mi hermano Gabriel. Julio de 1986.

La frontera vista desde el lado norteamericano, enero de 1987. Aquí es donde me brinqué el cerco.

Mi tráiler con goteras en los campos del Valle de San Joaquín, en Mendota, California, en donde viví de 1987 a 1988.

Reparando un motor con mi primo Héctor, 1987. Cuando explotó, aprendí de mala manera que Héctor no era muy buen mecánico, aunque yo era incluso peor.

Trabajando como soldador (extrema derecha) en abril de 1989. Pocos días después de que me tomaran esta foto, caí en el tanque con petróleo licuado.

En el centro de aprendizaje de San Joaquin Delta College, donde daba asesorías de estadística a alumnos en 1990. En esa época conocí a Anna. Debido a la necesidad y la falta de tiempo, empezaba a dejarme el cabello largo.

Reunidos y felices, con toda la familia en Stockton. (De izquierda a derecha) Rosa, Gabriel, Papá, Mamá, yo, Jaqueline y Jorge, en 1989. Mi mamá estaba tan contenta de que todos estuviéramos juntos que ¡me dejó mostrar el pecho en esta importante ocasión!

Diciendo unas palabras en la fiesta de quince años de mi hermana Jaqueline, 1993. (De izquierda a derecha) Mi papá, Cecilio Ramírez, Jaqueline y mi madre.

Con Anna Peterson, pocas semanas después de empezar a salir, en 1993. Ya desde entonces sospechábamos que estaríamos juntos para toda la vida.

El Día de Muertos en el laboratorio de anatomía de la Escuela de Medicina de Stanford, la primera vez que vi un cadáver humano, en 1993. A mi amigo y mentor Hugo Mora, quien tomó esta foto, le gusta recordarme que mi temblorosa reacción no fue la de un futuro neurocirujano.

La graduación de UC Berkeley, con mi mentor Joe L. Martínez, junio de 1994. Joe creyó en mí, alimentó mi apetito por los descubrimientos científicos al llevarme a su laboratorio, y me enseñó a no temer al fracaso, sino a temer a no intentarlo.

Con Esteban González Burchard, otro mentor clave, quien me persuadió de entrar a la escuela de Medicina en 1994, y cuyo camino después se cruzó con el mío —tanto en Harvard como en UCSF (la foto se tomó en Hopkins en 2008)—. Esteban ha sido pionero en Medicina respiratoria, Ciencia, y en apoyar a estudiantes pertenecientes a minorías.

Estudiando en Vanderbilt Hall con Reuben Gobezie durante mi primer año en la Escuela de Medicina de Harvard, en 1994. Durante las clases, continuaba tomando notas en español y después las traducía al inglés, un ejercicio que me ayudó tanto a retener la información como a mejorar mi inglés.

Con Anna y Wells Messersmith durante un viaje a Washington, D. C., en 1996. Cuando Wells nos llevó a la Casa Blanca, me pregunté si en algún momento podría referirme a mí mismo como ciudadano de los EE.UU.

Nuestra boda en casa de Ed Kravitz, febrero de 1996. Ed entregó a Anna porque su padre no pudo asistir. Fue una ceremonia pequeña pero hermosa.

En Faneuil Hall, Boston, después de mi ceremonia de ciudadanía en 1997. Solo diez años antes, había sido un jornalero inmigrante, ilegal y sin hogar. Ahora estaba viviendo el sueño americano como estudiante de Medicina de Harvard y orgulloso ciudadano de los Estados Unidos.

Graduación de Harvard, cargando a Gabbie de seis meses y estrechando la mano del cirujano general David Satcher, 1999. Mientras di el discurso de graduación, Gabbie se paró, sonrió y agradeció cada ronda de aplausos ¡como si ella fuera la oradora!

Fiesta de despedida con (fila trasera) Ed Kravitz, Ken Maynard, David Potter, yo; (al frente) Kathryn Kravitz cargando a Gabbie y Anna, en 1999. Estaba en la cima del mundo, me había graduado de Harvard con honores, disfrutaba del tiempo con mi hermosa familia y amigos, e incluso recibía algo de atención de los medios. Poco sabía del duro camino que tenía por delante.

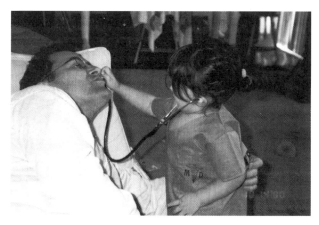

Siendo «atendido» por Gabbie, en 2000. Durante ese tiempo, en el que estaba tomando un tratamiento triple por haberme picado con una aguja contaminada, llegaba a casa y Gabbie, a quien no había visto en días, quería jugar conmigo. Pero con frecuencia me quedaba dormido profundamente en el sofá a los pocos minutos de haberme recostado.

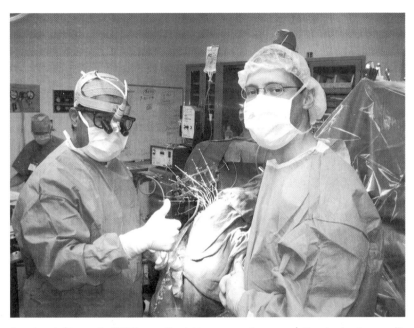

En el quirófano de UCSF con Paul House, un joven médico tratante, realizando una cirugía de cerebro y haciendo el mapa del cerebro del paciente despierto, en 2004. Estoy agradecido con todos los pacientes que han confiado en mí para trabajar dentro de sus cerebros; un regalo que no doy por sentado y que recibo con el mayor respeto y gratitud.

Los neurocirujanos Geoffrey Manley, Michael Lawton, y Mitch Berger, en la cena de graduación de la UCSF, en junio de 2005. Quisiera poder incluir fotografías de todos mis mentores, pero necesitaría varios volúmenes para poder hacerlo.

Con (de izquierda a derecha) Anna, Don Rottman, Paul Watson y la compañera de Don, Dana Kemp, en 2008. Me sentí conmovido de recibir esa tarde por parte de Don, el reconocimiento de la Olender Foundation's America's Role Model. Tan solo un año antes, habíamos estado en la sala de operaciones luchando juntos contra su tumor cerebral.

El equipo de Dr. Q frente al domo que simboliza el gran propósito de Johns Hopkins, en 2008. Este grupo, altamente comprometido, es una colección multicultural y multidisciplinaria de colegas posdoctorales, licenciados y estudiantes de Medicina, asistentes médicos y administradores.

Sosteniendo una fotografía de Aaron Watson, con Paul Watson y Ava Watson Dorsey a mi lado, durante el primer evento anual *Creating Hope Motorcycle Ride*, patrocinado por la Brain Cancer Research for a Cure Foundation, en 2009. Veintiséis miembros de mi equipo de investigación también participaron para darles la bienvenida a los motociclistas participantes.

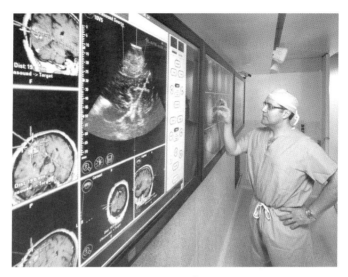

Estudiando unas resonancias magnéticas y planeando la resección quirúrgica de un tumor cerebral en la sala OR12 del hospital Johns Hopkins Bayview, 2009. En esta sala, podemos ver imágenes del cerebro al mismo tiempo que operamos. Foto de Keith Weller.

Galopando entre dos mundos, en 2009. Siempre he dependido de la labor de mis manos, como jornalero trabajando en el campo y como cirujano trabajando para reparar y curar. Foto de Chris Hartlove.

Con David, Olivia, Anna y Gabbie, en 2007.

Reconocimientos

A principios del 2008, poco tiempo después de que aparecí en la serie documental *Hopkins,* de la cadena ABC, recibí varias llamadas de personas en el mundo editorial y del cine. Aunque me sentí halagado por sus ofertas de convertir mi historia en un libro o una película, me preocupaban varias cosas. Por un lado, supuse que el hecho de escribir mis memorias era algo que debía reservar para mis años dorados, cuando me sobraría tiempo para la introspección y la remembranza de aquellos que me ayudaron a iluminar mi camino. Cuando estas llamadas llegaron, acababa de cumplir cuarenta años y llevaba solo un poco más de dos en el Hospital Hopkins. No solo era un mal momento, sino que me consternaba pensar que aquellas personas me hablaban de ambiciosos proyectos acerca de un milagroso trabajador de la Medicina, con un protagonista como George Clooney (en sus tiempos de ER) con un acento instantáneo—. Aunque esa historia, bien contada, pueden resultar inspiradora, las ofertas que recibí me parecían demasiado «Hollywood» para mi poco convencional historia, la de un pequeño niño mexicano que había sido alentado a ser el arquitecto de su propio destino.

Pero mis dudas se desvanecieron cuando recibí la llamada de una persona que se convertiría en la fuerza motriz para escribir esta historia, una productora que se especializa en contar historias reales, convirtiéndolas en libros y películas. Mary Martin también es la reina de los desvalidos de todos los orígenes, una compañera que cree en el valor de ir contra la corriente. Me convenció de que juntos encontraríamos la casa editorial adecuada para la historia de esperanza e imaginación que llevaba dentro de mi corazón y debía escribir. Con ese fin, me ayudó a reunir a un grupo estelar, incluyendo al infatigable Mel Berger, mi agente literario en William Morris Endeavor. Mi agradecimiento eterno es para ti, Mel, por tu devoción a este proyecto, por tu amistad, por leer cuidadosamente los múltiples borradores y por proveerme continuamente con palabras de ánimo. Y para Mary Martin, te agradezco de todo corazón tu pasión, tu fe y tu determinación incansable para lograr que este viaje se lograra. Sin ti, esta historia no habría llegado a ser un trabajo escrito; ciertamente no este, del que estoy tan orgulloso.

Mi profunda gratitud a todos en University of California Press, Berkeley, la perfecta casa editorial, que me ha llevado de vuelta a mis raíces como estudiante y me ha hecho sentir como parte de la familia. A la editora ejecutiva, Naomi Schneider, mil gracias por honrar mi historia con tu compromiso de sacar a la luz las experiencias de las comunidades marginadas y por promover un pensamiento no convencional sobre temas actuales. ¡Eres el ángel de este libro!

A la editora principal, Dore Brown, no puedo agradecerte lo suficiente tu meticuloso trabajo como jefa de producción de la obra. ¡Y yo que pensaba que la Neurocirugía requería poner atención a los más mínimos detalles! Mi agradecimiento también para nuestra indomable y dotada correctora de estilo, Adrienne Harris. Gracias a nuestra talentosa diseñadora, Claudia Smelser, y al publicista por su maravilloso trabajo.

Aunque sabía que escribir mi historia no sería tan simple como dictar mis notas en una grabadora, no fue sino hasta que inicié el proceso que me di cuenta de lo difícil que sería recordar y describir los acontecimientos de mi pasado con exactitud y autenticidad. ¡Dios mío! Afortunadamente conté con una coautora que estaba dispuesta a vivir la aventura, Mim Eichler Rivas. Las palabras no me alcanzan para expresar cuán bendecido me siento por tener a Mim como colega y amiga. Mi gratitud también para su adorable esposo y amigo, Victor Rivas Rivers, y a su hijo, Eli. Mim nunca se dio por vencida conmigo y trabajó incansablemente para encontrar mi voz a través de nuestra escritura. A lo largo de los varios años que nos tomó realizar este proyecto, algunas veces bajo mucha presión, siempre mantuvo una actitud positiva que no solo era contagiosa, sino inspiradora. Estuvo disponible siempre que la necesité, que muchas veces fue muy temprano por la mañana o muy tarde por la noche, cuando salía de una cirugía o del laboratorio, e incluso los fines de semana. La habilidad de Mim para hacerme recordar mi infancia, mi adolescencia y mis memorias de adulto hicieron que este viaje fuera agradable y satisfactorio. No solamente aprendí más de mí mismo mientras trabajamos juntos, sino que también tuve la oportunidad de ver a *Dr. Q: La historia de cómo un jornalero migrante se convirtió en neurocirujano* como un viaje lleno de esperanza, amor, imaginación, determinación, resistencia y fuerza. ¡Gracias, Mim!

Muchas personas contribuyeron poderosamente a la narración de las historias que se incluyen en este libro, por medio de entrevistas en diferentes puntos de la escritura. Por sus recuerdos de mis primeros años, gracias a toda mi familia: mi madre, padre, hermanos, y especialmente a mi hermano Gabriel, mi cuñado Ramón y mi primo Fausto.

Estoy profundamente agradecido con los profesores, mentores y colegas que ofrecieron sus recuerdos acerca de mis días como estudiante y mis días de entrenamiento médico, ya fuera por teléfono, en cinta, en persona o de paso: los doctores Joe Martínez, Esteban González Burchard, Ed Kravitz, Michael Lawton, Nick Barbaro, Michael McDermott, Wells Messersmith, Reuben Gobezie, Geoff Manley, Ed Vates, Frank Acosta, y Nader Sanai.

Solía definir a un verdadero amigo como aquel que te ayuda a llenar la camioneta el día que te mudas, pero hoy sé que un amigo es aún más verdadero cuando accede a revisar tu manuscrito. Estoy muy agradecido con mi querida amiga y vecina, Pam Rutherford, por su perspicacia. Millones de gracias también a aquellos que estuvieron dispuestos a leer no solo una ¡sino dos versiones!

Y más agradecimientos para mis colegas, mentores y figuras de los medios que generosamente leyeron este último borrador y contribuyeron con los comentarios para publicitar los materiales. ¡Ahora todos son parte de la nómina!

Me cuesta encontrar las palabras para expresar mi profundo agradecimiento a todos mis pacientes por inspirarme a diario. Gracias a todos ustedes, aquellos cuyas identidades he mantenido en el anonimato y aquellos que me dieron permiso de usar sus nombres. Me honra su confianza y su generosidad para compartir sus historias con los lectores. Ofrezco un reconocimiento especial para ustedes y los miembros de sus familias, quienes compartieron sus escritos y su tiempo durante las entrevistas conmigo: Don Rottman, Paul Watson, Ava Dorsey, Ken y Betty Zabel, y Adrián Robson.

Estoy eternamente agradecido con la Facultad y los estudiantes del San Joaquin Delta College, de UC Berkeley, de la Escuela de Medicina de Harvard, de UCSF y de Hopkins por darme una oportunidad y por creer en mí. Gracias a todas las personas que me han ayudado durante estos años (algunas de las cuales aparecen en este libro), incluyendo a los doctores Chris Ogilvy, Ken Maynard, Del Ames, Bill Silen, Al Poussaint, Grant Gauger, Sandeep Kunwar, Paul Larson, Phill Starr, Praveen V. Mummaneni, Warwick J. Peacock, Philip R. Weinstein, y David Hellmann.

Un agradecimiento especial para el personal de enfermería del piso y de la sala de operaciones desde mis tiempos en UCSF, incluyendo a April Sabangan y Julie Broderson; y en Hopkins, entre otros a Allison Godsey, Brigida Walston, Sara Brooks, Lilita Douglass, Ricardo Cosme, Monique Bruton, Khywanda Coleman, Jackie Brooks, Gerald Agbayani, Cyril Bangud, Leticia Benitado, Angela Cascio, Marites David, Terry Emerson, Lugel Gaid, William Isabelle, Jamelia Maher, Elmer Medina, Kelly Menon, Kendra Meyers, Mark Nicholson, Sherry Quion, Cecilia Reyes, Timothy Smith, Raniel Tagaytayan, Anna Ty, Keith Wiley, y Stephanie Dilegge.

Le debo profunda gratitud a una larga lista de individuos que todos los días están junto a mí en las trincheras de Hopkins —en el quirófano, en la clínica y en el laboratorio— sin los cuales nunca habría tenido el tiempo suficiente para escribir este libro. También agradezco a los otros miembros de la facultad del departamento de Neurocirugía de la Universidad Johns Hopkins por ser tan pacientes conmigo y por permitirme ser quien soy y perseguir mis sueños. Mis queridos colegas y amigos, los doctores Henry Brem, Alessandro Olivi, Ziya Gokaslan, George Jallo, y Ben Carson han sido un apoyo increíble y me han impulsado a perseguir mis sueños desde el primer día en que llegué a Hopkins en 1998, para ser entrevistado para una residencia en Neurocirugía.

Gracias a ustedes, doctores Judy Huang, John Laterra, Michael Lim, Jon Weingart, Rafael Tamargo, Justin McArthur, Daniele Rigamonti, Richard O'Brien, Kofi Boahene, Gary Wand, Roberto Salvatori, Edward Miller, Levi Watkins, Ali Bydon, Tim Witham, Hongjun Song, Curt Civin, Richard Bennett, Neil deGrasse Tyson, Katrina Firlik, Sanjay Gupta, Mark Duncan, Dalal Haldeman; y a Maria Hinojosa, Kelly Carter, Carla Denly, Venus Williams, Rosa DaSilva, Jimmy Santiago Baca, Jason McElwain, Ron Peterson, James Dresher, Kim Metzger, Emily Ehehalt, Charles Reuland, Steve Hartmann y Jorge Ramos.

Y la lista no estaría completa sin un agradecimiento a ustedes, mi equipo de residentes; en especial los doctores Shaan Raza y Kaisorn Chaichana, a los médicos asistentes Raven Morris y Jill Anderson, y a los adjuntos Anita Krausman y Colleen Hickson.

En el laboratorio he estado rodeado por un increíble grupo de jóvenes investigadores, quienes siguen poniendo a prueba los límites de la neurociencia y que en ese proceso retan también a mi conocimiento y a mis habilidades de enseñar con el ejemplo. Me han mantenido aferrado a mi búsqueda por encontrar curas para el cáncer cerebral.

No habría podido hacer todo esto sin la ayuda de todos mis colaboradores, estudiantes de posgrado, estudiantes graduados, estudiantes de Medicina y becarios: Pragathi Achanta, David Chesler, Tomas Garzon, Nes Mathioudakis, Ahmed Mohyeldin, Candice Shaifer, Liron Noiman, William Ruff, Linda Chen, Tom Kosztowski, Eric Momin, Kat Sperle, Kristy Yuan, Hasan Zaidi, Sara Abbadi, Sagar Shah, Chris Smith, Hadie Adams, Alex Liu, Brian Liu, Chris Mancuso, Nate Tippens, Guillermo Vela, Debraj Mukherjee, David Chang, Andre Levchenko, Deepak Atri, Lyonell Kone, Sooji Lee, Jose Manuel Garcia-Verdugo, Steven Goldman, Oscar Gonzalez-Perez, Samson Jarso, Andre Levchenko, Honjun Song, John Laterra, Andrew Feinberg, Jef Boeke. ¡Gracias a todos! En particular quiero agradecerle a una magnífica estudiante de Medicina de Hopkins, Courtney Pendleton, una talentosa escritora que se tomó el tiempo para leer este libro y me ofreció su valiosa visión.

También agradezco a Hugo Guerrero-Cazares, quien ha sido un héroe anónimo dentro de mi laboratorio, apoyando el esfuerzo para construir el mejor equipo posible para luchar contra el cáncer cerebral.

Fuera de mi ámbito laboral, les debo un agradecimiento a los periodistas de medios impresos y de difusión que han defendido mi historia a lo largo de los años y que han tocado el tema de los trabajadores migrantes indocumentados con respeto y reflexión. Con más gente como ustedes, espero que algún día logremos tener una conversación seria y productiva sobre la reforma migratoria; la cual, desde mi punto de vista, fortalecería a nuestra nación, la economía y la sociedad.

También doy las gracias a los medios de comunicación como National Public Radio y el New York Times, y a programas como el *NOVA* de PBS y la serie documental *Hopkins*, por ayudar a crear conciencia sobre los grandes desafíos en la lucha contra el cáncer de cerebro.

Quisiera agradecer profundamente y de todo corazón a José Antonio Fernández Carbajal que, junto al Sistema Tecnológico de Monterrey, hicieron una labor extraordinaria para realizar la versión en español de este proyecto. José Antonio ha sido una persona increíble y desde que nos conocimos me conmovió su forma de ser y su pasión por el sueño del ser humano, el cual todos buscamos.

Muchísimas gracias a Salvador Alva Gómez y su equipo en el Sistema Tec de Monterrey, especialmente a Carlos Cruz Limón y Lupita Grijalva Salazar, por el excepcional apoyo para que este libro se realizara. Sin duda espero que gracias al esmero que todos ellos han puesto en esta historia logremos inspirar y alcanzar ¡a muchas personas!

Agradezco también a LID Editorial Mexicana por la detallada labor que hicieron con el manuscrito; a Nora Casasús Barrera por la coordinación, a Cristina Sousa y Ada Laura Luna por el trabajo editorial, y a Verónica Gonsenheim C. y Viviana Castilla Pazos por la traducción. De igual forma agradezco a Carlos Quintanilla Fernández por su interés en la mayor difusión de este esfuerzo. ¡Sin ustedes no se hubiera logrado esto!

Por último, me quito el sombrero y hago una reverencia ante mis tres hijos: Gabriella, David, y Olivia, por su contribución al libro. Comparto el sentir de la periodista Anna Quindlen, quien escribió en un artículo sobre la crianza de los hijos que ella había «permanecido con sus tres personas favoritas en el mundo, quienes han excavado más que nadie para encontrar mi humanidad esencial».

¿Cómo agradecerle a mi esposa? Anna, tú eres la mejor editora interna, la mejor compañera de viaje, compañera de vida, amiga, madre, y modelo a seguir que imaginé durante la travesía para escribir este libro. Gracias por todo. Te amo.

Video de tres minutos en español
sobre la trayectoria de Dr. Q.

Entrevista de una hora a Dr. Q
sobre su libro (en inglés).

Notas

Capítulo 6

1 *Ivy League*, o Liga de la Hiedra. Así se denomina, por su excelencia académica, antigüedad y tradición a un grupo de ocho universidades de élite del noreste de los Estados Unidos: Brown University, Columbia, Cornell, Dartmouth College, Harvard, University of Pennsylvania, Princeton y Yale.

Capítulo 8

1 El término «cebra» se utiliza para designar un diagnóstico raro o sorpresivo. Su origen se remonta al dicho acuñado por el Dr. Theodore Woodward en la década de 1940 y que se usaba en la enseñanza de Medicina «Si escuchas el golpetear de cascos a tus espaldas, no esperes ver una cebra.» (Lo más común es ver un caballo y, en comparación, una cebra es un hallazgo raro). A partir de la década de 1960 este aforismo es de uso común en la Medicina.

Capítulo 9

1 El desorden de Pica se caracteriza por apetecer e ingerir sustancias como barro, tierra, gis o arena. Puede ser ocasionado por deficiencia de hierro o desequilibrio químico, y causar daños en el desarrollo físico y mental.

Capítulo 11

1 SWAT (Special Weapons And Tactics, Armas y tácticas especiales) designa unidades de aplicación de justicia especializadas, que utilizan armas y tácticas militares en operaciones de alto riesgo.

20 años

NOS QUEDA MUCHO POR HACER

- 1993 Madrid
- 2007 Barcelona
- 2008 México DF y Monterrey
- 2010 Londres
- 2011 Nueva York / Buenos Aires
- 2012 Bogotá

20